NORDAMERIKA
USA Alaska Hawaii Kanada

Nordamerika

USA Alaska Hawaii Kanada
Reisehandbuch

ULLSTEIN
mit freundlicher Unterstützung von
MEIER'S WELTREISEN
dem Spezialisten für alles Ferne

Die Deutsche Bibliothek – CIP-Einheitsaufnahme
Nordamerika: USA, Alaska, Hawaii, Kanada; Reisehandbuch. – Berlin: Ullstein, 1997
ISBN 3 550 07881 1

Idee und Recherchen: Klaus Trompeter, tms GmbH, Flörsheim
Layout: Andrea Dörschel
Text und Koordination: RekordNet GmbH, Berlin/Bernhard Schneidewind, Harro Schweizer
Produktion: Univers.exakt GmbH, Berlin/Mike Hopf, Oliver Mayer
Druck und Verarbeitung: Graphischer Großbetrieb Pößneck, Ein Mohndruckbetrieb
Printed in Germany 1997

ISBN 3 550 07881 1

Vorwort

Dieses Reisehandbuch will Anreiz sein für Erfahrungen, die in einem Kontinent zu machen sind, der für Europäer eine geradezu unvorstellbare Größe und Mannigfaltigkeit hat.

Dieses Reisehandbuch ist kein klassischer Reiseführer, dem – überall auf der Welt – alles immer nur das Beste, Schönste, Einzigartigste und Sehenswerteste ist.

Dieses Reisehandbuch ist für selbständige Menschen gedacht, die nach Basisinformationen und Orientierungen verlangen, um sich dann selbst entscheiden zu können.

Nordamerika muß auch für den Tourismus nicht mehr entdeckt werden. Dieser Kontinent, von der nördlichsten Spitze Kanadas bis zum südlichsten Zipfel im Golf von Mexiko, ist immer schon ein Land der Entdecker gewesen. Die wenigsten in früheren Zeiten sind dabei besonders rücksichtsvoll gegenüber der Landschaft und der Bevölkerung gewesen.

Die Entdeckung des nordamerikanischen Kontinents durch den Tourismus, die einhergegangen ist mit dem Entstehen von Tourismus überhaupt,ist dagegen die friedlichste aller Eroberungen eines Kontinents durch Fremde. Verändert hat aber auch sie diesen Kontinent.

Mancherorts ist durch die Tourismus die Landschaft den Interessenten an der Landschaft angepaßt worden in einer Weise, die überhaupt erst zum Erhalt dieser Landschaftsräume beigetragen hat. Viele Naturräume gäbe es wohl kaum in ihrem jetzigen Zustand, wenn sie nicht geradezu Wallfahrtstätten für Touristen aus aller Welt geworden wären.

Dieses Reisehandbuch, das die touristisch erschlossenen Gebiete Nordamerikas präsentiert, ist ein Angebot an Reisende und Reisewillige, sich auf diesen Kontinent einzulassen. Es bietet dazu eine Fülle von Informationen nicht nur über Land und Leute, sondern auch zur Geschichte und Kultur. Denn die Gegenwart erhellt sich nur im Lichte der Vergangenheit.

Dieses Reisehandbuch bietet vieles an Informationen, aber es erweckt gar nicht erst den Anschein, als sei das alles, was man über Nordamerika wissen kann. Deshalb gehört zu den Informationen auch der Hinweis auf weiterführende Literatur, mit der Wissen und Verständnis erweitert und vergrößert werden können.

Dieses Reisehandbuch will Neugier wecken an einem Kontinent und zugleich Hilfen anbieten all jenen, die sich aus Europa *far west* bewegen wollen bis hin in jene Regionen zwischen den Rocky Mountains und der Pazifikküste, die für die einstigen Siedler, die tatsächlichen Vorfahren der heutigen Reisenden, schon so *far west* waren, daß sie unerreichbar schienen.

Die endlosen Wegstrecken von einst werden heute nicht mehr in Meilen oder Kilometern gemessen, sondern in Flugstunden. Weg hat sich scheinbar auf Zeit reduziert.

Dieses Reisehandbuch weist wieder Wege auf dem Boden durch die Städte und Landschaften Nordamerikas.

Kennedy Space Center

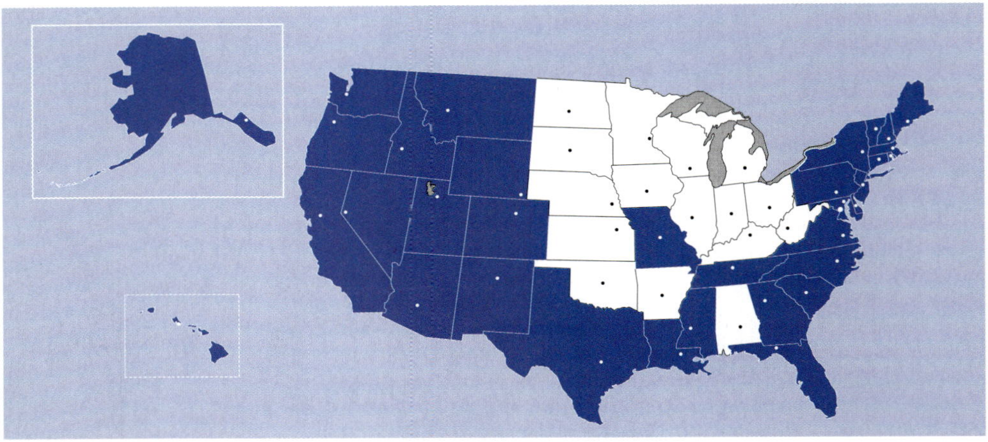

Einleitung

Literatur
Hans-J. Aubert/ Ulf Müller-Moewes: USA, Bruckmann, München
Baedeker: USA , Verlag Karl Baedeker, Ostfildern
Christiane Bird: Jazz- und Bluesführer durch die USA, Ullstein, Berlin
Wolfgang Bittmann/Brigitte Fugger: Reiseführer Natur USA, BLV Verlagsgesellschaft, München

Routenvorschläge
De Luxe-Reise: Amerika Klassik

25°7′ – 49°23′ n.Br, 67° – 125° w.L., 9 371 829 km^2 (6,9 % der Landoberfläche der Erde), 9 168 659 km^2 ohne Gewässer, acht Zeitzonen, 0,2 % Vietnamesen, Analphabetenrate 21 bis 23 % (nach US-Bildungsministerium), 100 000 Buddhisten, 1 000 000 000 = one billion – auf Zahlen reduziert, gibt sich ein Land noch lange nicht zu erkennen.

Die Länge des längsten Flusses – 3779 km mißt der Mississippi ohne Missouri, 6020 km mit Missouri –, die Höhe des höchsten Berges – 4418 m mißt der Mount Whitney in der Sierra Nevada, 6193 m gar der Mount McKinley in Alaska –, die Tiefe des tiefsten Punkts – Badwater im Death Valley mit 86 m u.N.N. – sind für die Geschichte eines Landes so aussagekräftig wie etwa die Schuhgröße der Gattin des jeweiligen Präsidenten – ganz gleich

ob sie nun auf großem Fuß lebt oder mit beiden Beinen im Leben steht.

Die Vereinigten Staaten von Amerika, die im deutschen Sprachraum mit dem Kürzel USA benannt werden, das sich allerdings – einzigartig und eigenartig zugleich – von dem englischen Staatsnamen *(United States of America)* ableitet, sind ein riesiger Staat mit einer, wie es heißt, nur kurzen Geschichte. Aber das ist eine Frage des Blickwinkels.

Natürlich ist die geologische Geschichte des Halbkontinents älter als die Unabhängigkeitserklärung, der man jährlich in den USA am 4. Juli gedenkt, der schon Independence Day hieß, ehe es einen Film gleichen Titels gab.

Natürlich sind auch die Weltenforscher des späten 15. und frühen 16. Jahrhunderts nicht die ersten Menschen gewesen, die auf dem Land, das später Nordamerika heißen sollte, ihre Spuren hinterließen. Die ersten kamen, so heißt es, aus Asien über die Bering-Straße – Aber ist es ausgeschlossen, daß Menschen auch in die umgekehrte Richtung hätten ziehen können? –, später flohen andere den ganz eisigen, arktischen und subarktischen Regionen des Nordens, und schließlich war den Wikingern, diesen bärtigen Burschen, sowieso keine Seereise zu weit. Im Süden des Halbkontinents lebten derweil schon indianische Völker in einer fortentwickelten Kultur, ehe in der Alten Welt, die sich seinerzeit für die Welt an sich hielt, noch jemand überhaupt einen Gedanken darauf verwendete, ob es wohl da ganz weit hinterm Horizont seinesgleichen – also aufrecht gehende Lebewesen mit zwei Beinen, zwei Armen, einem Rumpf und einem Kopf mit Ohren – geben könnte.

Mit Kolumbus, dem zufälligen Entdecker der dann Neuen Welt, endete die erste Geschichte des Halbkontinents. Fortan wurde hier Geschichte von auswärtigen und überseeischen Regierungen gemacht: Spanien, England, Frankreich und Rußland versuchten, sich so lange das riesige Land, in dem immer noch Nicht-Europäer lebten, einzuverleiben, bis quasi europäische Dissidenten gegen die Besatzer aus Europa rebellierten und eine staatliche Unabhängigkeit der Europäer in Nordamerika von den europäischen Monarchi-

Spaß im Disneyland

Hillary und George Bradt: Outdoor Guide North America, Bradt
Manfred Braunger: USA Traumziele, Bruckmann, München
Manfred Braunger/ Peter Mathis: Amerikas Naturwunder, Bruckmann, München
Manfred Braunger: Chicago und die Großen Seen, DuMont, Köln

Routenvorschläge
Auf den Spuren der Route 66

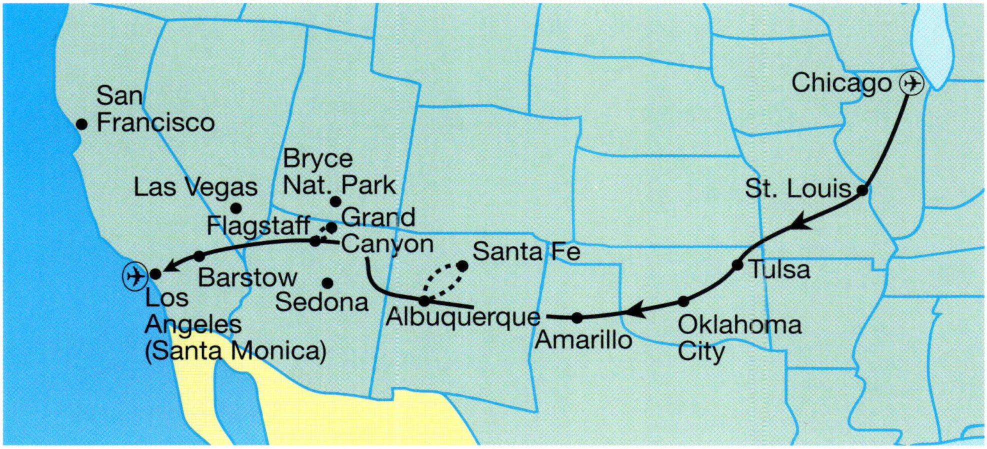

Baden vor Alaska

Bill Bryson: Straßen der Erinnerung – Reisen durch das vergessene Amerika, Ullstein, Berlin
Rosemarie Dzygoluk: USA praktisch & preiswert, Baxter
Hans R. Grundmann: Die schönsten Autorouten durch die USA, DuMont, Köln
Hans-R. Grundmann/Martin Stoll: Die USA mit Flugzeug und Mietwagen, Verlag Reise Know-How, Bielefeld
Bill Harris: Amerika, Verlag Karl Müller, Erlangen

Routenvorschläge

Transamerika

en erzwangen und damit die Basis der späteren Vereinigten Staaten von Amerika schufen.

Europäer machten fortan die Geschichte des Halbkontinents, und ihnen folgten Europäer bis ins 20. Jahrhundert nach, von denen jeder gute Gründe für sich hatte, der Alten Welt zu fliehen. Die einen kamen aus politischen Gründen, die anderen aus wirtschaftlichen. Flüchtlinge waren sie alle. Die Vereinigten Staaten von Amerika nahmen sie alle auf. Als Ware dagegen kamen die Schwarzen. 1790 machten die 700 000 Sklaven schwarzer Hautfarbe fast ein Fünftel der Gesamtbevölkerung aus – heute liegt der Anteil der Schwarzen an der Gesamtbevölkerung etwa bei zwölf Prozent, nicht zuletzt durch jene Millionen und Abermillionen Europäer, die seit der Mitte des vergangenen Jahrhunderts bis in diese Tage ihr Glück in den Vereinigten Staaten von Amerika suchten und häufig auch fanden.

Ungefähr 47 Millionen Immigranten sind zwischen 1820 – seit diesem Jahr führen die USA eine Einwanderungsstatistik – und 1980 ins Land gekommen. Von 1790 bis 1800 sollen es etwa 50 000 gewesen sein, von 1801 bis 1810 etwa 70 000 und von 1811 bis 1920 immerhin schon 110 000. *Weiße Sklaven* nannte man diese frühen Einwanderer, die häufig durch Angebote von Menschenhändlern zu einer Überfahrt in die Neue Welt bewegt wurden, wo sie sofort verkauft wurden für ein wenig mehr als den Preis der Überfahrt und mit der Verpflichtung, dem Käufer innerhalb einer vertraglich festgelegten Frist durch Arbeit den Kaufpreis zurückzuerstatten.

Ein Staat, der solcherart durch die Mobilität der Menschen entstanden ist, bleibt geradezu zwangsläufig einer, dessen Menschen immer in Bewegung sind: Im Durchschnitt zieht heute jeder Bürger der USA alle fünf Jahre um mit Hoffnungen, die identisch sind mit jenen Zielen, die den Einwanderern eigen waren: sozialer Zugewinn, neuer Job, Aufstieg.

Wer es geschafft hat, der will nicht selten wissen, woher er kommt. *Back to the roots* bedeutet *Back to Europe.*

Die Touristenströme zwischen den beiden Kontinenten Europa und Nordamerika sind gewaltig. Alle sind irgendwie gerade auf dem

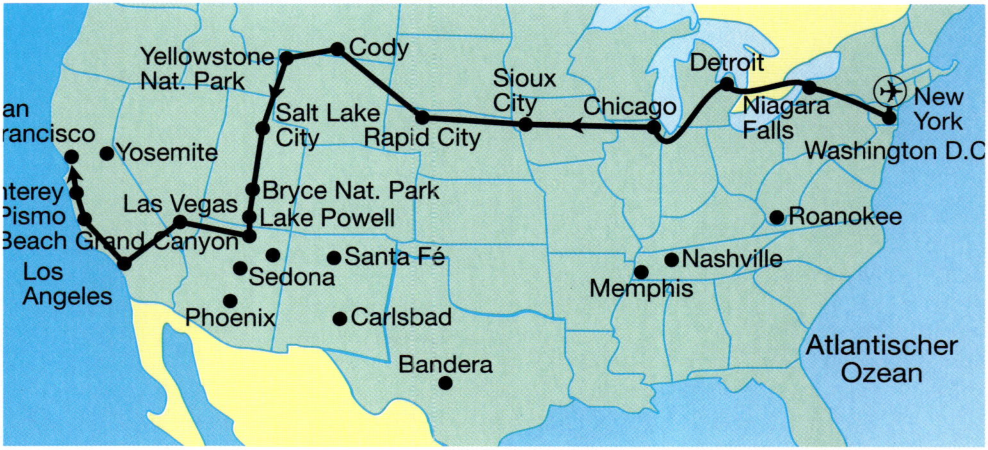

Tramfahren in San Fransisco

Holger Hoetzel: Ski USA, Ullstein, Berlin
Holger Hoetzel: Route 66 – Straße der Sehnsucht, Ullstein, Berlin
Donna Lynn Ikenberry: Bicycling Coast to Coast, The Mountaineers
Marvin Karp: Amerika. Die 50 Staaten der USA, Verlag Karl Müller, Erlangen
Ulrich Kümmerle/Rainer Vollmar: USA – Länder und Regionen, Klett, Stuttgart
Mohsen/Daschti: Nationalparks der USA, Verlag Karl Müller, Erlangen
National Geographic Society: Amerika – Eine Entdeckungsreise durch die Naturlandschaften der USA, RV, München
National Geographic Society: USA-Nationalparks – Ein Reise- und Naturführer, RV, München
Eckehard Radehose: Traumberge Amerikas, Bergverlag, München
Gert Raeithel: Geschichte der nordamerikanischen Kultur, Zweitausendeins, Frankfurt a.M.
Werner Rau: Quer durch die USA – Coast to Coast, Werner Rau Verlag, Stuttgart
Julius Redling: Kleines USA-Lexikon, Verlag C.H. Beck, München
Reinhard Rode: USA Länderkunde, Verlag C.H. Beck, München
Tom Snyder: Streckenpilot Route 66, Ullstein, Berlin
Jeffrey Tennyson: Hamburger Heaven, Ullstein, Berlin
Greg Ward: USA Travel Handbuch, Stefan Loose Verlag, Berlin

Weg zu sich selbst. Die einen besichtigen ihre Vergangenheit, die anderen eine wohl denkbare und mögliche Gegenwart, wenn nicht so manches dazwischen gekommen wäre: Kleinstaaterei, Nationalismus, Kriege, Weltkriege, Revolutionen und Revolutiönchen. Die Amerikaner in Europa suchen Spuren ihrer Geschichte und finden häufig Spuren jener Ereignisse, vor denen viele der einstigen Emigranten vorsätzlich geflohen sind.

Die USA, gebildet von Menschen vieler Nationen, sind getragen von dem mehr oder minder friedlichen Nebeneinander vieler Völker, deren friedliches Miteinander gekittet wird aus der kurzen gemeinsamen Historie, während der sie sich das Land und die Leute untertan gemacht haben.

Die Indianer, Nachfahren jener ursprünglich aus Asien zugewanderten Völker, sind am ehesten noch von einer geradezu nationalen Widerborstigkeit ohne Nation. Ihre Assimilation in den *melting pot* war nie vorgesehen und ist deshalb auch nicht geschehen. Aber sie begeistern immer noch nicht nur Kinderherzen.

Routenvorschläge
Amerika vom Atlantik zum Pazifik

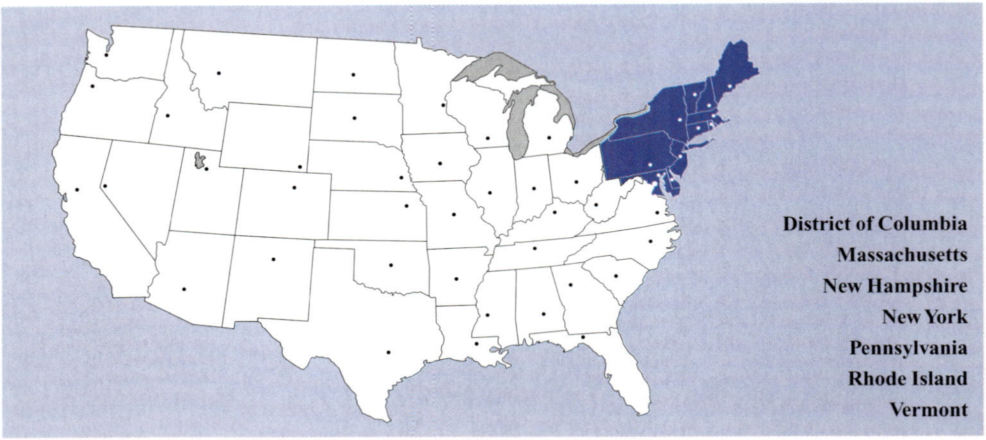

Der Osten der USA

Der Osten der USA, so wie er hier definiert ist, reicht von Maine im Norden bis nach Washington D.C. im Süden. Die so zusammengefaßten Staaten haben bei allen Unterschieden starke Gemeinsamkeiten, sowohl im Landschaftsbild als auch hinsichtlich ihrer Kultur und Geschichte. Die Landschaft ist durch den Gebirgskomplex der Appalachen bestimmt, einer über 690 Millionen Jahre alten geologischen Formation, vorwiegend aus Granit, Schiefer und Erz. Zur Atlantikküste hin sind die Hügel nicht höher als 150 Meter, weiter westlich erheben sich stark zerklüftete Gebirgszüge bis zu einer Höhe von über 1800 Meter. Der höchste Berg der Appalachen ist Mount Washington (1918 Meter) in New Hampshire. Die Berge sind stark mit Laub- und Mischwald bedeckt. Vor allem die Blätter der zahlreichen Zuckerahornbäume verfärben sich im Spätsommer, dem Indian Summer, in leuchtende Rottöne. Das Klima im Osten

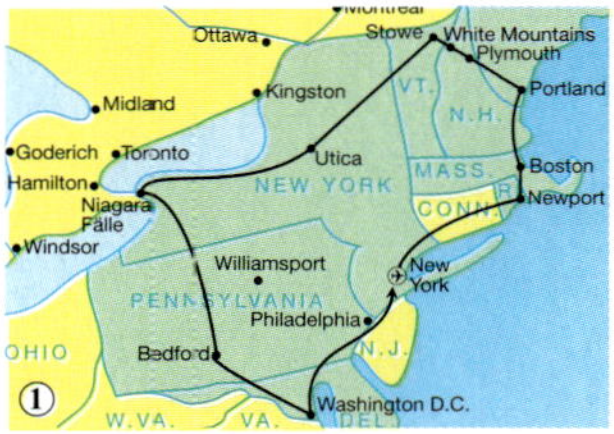

Literatur

Manfred Braunger: Richtig reisen: USA – Der Osten, DuMont, Köln

Tom Brosnahan/ Kim Grant: New England Guide Book, Lonely Planet Publications

Donna Ikenberry Aitkenhead: Bicycling the Atlantic Coast, The Mountaineers

John Irving: Eine Mittelgewichts-Ehe, Diogenes

Werner Krum/ Roman Soumar: USA – Die Ostküste, Bruckmann, München

Marianne Mehling (Hrsg.): Knaurs Kulturführer USA-Ost, Droemer Knaur, München

Merian: USA Ostküste, Hoffmann und Campe, Hamburg

Christine Metzger: Neu-England, DuMont, Köln

Christine Metzger: Neu-England, DuMont, Köln

Stephan H. Morgan: On the Road around New England, Thomas Cook

Axel Pinck: USA – Der Südosten, DuMont, Köln

Werner Rau: Quer durch Neuengland, Werner Rau Verlag, Stuttgart

Yves Seguin: Hiking in the Northeastern United States, Ulysses Travel Publications

Heike und Bernd Wagner: USA – Der Osten, Goldstadt, Pforzheim

Indian Summer in Vermont

ist, mit Ausnahme von Washington D.C., wo es im Sommer drückend heiß werden kann, gemäßigt. In den höhergelegenen Regionen fällt im Winter viel Schnee, und es gibt zahlreiche Wintersportmöglichkeiten.

Für die Wirtschaft der Region haben die Appalachen eine wichtige Rolle gespielt. Hier abgebaute Kohle und Erze bildeten die Grundlage der Industrialisierung. Durch die Nähe zum Atlantik und zu den großen Seen im Osten waren viele Bundesstaaten außerdem wichtige Verkehrsknotenpunkte. Fischfang, Schiffbau und der Hochseehandel, vor allem nach Westindien, hatten große Bedeutung.

Im Osten begann auch die Geschichte der systematischen Besiedlung der USA und damit die Geschichte der weißen US-Bürger. 1620 landeten die „Pilgerväter“, religiöse Dissidenten aus England, mit der *Mayflower* bei Plymouth, Massachusetts. Knapp 150 Jahre später entstand im nahe gelegenen Boston die Unabhängigkeitsbewegung, die sich von der englischen Krone lossagen wollte. Am 4. Juli 1774 wurde in Philadelphia, im Nachbarstaat Pennsylvania, die

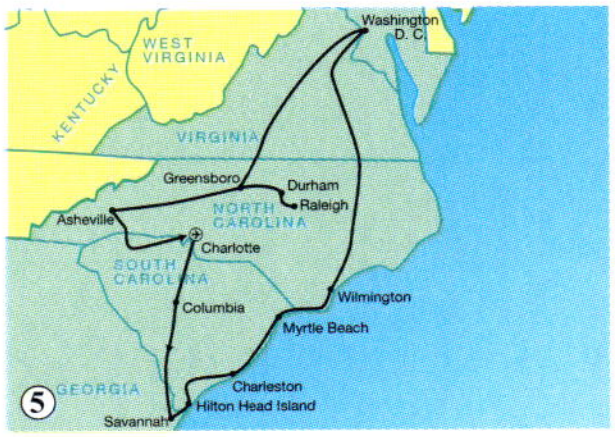

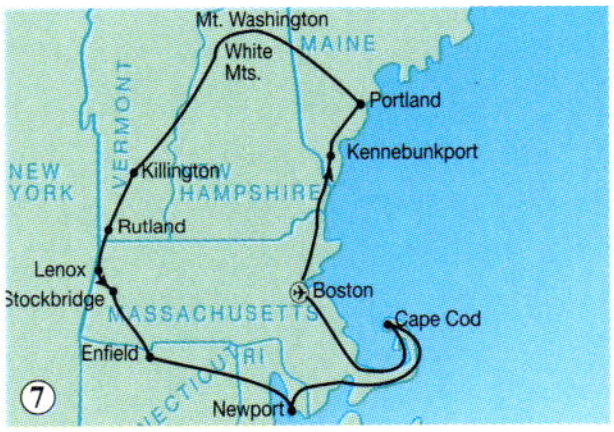

Routenvorschläge

1. Klassische Ostküste
2. Atlantikküste von New York bis Miami
3. Faszinierende Ostküste USA – Kanada
4. New-England: Countryside
5. OH, Carolina
6. Oststaaten
7. Historisches New England
8. Traditionsreiches Amerika

Straßenszene in New York

Unabhängigkeitserklärung der USA unterzeichnet. 1863 fand die entscheidende Schlacht zum Ende des amerikanischen Bürgerkriegs in Gettysburg, ebenfalls in Pennsylvania, statt. Bis heute sind die östlichen Bundesstaaten Sitz der bedeutendsten Universitäten, Forschungseinrichtungen, Theater, Konzerthäuser und Museen und verstehen sich deshalb als kulturelles Zentrum der USA. Die östlichen Bundesstaaten sind traditionelle Hochburgen der demokratischen Partei.

Von Boston im Norden über New York, Philadelphia und Baltimore bis nach Washington im Süden ist die östliche Küstenregion vollständig urbanisiert und industrialisiert. Stadtplaner nennen diese größte Städteballung der USA, in der insgesamt rund 32 Millionen Menschen leben, „Megalopolis". In den Zentren der Großstädte ist die Bevölkerung durchmischt, wenngleich die verschiedenen ethnischen Gruppen je eigene Viertel bewohnen. Die Vororte und die dünn besiedelten ländlichen Regionen sind dagegen vornehmlich von Weißen bewohnt. Die Amerikaner des Ostens werden in den übrigen USA als Yankees bezeichnet, innerhalb der östlichen Bundesstaaten werden aber nur die Einwohner der New-England-Staaten so genannt. Und bei den Neuengländern, so heißt es, gelte nur derjenige als echter Yankee, dessen Familienstammbaum bis zur *Mayflower* zurückreiche.

District of Columbia

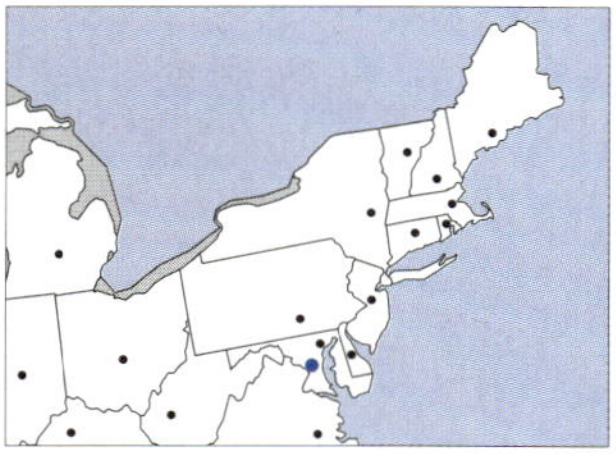

Informationen

Office of Tourism and Promotion, 1212 New York Ave., Washington, DC 20005, Tel. 202-347-2873

Der District of Columbia umfaßt eine Fläche von 178 Quadratkilometer am Nordufer des Potomac-Flusses zwischen Maryland und Virginia. Er ist, ähnlich der Konstruktion bundesdeutscher Stadtstaaten, identisch mit dem Gebiet der US-amerikanischen Hauptstadt Washington. Hier leben rund 640 000 Menschen, davon 70 Prozent Schwarze.

Der District of Columbia ist kein eigenständiger Bundesstaat, sondern hat einen speziellen politischen Status. Washington D.C. wurde 1791 einzig und allein zum Regieren gegründet. Die Nord- und Südstaaten stritten um den Sitz der Hauptstadt, schließlich maß George Washington ein zehn mal zehn Meilen großes Rechteck ab, das ziemlich genau im geographischen Mittelpunkt der damaligen Union lag. Das sumpfige Land, auf dem vorher Tabak angebaut worden war, entstammte je zur Hälfte der Landmasse Marylands und Virginias.

Um die Unabhängigkeit der Bundesregierung sicherzustellen, sollte der Regierungsbezirk nur dem Kongreß unterstehen und wurde zu Ehren von Kolumbus Federal District of Columbia genannt. 1961 durften sich die Bürger Washingtons erstmals an den Präsidentschaftswahlen beteiligen, seit 1970 wird auch ein Vertreter in den Kongreß entsandt, der allerdings nicht stimmberechtigt ist. Bürgermeister und Stadtrat können seit 1973 direkt gewählt werden, zuvor regierten direkt vom Präsidenten der USA eingesetzte Kommissare. 1987 startete eine Initiative, den District unter dem

Lincoln Memorial in Washington D.C.

Namen *New Columbia* zum 51. Staat der USA zu machen – bislang ohne Erfolg.

Bis Mitte des 19. Jahrhunderts lebten weniger als 5000 Menschen im Federal District. So wenige, daß Virginia ein Stück Land, das es am Südufer des Potomac zur Verfügung gestellt hatte, wegen Vernachlässigung zurückforderte.

Mit dem Bürgerkrieg erlebte die strategisch günstig gelegene Gegend einen Aufschwung, nach Kriegsende zogen viele befreite Sklaven aus dem Süden hierher.

Regierungs- und Verwaltungseinrichtungen beschäftigen heute mindestens 300 000 Menschen im District of Columbia. Außerdem sind Forschungsinstitute aus den Bereichen Rüstung, Raumfahrt, Elektronik und Kommunikation hier angesiedelt, der Tourismus ist ein wesentlicher Wirtschaftsfaktor. Industrie und Hafen sind dagegen mittlerweile so gut wie bedeutungslos. Diese ökonomische Schwäche ist ein häufiges Argument gegen den Status eines autonomen Bundesstaates.

District of Columbia Klima	**Temperatur** Washington D.C. Max.	Min.	**Niederschlag** Washington D.C. mm	**Niederschlagsarme Tage** weniger als 0,3 mm Washington D.C.
Januar	6	–5	90	20
Februar	7	–4	80	18
März	13	–1	80	19
April	19	5	80	19
Mai	25	11	100	19
Juni	29	15	100	20
Juli	31	18	100	20
August	31	17	100	20
September	27	13	80	22
Oktober	21	7	80	23
November	14	1	80	21
Dezember	7	–4	80	20

Literatur

Apa Guides Washington D.C., Apa Publications
Eric Bentley: Sind Sie jetzt oder waren Sie jemals, Fischer, Frankfurt a.M.
William S. Cohen / Thomas B. Allen: Mord im Senat, Econ, Düsseldorf 1996
Rupert O. Matthews: Washington – Die Hauptstadt der USA, Karl Müller Verlag, Erlangen
Joyce Carol Oates: Engel des Lichts, dtv, München 1988
Philip Shelbey: Die Stunde der Trommeln, Goldmann, München 1997
Jochen Siemens: Washington D.C., DuMont, Köln
Peter Velden: Washington, Edition Aragon
Tobias Wolff: Das Blau vom Himmel, Rogner & Bernhard, Hamburg 1997

Washington D.C.

Informationen

Washington D.C. Convention and Visitors Association, 1212 New York Avenue, NW – Suite 600, Washington, DC 20005, Tel. 202-789-7000

Smithsonian Visitor Information Center, Washington, DC 20560, Tel. 202-357-2700

Das Zentrum Washingtons ist nach einem historischen Straßenplan im von Diagonalen durchschnittenen Schachbrettmuster angelegt. Dabei sind die in Nord-Süd-Richtung verlaufenden Straßen mit Nummern, die in Ost-West-Richtung verlaufenden mit Ziffern gekennzeichnet. Die diagonalen Avenues tragen die Namen der amerikanischen Bundesstaaten. Keines der Gebäude in der Innenstadt ist höher als 34 Meter, so daß das Capitol mit seiner 55 Meter hohen Kuppel das Stadtbild beherrscht. Der Major Pierre Charles L'Enfant lieferte 1791 den Entwurf für die Stadtanlage, der aber nach dem Bürgerkrieg mißachtet wurde. Erst Ende des 19. Jahrhunderts wurde wieder ein Generalplan vorgelegt, der die historischen Vorgaben berücksichtigte. Hauptachse der Stadt ist die 500 Meter breite und 3,5 Kilometer lange parkartige Prachtstraße *The Mall,* die vom Hügel des Capitols *(geöffnet tägl. 9–15.45 Uhr)* im Osten bis zum Lincoln Memorial im Westen verläuft, wo Martin Luther King 1963 seine berühmte Rede „I have a Dream" gehalten hat. Vom Capitol aus in nordöstliche Richtung verläuft die Pennsylvania Avenue, an der das Weiße Haus liegt *(geöffnet Di–Sa 9–12 Uhr)*. Von hier aus verläuft bis zum Washington Monument eine Grünanlage, die die westliche Begrenzung des *Federal Triangle* genannten Bezirks bilden, in dem vorwiegend historische Regierungsgebäude stehen, die alle besichtigt werden können.

Diesen Stadtteil hatte L'Enfant von Beginn an „auf Zuwachs" geplant, so daß das damals noch kaum bevölkerte Washington als „Stadt der wundervollen Entfernungen" verspottet wurde. Heute wirkt die Anlage im Vergleich zu anderen Großstädten auffällig großzügig und grün.

Entlang der Mall befinden sich auch die großen National-Museen wie das National Museum of American History *(geöffnet tägl. Mai bis August 10–18.30, September bis Mai 10–17.30 Uhr)*, die National Gallery of Arts *(geöffnet Mo–Sa 10–17, So 11–18 Uhr)* und das Holocaust Memorial Museum *(geöffnet tägl. 10–17.30*

Grabmal des Unbekannten Soldaten in Arlington

Chesapeake and Ohio Canal in Georgetown

Uhr). Auf der Ostseite des Capitols befindet sich die 1897 eröffnete Library of Congress, mit rund 90 Millionen Büchern, Zeitschriften, Landkarten und Manuskripten die größte Bibliothek der Welt *(geöffnet Mo–Fr 8.30–21.30, Sa 8–17, So 13–17 Uhr).*

Nördlich des *Federal Triangle* liegt das historische Geschäftszentrum mit den wichtigsten Einkaufsstraßen, westlich davon am Potomac der Stadtteil Georgetown, bis 1878 eine eigene Kleinstadt und bedeutender Tabakhafen. Heute sind in den restaurierten Häusern viele Restaurants und Kneipen untergebracht, außerdem ist das Viertel eine teure Wohngegend. Südöstlich der Mall liegen dagegen besonders arme Wohnviertel.

Viele der weißen Regierungsangestellten wohnen außerhalb des Districts in Vororten, die weit nach Maryland oder Virginia hineinreichen. In dieser Metropolitan Area leben insgesamt rund drei Millionen Menschen.

Auch einige Regierungsbauten wie das Verteidigungsministerium Pentagon *(geöffnet Mo–Fr 9.30–15.30 Uhr)* liegen außerhalb der Grenzen des Districts am Südufer des Potomac. Südlich von Georgetown liegt im Potomac die Theodore-Roosevelt-Insel, ein Naherholungsgebiet, das nur über eine Fußgängerbrücke zu erreichen ist *(zugänglich tägl. 8 Uhr bis Sonnenuntergang).*

Massachusetts

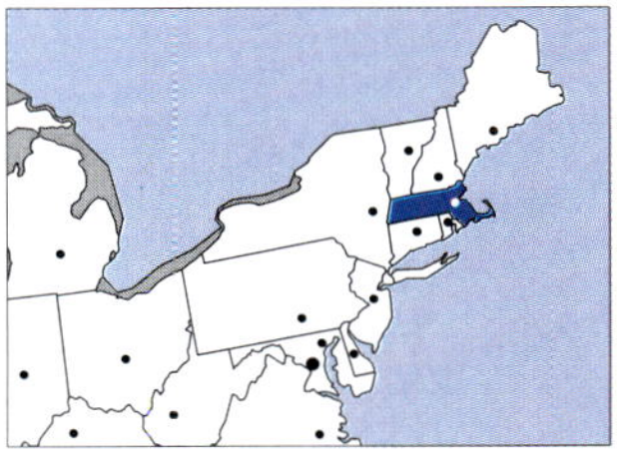

Massachusetts hat in der Geschichte der USA eine herausragende Rolle gespielt: 1620 landeten die Pilgrim Fathers, die eigentlich nach Virginia wollten, mit der *Mayflower* an der Halbinsel Cape Cod und gründeten Plymouth. Während der nächsten anderthalb Jahrhunderte entstanden hier prosperierende Siedlungen, die vor allem vom Seehandel, Fischfang und Schiffbau lebten. Hochburg des Seehandels war die nördlich der heutigen Hauptstadt Boston gelegene Hafenstadt Salem, gegründet 1626. Deren Segler befuhren die einträgliche Handelsroute ums Kap der Guten Hoffnung so häu-

Informationen
Massachusetts Office of Travel and Tourism, 100 Cambridge St, 13th Floor, Boston, MA 02202, Tel. 617-727-3201

fig und so zahlreich, daß viele ihrer Geschäftspartner in Indien und Fernost Salem für ein großes Land hielten. Im Peadbody Essex Museum, gegründet 1799, erinnern über 300 000 Ausstellungsstücke an die große Zeit der Handelssegler *(geöffnet Mo–Sa 10–17, So 12–17 Uhr, East India Square, Salem)*. Um 1692 wurde Salem zum Zentrum der Hexenverfolgung, über 20 Frauen wurden hingerichtet. Der religiöse Wahn, an den das Salem Witch Museum *(geöffnet tägl. 10–17 Uhr, Washington Square)* erinnert, endete erst, als die Frau des Gouverneurs der Hexerei beschuldigt wurde. Daraufhin ließ der alle als Hexen Eingesperrte frei.

Am 18. April 1775 begann in Massachusetts der amerikanische Unabhängigkeitskrieg. Die britischen Truppen zogen von Boston nach Concord, um dort Waffendepots der amerikanischen Revolutionäre auszuheben. Die waren aber vorgewarnt und zwangen die Briten nach mehreren Gefechten am folgenden Tag zum Rückzug. Die historische Battle Road zwischen Concord und Lexington kann besichtigt werden *(Battle Road Visitor Center, 15. Mai bis Oktober, geöffnet tägl.*

Ländliche Kirche in Massachusetts

9–17.30 Uhr, Route 2A, Lexington), ebenso das North Bridge Visitor Center *(geöffnet tägl. 8.30–17 Uhr, Liberty Street Lexington)*. In Lexington wird jedes Jahr im April an dem Montag, der dem 19. April am nächsten liegt, der Patriot's Day gefeiert: Mit einer symbolischen Nachstellung des Kampfes gegen die Briten morgens um 6 Uhr und einer großen Parade nachmittags um 14 Uhr.

In der Mitte des 19. Jahrhunderts kamen auf der Flucht vor der Kartoffelpest zahlreiche irische Immigranten nach Massachusetts, später gefolgt von Einwanderern aus Osteuropa, Italien, Portugal und Kanada. Die sozialen Spannungen zwischen den frühen, puritanischen Yankee-Siedlern, *Boston Brahmins* genannt, und den späteren, meist katholischen Zuwanderern wirken bis heute fort. Auf einer Fläche von knapp 27 400 Quadratkilometern leben mittlerweile gut sechs Millionen Menschen, die meisten in der Region um die Hauptstadt Boston. Hier ist auch die Eliteuniversität Harvard angesiedelt, die dem Staat den Ruf als intellektuelles Zentrum der USA eingetragen hat.

Massachusetts Klima	Temperatur Boston Max.	Min.	Niederschlag Boston mm	Niederschlagsarme Tage weniger als 0,3 mm Boston
Januar	2	–6	90	18
Februar	3	–5	80	18
März	7	–1	100	18
April	13	5	80	19
Mai	19	10	80	19
Juni	25	15	80	20
Juli	27	18	50	20
August	26	17	80	20
September	22	14	80	21
Oktober	17	8	80	21
November	11	4	90	20
Dezember	4	–3	80	19

Der Name Massachusetts geht auf die Ureinwohner, Algonquian-Indianer, zurück und bedeutet soviel wie *Großer Hügel.* Westlich des Connecticut River ist die Landschaft geprägt durch die zu den Appalachen gehörenden Berkshire Hills und Taconic Mountains, der höchste Berg ist Mount Greylock (1065 Meter). Östlich des Connecticut River liegt flaches, fruchtbares Küstenland. Eine hochspezialisierte Landwirtschaft, berühmt für die Preiselbeerzucht, ebenso wie Hummer- und Muschelzucht sind heute neben High-Tech- und Maschinenbau-Industrie wichtige Wirtschaftsfaktoren. Massachusetts ist der wirtschaftlich bedeutendste der New-England-Staaten.

Literatur
Arthur Miller: Hexenjagd, Fischer, Frankfurt a.M. 1996

Boston

Die Hauptstadt von Massachusetts trägt den Beinamen *Wiege der Freiheit*, weil in Boston zahlreiche Orte an wichtige Personen und Ereignisse des US-amerikanischen Unabhängigkeitskampfes erinnern. Die Altstadt, seit 1950 systematisch restauriert, ist nicht nach einem einheitlichen Bebauungsplan errichtet worden. Es gibt viele Grünanlagen. Der Boston Common Park, im Zentrum der Altstadt gelegen, wurde schon 1636 eröffnet. Bostons ältester Wolkenkratzer, das Gebäude der John Hancock Mutual Life Insurance (150 Meter), wurde erst 1949 errichtet, zuvor regelte ein Gesetz die einheitliche Bauhöhe. Der beste Aussichtspunkt ist der über 240 Meter hohe John Hancock Tower (Ecke Clarendon St./St. James Ave., U-Bahn Copley Square), benannt nach dem ersten Gouverneur von Massachusetts.

1630 ließen sich britische Siedler an der Mündung des Charles River in der Massachusetts Bay nieder. Sie nannten die Siedlung Boston nach der englischen Geburtsstadt ihres Anführers John Wintrop. Der Handel mit Stockfisch, getrocknetem Kabeljau *(Codfish)* brachte der Stadt schnellen Wohlstand. Die Bostoner errichteten dem „geheiligten Kabeljau“ sogar ein Denkmal, im Sitzungssaal

Informationen
Greater Boston Convention and Visitors Bureau, Prudential Plaza Tower, Suite 400, P.O.Box 490, Boston, MA 02199, Tel. 617-536-4100

North of Boston Convention and Visitors Bureau, P.O.Box 642, 248 Cabot St, Beverly, MA 01915, Tel. 508-921-4990, 800-742-5306, Fax 508-927-8108

Literatur
Apa Guides Boston, Apa Publication
Henry James: The Bostonians
Tim Locke/Gordon Isue: Boston – Neuengland, RV, München

Capitol in Boston

des heutigen State-House zu besichtigen *(geöffnet tägl.9–17 Uhr, U-Bahn Park Street)*. Um 1700 war der Bostoner Hafen der größte Warenumschlagplatz der britischen Kolonien Nordamerikas, heute ist er nach New York wieder der zweitwichtigste Importhafen der USA. Die britische Krone belastete die Wirtschaft in den Kolonien durch hohe Steuern und Zölle, die Bostoner protestierten mit Aufständen und Boykotten. Die Briten verstärkten ihre Militärpräsenz, es gab Schießereien wie das *Boston Massacre* (5. März 1770). Aus Protest gegen die britische Teesteuer warfen rund 100 als Indianer verkleidete Bostoner am 16. Dezember 1773 drei Schiffsladungen Tee in den Hafen. An der *Boston Tea Party Site and Ship* wird die Szene auf einer nachgebauten Brig dargestellt *(tägl. 9–18, im Winter 9–17 Uhr, U-Bahn South Station)*.

Der Freedom Trail, ein knapp drei Kilometer langer Fußweg, führt mit einer roten Markierung durch die Innenstadt an fast allen Sehenswürdigkeiten entlang, die für die amerikanische Unabhängigkeitsgeschichte bedeutsam sind *(Auskünfte: Boston Common Visitors Center, U-Bahn Park Station)*. Außerdem liegt an dieser Route das belebte Marktviertel Quincy Market. An der Boston African-American National Historic Site *(geöffnet tägl. 10–16 Uhr, U-Bahn Park St.)* beginnt der Black Heritage Trail zu wichtigen Stätten der afro-amerikanischen Bostoner wie dem 1805 gegründeten African Meeting House, der ersten Kirche der Schwarzen in den USA.

In Boston leben heute circa 500 000 Menschen, rund 3,6 Millionen im Großraum. Die Mehrheit ist irischer Abstammung, Italiener und Schwarze bilden bedeutende Minderheiten.

1704 wurde in Boston die erste Zeitung der USA gedruckt. Die Harvard Universität (gegr. 1636) und das Massachusetts Institute of Technology (gegr. 1861), in der Nachbarstadt Cambridge am Nordufer des Charles River gelegen, haben den kulturellen Ruf Bostons geprägt *(Auskünfte: Discovery Information Center, Mo–Sa 9–17 Uhr, U-Bahn Harvard)*.

Zu den berühmtesten Bostonern gehören Benjamin Franklin (1706–1790) und John F. Kennedy (1917–1963).

Literatur

Charlotte MacLeod: Ein schlichter alter Mann, DuMont, Köln
Charlotte MacLeod: Die Familiengruft, DuMont, Köln 1989
Charlotte Mac Leod: Der Rauchsalon, DuMont, Köln 1990
Naomi Miller: Boston Architecture, Prestel, München
John Updike: Ehepaare, Rowohlt, Reinbek
Viva Guide: Neuengland Boston, RV Verlag, München

Cape Cod

Informationen

Chamber of Commerce, Hyannis, MA 02601, Tel. 508-362-3225, Fax 508-362-3698

Die Halbinsel vor Plymouth ragt rund 105 Kilometer in den Atlantik hinein. Sie wird ihrer Form halber auch der „Starke Arm von Massachusetts“ genannt. Cape Cod ist landschaftlich abwechslungsreich: Der hügelige Westteil ist Ausläufer eines Appalachen-Bergzuges, die Mitte wurde durch eine eiszeitliche Endmoräne geformt, der Ostteil ist durch Dünen und Kiefernwälder geprägt. Hier wie auch an der nordwestlich gelegenen Cape Cod Bay gibt es langgezogene Sandstrände, die Ostküste steht unter Naturschutz *(Auskünfte: Salt Pond Visitor Center, tägl. 9–16.30 Uhr)*.

Cape Cod gehörte bis ins 17. Jahrhundert den Whampanoag Indianern, die Landwirtschaft betrieben und in den Ufergewässern Wale jagten. 1602 erkundete der englische Kapitän Bartholomew Gosnold die Gewässer und benannte die Halbinsel nach dem zahlreich vorkommenden Kabeljau *(Codfish)*. 1620 landeten die Pilgrim

Mühle und Fischerboote in Cape Cod

Fathers mit der *Mayflower* in der Nähe der heutigen Stadt Provincetown. Vom 77 Meter hohen Pilgrim Monument hat man einen guten Ausblick *(geöffnet tägl. 9–17 Uhr, im Sommer bis 19 Uhr)*. Neben Provincetown ist das südwestlich gelegene Hyannis ein beliebtes Ziel für Touristen aus dem gesamten Osten der USA. Im benachbarten Hyannisport besitzt die Familie Kennedy einen Sommersitz *(John F. Kennedy Hyannis Museum, geöffnet tägl. 10–16 Uhr)*. In Plymouth, 50 Kilometer nordwestlich von Hyannis, erinnert das Freilichtmuseum Plimoth Plantation an die erste Siedlung der Pilgerväter, Darsteller in originalgetreuen Kostümen führen durch die Anlage *(April bis November, tägl. 9–17 Uhr)*. Im Hafen liegt ein Nachbau der *Mayflower*.

Literatur

William Carpenter: Ein Hüter der Herden, Fischer, Frankfurt a.M. 1996

New Hampshire

Granit State, Granitstaat, ist der Beiname von New Hampshire. Vor allem der Norden des knapp 25 000 Quadratkilometer großen Staates ist von den Granitfelsen der White Mountains geprägt, die zu den nördlichen Appalachen gehören und durch eiszeitliche Gletscher geformt wurden. Der höchste Berg, nicht nur New Hampshires, sondern der ganzen New-England-Region, ist Mount Washington (1918 Meter). Auch die anderen Gipfel dieser Presidental Range genannten Bergkette, im Nordosten nahe der Grenze zu Maine gelegen, tragen die Namen berühmter US-Präsidenten. Die anderen Nachbarstaaten sind die kanadische Provinz Quebec im Norden, Vermont im Westen und Massachusetts im Süden. New Hampshire ist zu 80 Prozent von Wald bedeckt, sowohl Laubmischwald wie Nadelhölzer. Südlich der White Mountains liegt eine Seenlandschaft, deren Zentrum der 450 Kilometer lange, von vielen Inselchen durchsetzte, buchtenreiche Lake Winnipesaukee ist. Vor allem das direkt am Ufer gelegene

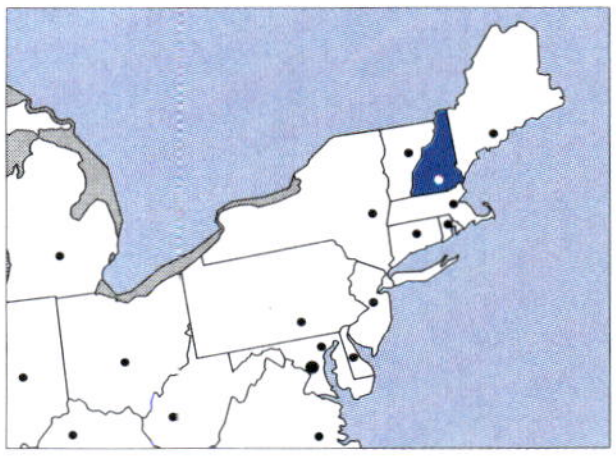

Informationen

Office of Travel and Tourism Development, 172 Pembroke Road, P.O.Box 1856, Concord, New Hampshire 03302-1856, Tel. 603-271-2343

Kunstvolles Ladenschild

Literatur

John Irving: Das Hotel New Hampshire, Diogenes, Zürich
John Irving: Owen Meany, Diogenes, Zürich
Thornton Wilder: Unsere kleine Stadt, Fischer, Frankfurt a.M. 1995

Städtchen Laconia zieht im Sommer viele Touristen an (Interstate 93). Die Täler der White Mountains, *notches* genannt, waren schon um die Jahrhundertwende beliebte Ziele wohlhabender Städter. 1911 ließ sich der Industrielle Thomas Gustav Palnt seine 16-Zimmer-Villa Castle in the Clouds vollständig ohne Nägel erbauen. Von der Villa aus hat man gute Aussicht über den See *(State Road 171, geöffnet Juni bis Mitte Oktober, tägl. 10–16 Uhr)*.

Heute gibt es hier viele Skigebiete. Im Sommer ist die Gegend bei Mountainbikern beliebt. Ein touristisches Wahrzeichen ist *Old Man of Mountains,* ein natürliches Felsenprofil, das an das Gesicht eines alten Mannes erinnert *(Interstate 93, nahe Lincoln)*.

New Hampshires Küstenstreifen ist nur 30 Kilometer lang, die Hafenstadt Portsmouth, bis ins 19. Jahrhundert ein wichtiger Handelshafen, ist heute industrielles Zentrum. Der Schiffbau spielt ebenso wie der Granitabbau keine wirtschaftliche Rolle mehr. In New Hampshire werden weder Einkommens- noch Verkaufssteuern erhoben, was den Staat für den Handel ebenso attraktiv macht wie für Immobilienbesitzer und für einkaufende Touristen.

Insgesamt leben hier gut eine Million Menschen, 95 Prozent Weiße, davon nur knapp 60 Prozent in Städten. Die größte Stadt ist Manchester mit knapp 100 000 Einwohnern, Hauptstadt ist Concord.

Im Gebiet des heutigen New Hampshire lebten ursprünglich die Völker der Abenakis und Penacooks, die zum Volk der Algonquins zählten. Um 1605 entdeckte Samuel de Champlain die Gegend. Als 20 Jahre später die ersten weißen Siedler folgten, schleppten sie Epidemien ein, die die Ureinwohner stark dezimierten, bevor sie militärisch besiegt wurden. Bis 1679 gehörte New Hampshire, benannt nach der gleichnamigen englischen Grafschaft, zur Kolonie Massachusetts, wurde dann eigenständige Kolonie und sagte sich 1776 als erste vom britischen Mutterland los. Die Parole *Live Free or Die* – in Freiheit leben oder sterben – ist heute auf jedem Autokennzeichen des Bundesstaates eingeprägt. New Hampshire gehört zu den Gründerstaaten der USA. Im Januar jedes Wahljahres finden hier die ersten Vorwahlen statt, die als politisches Trendbarometer gelten.

New Hampshire Klima	**Temperatur** Mount Washington Max.	Min.	**Niederschlag** Mount Washington mm	**Niederschlagsarme Tage** weniger als 0,3 mm Mount Washington
Januar	–7	–17	110	12
Februar	–8	–16	110	12
März	–7	–15	150	12
April	–2	–8	150	12
Mai	4	–2	160	12
Juni	11	4	230	13
Juli	13	7	260	13
August	12	6	220	14
September	8	2	210	15
Oktober	3	–3	190	17
November	–3	–9	170	11
Dezember	–8	–15	130	11

Concord

Die um 1720 am Westufer des Merrimack Flusses gegründete Siedlung trug ursprünglich den indianischen Namen Penacook. Übersetzt bedeutet es soviel wie gekrümmter Ort und bezieht sich auf den verschlungenen Flußverlauf des Merrimack.
Der Nachbarstaat Massachusetts beanspruchte die fruchtbare Flußebene in den folgenden Jahren für sich. 1765 wurden die Grenzstreitigkeiten friedlich beigelegt und die Siedlung zum Gedenken in Concord – Eintracht – umbenannt. 1808 löste Concord Portsmouth als Hauptstadt New Hampshires ab.
Damals waren Granitabbau, Druckgewerbe und der Bau von Kutschen die Haupteinnahmequellen der Stadt. Eine dieser Reisekutschen, die als besonders stabil galten, ist im Historical Society Museum ausgestellt *(Eagle Square, Di–Sa 9.30–17 Uhr, Do bis 20.30, So 12–17)*.

Heute sind die rund 36 000 Einwohner der Stadt vor allem in der Verwaltung, dem Versicherungsgewerbe und der umliegenden Landwirtschaft beschäftigt.

Wegen des fruchtbaren Bodens hatte sich rund 20 Kilometer nördlich von Concord 1780 eine Gemeinde der Shaker Sekte angesiedelt. Die Shaker lebten mit dem Anspruch, aus ihren Siedlungen wirtschaftlich autarke Kommunen zu machen, propagierten die Gleichberechtigung der Geschlechter und die Aufhebung der Rassendiskriminierung. Das letzte Mitglied der Kommune, Schwester Ethel Hudson, verstarb 1992 im Alter von 96 Jahren.

Heute ist Cantabury Shaker Village ein Freilichtmuseum *(geöffnet Mai bis Oktober tägl., im Winter Fr–So 10–17 Uhr, Interstate 93)*.

Informationen

Chamber of Commerce, Concord, New Hampshire 03301, Tel. 603-224-2508

New York

Das Landschaftsbild des 128 401 Quadratkilometer großen Bundesstaates ist wesentlich durch Flüsse und Seen geprägt. In nordwestlicher Richtung bilden der Ontario-See und der Erie-See die natürliche Grenze zu Kanada, parallel der westlichen Staatsgrenze verläuft der Hudson River, an dessen Mündung New York City liegt. Im Nordwesten nahe der Stadt liegen die elf fingerförmigen Seen, Finger Lakes, nordöstlich davon beginnt das waldreiche Adriondack Gebirge.

Ebenfalls mit zahlreichen kleinen Flüssen und Seen durchsetzt, ist es ein beliebtes Freizeitgebiet. Hier liegt auch der olympische Wintersportort Lake Placid. Im Winter kommt es zu Kaltlufteinbrüchen aus dem Norden, und es schneit viel, ansonsten gilt das Klima als gemäßigt kühl. Geologisch zählt das Gebirge zur eiszeitlichen Formation des kanadischen Schildes. Mount Marcy ist mit 1630 Metern der höchste Punkt des Staates New York.

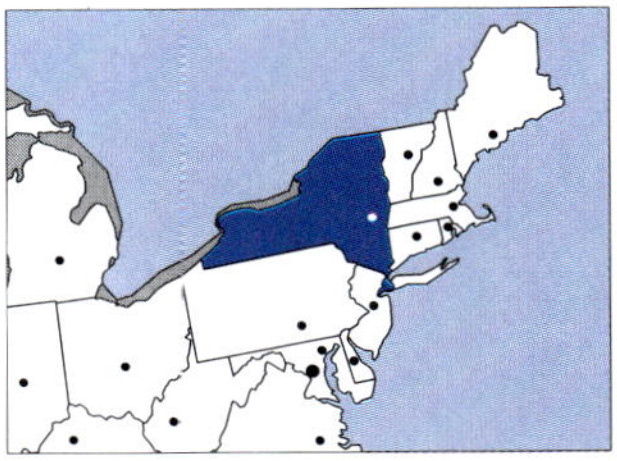

Informationen

New York State Division of Tourism, One Commerce Plaza, Albany, NY 12245, Tel. 518-474-4116

Menschen in New York

Literatur

Apa Guides New York, Apa Publications
Paul Auster: Die New York Trilogie, Rowohlt, Reinbek
Edward Albee: Die Zoogeschichte
Baedeker: New York , Karl Baedeker Verlag, Ostfildern
Mac Bean: New York – Im Herzen der City, Karl Müller Verlag, Erlangen
Lester Brooks: New York, RV, München
Truman Capote: Frühstück bei Tiffany und andere Erzählungen, Ullstein, Berlin 1991
John Dos Passos: Manhattan Transfer, Rowohlt, Reinbek 1996
dtv-Merian: New York, dtv, München
F.Scott Fitzgerald: Der große Gatsby, Diogenes, Zürich 1974
GEO-Special: New York, Gruner und Jahr, Hamburg
Oskar Maria Graf: Die Flucht ins Mittelmäßige, dtv, München 1983
Harenberg City Guide New York, Harenberg
Ben Hecht: 1001 Nachmittage in New York, Insel, Frankfurt a.M. 1992
Siri Hustvedt: Die unsichtbare Frau, Rowohlt, Reinbek
Tama Janowitz: Großstadtsklaven, Kiepenheuer & Witsch, Köln
Tama Janowitz: Ein Kannibale in Manhattan, Goldmann, München 1991

Im Südwesten befinden sich die zu den Appalachen gehörenden Catskill Mountains. 1000 Quadratkilometer dieser schluchtenreichen Gebirgslandschaft sind als Catskill Park unter Naturschutz gestellt.In der Nähe der heutigen Bundeshauptstadt Albany gründeten 1623 niederländische Siedler die Kolonie Neu Holland. Bis dahin war das Land hauptsächlich von Mohawk-Indianern besiedelt.

1664 übernahmen die Engländer unter Führung des Herzogs Jakob von York die Kolonie. Auf ihn geht auch der Staatsname zurück. 1788 wurde New York elfter Gründungsstaat der USA. In den Flußtälern des Mohawk und des Hudson wurde schon früh Industrie angesiedelt, die mit Wasserkraft arbeitete. 1825 wurde der Erie-Kanal eröffnet, der den Hudson mit dem Erie-See verband und so den Wasser-Transportweg nach Westen öffnete. Die am Zusammenfluß von Mohawk, Hudson und dem Kanal gelegene Hauptstadt Albany, die schon vorher ein wichtiger Hafen und Pelzhandelsort gewesen war, wurde ein Zentrum der Holzwirtschaft. Im nahegelegenen Kurort Saratoga Springs, der noch heute als besonders elegant

New York Klima	**Temperatur** New York Max.	Min.	Albany Max.	Min.	**Niederschlag** mm Florence	Montgomery	**Niederschlagsarme Tage** weniger als 0,3 mm Florence	Montgomery
Januar	3	–3	0	–9	90	60	18	17
Februar	4	–3	0	–9	90	60	18	17
März	9	1	6	–3	90	70	18	18
April	16	6	13	3	80	70	19	18
Mai	22	12	21	9	80	70	19	18
Juni	27	17	26	14	80	90	20	18
Juli	29	20	28	17	110	90	18	18
August	28	19	27	16	110	90	20	19
September	26	16	23	12	90	90	21	20
Oktober	19	11	16	6	90	70	21	20
November	12	5	8	0	80	70	21	19
Dezember	5	–2	2	–6	90	60	20	19

gilt, erholten sich die reichen Geschäftsleute. Seit 1932 können Hochseeschiffe den Erie-Kanal passieren. Albany hat heute etwa 115 000 Einwohner und ist weiterhin wichtiger Verkehrsknotenpunkt. Abgesehen von New York City sind Buffalo mit rund 350 000 Einwohnern und Rochester mit 241 000 Einwohnern die größten Städte. Insgesamt leben 85 Prozent der 18 Millionen Einwohner des Bundesstaates New York in Städten.

Die wichtigsten Industrieprodukte sind Druckerzeugnisse und Textilien. Die Landwirtschaft produziert vor allem für die Eigenversorgung der urbanen Bevölkerung.

Dünn besiedelt und ländlich geprägt ist die Gegend westlich von Albany. Hier, zwischen bewaldeten Hügeln und grünen Ebenen, siedelte der Autor James Fenimore Cooper (1789–1851) seine Lederstrumpfgeschichten an, weshalb die Gegend auch immer noch Leatherstocking District heißt. Die von seinem Vater gegründete Kleinstadt Cooperstown gilt zudem noch als Geburtsstadt des amerikanischen Nationalsports Baseball. Die Baseball Hall of Fame erinnert an Helden wie Babe Ruth.

Die Freiheitsstatue, ein Geschenk Frankreichs

Greater New York

Zum Stadtgebiet von New York gehören neben Manhattan vier weitere Stadtteile, *Boroughs* genannt. Außer der Bronx liegen sie alle auf Inseln, die durch zahlreiche Brücken und einige Tunnel miteinander verbunden sind.

Der bevölkerungsreichste Stadtteil ist das 197 Quadratkilometer große Brooklyn, wo etwa 2,3 Millionen Menschen leben. Die 1883 fertiggestellte, im neugotischen Stil erbaute Brooklyn Bridge war die erste Brücke nach Manhattan und funktioniert ohne grundlegende Veränderungen an der Konstruktion bis heute. Brooklyn ist ein stark durchmischter Stadtteil, neben Wohn-, Geschäfts- und Vergnügungsvierteln gibt es auch ausgedehnte Gewerbe- und Industrieansiedlungen. Der 231 Hektar große Prospect Park wurde wie der Central Park in Manhattan Mitte des 18. Jahrhunderts von Frederick Law Olmsted entworfen. Hier befindet sich auch der Botanische Garten *(geöffnet Di–Fr 8–18, Sa und So 10–18 Uhr, Oktober bis März nur bis 16.30 Uhr)* und das Brooklyn Museum mit bedeutenden Sammlungen nah- und fernöstlicher Kunst *(geöffnet Mi–Sa 10–17 Uhr)*.

Brooklyns Strände Coney Island, Brighton Beach und Manhattan Beach sowie der Yachthafen Sheepshead Bay sind beliebte Naherholungsgebiete.

Die Bronx ist derjenige Stadtteil New Yorks, der am stärksten durch soziale Gegensätze bestimmt ist. In den Luxusvillen am Ufer des Hudson, der Upper Bronx, leben reiche Weiße. Die Häuserruinen der South Bronx sind die Slums verarmter Schwarzer und Hispanics. Insgesamt wohnen in diesem Stadtteil circa 1,8 Millionen Menschen.

Der Zoo in diesem Quartier ist mit vielen Freigehegen einer der großen der USA, außerdem befindet sich in der South Bronx das Yankee Stadion, das größte Baseball-Stadion New Yorks. In der

Natalie John: Gebrauchsanweisung für New York, Piper Verlag, München

Knaurs Stadtführer Manhattan, Droemer Verlag, München

Let's Go New York, McMillan

Vanessa Letts: New York, Codagan

Bruin Mayor: New York, Prestel, München

Merian New York, Hoffmann und Campe, Hamburg

Christine Metzger: New York, Vista Point, Köln

Arthur Miller: Der Tod eines Handlungsreisenden, Fischer, Frankfurt a.M.

Anne Quirin: New York für Frauen, Elster Verlag, Zürich

Philip Roth. Zuckermanns Befreiung, Rowohlt, Reinbek

Mick Sinclair: New York, RV, München

Isaac B. Singer: Der Kabbalist vom East Broadway, dtv, München 1978

Werner Skrentny: New York, DuMont, Köln

Hermann Teifer: New York Artelines, Artelines Verlag

Jörg von Uthmann: New York für Fortgeschrittene, Hoffmann Verlag

Werner W. Wille: Anders reisen – New York, Rowohlt, Reinbek

Radio City Music Hall in New York

Hall of Fame for Great Americans, die auf einem Campus in der Upper Bronx liegt, werden 100 bedeutende US-Bürger geehrt.

Queens, wie Brooklyn auf der Insel Long Island, ist in erster Linie ein Wohnviertel der überwiegend weißen Mittelschicht. Hier stehen viele der charakteristischen Brownstone-Reihenhäuser. Die Jamaica Bay mit der Halbinsel Rockaway ist geprägt durch ihre verschiedenen Badeorte. Der Stadtteil Richmond auf der Insel Staten Island ist mit 352 000 Einwohnern der am wenigsten dicht besiedelte Teil New Yorks.

Seit 1964 verbindet die 4,2 Kilometer lange und 1,3 Kilometer breite Verazzano-Brücke, eine der größeren Hängebrücken der Welt, Staten Island mit Brooklyn. Vorher war die Gegend noch deutlich ländlich geprägt. Das Freilichtmuseum Richmondtown Restoration veranschaulicht die Baugeschichte typisch amerikanischer Dörfer vom 17. Jahrhundert bis heute. Von der Staten-Island-Fähre, die rund um die Uhr alle halbe Stunde nach Manhattan und zurück fährt, hat man die beeindruckenste und preiswerteste Aussicht auf die Skyline von Manhattan und die Freiheitsstatue.

Manhattan

Informationen

New York City Convention and Visitors Bureau, 2 Columbus Circle, New York, NY 10019-1823, Tel. 212-397-8222

Fund for the Borough of Brooklyn, 16 Court St., Room 809, Brooklyn, New York, NY 11201, Tel. 718-855-7882

An der Mündung des Hudson River liegt New York City, mit über sieben Millionen Einwohnern die drittgrößte Stadt der Welt. Ihr wirtschaftliches und kulturelles Zentrum ist die von den Flüssen Hudson, East River und Harlem umgebene Insel Manhattan. Auf einer Fläche von 58 Quadratkilometern leben rund 1,5 Millionen Menschen. Der Granitsockel der Insel machte es möglich, bis zu 400 Meter hohe Wolkenkratzer zu bauen. Hauptstraßen Manhattans sind die in Süd-Nord-Richtung verlaufende 5th Avenue und der nach einem ehemaligen Indianerpfad angelegte Broadway, der als kurvige Süd-Nord-Diagonale verläuft. Nach einem Generalplan von 1811 sind die sonstigen Straßen Manhattans schachbrettartig angelegt, nur wenige ältere Straßenzüge im Südwesten bilden unregelmäßige Ausnahmen.

Manhattan gliedert sich von Süd nach Nord in die Bereiche Downtown, Midtown und Uptown. Zu Downtown zählen alle Bezirke südlich der 14. Straße, unter anderem der um die Wall-Street gelegene Financial District, der nur gut zweieinhalb Quadratkilometer groß ist, aber als wichtigster Finanzplatz der Welt auch die höchsten Grundstückspreise hat. Deshalb finden sich hier auch die höchsten Wolkenkratzer, wie die 420 Meter hohen Zwillingstürme des World Trade Center, von dessen Aussichtsplattform im 107. Stockwerk man die ganze Insel überblicken kann *(geöffnet Juni bis September 9.30–23.30 Uhr, Oktober bis Mai 9.30–21.30 Uhr)*. Vier Kilometer vor der Südwestspitze Manhattans steht auf einer Felseninsel die Freiheitsstatue, auf der benachbarten Insel Ellis Island erinnert ein Museum an die Geschichte der Einwanderung *(geöffnet Mo–Fr 9–15.30 Uhr, Sa–So 9–16.30 Uhr)*.

An der Südspitze Manhattans entstand ab 1613 das erste wichtige Handelszentrum der niederländischen Siedler, 1664 wurde die Stadt den Engländern übergeben und nach dem Herzog von York New York benannt. Zum heutigen Downtown Manhattan zählen Little

Italy, das benachbarte expandierende Chinatown, Triangle Below Canal Street, abgekürzt TriBeCa, mit denkmalgeschützten Art-Deco-Gebäuden und SoHo, was als Abkürzung für South of Houston steht. Hier finden sich zahlreiche gußeiserne Fertighäuser aus dem 19. Jahrhundert. Lower East Side war um 1900 das am dichtesten besiedelte Wohnviertel der Welt, hier lebten hauptsächlich arme jüdische Einwanderer, heute sind es vorwiegend Hispanics und Asiaten. Der größte Teil der heutigen Bebauung entstand nach dem Zweiten Weltkrieg. East Village war im 19. Jahrhundert teures Geschäftsviertel, heute wohnen und arbeiten hier viele Künstler, die die hohen Mieten im benachbarten Greenwich Village nicht mehr bezahlen können.

Nördlich der 14. Straße bis zum Central Park erstreckt sich Midtown Manhattan. Hierzu zählt der Garmet District, das traditionelle Viertel der Mode und Bekleidungsindustrie, die noch heute ein wichtiger Wirtschaftszweig ist. Außerdem das Theater-Viertel rund um den Times Square und Midtown East, wo viele der bedeutenden Museen und das Empire State Building stehen. In Chelsea und Turtle Bay gibt es noch zahlreiche denkmalgeschützte Wohnhäuser der zwanziger und dreißiger Jahre. Uptown Manhattan beginnt nördlich der 59. Straße. Der zum Houston gelegene Teil Upper West Side hat eine durchmischte Bevölkerung, während die östlich des Central Parks gelegene Upper East Side das Wohnviertel der reichen Weißen ist. Nördlich des Central Parks schließt sich Harlem an, das in Black und Spanish Harlem unterteilt wird, noch weiter nördlich die Wohnviertel Washington Heights und Inwood, wo vorwiegend Juden und Einwanderer aus der dominikanischen Republik leben.

Der Name Manhattan geht auf die ursprünglich hier lebenden Manna-Hatta-Indianer zurück, denen die Niederländer die Insel für Glasperlen im Wert von 24 Dollar abkauften.

Skyline von New York

Niagara Falls

Die Stadt Niagara Falls liegt im äußersten Nordwesten des Bundesstaates New York. Sie ist die eine Hälfte einer durch drei Brücken verbundenen Zwillingsstadt, deren anderer Teil zur kanadischen Provinz Ontario gehört. Weltberühmt ist Niagara Falls wegen der drei Millionen Liter Wasser, die hier jede Sekunde 60 Meter in die Tiefe stürzen. Die Niagarafälle zählen zu den sieben Natur-Weltwundern. Die auf kanadischer Seite gelegenen Horseshoe Falls (Hufeisen-Fälle), die wegen ihrer gebogenen Form so genannt werden, sind fast 640 Meter lang.

Die zum New Yorker Territorium zählenden American Falls bilden eine 330 Meter lange gerade Linie und liegen etwas weiter nordöstlich. Getrennt werden beide Fälle durch die Insel Goat Island, die mit der amerikanischen Seite von Niagara Falls durch eine Brücke verbunden ist. Von hier führen Holzstege in unmittelbare Nähe beider Wasserfälle. Regenzeug wird bereitgestellt. Außerdem können die Wasserfälle per Boot oder Hubschrauber besichtigt werden. Auf beiden Seiten gibt es zahlreiche Aussichtspunkte. Den Fällen schließt sich eine 80 bis 300 Meter breite Schlucht mit zahlreichen

Informationen

Convention and Visitors Bureau, 354 Third St., Niagara Falls, NY 14303, Tel. 716-285-2400

Welcome Center, 4th/ Niagara St., Tel. 716-284-200

kleinen Stromschnellen und Strudeln an, parallel dazu gibt es einen Wanderweg. Der Niagara-Fluß verbindet den Erie-See mit dem Ontario-See. Die hier angesiedelten Wasserkraftwerke erzeugen zusammen eine Energieleistung von drei Millionen Kilowatt. Vor der Nutzung der Wasserkraft stürzte fast doppelt soviel Wasser hinunter wie gegenwärtig. Durch die Reduzierung wurde aber auch die Erosion eingedämmt.

Erstmals schriftlich erwähnt wurden die Niagarafälle im Jahr 1678. Seitdem haben immer wieder Menschen versucht, sich vom Wasser mitreißen zu lassen. An sie erinnert das Niagara Daredevil Museum auf der kanadischen Seite von Niagara Falls.

Literatur
Jose Maria de Herediay Campuzano: Al Niagara, 1824

Pennsylvania

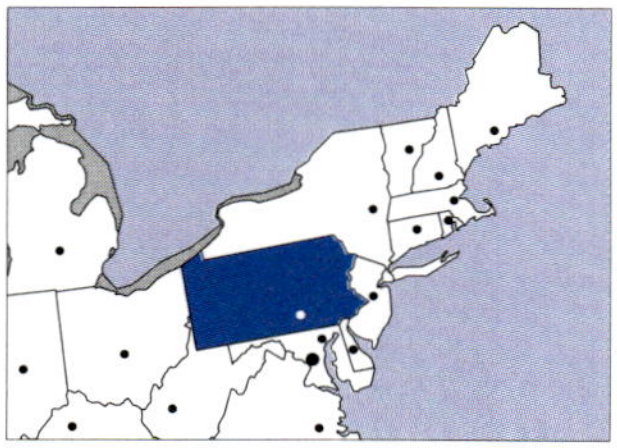

Informationen
Office of Travel and Tourism, Department of Commerce, Forum Building, Room 453, Harrisburg, PA 17120, Tel. 717-787-5453, Fax 717-234-4560, Internet http://www.state.pa.us

Der Name des knapp 120 000 Quadratkilometer großen Bundesstaates geht auf den englischen Quäker William Penn zurück, der das Land 1681 von der britischen Krone bekam, um eine eigenständige Kolonie zu gründen. Übersetzt bedeutet Pennsylvania soviel wie *Penns Wälder.* Noch heute ist rund die Hälfte der hügeligen Landschaft von Laub- und Nadelwäldern bedeckt. Die als liberal und tolerant geltende Quäkerkolonie zog viele religiöse Dissidenten aus Europa und anderen Kolonien an, die die Ureinwohner, Irokesen und Algonquian-Indianer, schließlich vertrieben. Der größte Teil der neuen Siedler waren Mennoniten aus den Niederlanden, Deutschland und der Schweiz. Noch heute heißt das Gebiet um Lancaster im Südosten Pennsylvanias *Dutch Country,* wobei Dutch nicht Niederländisch, sondern Deutsch meint.

Zahlreiche Nachfahren der deutschstämmigen Religionsgemeinschaften der Mennoniten, Hutterer und Amish leben hier noch nach den überlieferten Regeln ihres Glaubens. Vor allem die Amish bil-

Pennsylvania Klima	**Temperatur** Philadelphia Max.	Min.	Pittsburgh Max.	Min.	**Niederschlag** Philadelphia mm	Pittsburgh	**Niederschlagsarme Tage** weniger als 0,3 mm Philadelphia	Pittsburgh
Januar	4	–4	3	–4	80	80	18	14
Februar	6	–4	4	–4	80	70	17	14
März	11	0	9	0	80	80	18	15
April	17	6	17	6	80	80	19	17
Mai	23	11	22	11	80	100	19	17
Juni	29	17	27	16	100	100	20	18
Juli	31	19	29	18	100	100	19	18
August	29	18	28	17	100	80	19	20
September	26	14	25	13	80	80	22	21
Oktober	20	8	19	7	80	50	22	20
November	13	3	11	2	80	50	21	18
Dezember	6	–3	4	–3	90	70	20	16

den weitgehend autarke landwirtschaftliche Gemeinschaften mit eigenem Dialekt und eigenen Schulen. Im Amish Homestead, einem Haus aus dem 18. Jahrhundert, erklären die Farmer, wie ihr Leben ohne Anschluß ans Strom- oder Telefonnetz und ohne Auto funktioniert *(geöffnet tägl. 9–17 Uhr)*. Das älteste Gebäude der Gegend, das von Mennoniten errichtete Hans Herr Haus, kann ebenfalls besichtigt werden *(geöffnet April bis Dezember Mo–Sa 9–17 Uhr)*.

Mit dem Zuzug irischer und schottischer Siedler seit Anfang des 18. Jahrhunderts verloren die konservativen Deutschstämmigen an politischem Einfluß, liberale Kräfte unter Benjamin Franklin setzten sich durch. Im amerikanischen Bürgerkrieg verlief in Pennsylvania eine wichtige Front. In der Schlacht bei Gettysburg (1863) wurden die Südstaaten entscheidend geschlagen. Nach dem Ende des Bürgerkrieges kamen zahlreiche Einwanderer aus Italien und Osteuropa nach Pennsylvania. Heute leben hier circa zwölf Millionen Menschen, zu 90 Prozent Weiße.

Der Westen des Staates wurde das Zentrum der amerikanischen Schwerindustrie. In den Ausläufern der Appalachen, die eine maximale Höhe von 980 Metern erreichen, baute man bis ins frühe 20. Jahrhundert große Mengen Anthrazitkohle ab. 1859 fand man in Titusville erste Erdölvorkommen. Seit 1849 führt eine Eisenbahnlinie, Pennsylvania Railroad, über die Berge. So konnte die Kohle schnell zum nördlich gelegenen Erie-See und von dort aus weiter nach Westen und Norden transportiert werden. Heute, nach der weltweiten Krise im Kohle- und Stahlbereich, sind die chemische und pharmazeutische Industrie, Ölraffinerien und der Maschinenbau wichtige Wirtschaftsfaktoren. Das feuchte Kontinentalklima begünstigt die in Viehzucht und Ackerbau gleichermaßen hochentwickelte Landwirtschaft. Pennsylvanias Hauptstadt ist Harrisburg. Die größte Stadt ist das an der Delaware Bay gelegene Philadelphia, wo 1774 der erste Kontinentalkongreß tagte und 1776 mit dem Läuten der Liberty Bell die Unabhängigkeit der USA erklärt wurde.

Literatur

Joyce Carol Oates: Im Zeichen der Sonnenwende, DVA, Stuttgart 1990

R. L. Stine: Abergläubisch, Goldmann, München 1997

Gettysburg

Gettysburg liegt im Süden Pennsylvanias, nahe der Grenze zu Maryland, im Zentrum eines Obst- und Gemüseanbaugebietes. Es ist heute eine kleine College-Stadt mit 7000 Einwohnern. 1863, vom ersten bis dritten Juli, fand hier die entscheidende Schlacht des amerikanischen Bürgerkriegs statt. Die Truppen der Union unter dem Kommando von General Meade hinderten die Konföderierten unter Führung von General Lee daran, weiter nach Norden vorzudringen. Über 50 000 Soldaten starben oder wurden verletzt. Am 19. November des gleichen Jahres wurde auf dem Schlachtfeld der Nationalfriedhof – National Cemetery – eingeweiht. 4000 Gefallene wurden hier bestattet, und Präsident Abraham Lincoln hielt eine gerade zwei Minuten dauernde Ansprache, die als *Gettysburg Adress* in die Geschichte eingegangen ist. Er forderte die US-Bürger auf, die gemeinsame Zukunft des Landes so zu gestalten, „daß diese Toten nicht vergebens gestorben sind". Das gut 60 Quadratkilometer große Schlachtfeld ist heute militärischer Nationalpark, National Military

Reiterstandbild von General Hancock in Gettysburg

Park, mit knapp 1500 gekennzeichneten Sehenswürdigkeiten *(Informationsbüro tägl. 8–18 Uhr geöffnet)*. Den besten Überblick hat man vom 300 Meter hohen National Tower *(geöffnet Ostern bis August tägl. 9–18.30, September bis November 9–17.30 Uhr)*.

Der 34. Präsident der USA, Dwight D. Eisenhower, bewohnte mit seiner Frau eine noch erhaltene Farm in unmittelbarer Nachbarschaft des National Military Park.

Informationen

Gettysburg Travel Council, 35 Carlisle St., Dept 507, Gettysburg, PA 17325, Tel. 717-334-1124

Gettysburg National Military Park, P.O. Box 1080, Taneytown Rd., Gettysburg, PA 17325, Tel. 717-334-1124

Harrisburg

Die Hauptstadt Pennsylvanias liegt im Südosten des Staates am Ostufer des Susquehanna River. Hier kreuzen sich neben diversen Highways die Bahnstrecken Philadelphia–Chicago und New York–New Orleans. Harrisburg ist ein Verkehrs- und Handelszentrum. Außerdem werden Eisen, Stahl und Aluminium produziert und verarbeitet. Die Lebensmittelindustrie hat sich auf die Produktion von Fleischkonserven spezialisiert. Heute leben hier gut 50 000 Menschen. Um 1710 gründete der Engländer John Harris in der Gegend einen Handelsposten, der ab 1727 mit Deutschen, Schotten und Iren besiedelt wurde. Bei der offiziellen Gründung 1785 wurde die Stadt nach dem französischen König Ludwig XVI. Louisburg genannt. Nachdem die Stadt 1812 zur Hauptstadt Pennsylvanias wurde, setzte sich dennoch der Name Harrisburg durch – möglicherweise weil hier 1839 William Henry Harrison zum US-Präsidenten nominiert wurde. Im 1766 erbauten, restaurierten Wohnhaus des Stadtgründers, John Harris Manison, können heute Möbel des 18. Jahrhunderts und indianisches Handwerk besichtigt werden *(geöffnet Mo–Fr 10–16 Uhr)*. Im Downtown Park, der historischen Altstadt, befindet sich das 1897 erbaute Capitol *(geöffnet Mo–Sa 9–16 Uhr)* und das William Penn Memorial Museum mit zahlreichen Ausstellungen zur Geschichte Pennsylvanias *(geöffnet Di–Sa 9–17, So 12–17 Uhr)*.

Auf der 16 Kilometer entfernten Susquehanna-Insel Three Miles Island steht die Ruine des Atomkraftwerkes, dessen Reaktorunfall Harrisburg 1979 weltbekannt gemacht hat.

Informationen

Harrisburg-Hershey-Carlisle Tourism and Convention Bureau, 114 Walnut St., P.O. Box 969, Harrisburg, PA 17108-0969, Tel. 717-232-1377, Fax 717-232-4364

Philadelphia

Die größte Stadt Pennsylvanias wurde 1683 von William Penn an der Mündung des Delaware River gegründet. Schon damals legten Penn und sein Landvermesser Thomas Holme das schachbrettartige Straßensystem und die fünf öffentlichen Plätze an, die bis heute das Bild der Altstadt bestimmen. Als Philadelphia 1701 die Stadtrechte erhielt, wohnten hier 4500 Menschen. Jetzt sind es knapp 1,6 Millionen, davon fast 40 Prozent Schwarze. Im Stadtteil Germantown ließen sich 1683 deutsche Quäker unter Führung von Daniel Pastorius nieder, 1688 ging von hier erster Widerstand gegen den Sklavenhandel aus. Nach dem Sezessionskrieg ließen sich Schwarze aus den Südstaaten in Philadelphia nieder, dessen Name, aus dem Griechischen abgeleitet, *Stadt der brüderlichen Liebe* bedeutet (Afro

Informationen

Philadelphia Convention and Visitors Bureau, 1515 Market Street, Suire 2020, Philadelphia, PA 19102, Tel. 215-636-1666, Fax 215-636-3403

American Museum, *geöffnet Di–Sa 10–17, So 12–18 Uhr).* Von 1723 bis zu seinem Tod 1790 lebte Benjamin Franklin in Philadelphia und beeinflußte das geistige und politische Leben entscheidend. Er gründete 1740 die Universität, war Herausgeber mehrerer Publikationen und Gründungsmitglied der American Philosophical Society. An Franklins naturwissenschaftliche Leistungen, wie die Erfindung des Blitzableiters, erinnert das nach ihm benannte Science Museum and Planetarium *(geöffnet Mo–Fr 9.30–16.30, Sa–So 10–17 Uhr).* Die 1805 gegründete Academy of Fine Arts gilt als ältestes Kunstmuseum der USA mit ausschließlich einheimischer Kunst *(geöffnet Di–Sa 10–17, So 11–17 Uhr).* Das 1927 in Form eines griechischen Pantheons errichtete Philadelphia Museum of Arts enthält mehrere Sammlungen internationaler Kunst *(geöffnet Mi–So 10–17 Uhr).*

1774 war Philadelphia eine 40 000-Einwohner-Stadt mit Straßenbeleuchtung und öffentlicher Wasserversorgung. In der Independence Hall trafen sich Vertreter aller britischen Kolonien zum ersten Kontinentalkongreß, zwei Jahre später, am 4. Juli, nahm der gleiche Kongreß beim Läuten der Freiheitsglocke hier die Unabhängigkeitserklärung an. Daraufhin besetzten britische Truppen von 1777 bis 1778 die Stadt, am 17. September 1787 konnte der Kongreß in Philadelphia die Verfassung verabschieden. Liberty Bell, Independence Hall und einige andere für die Unabhängigkeitsgeschichte bedeutende Bauten sind anläßlich der 200-Jahr-Feiern der USA 1976 restauriert und zum Independence National Historical Park zusammengeschlossen worden *(geöffnet tägl. 9–18, September bis Mai 9–17 Uhr).* Bis 1799 war Philadelphia Hauptstadt von Pennsylvania und 1790 bis 1800 Regierungssitz der USA.

Heute gehört zur Stadt eine Metropolitan Area mit über fünf Millionen Menschen. Ölverarbeitende Industrie, Schiffbau und der Handel, für den der Süßwasserhafen eine wichtige Rolle spielt, sind wichtige Wirtschaftsfaktoren, ebenso das Bankgewerbe. Schon 1793 wurde hier die älteste Münze der USA eingerichtet. Die wichtigsten Einkaufsstraßen befinden sich südlich der Market Street. Einen Generalbebauungsplan erhielt Philadelphia erst 1956, die meisten Wolkenkratzer stammen aus den vergangenen zehn Jahren, denn bis 1987 baute niemand höher als 167 Meter. So hoch ist die Statue William Penns.

Literatur
Apa Guides Philadelphia, Apa Publications
David Bradley: Zwischenfall in Chaneysville, Ammann, Zürich 1996

Pittsburgh

Pittsburgh liegt im Westen Pennsylvanias an der Stelle, wo der Allegheny und der Monongahlea Fluß zum Ohio zusammenfließen. Die umliegenden bewaldeten Hügel gehören zum Allegheny Plateau. Hier abgebaute Kohle, Koks und Erdöl haben die Stadt um 1870 zu einem Zentrum der Schwerindustrie gemacht und ihr den Beinamen *Steel City*, Stahlstadt, eingetragen. Bis in die fünfziger Jahre des 20. Jahrhunderts, so heißt es, habe man in Pittsburgh schon bei Tag die Straßenlaternen einschalten müssen, so verschmutzt sei die Luft gewesen. Das heutige Stadtbild wird von architektonisch anspruchsvollen Wolkenkratzern bestimmt, die Konzernzentralen, Banken und Versicherungen beherbergen. Sie umschließen das gol-

Informationen
Greater Pittsburgh Convention and Visitors Bureau, Four Gateway Center, Pittsburgh, PA 15222, Tel. 412-281-7711

denes Dreieck, Golden Triangle, genannte historische Zentrum. Der höchste ist der 256 Meter hohe USX Tower, der bewußt aus rostendem Stahl gebaut wurde. Einen guten Ausblick hat man vom Mount Washington. An dessen Fuß liegt das Freilichtmuseum Bessemer Court, das sich der städtischen Industriegeschichte widmet. An den Flußufern befinden sich Anlagen der modernen Schwerindustrie, die noch immer ein wichtiger Wirtschaftsfaktor ist. Heute leben etwa 360 000 Menschen in Pittsburgh, ungefähr halb so viele wie 1950. Die hauptsächlich aus Süd- und Osteuropa stammenden Arbeiter gründeten 1881 in Pittsburgh eine der ersten US-Gewerkschaften, die American Federation of Labor. Schon vorher war es immer wieder zu harten Arbeitskämpfen gekommen.

In einem restaurierten Lagerhaus erinnert seit 1994 ein Museum an Andy Warhol, der 1928 hier geboren wurde *(geöffnet Do–Sa 11–20, Mi und So 11–18 Uhr).*

Literatur
Michael Chabon: Wonderboys, Kiepenheuer & Witsch, Köln 1996
Michael Chabon: Die Geheimnisse von Pittsburgh, Kiepenheuer & Witsch, Köln 1996

Rhode Island

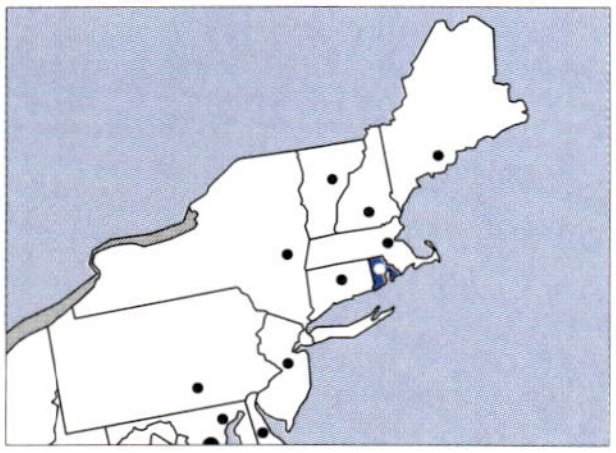

Rhode Island, mit offiziellem Namen State of Rhode Island and Providence Plantations, liegt zwischen Massachusetts und Connecticut und ist der kleinste US-Bundesstaat. Das maximal 60 Kilometer breite Festland umfaßt eine Fläche von gut 3000 Quadratkilometern, die in der Narragansett Bucht gelegenen Inseln Rhode, Conanicut, Prudence und mehrere kleine Inseln haben zusammen eine Fläche von knapp 1000 Quadratkilometern. An der 650 Kilometer langen buchtenreichen Küste, dem Rhode Island Sound, ist das Land flach, weiter westwärts hügelig, doch nie höher als 274 Meter. Vor allem die Inseln sind wegen des milden Seeklimas seit dem 19. Jahrhundert beliebte Feriengegenden. Newport, an der Südspitze von Rhode Island gelegen, entwickelte sich im vorigen Jahrhundert

Informationen
Rhode Island Tourism Division, 1 West Exchange St.., Providence, RI 02903, Tel. 401-277-2601, Fax 401-277-2102

Rhode Island Klima	**Temperatur** Providence Max.	Min.	**Niederschlag** Providence mm	**Niederschlagsarme Tage** weniger als 0,3 mm Providence
Januar	2	–6	90	18
Februar	3	–6	70	18
März	7	–2	90	18
April	14	3	90	19
Mai	19	8	80	19
Juni	26	13	80	19
Juli	27	17	80	20
August	27	16	90	21
September	23	12	80	21
Oktober	18	6	80	21
November	11	2	90	20
Dezember	4	–5	90	20

von einem Seefahrtzentrum zum exklusiven Badeort. Die luxuriösen Sommervillen der Großindustriellen, Kaufleute und Bankiers können besichtigt werden *(April bis Oktober tägl. 10–17 Uhr)*. Unter anderem auch *The Breakers*, Bellevue Avenue, das 1895 für Cornelius Vanderbilt im Stil eines norditalienischen Renaissancepalasts aus dem 17. Jahrhundert errichtete 70-Zimmer-Anwesen. Am Ocean Drive liegt die Hammersmith Farm, eine der ersten Farmen Newports und heute Sommerresidenz. Hier haben John F. und Jacqueline Kennedy 1953 ihren Hochzeitsempfang abgehalten. Damals bekam das Haus den Spitznamen *Summer White House*.

Außer vom Tourismus leben die gut eine Million Einwohner von der Textilindustrie, deren Grundstein schon 1793 mit der ersten Baumwollspinnerei gelegt wurde, dem Maschinen- und Werkzeugbau sowie der Schmuckindustrie. Fischerei und Muschelzucht spielen heute nur noch eine untergeordnete Rolle.

Rhode Island war ursprünglich von den Narragansett-Indianern besiedelt. 1636 gründeten religiöse Dissidenten aus Massachusetts unter Führung von Roger Williams ihre ersten Siedlungen in der Gegend der heutigen Hauptstadt Providence, 1675 vertrieben sie die Ureinwohner endgültig. Als erste britische Kolonie setzte Rhode Island eine Trennung von Staat und Kirche durch. In Newport steht noch heute die 1763 erbaute Touro Synagoge, die älteste der USA. 1790 trat Rhode Island als 13. Staat den USA bei. Die damaligen Einwohner waren vor allem britisch-stämmige Protestanten und französische Hugenotten, ab Mitte des 19. Jahrhunderts immigrierten Italiener, Franko-Kanadier, Polen und Portugiesen. Heute ist Rhode Island, dessen Bevölkerung zu 98 Prozent aus Weißen besteht, der einzige katholische Bundesstaat der USA.

Der Staatsname geht wahrscheinlich auf den holländischen Begriff *Roode Eylandt* – rote Insel – zurück, möglicherweise war der Namenspatron aber auch der italienische Seefahrer Giovanni da Verrazano, der die Gegend 1524 erkundete und sich ans griechische Rhodos erinnert fühlte. Der Volksmund nennt den inzwischen am zweitdichtesten besiedelten Bundesstaat *Little Rhody*.

Patriotisches Haus in Rhode Island

Providence

Die Hauptstadt von Rhode Island ist zugleich die wirtschaftlich bedeutendste Stadt des Bundesstaates. Hier leben etwa eine Million Menschen. Im Hafen an der Nordspitze der Narragansett Bucht werden Öl, Benzin, Holz, Kohle und Zement umgeschlagen. Ein anderer wichtiger Wirtschaftszweig ist die Textilindustrie. Schon 1793 finanzierte der reiche Kaufmann John Brown den Aufbau der ersten Spinnerei im Vorort Pawtucket. Heute ist hier die Slater Mill Historic Site, ein Industriedenkmal mit Spinnereien, Webereien und Wirkereien des ausgehenden 18. und frühen 19. Jahrhunderts, eingerichtet *(geöffnet Juni bis August tägl. 10–17 Uhr, sonst Sa–So 13–17 Uhr, zu erreichen über die Interstate 94)*. Schon 1770 hatte das Handelshaus Brown die Ansiedlung der Universität in Providence finanziell unterstützt. Browns noch erhaltene Stadtvilla, erbaut 1786, zählte damals zu den elegantesten Häusern der Gegend *(Power Street 52, geöffnet*

Providence hatte die erste überdachte Mall in den USA

Informationen
Siehe Rhode Island

März bis Dezember, Di–Sa 11–16 Uhr, So 13–16 Uhr). In der Nachbarschaft sind noch weitere Häuser aus dem 17. bis 19. Jahrhundert zu besichtigen, sowie die älteste Baptisten-Kirche der USA, erbaut 1775 *(North Main Street 75, geöffnet Mo–Fr 10–15 Uhr).* Ihren Namen verdankt die Stadt Roger Williams, der hierher vor der Verbannung durch die puritanische Plymouth Kolonie floh. Er wollte, daß die Briten die Eingeborenen für ihr Land angemessen entschädigen. Williams kaufte den Narragansett-Indianern das Land für seine Siedlung ab und nannte sie *God's merciful providence* – Gottes barmherzige Vorsehung.

Vermont

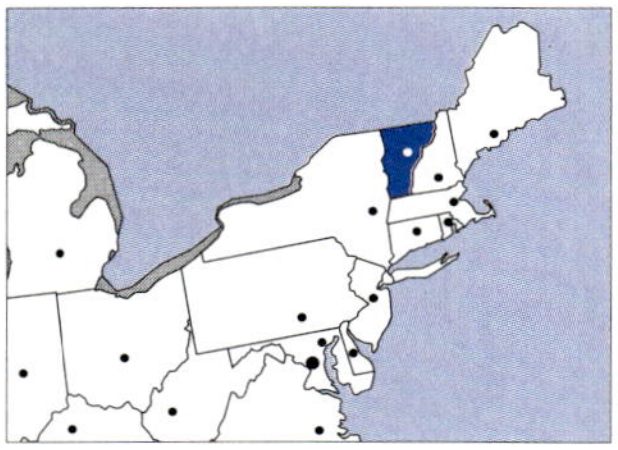

Informationen
Vermont Department of Travel and Tourism, 134 State St., Montpelier, VT 05602, Tel. 802-828-3236, Fax 802-828-3233

Vermont Chamber of Commerce, PO Box 37, Montpelier, VT 05601, Tel. 802-223-3443

Vermont ist der einzige New-England-Staat ohne direkten Zugang zum Meer. Im Osten bildet der Connecticut River die natürliche Grenze zu New Hampshire, der Lake Champlain ist die nordwestliche Grenze zum Bundesstaat New York. Die Nachbarstaaten im Norden und Süden sind Kanada und Massachusetts. Vermonts Hauptstadt ist Montpelier. Die Landschaft ist geprägt durch die Mischwälder, die fast zwei Drittel seiner 25 000 Quadratkilometer Fläche bedecken, und durch die Green Mountains, die zum Gebirgskomplex der nördlichen Appalachen gehören. Dem französischen Begriff für einen solch grünen Hügel, *vert mont*, verdankt der Staat seinen Namen, den auch der Beiname Green Mountain State noch einmal bekräftigt. Der höchste dieser Hügel ist Mount Mansfield (1339 Meter), im Nordwesten zwischen Johnson und Fairfax gelegen.
In Vermont leben insgesamt nur gut eine halbe Million Menschen, fast ausschließlich Weiße, in den vergangenen 20 Jahren sind viele stadtmüde New Yorker und Bostoner hergezogen.

Die größte Stadt ist Burlington, das am Ufer des Lake Champlain

Vermont Klima	**Temperatur** Burlington Max.	Min.	**Niederschlag** Burlington mm (S = Schneefall)
Januar	–3	–13	480 S
Februar	–2	–13	480 S
März	3	–8	300 S
April	12	–1	80
Mai	19	5	80
Juni	24	11	80
Juli	27	13	100
August	26	17	100
September	21	8	80
Oktober	15	3	80
November	7	–3	180 S
Dezember	–1	–11	510 S

liegt und in dessen Einzugsbereich gut 100 000 Menschen leben. Hier ist auch die 1791 gegründete University of Vermont ansässig. Im Sommer finden hier das Discover Jazz Festival *(Anfang Juni, Tel. 863-7992)* und das Champlain Valley Folk Festival *(Anfang August, Tel. 656-3311)* statt. Zehn Kilometer südlich von Burlington am US Highway 7 liegt das Shelburne Freilichtmuseum, das umfassenden Einblick in Kultur und Alltagsgeschichte Vermonts bietet *(geöffnet Mitte Mai bis Mitte Oktober tägl. von 9–17 Uhr)*.

Der Franzose Samuel de Champlain entdeckte die Gegend rund um den heute nach ihm benannten See 1609 bei einem Feldzug gegen die Irokesen. Bis zur Mitte des 18. Jahrhunderts stritten Franzosen und Briten um das Land, dann meldeten die Nachbarstaaten New Hampshire und New York Besitzansprüche an. 1777 wurde Vermont unter Führung von Ethan Allen (1737-89) Republik, und zwar die erste auf amerikanischem Boden, deren Verfassung ein Sklavereiverbot beinhaltete. 1791 wurde es der 14. Staat der USA. Der Zuckerahornbaum, dessen Laub die Hügel Vermonts zwischen Mitte September und Anfang Oktober leuchtend rot färbt, ist nicht nur eine Touristenattraktion, sondern als Rohstoff für Sirup und Zucker auch ein wichtiger Wirtschaftsfaktor. Neben der Nahrungsmittelindustrie sind auch die Produktion von Elektroteilen und der Maschinenbau von Bedeutung. Die Industrie ist vorwiegend im Nordwesten angesiedelt. Im Winter fällt viel Schnee, im Süden Vermonts zwischen Rutland und Bennington gibt es über 30 Skigebiete.

Kirche in Bristol

Montpelier

Montpelier ist die kleinste Hauptstadt der US-amerikanischen Bundesstaaten. Die meisten der knapp 10 000 Einwohner sind in der Verwaltung oder im Versicherungsgewerbe beschäftigt, außerdem wird hier Granit aus dem nahe gelegenen Barre, einem der größeren Granitsteinbrüche der USA, verarbeitet.

Ungefähr seit 1790 ist Montpelier als städtische Siedlung organisiert, 1805 wurde es Hauptstadt von Vermont. Schon 1808 war das erste Regierungsgebäude in der heutigen State Street fertig, ein Holzhaus, das schon 1836 wieder abgerissen wurde. Das nachfolgende Statehouse brannte 1857 ab, das schneeweiße Regierungsgebäude, das heute an gleicher Stelle steht, wurde 1859 fertiggestellt. Sechs dorische Granitsäulen stützen die Vorhalle, die 17 Meter hohe vergoldete Kuppel wird gekrönt von einer Holzplastik der römischen Göttin des Landbaus, Ceres. Das nach den Plänen von Thomas Silloway errichtete Regierungsgebäude ist der Sitz des Gouverneurs, der 150 Abgeordneten des Repräsentantenhauses und der 30 Mitglieder des Senats *(geöffnet Mo–Fr 8–16 Uhr, Juli bis Mitte Oktober, Führungen zwischen 10 und 15.30 Uhr, Sa zwischen 11 und 14.30 Uhr jede halbe Stunde)*. Über die Geschichte des Bundesstaates informiert das in der State Street 109 gelegene Vermont Museum *(geöffnet Di–Fr 9–16.30 Uhr, Sa 9–16 Uhr, So 12–16 Uhr)*. Auf dem Campus des Vermont College befindet sich die nach dem einheimischen Maler Thomas Waterman Wood (1823-1903) benannte Wood Gallery *(geöffnet Di–So 12–16 Uhr)*.

Informationen

Siehe Vermont

Literatur

Robert Lee Frost: A boy's will, 1913

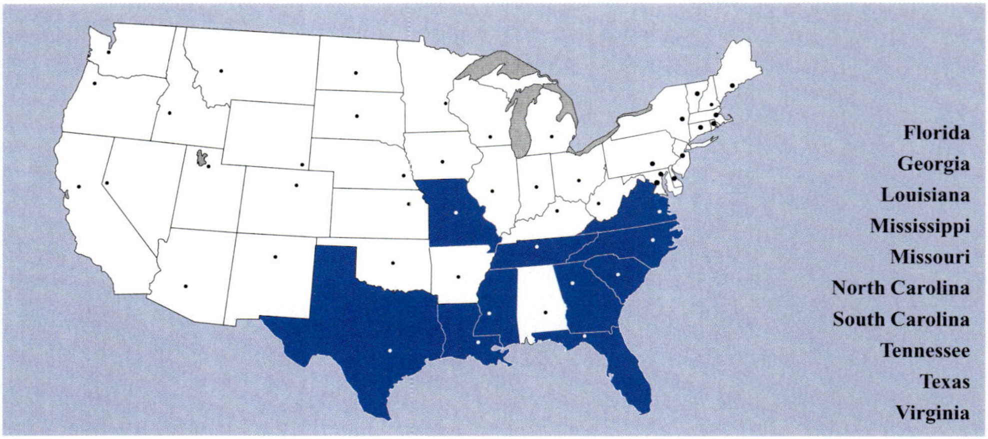

Der Süden der USA

Informationen
Travel South USA, 3400 Peachtree Road NE, Atlanta, Georgia 30326, Tel. 404-231-1790, Fax 404-231-2364

Die Südstaaten der USA sind in erster Linie ein Mythos. *Vom Winde verweht, Fackeln im Sturm, Tom Sawyer, der Blues, Onkel Toms Hütte,* Literatur, Musik und Film befassen sich in weltweit bekannten Werken mit dem sogenannten Alten Süden, einer Staatengruppe, deren Geschichte heute meist romantisch verklärt wird und die ihren früheren Reichtum durch Sklavenhaltung erwirtschaftete. Im eigentlichen Sinne gehören zu den Südstaaten die elf Mitglieder der Konföderation, die sich im Jahre 1860 als Confederate States of America von den Vereinigten Staaten lossagte: South Carolina, Mississippi, Florida, Alabama, Georgia, Louisiana, Texas, Arkansas, North Carolina, Virginia und Tennessee.

Die Geschichte der Sklavenhaltung begann im Jahre 1619, als ein holländischer Segler erstmals Afrikaner nach Louisiana brachte, die aufgrund ihrer Hautfarbe als Sklaven behandelt wurden. Die fol-

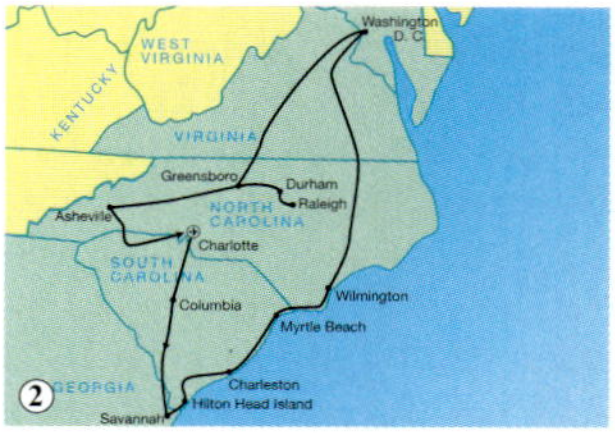

Routenvorschläge

1. *Swinging South mit Dixie, Jazz & Blues*
2. *Oh, Carolina*
3. *Faszinierender Süden*
4. *Höhepunkte Floridas*

Echte Filmkulisse in den Universal-Studios in Orlando

genden 350 Jahre schrieben die amerikanische Geschichte des Rassismus, die bis heute nicht beendet ist.

Die Verbreitung der Sklaverei war eng mit der Plantagenwirtschaft verbunden. Im Jahre 1754 arbeiteten bereits 263 000 Schwarze unter unwürdigen Bedingungen für Weiße. Mitte des 19. Jahrhunderts waren es fast vier Millionen. Aber nicht die Sklaverei, sondern unterschiedliche ökonomische Interessen waren Ausgangspunkt des 1860 beginnenden Sezessionskrieges. 1865 wurde die Sklaverei verboten.

Dieses Handbuch faßt den Süden der Vereinigten Staaten unter geographischen Gesichtspunkten. Sie erhalten Informationen über die Staaten Virginia, North Carolina, South Carolina, Tennessee, Georgia, Florida, Louisiana, Texas, Mississippi und Missouri.

Die zehn Staaten umfassen eine Fläche von rund 1,8 Millionen Quadratkilometern, auf denen circa 70 Millionen Menschen leben. Alle Staaten bieten reizvolle und beeindruckende Landschaften, seien es die Berge der Appalachen in Virginia, die Atlantikküste mit

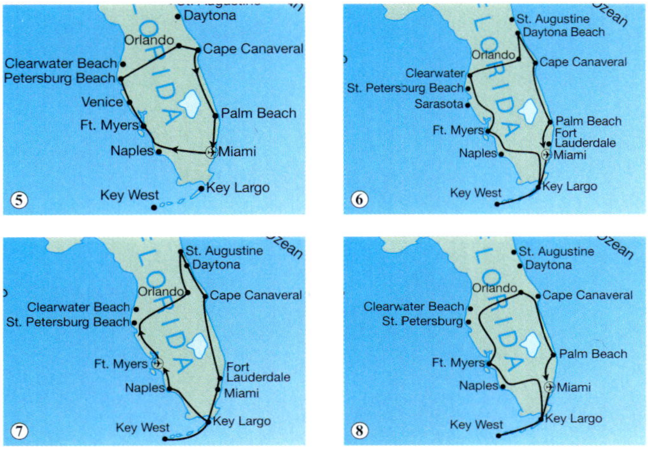

Routenvorschläge

5. Florida – Sunshine state

6. Florida de luxe

7. Florida zum Kennenlernen

8. Die Sonnenseite Floridas

ihren vorgelagerten Inseln, Marschen und Stränden in North Carolina und South Carolina, das hügelige Cumberland Plateau von Tennessee, der sumpfige Okefenokee Swamp in Georgia, die Küstengebiete von Florida, das Mississippi-Delta in Louisiana, die Ebenen der Great Plains von Texas, die Stromaue in Mississippi oder der Fluß Missouri im gleichnamigen Staat.

Im Süden der USA gibt es zahlreiche Metropolen der Superlative. Das quirlige New Orleans, wo der Blues herkommt und Elvis Presley lebte, die Touristenhochburg Miami, seiner Sonnenstrände wegen berühmt, als Drogenmetropole berüchtigt, das moderne Atlanta der Olympischen Spiele, das glitzernde Dallas der Ölkonzerne und seine Konkurrentin – die Stadt Houston.

Im Süden gibt es Landschaften und Orte der Beschaulichkeit zum Ausruhen und Atemholen.

Nationalparks und fruchtbare Ebenen mit vielen Plantagen, deren Anmutung einen um Jahrhunderte zurückversetzt. Und wer den Süden bereist, sollte gewärtig sein, auf Schritt und Tritt seiner wechselvollen Geschichte zu begegnen.

Literatur

Baedeker: USA – Südstaaten, Karl Baedeker Verlag, Ostfildern
Manfred Braunger: USA – Die Südstaaten, Bruckmann, München
Rosemarie Dzygoluk: Der Süden der USA, Baxter
Ken Follett: Die Brücken der Freiheit
Jim Grimsley: Wintervögel, edition dio, St. Gallen 1992
Allen Gurgamis: Schwarz und weiß, Goldmann, München 1993
Merian: USA – Der alte Süden, Hoffmann und Campe, Hamburg
Toni Morrison: Jazz, Rowohlt, Reinbek 1993
Greg Ward (Hrsg.): Südstaaten USA, Stefan Loose Verlag, Berlin

Florida

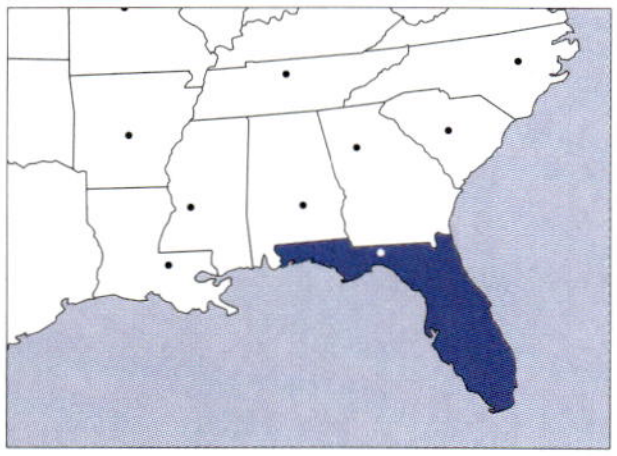

Florida ist der am weitesten in den Süden hineinreichende und von der Touristikbranche zum Sunshine State gekürte Bundesstaat der kontinentalen USA. Seine Südspitze reicht in den Tropengürtel hinein, rund 100 Kilometer vom Wendekreis des Krebses entfernt. Der Bundesstaat umfaßt mit einer Gesamtfläche von 151 670 Quadratkilometern, davon 11158 Quadratkilometer Wasserfläche, die Halbinsel Florida und den sogenannten Pfannenstiel, ein schmaler Streifen der Golfküstenebene im Nordwesten. Hauptstadt ist Tallahassee, größte Stadt Greater Miami.

Informationen

The Florida Division of Tourism, 126 West Van Buren Strett, Tallahassee, Florida 32399-2000, Tel. 904-488-1462, Fax 904-487-0134

State of Florida Tourism Industry Marketing Corporation, Schillerstraße 10, D-60313 Frankfurt, Tel.: 069/131 00 91, Fax: 069/131 06 47

Florida: Wasser, Sand und Sonne

Florida Klima	Temperatur Miami Max.	Min.	Tampa Max.	Min.	Niederschlag mm Miami	Tampa	Niederschlagsarme Tage weniger als 0,3 mm Miami	Tampa
Januar	24	15	27	2	50	70	22	24
Februar	25	15	27	2	50	70	22	21
März	26	17	29	6	50	70	24	25
April	28	19	31	10	100	50	23	25
Mai	29	22	33	15	150	80	19	24
Juni	31	23	34	19	230	180	17	15
Juli	32	24	34	21	180	220	16	14
August	32	24	34	21	180	220	16	14
September	31	23	34	19	230	160	12	15
Oktober	29	22	32	12	200	70	15	23
November	27	18	29	6	80	40	20	25
Dezember	25	16	27	2	50	60	24	24

Florida hat eine 2880 Kilometer lange Küste, die Nord-Süd-Ausdehnung des Bundesstaates beträgt 700 Kilometer, die West-Ost-Ausdehnung 200 Kilometer. Mehr als 100 Kilometer ist keine Siedlung vom Meer entfernt. Obwohl eigentlich im Wüstengürtel liegend, verhindert das Meer die Entwicklung von Wüste.
Das Klima wird maßgeblich vom Golfstrom beeinflußt. Der Norden des Bundesstaates hat gemäßigt warmes, subtropisches Klima, der Süden wird den wechselfeuchten Tropen zugerechnet. Hier gibt es im Winter drei bis fünf regenarme Monate, in Nordflorida das ganze Jahr über Regentage. Das warme Meer und die hohe Luftfeuchtigkeit führen vom späten Frühjahr bis in den Herbst zu schwülem Wetter, so daß von November bis April die günstigste Reisezeit ist. Florida ist flach, seine höchste Erhebung liegt nur 105 Meter über dem Meeresspiegel. Weite Gebiete sind Sumpflandschaft und nur mit dem Boot zu erreichen. Der größte Binnensee ist der Lake Okeechobee, durchschnittlich nur fünf Meter tief und 1813 Quadratkilometer groß.

Klima und wirtschaftliche Bedingungen haben dazu geführt, daß in Florida die Bevölkerungszahlen stark angewachsen sind. 1830 lebten hier nur knapp 35 000 Menschen, nach dem Zweiten Weltkrieg waren es 2,7 Millionen, heute sind es 13 Millionen. Die Bevölkerung ist gemischt, Zuwanderer aus allen Bundesstaaten, eine Minderheit von Indianern, Exilkubaner, Schwarze gehören dazu. Das Staatsmotto lautet *In God We Trust.* Von Florida aus starteten die ersten Menschen zum Mond, hier ist der Spaceport der USA.

Einer der finanzstärksten Wirtschaftsräume der USA ist der Großraum Miami. Man rechnet damit, daß Florida zur Jahrtausendwende der am stärksten bevölkerte Bundesstaat der USA sein wird. Im Vergleich mit anderen Bundesstaaten sind die Lebenskosten relativ niedrig, deshalb ist Florida Wohnort vieler Pensionäre. Tourismus und Landwirtschaft sind die Hauptindustriezweige.

Die ersten Indianersiedlungen entstanden bereits 5000 vor Christi. Obwohl bereits im Jahre 1492 von dem Italiener Cabotto grob kartographiert, geht die eigentliche Entdeckung Floridas auf den Spanier Juan Ponce de León zurück, der am 2. April 1513 in der

Literatur

Manfred Braunger: Florida, Bruckmann, München
Connie Mae Fowler: Folge dem Lauf des Flusses, Knaur, München 1996
Florida, ADAC Verlag, München
Fred Gebhart/Maxime Cass/Eric and Ruth Bailey: On the Road around Florida, Thomas Cook
GEO special: Florida, G+J, Hamburg
Bernd und Heike Wagner: Florida, Goldstadtverlag, Pforzheim
Inga und Günter Zwingelberg: Florida, DuMont, Köln

Thekentänzerinnen als Attraktion

Nähe von St. Augustin landete. Die Spanier unternahmen vier Anläufe, Florida zu erobern, aber es gelang ihnen nicht. 1763 wurde der Friede von Paris geschlossen, England gab Kuba an die Spanier zurück, Spanien überließ Florida den Engländern. Aber erst 1845 schloß sich Florida nach langen Wirren den Vereinigten Staaten an, um sich dann noch einmal zu trennen, weil die Sklaverei erhalten bleiben sollte, und nach der Niederlage im Bürgerkrieg 1865 endgültig Bestandteil der Vereinigten Staaten zu werden.

Daytona Beach

Informationen

Convention and Visitors Bureau, 126 Orange Ave., Daytona Beach, FL 32114, Tel. 904-255-0415, Fax 904-255-54787

Blick vom Pier Daytona Beach

Auf einer langgestreckten Halbinsel zwischen Halifax River und dem Atlantik liegt Daytona Beach, bekannt für einen kilometerlangen Strand, auf dem man auch mit dem Auto fahren kann. Während der Frühjahrsferien strömen jährlich bis zu einer halben Million Studenten in den beliebten Ferienort, der selbst nur 62 000 Einwohner zählt. In dieser Zeit findet am Strand und in den Vergnügungsparks ein ununterbrochenes Happening statt.

In der Nähe des Flughafens befindet sich die wichtigste Luftfahrt- und Pilotenausbildungsstätte der USA, die einmal jährlich, im April oder Mai, eine Airshow veranstaltet.

Nördlich des Main Street Pier erstreckt sich ein kleiner Vergnügungspark, an den sich der neue Broadwalk Park, eine breite Strandpromenade, anschließt, in deren altem Musikpavillon das ganze Jahr über Open-air-Konzerte stattfinden.

Im Gebäude der ehemaligen Marchants Bank in der 252 S. Beach Street befindet sich heute das Halifax Historical Museum *(geöffnet Di–Sa 10–16 Uhr, im Februar tägl.)* mit Artefakten und Relikten der präkolumbianischen Zeit und der kolonialspanischen Epoche sowie Exponaten aus der Frühzeit des Automobilsports.

Eine sehenswerte Sammlung kubanischer Kunst beherbergt das Museum of Art & Science östlich des Flughafens *(geöffnet Di–Fr 9–16 Uhr, Sa 12–16 Uhr)*. Zum Museum gehört ein Planetarium, in dem an den Wochenenden Laser-Shows gezeigt werden.

Für Fans des Automobilsports gibt es Besichtigungstouren außerhalb der Rennsaison auf dem Daytona International Speedway *(tägl. 10–17 Uhr)*. Höhepunkt der Rennsaison sind die im Februar stattfindenden Speed Weeks.

Einen Überblick über Daytona und Umgebung gewinnt man vom Ponce de León, einem alten, 50 Meter hohen Leuchtturm, in dem sich auch ein kleines Museum zur Geschichte der Seefahrt befindet *(geöffnet tägl. 10–19 Uhr)*.

Everglades National Park

Informationen

Everglades National Park, P.O. Box 279, Homestead, FL 33030, Tel. 305-247-6211

An der Südspitze Floridas erstreckt sich das 5661 Quadratkilometer große Areal des Everglades National Park, ein Naturraum, der vom Wechsel zwischen Überflutung und Austrockung geprägt ist. Everglades entstehen durch Wasser, das nach niederschlagsreicher Zeit vom großen Lake Okechobee in einen nur 15 Zentimeter tiefen, aber 80 Kilometer breiten Fluß in die Florida Bay gelangt und das flache Land in einen Sumpf, die Everglades, verwandelt. Danach trocknen diese Schwemmländer wieder aus und verwandeln sich zum großen Teil in Steppen. Seit Beginn dieses Jahrhunderts wird dieser natürliche Kreislauf durch Dämme, Kanäle und Rückhaltebecken reguliert, um Boden für die landwirtschaftliche Nutzung zu gewinnen und die Region besser besiedeln zu können. Der Naturraum mußte unter diesen Bemühungen erheblich leiden. Das Überleben der Everglades ist zweifelhaft, auch wenn sie mittlerweile zu einem Biosphärenreservat erklärt worden sind.

Der Everglades National Park ist für seine Alligatoren und zahlreichen Vogelarten berühmt. Hier herrscht subtropisches Klima mit heißen und feuchten Sommern und angenehm trockenen Wintern mit Temperaturen um 25 Grad Celsius.

In den Sümpfen Südfloridas gibt es viele Moskitos. Schutzmittel und Schutzkleidung sind deshalb für Besucher angeraten. Bei Wanderungen abseits der Wege ist Vorsicht geboten: Es gibt giftige Schlangen und Pflanzen und eben Alligatoren. Aufdringlich, aber nicht gefährlich können Waschbären werden, die gern Essensreste untersuchen und um Futter betteln. Das Füttern der Tiere ist allerdings im Park strengstens untersagt.

Der Osteingang des Parks liegt ungefähr 70 Kilometer von Miami-Zentrum entfernt. Hier beginnt eine 61 Kilometer lange Parkstraße nach Flamingo Bay, an der verschiedene Sehenswürdigkeiten liegen. Das Visitors Center ist täglich von 8 bis 17 Uhr geöffnet und liegt 17 Kilometer westlich von Homestead. Hier kann man sich zu Kanutouren und Ausflügen anmelden.

Propellerboot in den Everglades

Fort Lauderdale

35 Kilometer von Miami Beach entfernt liegt am New River das Venedig Amerikas, Fort Lauderdale. Mehr als 260 Kilometer von Palmen gesäumte Wasserwege durchziehen die Stadt, die, obwohl in den vergangenen Jahren stark gewachsen, ihr Gesicht bewahrt hat. In Fort Lauderdale leben 153 000 Menschen, 1,3 Millionen sind es in Greater Fort Lauderdale, das aus 28 eigenständigen Gemeinden besteht.

Der Schiffbau, ehedem dominierend in der Stadt, hat seine wirtschaftliche Bedeutung mittlerweile zugunsten der High-Tech-Industrie verloren.

Am Intracoastal Waterway befindet sich einer der größten geschützten Jachthäfen der USA. Hier liegen ständig mehr als 30 000 registrierte Jachten, zu denen während der Hauptsaison noch gut 10 000 Touristenboote hinzukommen. Es gibt einen elf Kilometer langen, unbebauten Sandstrand. Erst jenseits dieser Erholungsoase beginnen die Hotels.

Innerhalb der Stadt dienen der Broward Boulevard und die Andrew Avenue als Koordinatensystem. Hier beginnt auch die jeweilige Straßennumerierung. Die Geschichte der Stadt reicht bis zur Gründung eines Holzforts im Jahre 1838 durch Major Lauder-

Informationen

Convention and Visitors Bureau, 1850 Eller Drive, Suite 303, Fort Lauderdale, FL 33316, Tel. 954-765-4466, Fax 954-765-4467

Kanal in Fort Lauderdale

dale zurück. Der wichtigste Anstoß zur Stadtentwicklung kam, wie in vielen anderen Städten der USA auch, durch den Anschluß an das Eisenbahnnetz. Ein Mann namens Charles Green Rodes hatte dann die Idee, einen großen Teil der Sümpfe zu entwässern und parallel laufende Kanäle zu bauen.

Jedes Jahr während der Weihnachts- und Frühjahrsferien wird die Stadt von Tausenden erholungssuchender Studenten heimgesucht. Das geht auf den Ende der fünfziger Jahre gedrehten Film *Where the Boys are* zurück, der das Seebad als Ferienort für Studenten beschrieb.

Am New River gibt es eine etwa drei Kilometer lange Promenade, die das neue Broward Center for the Performings Arts mit dem Au Rene Theater und der Community Hall verbindet. Im alten Stadtzentrum sind zahlreiche Gebäude aus der Jahrhundertwende restauriert. Eines der ältesten ist das King Cromartie House in der 231 SW 2nd Avenue. Am Las Olas Boulevard steht das Museum of Art *(geöffnet Di 11–21 Uhr, Mi–Sa 10–17 Uhr, So 12–17 Uhr)*. Hier gibt es eine bedeutende Sammlung von Gemälden, Skulpturen und Drucken des Surrealismus und abstrakten Expressionismus. Im Meerestierpark Ocean World in der 1701 SE 17th St. Causeway sind im Rahmen einer Unterwassershow dressierte Delphine zu sehen *(geöffnet tägl. 10–18 Uhr)*.

Fort Myers

Informationen

Visitors Bureau, Tel. 0171-243-8497, Fax 0171-243-8482

Die Stadt Fort Myers liegt an der breiten Mündungsbucht des Caloosahatchee River zwischen den Städten Naples und Sarasota und ist das Wirtschafts- und Verwaltungszentrum des Lee County. In der Stadt, deren Geschichte auf die Gründung eines Militärpostens im Jahre 1850 zurückgeht, leben 54 000 Menschen. Fort Myers wird die Stadt der Palmen genannt, die meisten Häuser sind von üppigem Grün umgeben. Die Nähe zu den vorgelagerten Inseln Sanibel und Captiva Island macht den Ort zur attraktiven Wohngegend. Fort Myers lebt hauptsächlich von Tourismus und Landwirtschaft.

Berühmt geworden ist die Stadt als Winterdomizil des Wissenschaftlers Thomas Alva Edison, dem Erfinder des Grammophons, der Kohlefadenlampe, des Generators und des Kinematographen. Das Edison Winter Home ist die größte Attraktion der Stadt *(geöffnet werktags 9–16 Uhr, So 12.30–16 Uhr)*.

Brücke über den Centennial Park in Fort Myers

Edison wählte mit 39 Jahren Fort Myers zum Winterdomizil, da seine Gesundheit stark angegriffen war. Seine beiden Häuser waren die ersten Fertigteilhäuser, wurden in Maine gebaut und dann nach Florida verschifft. Interessant ist der von Edison entworfene Swimmingpool, gebaut aus eigenem Edison-Portland-Zement. Die Konstruktion ist mit Bambusrohr verstärkt und zeigt bis heute keine Risse. Im Museum selbst können die Erfindungen Edisons bewundert werden, so auch die erste Schallplatte mit dem Lied *Mary had a little lamb*.

Auch ein Besuch in der alten Innenstadt von Fort Myers ist lohnenswert, vor allem ein Spaziergang durch die First Street. Große Berühmtheit hat die Palmenallee der Stadt erlangt, die auf einer

Strecke von 25 Kilometer von aus Kuba importierten Königspalmen gesäumt wird. Sie wurde 1900 auf Anregung von Edison angelegt.

Noch ein zweiter berühmter Mann erkor Fort Myers zum Winterdomizil – der Automobilhersteller und Freund Edisons, Henry Ford.

Das Historische Museum der Stadt *(geöffnet Mo–Fr 9–16.30 Uhr, So 13–17 Uhr)* befindet sich in der restaurierten stillgelegten Peck Street Station.

An der Ortiz Avenue befindet sich das Gelände des Nature Center and Planetarium of Lee County, zu dem verschiedene Biotope, ein Planetarium und eine Freiflugvoliere gehören. Freitags und samstags findet hier abends eine Lasershow statt.

Jacksonville

Im äußersten Nordosten von Florida liegt das Handels- und Finanzzentrum Jacksonville. Hier wohnen 690 000 Menschen, im Verdichtungsraum sind es 1,2 Millionen. Damit ist Jacksonville die größte Stadt Floridas, mit 2000 Quadratkilometern von der Fläche her sogar die größte der USA. In den achtziger Jahren erhielt die Metropole ein neues Outfit. Etliche Wolkenkratzer entstanden seither am St. John's River. 1986 wurde die weltberühmte Mayo-Klinik eröffnet als ein neues medizinisches Zentrum für den Süden der USA. Einer der größeren Arbeitgeber in der Stadt ist die US Navy.

Jacksonville wurde 1822 gegründet und nach dem ersten Gouverneur Floridas benannt. Die Stadt hat viele Katastrophen und unglückliche Zeiten überlebt – Gelbfieberepidemien, Brände, Vernichtung der Ernte durch Frosteinbrüche, schwere wirtschaftliche Krisen. Die Innenstadt wird seit Jahren schon mit riesigem Aufwand saniert.

An der North Bank ließen sich Behörden, Theater, Geschäfte und Wirtschaftsunternehmen nieder. Die North Bank ist durch drei in unterschiedlichen Farben – orange, blau und grün – gestrichene Brücken mit der South Bank verbunden. 1987 entstand an der North Bank Jacksonville Landing, ein Markt- und Festplatz in moderner Architektur.

In der South Bank steht Riverwalk, ein 1985 fertiggestelltes Zentrum mit Hotels, Restaurants und kulturellen Einrichtungen. Ein Überblick über die Stadt verschafft eine Ausstellung im Independent Life Building an der North Bank *(geöffnet Mo–Fr 10–14 Uhr)*. Vom Stadtzentrum aus gelangt man mit dem Skyway Express zum Kongreßzentrum, in das die 1919 erbaute Bahnhofshalle der Union Station integriert ist.

In der Riverside Avenue befindet sich die Cummer Art Gallery, ein Kunstmuseum, das die private Sammlung der Familie Cummer beherbergt. Kunst der griechischen Antike und aus Asien, eine Sammlung Meißner Porzellans und moderne Kunst sind hier ausgestellt *(geöffnet Di–Fr 10–16 Uhr, Sa 12–17 Uhr, So 14–17 Uhr)*.

Jedes Jahr im Herbst findet im Florida National Pavillon in der Adams Street das Florida National Jacksonville Jazz Festival statt.

Informationen
Convention and Visitors Bureau, 3 Independence Drive, Jacksonville, FL 32202, Tel. 904-798-9148, Fax 904-798-9103

Brücke über St. Jones in Jacksonville

Das Arbeitszimmer Hemingways

Key West

Am südlichsten Punkt der kontinentalen USA liegt auf einer Korallenkalkinsel Key West, vom spanischen cayo huesco, Knocheninsel, abgeleitet. In früheren Zeiten war die nur 145 Kilometer von Kuba entfernte Insel ein berüchtigtes Piratennest. Seit 1822 ist sie Flottenstützpunkt und Marinebasis. In Key West leben 25 000 Menschen, jährlich kommen 2,5 Millionen Touristen in den als eine der tolerantesten Städte der USA geltenden Ort, in dem das Leben erst am späten Vormittag erwacht. Hierher kommen zahlreiche Künstler und Aussteiger, die der Gesellschaft den Rücken kehren wollen.

Bei der Einfahrt in die Stadt begegnet man noch amerikanischer Einheitsarchitektur. Erst im alten Stadtkern, dessen Flaniermeile die Duval Street ist, findet man alte, restaurierte Holzhäuser inmitten tropischer Vegetation. Das Straßenbild prägen alte Hippies, homosexuelle Paare, Fischer, Playboys und Weltenbummler. In Key West lebten Harry S. Truman, Ernest Hemingway und Tennessee Williams.

Trinkwasser mußte lange über eine 45 Zentimeter dicke Leitung vom Festland herantransportiert werden. Inzwischen gibt es auch eine Meerwasser-Entsalzungsanlage.

Eine Besichtigung der Stadt kann man mit dem Conch Train machen, der durch die Straßen fährt. Die Tour dauert etwa 90 Minuten, aussteigen kann man unterwegs allerdings nicht.

Reizvoll ist der Mallory Square, ein Platz mit zahlreichen kleinen Geschäften und Restaurants. Von hier kommt man zum Mallory Pier, wo allabendlich der Sonnenuntergang mit einer Art Straßenfest gefeiert wird. In dem wahrscheinlich ältesten Haus von Key West ist das Wrecker's Museum untergebracht, in man sich über das Leben der Piraten informieren kann *(geöffnet tägl. von 10–16 Uhr)*.

Informationen
Convention and Visitors Bureau,
P.O. Box 866, Key West, FL 33041-0886,
Tel. 305-296-1552

Miami

An der Südostseite der Halbinsel Florida liegt die Großstadt Miami, deren Metropolitan Area 27 Gemeinden mit insgesamt rund zwei Millionen Menschen umfaßt, davon 250 000 Farbige und knapp 400 000 Latinos. In der Kernstadt leben 386 000 Menschen. Miami ist durch die Lagune Biskayne Bay und den mit Hotels und Appartmenthäusern bebauten Strand Miami Beach vom Atlantischen Ozean getrennt. Die Winter sind trocken und mild, die Sommer feucht und warm. Nach Miami kommen jährlich etwa sieben Millionen Touristen. Hier gibt es den bedeutendsten Passagierhafen der Welt, drei Millionen Passagiere jährlich. Es gibt 600 Hotels und Motels, mehrere tausend Restaurants und 170 Geldinstitute. Miami ist Wirtschafts- und Drogenmetropole, über Miami sollen 75 Prozent der in den USA gehandelten Drogen eingeführt werden.

Der Name der Stadt leitet sich vom indianischen Wort *Mayaime* – großes Wasser – ab. Das bezieht sich auf den Miami River, der südlich des Stadtzentrums den Atlantik erreicht. Nord- und Süd-Miami sind durch die Flagler Street geteilt, Osten und Westen der Stadt

Informationen
Greater Miami Convention and Visitors Bureau, 701 Brickell Ave., Suite 2700, Miami, FL 33131, Tel. 305-539-3000, Fax 305-539-3113

durch die Miami Avenue. Alle Avenues verlaufen von Norden nach Süden, die Streets von Osten nach Westen, je kleiner die Nummern, um so dichter liegen sie am Stadtzentrum. Miami Beach ist ausschließlich dem Tourismus vorbehalten. Auf der Westseite stehen herrschaftliche Villen, auf der Ostseite Hotels. Das im Süden gelegene Art-Deco-Gebiet ist durch gut restaurierte Hotels und Häuser ansehenswert.

Die Stadtmitte von Miami ist ein Kontrastprogramm. Hypermoderne Gebäude stehen neben alter lateinamerikanischer Architektur. Es ist am besten, die Innenstadt per Metro Mover, einer vollautomatisierten Hochbahn, zu erkunden. Mit ihr erreicht man das Metro-Dade Cultural Center (Station Government Center), ein im mediterranen Stil gebauter Komplex, in dem das Center of Fine Arts und das Historical Museum of Southern Florida untergebracht sind *(geöffnet werktags 9.30–17.30, So 12.30–17.30 Uhr),* und den Bay Front Park (Station Bay Front Park). Hier befindet sich auch der Bayside Marketplace, eine aufwendig gebaute Einkaufsstadt. Von diesem Platz aus kann man den Kreuzfahrtschiffhafen sehen, in dem die H.M.S. Bounty liegt, ein exakter Nachbau des berühmten Schiffes.

Entlang der 8. Straße, der Calle ocho, erstreckt sich Little Havanna. Hier wird spanisch gesprochen. Ein gutes Kontrastprogramm dazu bieten die mondänen Außenbezirke Coral Gables und Coconut Grove. Coral Gables ist im mediterranen Stil angelegt, Coconut Grove ist bevorzugtes Wohngebiet für Künstler. Über den Rickenbacker Causeway gelangt man zum Seaquarium, dem größten der Welt, in dem über 10 000 verschiedene Seetiere leben.

Nördlich der Stadtmitte von Miami steht das älteste Gebäude der USA, das Cloisters of the Monastery of St. Bernhard, 1133 bis 1141 gebaut *(geöffnet Fr–Sa 10–17 Uhr, So 12–17 Uhr).*

Miami Beach ist durch den Intracoastal Waterway vom Festland getrennt und durch Dämme – Causeways – mit dem Festland verbunden. Hier stehen die exklusiven Villen der Reichen und die 60 000 Hotelzimmer für die Massen. In den letzten Jahren sind immer mehr Menschen, die hier ihren Lebensabend verbringen wollten, verarmt. Hauptverkehrsstraße ist die Collins Avenue.

Literatur

Joan Didion: Miami
Miami, Kohlhammer Verlag, Stuttgart
Elmore Leonard: Jede Wette, Goldmann, München
Nick and Corina Selby: Miami City Guide, Lonely Planet Publications

Art Deco am Bau in Miami

Kunstvoll geschnitzter Schiffsbug in Tin City

Naples

Naples, Verwaltungssitz des Collier County, liegt an der südlichen Golfküste. Es ist eine kleine Stadt mit nur 20 000 Einwohnern, die lange Zeit ein ruhiges Seebad war, vor allem für Pensionäre mit Geld. Inzwischen ist Naples aufgrund der sehr guten Strände ein expandierender Nobelbadeort. Heute sind in der Region über einhundert gut ausgestattete Hotels, Motels und Resorts zu finden. Viele Künstler haben den Reiz des Seebades entdeckt und überwintern hier. Naples und Umgebung gewannen in den vergangenen Jahren nicht nur im touristischen Bereich, auch wirtschaftlich ging es bergauf. Es entstanden neue Industrieparks, in dem sich High-Tech-Firmen ansiedelten, die Umgebung der Stadt ist eine der wichtigsten Agrarregionen Floridas.

Die Altstadt hat vieles vom karibischen Flair bewahrt. Es gibt teure und elegante Einkaufsstraßen, wie die 3rd Street und die 5th Avenue, mit zweistöckigen pastellfarbenen Häusern aus den zwanziger Jahren, schmiedeeisernen Balkonen, gepflasterten Höfen und von Palmen und anderen Tropenbäumen gesäumten Straßen.

Der Personenzugverkehr nach Naples wurde bereits 1917 eingestellt. Heute ist das ehemalige Bahnhofsgebäude ein kleines Einkaufscenter und beherbergt eine kleine Eisenbahnausstellung.

In Naples gibt es ein dreihundert Meter weit ins Meer reichendes, hölzernes Pier, 1888 erbaut, 1960 vom Hurrikan Donna zerstört und später wieder aufgebaut. Ein alter, restaurierter Fischerhafen mit Bootswerften neapolitanischer Fischer befindet sich an der Gordon River Bridge. Old Tin City beherbergt Restaurants und kleine Straßencafés. Von hier starten Ausflugsboote zum Hochseeangeln.

Informationen
Chamber of Commerce, 895 5th Ave. S., Naples, FL 33940, Tel. 941-262-6141, Fax 941-262-6376

Orlando

Informationen
Orlando Tourism Bureau, Tel. 0171-243-8072, Fax 0171-243-8487

Orlando liegt im Westen Zentralfloridas, an der Kreuzung mehrerer wichtiger Highways. Hier lassen sich wöchentlich etwa 600 Zuwanderer nieder, in der Stadt leben 164 000 Menschen, in der Metropolitan Area etwa eine Million. Die Arbeitslosenquote liegt weit unter dem Durchschnitt. In Orlando herrscht das ganze Jahr über warmes Wetter. Mit der Planung von Mega-Vergnügungsparks entstanden Hotelpaläste, Motels, neue Gewerbebetriebe, wo früher Sumpf und Busch waren, Orangenhaine und Wälder gediehen. Die Sehenswürdigkeiten der Stadt sind relativ weit voneinander entfernt, so daß sich Mietwagen oder Sightseeing-Tour empfehlen.

Der Bereich um den alten Bahnhof im Stadtzentrum wurde saniert. In zwei Häuserblocks an der Church Street entstand der Vergnügungs- und Einkaufskomplex Church Street Station *(täglich 11–2 Uhr nachts geöffnet)*. Wer den Film *Wings of Eagles* mit John Wayne kennt, wird Vergnügen an einer Besichtigung von Old Duke, einer 1912 gebauten Dampflok, finden, in der zahlreiche Szenen gedreht wurden.

In der Stadt gibt es mehrere kleine Seen. Um den Lake Eola, im gleichnamigen Park gelegen, kann man abends mit der Kutsche fahren. Die Fahrten beginnen an der Church Street Station. Vielbesucht ist der Wasserpark Wetin Wild *(geöffnet im Sommer 9–21 Uhr)*. Erst 1990 öffneten in Orlando Universal Studios *(geöffnet tägl. 9–23 Uhr)*. Man kann einen Rundgang durch das Gelände unternehmen oder die Aufzeichnung einer Show erleben. Hier sind die Filmkulissen von mehr als 35 Filmproduktionen aufgebaut, unter anderem auch die des Hitchcock-Klassikers Psycho.

Etwa 20 Kilometer südwestlich des Stadtzentrums liegt die Sea World of Florida *(geöffnet im Sommer tägl. 8.30–21 Uhr, sonst tägl. 9–19 Uhr)*. In dem riesigen Aqua-Zoo werden den Besuchern täglich Unterhaltungs- und Showprogramme geboten. Ein Vergnügen anderer Art bietet das Mystery Fun House im Major Boulevard, in dem Zerrspiegel, Irrgärten und Laserspiele aufgebaut sind. Völlig absurd wird es allerdings erst im Ripleys Believe it or not! Museum am International Drive, einem Straßenzug, über den man alle Vergnügungsparks erreicht *(geöffnet tägl. 10–22 Uhr)*. Hier können die unglaublichsten Ausstellungsstücke betrachtet werden.

Ein einmaliges touristisches Ziel ist das Kennedy Space Center, circa 90 Kilometer von Orlando entfernt. In vier bis fünf Stunden kann sich der Besucher einen Überblick über die amerikanische Raumfahrt verschaffen. Das Space Center umfaßt eine Fläche von 56 000 Hektar Land und Gewässer. Flächen, die nicht für die Raumfahrt genutzt werden, sind Naturschutzgebiete. Ein Fotomotiv besonderer Art ist sicher der Rocket Garden. Es ist möglich, sich mittels einer Busrundfahrt einen Überblick über das gesamte Gelände zu verschaffen. Sie dauert etwa zwei Stunden.

Hard-Rock-Café in Orlando

Pensacola

Am Westrand des Pfannenstiels von Florida liegt Pensacola, mit 400 Jahren die zweitälteste Stadt Floridas. Die ziemlich tiefe Pensacola Bay ist der größte Naturhafen des Bundesstaates, seit 1914 ist Pensacola Stützpunkt der amerikanischen Marineflieger und einer Fliegerschule, aus der die berühmten Blue Angels hervorgingen. Heute steht dort das US Naval Aviation Museum *(geöffnet tägl. 9–17 Uhr)*, in dem 40 Flugzeuge ausgestellt sind.

In der Stadt leben 60 000 Menschen. In den vergangenen Jahren wurde der Stadtkern aufwendig restauriert und erinnert an vielen Stellen noch an die spanische Kolonialzeit. Er geht auf eine befestigte kleine spanische Siedlung, 1752 gegründet, zurück. Die Stadt erlebte eine sehr wechselvolle Geschichte, insgesamt wehten fünf Flaggen über ihr. Jedes Jahr Anfang Mai wird deshalb hier das Fest der fünf Flaggen gefeiert.

Zur Stadt gehört eine kleine Universität. Nicht weit vom Stadtzentrum beginnen schöne Badestrände mit zahlreichen Ferienkomplexen. Ein großer Teil der Dünenlandschaft ist trotzdem erhalten geblieben.

Besonders sehenswert im Stadtzentrum ist der parkartige Seville Square. Einige der restaurierten Häuser aus der ersten Hälfte des 19. Jahrhunderts dienen als Museen, Kunstgalerien oder beherbergen Antiquitätengeschäfte.

Historisches Fort Pickens bei Pensacola

Informationen
Convention and Visitors Information Center, 1401 E. Gregory St., Pensacola, FL 32501, Tel. 904-434-1234

Das Historic Pensacola Village, Zaragoza/Tarragona St., ist eine Gruppe alter Gebäude, die sowohl an die spanische als auch an die französische und britische Kolonialzeit erinnern *(geöffnet Mo–Sa 10–16.30 Uhr, So 13–16.30 Uhr)*. An der Plaza Ferdinand VII. befindet sich das Wentworth Jr. Florida State Museum, das über Geschichte und Naturgeschichte von Westflorida informiert.

Sarasota

Informationen
Convention and Visitors Bureau, 655 N. Tamiami Trail, Sarasota, FL 34236, Tel. 941-957-1877, Fax 941-951-2956

Am südlichen Rand von Tampa und St. Petersburg liegt die Zirkusstadt Sarasota. Weiße Sandstrände auf den vorgelagerten Inseln Lido Key, Siesta Key und Longboat Key, ganzjährig mildes subtropisches Klima und gute Freizeitmöglichkeiten machen die Stadt und ihre Umgebung attraktiv für Touristen.

In Sarasota leben 52 000 Menschen. Das Pro-Kopf-Einkommen zählt zu den höchsten der USA, luxuriöse Häuser und exklusive Appartments entlang der Sarasota Bay, zahlreiche Golf- und Tennisplätze und von namhaften Architekten gebaute Häuser zeugen davon.

Das Stadtzentrum ist im mediterranen Stil gebaut. Sehenswert das Kress International Plaza, ein im Art-Deco-Stil der dreißiger Jahre gebautes Einkaufszentrum am Westende der Main Street.

Größte Attraktion der Stadt ist der Museumskomplex John & Mable Ringling Museum of Art. Es geht auf John Ringling zurück, der Ende des 19. Jahrhunderts mit seinen vier Brüdern seinen Traum vom Zirkus verwirklichte. Zuerst verdiente er seinen Lebensunterhalt als Clown, später im Öl- und Immobiliengeschäft. 1907 übernahmen die Brüder den Circus Barnum & Bailay. Vier Jahre später kaufte Ringling Land in Sarasota. Darauf befindet sich heute das Museum, das der Zirkuskönig 1936 Florida vermachte, und das ein Kunstmuseum, die Circus Collection, die schloßartige Winterresidenz Ringlings und das Asolo Theater beherbergt *(geöffnet tägl. 10–17.30 Uhr, Do bis 22 Uhr)*. Im Museum ist u.a. eine der größten Rubens-Sammlungen untergebracht.

Gleich neben dem Museumskomplex befindet sich das Bellmis Cars & Music of Yesterday, in dem über 100 Oldtimer und mehr als 2 000 Spieldosen und andere mechanische Musikgeräte zu sehen sind *(geöffnet Mo–Sa 8.30–18 Uhr, So 9.30–18 Uhr)*.

Die beiden Inseln Armands Key und Lido Key sind durch den Ringling Causeway mit dem Festland verbunden.

St. Petersburg

Informationen
Convention and Visitors Bureau, 1 Stadium Drive, Suite A, St. Petersburg, FL 33705, Tel.813-582-7892, Fax 813-847-7949

Auf der Pinellas-Halbinsel an der zentralen Golfküste Floridas, zwischen Tampa und Sarasota, liegt das für seine vielen Sonnentage, 350 im Jahr, berühmte St. Petersburg. Ein mehr als zehn Kilometer langer Sandstrand von St. Petersburg Beach ist beliebtes Urlaubsziel von Wassersportlern und Badefreunden. Entlang des Gulf Boulevard durch St. Petersburg stehen Hotels aller Preiskategorien.

Der Strand von St. Petersburg

Hier befindet sich auch das Wahrzeichen der Stadt, das Don Cesar Resort, ein im maurischen und mediterranen Stil gebautes Hotel aus dem Jahre 1928. Übernachtungen kosten bis zu 700 $. Ebenso für den Tourismus erschlossen ist die Strecke zwischen St. Petersburg Beach und Clearwater Beach.

In der viertgrößten Stadt Floridas leben 240 000 Menschen. Ihre Entstehung verdankt die Stadt, wie viele andere, der Eisenbahn. 1885 legte ein russischer Emigrant seine Orange Bell Railroad auf die Halbinsel Pinellas.

An der langen Wasserseite der Stadt liegen zahlreiche Parks und Yachthäfen. Auch die Sehenswürdigkeiten sind hauptsächlich an der Tampa Bay zu finden. So das Salvador-Dalí-Museum im Poynter Park, das die wohl umfangreichste Sammlung von Werken des katalanischen Surrealisten besitzt *(geöffnet Di–Sa 10–17 Uhr, Mo 13–17 Uhr)*. Gesammelt wurden die Bilder von Reynolds Morse, einem Kunststoffdesigner aus Cleveland. Das Ehepaar Morse war eng mit Dalís Frau Gala befreundet. An das Museum ist eine Bibliothek mit circa 2 500 Publikationen über Dalí und den Surrealismus angeschlossen.

Südwestlich davon liegt der Boyd Hill Nature Park *(zugänglich April bis Oktober tägl. 9–20 Uhr, sonst 9–17 Uhr)*. Sechs naturkundliche Lehrpfade vermitteln auf dem etwa 100 Hektar großen Gelände einen Eindruck von den verschiedenen Ökosystemen Floridas. An den Park ist ein kleines Museum angeschlossen.

In einer klassizistischen Villa auf dem Beach Drive ist das Museum of Fine Arts *(geöffnet Di–Sa 10–16.30 Uhr, So 13–16.30 Uhr)* mit einer Dauerausstellung von Impressionisten untergebracht. In der 4th Street von St. Petersburg liegen die Versunkenen Gärten, ein 20000 Quadratmeter großes Areal, auf dem etwa 5000 verschiedene Pflanzen gedeihen *(geöffnet tägl. 9–17.30 Uhr)*. In den Garten gelangt man nur durch The Worlds largest Gift Shop, einer ungeheuren Ansammlung von Kitsch. Ebenfalls in der 4th Street befindet sich das Great Explorations *(geöffnet Mo–Sa 10–17 Uhr, So 12–17 Uhr)*. Vor allem für Kinder ist die Schau mit zahlreichen Exponaten zum Anfassen geeignet. An der Tampa Bay liegt der Theaterkomplex von

St. Petersburg, vor einigen Jahren renoviert. Hier spielt das Florida Orchestra, finden Theater- und Opernaufführungen, Pop-Konzerte und Sportveranstaltungen statt.

Südlich der Stadt erstreckt sich über fünf Inseln der Tampa Bay der Fort De Soto Park mit langen Sandstränden, Naturlehrpfaden, Radwegen, Picknick- und Campingplätzen.

Tampa

Informationen

Convention and Visitors Association, 111 Madison St., Suite 1010, Tampa, FL 33602-4706, Tel. 813-223-1111, Fax 813-229-6616

An einer Bucht des Golfs von Mexico liegt die Großstadt Tampa, das wirtschaftliche Zentrum Westfloridas. Hier leben 280 000 Menschen. Im Gegensatz zum 30 Kilometer entfernten St. Petersburg mit seinen berühmten Stränden war Tampa lange Zeit vorrangig Industrie- und Hafenstadt.

Inzwischen hat sich herumgesprochen, daß die an der Mündung des Hillsborough River in der von drei großen Brücken überspannten Tampa Bay gelegene Stadt selbst touristische Attraktion ist. Die Innenstadt ist von modernen Verwaltungsgebäuden geprägt. Aber es gibt auch historische Stadtviertel. Das Zentrum der Innenstadt ist die Franklin Street Mall, eine Fußgängerzone zwischen Cass Street und Whiting Street. Hier steht, inmitten moderner Hochhäuser, das restaurierte Tampa Theater. Westlich der Innenstadt am Hillsborough River befindet sich das Tampa Museum of Art *(geöffnet Di–Sa 10–17 Uhr, Mi–21 Uhr, So 13–17 Uhr).* Die Sammlungen der griechischen und römischen Antike zählen zu den besten Amerikas.

Ebenfalls am Hillsborough River steht das Tampa Bay Performing Arts Center – drei Theater unter einem Dach. Das Latino-Viertel Ybor City nordöstlich der Innenstadt ist Zentrum des spanisch-kubanischen Erbes. Hier ließen sich Ende des vergangenen Jahrhunderts zahlreiche Zigarrenfabrikanten nieder, deshalb heißt das Viertel auch Zigarrenstadt.

Delphin-Show in Tampa

In den letzten Jahren wurde viel getan, um das Viertel zu restaurieren. Jetzt prägen Holz- und Ziegelbauten, schmiedeeiserne Balkone, Arkaden und Straßencafés das Viertel.

Eine beliebte Attraktion der Stadt sind die im Nordosten gelegenen Busch Gardens, eine Mischung aus Zoo und Freizeitpark *(geöffnet tägl. 9.30–18 Uhr).* Die Betreiber mühen sich um den Erhalt besonders gefährdeter Tierarten und haben bereits einige Zuchterfolge zu verzeichnen. Fährt man zwei Kilometer weiter in Richtung Nordosten, gelangt man zum Adventure Island, einem großen Wasserpark *(geöffnet März bis Oktober Mo–Fr 10–17 Uhr, Sa–So 9.30–18 Uhr).*

Die Interstate 4 von Tampa nach Orlando führt an zwei großen Attraktionen vorbei, den Cypress Gardens und Walt Disney World. Die Cypress Gardens wurden bereits 1936 angelegt und warten mit 8 000 verschiedenen Pflanzen auf. Besonders beliebt sind die Kunststücke der Wasserskiakrobaten. Jährlich im Juni finden hier die Wasserski-Weltmeisterschaften statt.

Mitte der sechziger Jahre erwarb Walt Disney ein 113 Quadratkilometer großes Gelände, doppelt so groß wie Manhattan. 1967 gestattete das Parlament von Florida den Disney-Leuten, das Gebiet in ein autarkes kleines Königreich zu verwandeln. Innerhalb des Districts liegen zwei Ortschaften, in denen von 22 Menschen gewählte Bürgermeister residieren.

Es gibt sogar eine eigene Währung, den Disney-Dollar mit der Mickey Maus. Am 1. Oktober 1971 öffnete das Kingdom seine Pforten, und in den ersten 15 Jahren kamen 240 Millionen Besucher. Seit der Eröffnung stieg die Bevölkerungszahl von Zentralflorida um 60 Prozent. In Walt Disney World gibt es keine konstanten Öffnungszeiten, man kann die aktuellen Zeiten telefonisch erfragen. Eher dasein ist angeraten, die Schließzeiten allerdings werden streng eingehalten.

Georgia

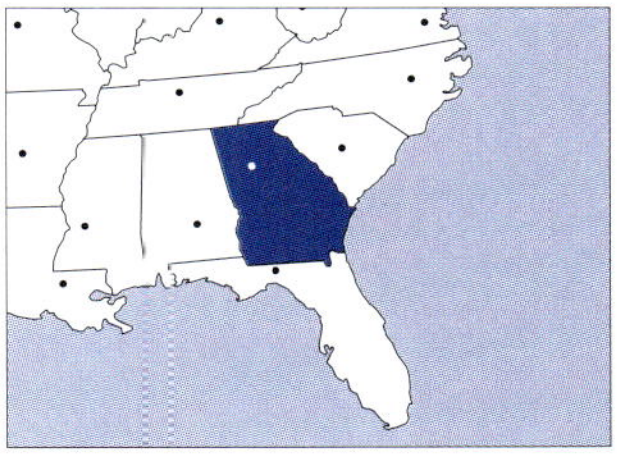

Auch Georgia erhielt seinen Namen nach einem englischen König – Georg II – und den Beinamen Peach State (peach = Pfirsich). Georgia ist einer der 13 Gründungsstaaten der USA und flächenmäßig der größte Bundesstaat östlich des Mississippi. Es grenzt im Norden und Nordosten an Tennessee, North Carolina und South Carolina, im Süden an Florida und im Westen an Alabama. Von Savannah (South Carolina) bis Florida verläuft die Grenze Georgias an der nordamerikanischen Atlantikküste, deren Inseln und Badestrände touristisches Hauptziel sind.

Im Gegensatz zum dortigen Trubel ist Georgia eher ländlich und ruhig, wenn man einmal von Atlanta, der Hauptstadt des Bundesstaates und heimlichen Hauptstadt der Südstaaten überhaupt, absieht. Georgia ist 152 580 Quadratkilometer groß. Hier leben 6,5 Millionen Menschen, mehr als ein Drittel davon im Großraum von Atlanta. 27 Prozent der Bevölkerung sind afroamerikanischer Abstammung.

Der größte Teil Georgias wird von der atlantischen Küstenebene eingenommen. Im Inneren des Bundesstaates gibt es große Feuchtgebiete, von denen der Okefenokee Swamp eines der größten Sumpfgebiete der USA überhaupt ist.

Nach Nordwesten steigt das Land zum Cumberland Plateau bzw. den Appalachen an. Das Klima ist gemäßigt und warm. Mehr als zwei Drittel der Fläche sind bewaldet.

Von allen Südstaaten ist Georgia der wirtschaftlich stärkste, Atlanta gilt als Finanzhochburg. Rund 500 internationale Unternehmen führen von hier aus ihre Geschäfte. Baumwoll- und Textilindustrie sind wichtigste Industriezweige des Bundesstaates.

Aber auch die Nahrungsmittelproduktion und die chemische Industrie haben sich in den zurückliegenden Jahren rasant entwickelt. Hauptprodukt, aber im Vergleich zu den vergangenen Jahrzehnten deutlich reduziert, in der Landwirtschaft ist noch immer die Baumwolle. Hinzugekommen sind Sojabohnen, Mais, Erd- und Pecannüsse.

Informationen

Georgia Department of Industry, Trade & Tourism, P.O.Box 1776, Atlanta, GA 30301-1776, Tel. 404-656-3590, Fax 404-651-9063

Literatur

Erskine Caldwell: Wo die Mädchen anders waren, Diogenes, Zürich
Stan Kap: Georgia Travel Handbook, Moon Publications
August Baldwin Lengstreet: Georgia Scene, 1935
Michael Maffert: Das Gold der Chirokee, Rütten & Loening, Berlin 1997
Carson McCullers: Das Herz ist ein einsamer Jäger, Diogenes, Zürich
Alice Walker: Die Farbe Lila, Rowohlt, Reinbek

Fischerhafen auf Simon-Island bei Brunswick

Das Gebiet des heutigen Bundesstaates Georgia wurde bereits 1540 von Hernando de Soto entdeckt. Im darauffolgenden, jahrhundertelangen Streit um die Vorherrschaft siegten schließlich die Engländer. Sie landeten 1733 an der Stelle, wo heute die Stadt Savannah steht. James Oglethorpe, Oberhaupt der Siedler, hatte vor, eine streng christliche Heimat für arme Siedler zu errichten, ohne Sklaverei und Alkohol. In bezug auf die Sklaverei konnte er sich nicht durchsetzen, 1752 wurde sie eingeführt. 1861 trat man der Konföderation bei. Die Folgen des Sezessionskrieges bekam Georgia besonders hart zu spüren. 1870 wurde es wieder in die Union aufgenommen, und es dauerte lange, bis die wirtschaftlichen Folgen des Krieges überwunden waren. Heute ist Georgia prosperierender Südstaat.

Atlanta

Atlanta ist die Hauptstadt des Bundesstaates Georgia und eine junge Stadt. Sie erhielt erst 1847 das Stadtrecht und blieb bis zum Bürgerkrieg ein kleines Zentrum des Güterverkehrs. Mit der Ansiedlung der Munitionsindustrie der Konföderierten wurde die Stadt Zielscheibe der Kriegsparteien und 1864 in Schutt und Asche gelegt. Danach wurde sie in ungeheurem Tempo wiederaufgebaut. Heute leben in der Stadt, die im Vorland der südlichen Ausläufer des Piedmont-Plateaus liegt, 394 000 Menschen. Sie ist größte Wirtschaftsmetropole des Südens, Coca-Cola, CNN, Delta Air Lines haben hier ihren Sitz, der zweitgrößte Flughafen der USA ist Drehkreuz des Südostens. 1996 fanden in Atlanta die Olympischen Sommerspiele statt, für die Bauvorhaben in Höhe von zwei Milliarden Dollar realisiert wurden.

Über 60 Prozent der Bevölkerung haben eine dunkle Hautfarbe. Martin Luther King Jr. kam hier 1929 zur Welt. Bereits 1961 wurde hier die Rassentrennung an den Schulen abgeschafft, 1973 wurde ein afroamerikanischer Bürgermeister gewählt. Die Wohngegenden

Informationen

Convention and Visitors Bureau,
233 Peachtree St., Suite 2000,
Atlanta, GA 30043, Tel. 404-521-6600

Felskunst am Stone Mountain außerhalb von Atlanta

allerdings sind noch immer weiß oder schwarz. Wer Atlanta besucht, darf keine alte Stadt des Südens erwarten, sondern findet eine prosperierende Metropole, die modern, amerikanisch und weltoffen ist. Das beginnt beim Verkehr. Vierzehnspurige Interstates führen in die Stadt. Wer nicht nur die Innenstadt besichtigen will, braucht schon einen Mietwagen, obwohl Parkplätze immer ein Problem und wenn nicht, teuer sind. Die Orientierung ist nicht einfach, jede zweite Straße scheint Peachtree Street oder Avenue oder Road oder Boulevard zu heißen. Die Innenstadt allerdings kann man auch zu Fuß gut erkunden. Je nach Wunsch bieten sich für das nächtliche Vergnügen die Stadtteile Midtown, das vornehme Buckhead, das Hippi-Viertel Little Five Points oder das Künstlerviertel Virginia-Highland an.

Downtown Atlanta ist geprägt von den üblichen Wolkenkratzern, für die Olympiade neu aufpoliert, wie das Underground Atlanta an der Station Five Points, eine vier Häuserblocks umfassende unterirdische Einkaufs- und Vergnügungsanlage. Hier gibt es auch ein Museum, das Heritage Row, das sich mit Stadtgeschichte befaßt *(geöffnet Di–Sa 10–17 Uhr, So 13–17 Uhr)*. Wer Atlanta kennenlernen will, darf The World of Coca-Cola nicht auslassen, ein architektonisch interessantes Museum östlich der Peachtree Street. Hier erfährt man alles über den Siegeszug einer Ikone des American Way of Life *(geöffnet Mo–Sa 10–21.30 Uhr, So 12–18 Uhr)*.

Der nördliche Teil der Innenstadt ist dann wirklich Skyline mit spektakulären Bauten aus Glas, Stahl und Stein, in denen fast alles Luxus ist, auch die Preise. Westlich davon liegen die CNN-Studios. Hier werden Führungen angeboten *(tägl. 9–16 Uhr)*. Die Wartezeiten sind allerdings zum Teil sehr lang. Daneben erstreckt sich der Olympic Centennial Park, eine Anlage nach dem Vorbild einer italienischen Piazza.

Das schwarze Atlanta findet man im Stadtteil Auburn, wo sich Geburtshaus und Grabstätte von Martin Luther King Jr. befinden.

Für Jazz- und Blues-Fans ist Atlanta im späten August und Ende Mai interessant. Dann finden das Montreux Atlanta Music Festival und das Atlanta Jazz Festival statt.

Moderne und alte Architektur in Downtown Atlanta

Literatur

James Baldwin: Das Gesicht der Macht bleibt weiß, Rowohlt, Reinbek 1993
Margit Brinke/Peter Kauzle: Atlanta und New Orleans, Verlag Know-How, Bielefeld
Margret Mitchell: Vom Winde verweht, Heyne, München 1992

Savannah

Savannah, nur knapp 30 Kilometer vom Meer entfernt, an der Grenze zu South Carolina liegend, ist eine alte Stadt mit Charme. Auf einer Parkbank von Savannah berichtete Forrest Gump fürs Kino über sein Leben. In der Hafenstadt an der Mündung des Savannah River, die bereits 1733 gegründet wurde, leben heute 138 000 Menschen. Der Name der Stadt ist abgeleitet von Savanna als Bezeichnung für subtropische Graslandschaft. Savannah betreibt den größten Hafen der Südatlantikküste. In der Stadt steht die größte Papierfabrik der Welt.

Gegründet wurde Savannah von Oglethorpe, der den Auftrag hatte, eine neue Kolonie zu gründen. Er plante die Anlage der Stadt ganz im Sinne seiner aufklärerischen Prinzipien. Sie hat eine übersichtliche Gliederung: Senkrecht und waagerecht sich kreuzende

Informationen

Area Convention and Visitors Bureau, P.O. Box 1628, Savannah, GA 31402-1628, Tel. 912-944-04561, Fax 912-944-0468

Leuchtturm auf Tybee Island, östlich von Savannah

Straßen und quadratische Plätze, die als öffentliche Treffpunkte und Versammlungsorte konzipiert wurden. Dieses nun historische Viertel ist auch heute noch das Herzstück der Stadt. Und obwohl dieser historische Distrikt einer der größten in den USA überhaupt ist, läßt er sich am besten zu Fuß erkunden. Es wird im Norden vom Fluß, im Westen vom Martin Luther King Jr. Boulevard und im Osten von der Broad St. begrenzt, die heute allerdings ein eher tristes Bild mit zahlreichen geschlossenen Geschäften bietet. Die Straßen des historischen Zentrums sind mit einer Mischung aus Zement und Austernschalen belegt, die Häuser mit schmiedeeisernen Balkonen und Erdbeben-Dekorationen geschmückt, die nur aus architektonischen Gesichtspunkten eingefügt wurden. Die meisten Häuser sind mit einer Mischung aus Indigoblau und Buttermilch-Hellblau gestrichen, um Gespenster fernzuhalten.

Orientieren kann man sich an der Bull Street, die vom Fluß direkt nach Süden führt und auf der man von Square zu Square kommt.

Ältester Platz ist der Johnson Square. Weiter kommt man zum Wright Square und, etwas westlich, zum Telfair Square, auf dem das Telfair Mansion and Art Museum steht. Es ist das älteste Kunstmuseum des Südens und stellt Gemälde, Möbel, Porzellan und Kunstgegenstände aus dem 18. bis 20. Jahrhundert aus *(geöffnet Di–Sa 10–17 Uhr, So 14–17 Uhr)*. Eine der ältesten Synagogen der USA steht auf dem Monterey Square. Zu ihr gehört ein Museum, das montags bis freitags von 10 bis 17 Uhr geöffnet hat.

Erholsam ist ein Spaziergang entlang der Riverfront, deren Rückseite, Faktoris Walk, Ladengeschäfte und Kontore beherbergt, die aus dem 19. Jahrhundert stammen. Die andere Seite, Riverwalk, ist geprägt durch Restaurants, Cafés und Läden, die in ehemaligen Lagerhäusern untergebracht sind. Von hier sieht man die Great Savannah Bridge, eine Hängebrücke, die in 125 Meter Höhe den Fluß überquert.

Eine kleine Geschichte am Rande erzählt die Bronzeplastik Waving Girl an der River Street, die die Leuchtturmwärterin Florence de Martus darstellt. Sie soll in der Hoffnung, ihr verschwundener Verlobter kehre heim, jedem ankommenden Schiff zugewinkt haben.

Literatur

Apa Guides Atlanta und Savannah, Apa Publications

Louisiana

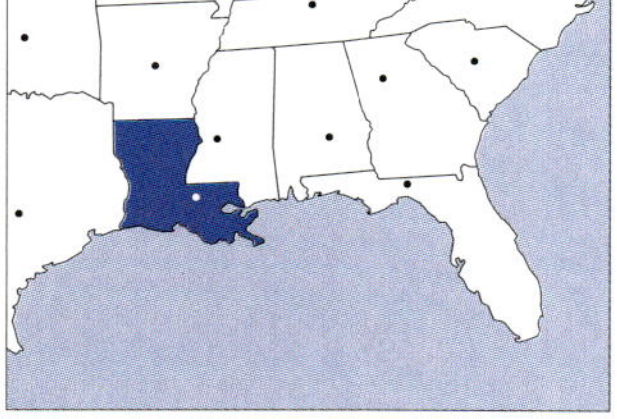

Louisiana ist das Land der französischsprachigen Cajuns, der Nachkommen französisch-kanadischer Flüchtlinge, die sich im 18. Jahrhundert in den Prärien und Sümpfen des Bundesstaates ansiedelten. Louisiana ist das Land aristokratischer Kreolen aus New Orleans. Heute leben hier 4,2 Millionen Menschen auf einer Fläche von 123 700 Quadratkilometern. Louisiana grenzt im Westen an Texas, im Norden an Arkansas, im Süden bilden die Golfküste, im Osten der Mississippi die natürliche Grenze. Zum Bundesstaat gehören das gesamte Mississippi-Delta und die Golfküstenebene. Der höch-

Louisiana Klima	Temperatur New Orleans Max.	Temperatur New Orleans Min.	Temperatur Alexandria Max.	Temperatur Alexandria Min.	Niederschlag mm New Orleans	Niederschlag mm Alexandria	Niederschlagsarme Tage weniger als 0,3 mm New Orleans	Niederschlagsarme Tage weniger als 0,3 mm Alexandria
Januar	17	6	25	–6	130	130	21	22
Februar	18	8	26	–4	130	130	16	22
März	21	11	29	–1	130	140	22	22
April	26	15	32	4	100	130	23	24
Mai	29	18	34	9	100	120	23	23
Juni	32	22	37	16	130	110	17	22
Juli	32	23	38	18	180	130	16	20
August	33	23	38	18	130	110	17	21
September	31	21	36	11	150	70	20	24
Oktober	27	16	33	3	50	90	24	24
November	21	10	28	–2	100	110	23	24
Dezember	18	7	25	–5	130	150	21	21

ste Punkt liegt nur 163 Meter ü.M. 3200 Kilometer lang windet sich der Red River mit seinen als *The Raft* bezeichneten Sumpfgebieten durch den Bundesstaat. Das Flachland Louisianas liegt teilweise unter dem Meeresspiegel, Ursache für Hurrikans, Stürme und Überschwemmungen.

Die Hauptstadt ist Baton Rouge, die Staatsfarben sind Gold-Weiß-Blau, das Staatsmotto Einheit, Recht und Zuversicht, die Beinamen Pelican State und Bayou State. Erstaunlicherweise dürfen Steuermaßnahmen in Louisiana nur in Jahren mit gerader Zahl beschlossen werden. Die Politik wird von der Demokratischen Partei und ihren Anhängern, den Yellow Dog Democrats beherrscht, die lieber einen gelben Hund als einen republikanischen Kandidaten wählen würden. Der Bundesstaat ist nicht in Counties, sondern in 64 Parishes gegliedert. Der Anteil der Afroamerikaner beträgt 30 Prozent. Vom schlechten Los der Sklaven hatten die hier Lebenden noch das am wenigsten schlechte.

Louisiana hat eine große landwirtschaftliche Produktion, französische Siedler parzellierten das Land und bauten Zuckerrohr und Baumwolle an. Sie züchteten eine Sorte Zuckerrohr, die in nur acht Monaten gedieh. Auch die Fischerei ist stark entwickelt, 25 Prozent des gesamten Fischfangs der USA kommen aus Louisiana, bei der Austernzucht ist der Bundesstaat Spitzenreiter. Wichtigster Industriezweig ist die Ölförderung und die damit verbundene petrochemische Industrie. Das hat große Umweltprobleme zur Folge, die Luftqualität ist nach Texas die zweitschlechteste in den USA.

Der Bundesstaat unterhält 14 State Parks, von denen besonders der Jean Lafitte National Historical Park bei New Orleans zu erwähnen ist.

Die ersten Franzosen ließen sich im Jahre 1682 in Louisiana nieder. 1762 übergab Ludwig XV. die französischen Territorien westlich des Mississippi seinem spanischen Cousin Carlos III. 1801 trat Spanien Louisiana an Napoleon ab, der es zwei Jahre später aus Geldnot an Jefferson verhökerte. 1861 schloß sich Louisiana der Konföderation an, wurde aber bereits ab 1862 wieder von der Union kontrolliert.

Informationen

Louisiana Office of Tourism, O.O. Box 94291, Baton Rouge, LA 70804-9291, Tel. 504-342-8100, Fax 504-342-8390

Literatur

Kate Chopin: A Night in Acadia, 1897

Walker Percy: Der Kinogeher, Suhrkamp, Frankfurt a.M.

Walker Percy: Liebe in Ruinen, Suhrkamp, Frankfurt a.M.

John Kennedy Toole: Ignaz oder Die Verschwörung der Kinder, Klett Cotta, Stuttgart

Historisches Dorf Acadiana in Lafayette im Cajun Country

Lafayette

Gut 200 Kilometer nordwestlich von New Orleans, im Herzen des heutigen Cajun Country, liegt Lafayette, das Zentrum der Ölindustrie. Hier leben 95 000 Menschen. Die Stadt ist von Wäldern und Sümpfen umgeben. Lafayette hat einen sehr schönen alten Stadtkern und ist sehr stark von der Kultur der Cajuns geprägt, die einen auch für französischsprechende Touristen sehr schwer zu verstehenden Dialekt sprechen. In den Kneipen und Bars der Stadt kann man allabendlich die Musik der Cajuns hören. Lafayette hat seinen Kleinstadtcharakter bewahrt, schöne Holzhäuser prägen das Ortsbild. Ältestes Gebäude ist das Maison Bernard, entstanden um 1800, in der der erste Zahnarzt von Lafayette wohnte und das heute ein Doctoris Museum ist *(geöffnet tägl. 10–17 Uhr)*. Es gehört zum Acadian Village, einem Museum am südlichen Stadtrand. Sehenswert ist das Lafayette Museum, die Residenz des früheren Gouverneurs von Louisiana, heute mit lokalhistorischen Erinnerungsstücken ausgestattet *(geöffnet Di–Sa 9–17 Uhr, So 15–17 Uhr)*. Lafayette ist Sitz der University of Southwestern Louisiana, in der ein Kunstmuseum untergebracht ist mit einer großen Fotoausstellung und Grafiksammlung *(geöffnet Mo–Fr 9–16 Uhr, So 14–17 Uhr)*. Seit sich die Stadt verstärkt um Touristen bemüht, sind interessante Rekonstruktionen früherer Cajun-Siedlungen entstanden. Eine davon ist Vermilionville gegenüber des Flughafens mit einer guten Ausstellung über die Kultur der Cajuns, Indianer und Kreolen *(geöffnet tägl. 10–17 Uhr)*. Kaffee und Kuchen gibt es in den ehemaligen Sklavenunterkünften, was vielleicht nicht jedem liegt. Als Touristenpflicht gilt die Chretien Point Plantation nördlich von Lafayette. Auf der Baumwollplantage kam es während des Bürgerkrieges zu erbitterten Kämpfen, das Herrenhaus diente als Kulisse für den Film *Vom Winde verweht (geöffnet tägl. 10–17 Uhr)*.

Informationen
Convention and Visitors Commission, P.O. Box 52066, Lafayette, A 70546, Tel. 318-232-3808, Fax 318-232-0161

New Orleans

Informationen
New Orleans Metropolitan Convention and Visitors Bureau, 1520 Sugar Bowl Drive, New Orleans, LA 70112, Tel. 504-566-5011, Fax 504-566-5046

New Orleans ist unangefochtene Metropole des Südens, Heimat des Jazz, dem Wahlspruch *Laissez les bons temps rouler!* (Laßt es euch gutgehen!) verpflichtet. Die größte Stadt Louisianas liegt am Mississippi, hier leben 497000 Menschen, in der Metropolitan Area sind es 1,6 Millionen. Die Stadt nimmt eine Fläche von 104 Quadratkilometer auf einem trockengelegten ehemaligen Feuchtgebiet ein. Das halbmondförmige Stadtzentrum liegt unter der Hochwassermarke. Zu ihrem Schutz wurden ein zehn Kilometer langer und vier Meter hoher Damm errichtet und Entwässerungsgräben gezogen. New Orleans ist Stadt der Extreme. Krasse Unterschiede zwischen Arm und Reich, Weiß und Schwarz prägen das Stadtbild. Die Kriminalitätsrate ist eine der höchsten in den USA. Die Stadt ist geprägt durch Einflüsse der Kreolen und Cajuns, eingewanderter Italiener, Iren und Deutscher und vor allem von den Nachfahren freigelassener Sklaven. Der Hafen ist der zweitgrößte der USA, New Orleans ist Zentrum der petrochemischen Industrie und der Verarbeitung und Vermarktung von Fisch. Es gibt ein gutes inner-

Die Bourbon Street in New Orleans. Die Stadt ist voller Musik.

städtisches Busnetz, zwei Straßenbahnlinien und drei kostenlose Autofähren, 240 Hotels, circa 1800 Restaurants und 700 Bars. Kulturelle Höhepunkte sind Mardi Gras (Karneval) vom 6. Januar bis Aschermittwoch, das French Quarter Festival mit traditionellem Jazz in der Woche vor Ostern, das Jazz and Heritage Festival mit modernem Jazz und Blues Ende April und das Tennessee Williams Festival im März/April. Das alte Stadtzentrum, French Quarter, schön und schäbig zugleich, erstreckt sich entlang einer halbmondförmigen Schleife des Mississippi. Alles ist gut zu Fuß oder per Straßenbahn zu erreichen, die Straßen verlaufen rechtwinklig zueinander. Das Viertel wurde bereits 1936 unter Denkmalschutz gestellt. Hier stehen 100 bis 250 Jahre alte Häuser mit malerischen Innenhöfen. Auf behördliche Anordnung wurde das Vergnügungsviertel 1897 durch rote Lampen gekennzeichnet. Hier entwickelten zugezogene Schwarze mit alteingesessenen Kreolen den Jazz. Hauptplatz ist der Jackson Square, an dessen Nordseite die St.Louis Cathedral, das Wahrzeichen der Stadt, steht. Ihr Vorplatz ist tagsüber Freilichtbühne für Jazzbands, Gaukler, Kartenleger und Schachspieler. Links davon das Louisiana State Museum, einstiger Sitz des spanischen Gouverneurs *(geöffnet Di–So 10–20 Uhr)*. Gegenüber des Jackson Square befinden sich die Anlegestellen der Schaufelraddampfer. Wer mehr über die Geschichte des Viertels erfahren will, sollte sich der Führung eines Park Rangers anvertrauen. Tagsüber ist die Decatur Street belebteste Straße des Viertels. Hier laufen mehrere Buslinien zusammen, starten die Pferdekutschen zu ihren Besichtigungstouren. Nahtstelle zwischen dem French Quarter und dem Business District ist die Hauptgeschäftsstraße Canal Street. Gegen 20 Uhr abends beginnt in den Bars der Bourbon Street und später gegen 22 Uhr in den großen Dance Halls und kleinen Neighborhood Bars außerhalb des French Quarter die Musik zu spielen.

Drei Plätze in der Nähe des French Quarter sind zur Besichtigung empfehlenswert, allerdings wenn möglich, nicht allein: der älteste Friedhof der Stadt, St. Louis Cemetery No. 1, der ehemalige Sklaventanzplatz, Congo Square, und das Gelände von Storyville, ein berüchtigtes Vergnügungsviertel.

Literatur

Apa Guides New Orleans, Apa Publications
Leo Linder: New Orleans und Umgebung, DuMont, Köln
Robert Raburn: New Orleans City Guide, Lonely Planet
Anne Rice: Tanz der Hexen, Goldmann, München 1997
Tennessee William: Endstation Sehnsucht

Mississippi

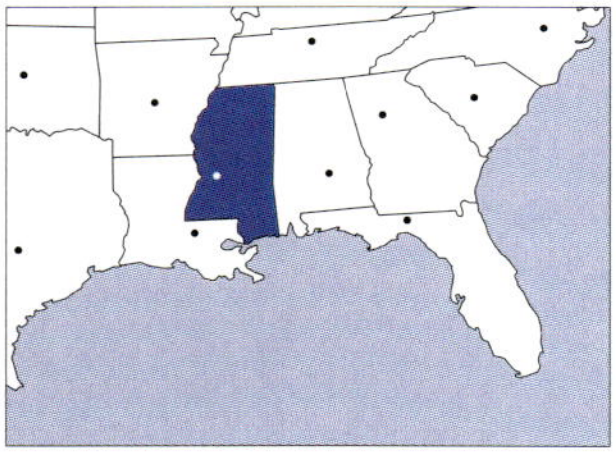

Informationen

Division of Tourism Development, P.O. Box 1705, Ocean Springs, Mississippi 39566-1705, Tel. 601-875-0705, Fax 601-875-3167

Massenelend und großer Reichtum einzelner sind charakteristisch für den ärmsten Bundesstaat der USA. In der Zeit der Baumwolle und der Sklaverei war Mississippi fünftreichster Staat. Hier wehrte man sich bis in die siebziger Jahre hinein gegen politische Mitbestimmung von Schwarzen.

Der Bundesstaat wird im Westen von der Stromaue des gleichnamigen Flusses begrenzt, im Süden vom Golf von Mexico, im Osten von Alabama und im Norden von Tennessee. Er umfaßt eine Fläche von 123 584 Quadratkilometer, sein Beiname ist Magnolia State, die Hauptstadt Jackson.

Die Stromaue des Flusses ist bis zu 200 Kilometer breit, von hier aus steigt das Land terrassenförmig gen Osten an. Die höchste Erhebung liegt 246 Meter über dem Meeresspiegel.

Mehr als die Hälfte des Bundesstaates ist von Wäldern bedeckt. In der Hauptstadtgegend ist Prärie ausgebildet. Bis zu Beginn des Jahrhunderts war das Mississippi-Delta moskitoverseuchte Wildnis. Kein Weißer ließ sich bewegen, dieses Land urbar zu machen. Schwarze Sharecroppers (Pächter) bearbeiteten den Boden und mußten für das Land, das sie bekommen hatten, mit einem großen Teil ihrer Ernte bezahlen.

Hier entstand der berühmte Delta-Blues.

In Mississippi leben heute circa 2,6 Millionen Menschen, nur 21 pro Quadratkilometer. Ein Drittel der Bevölkerung sind Afroamerikaner. In einem Indianerreservat westlich von Philadelphia leben die letzten Choktaw, 4000 insgesamt. Die meisten Städte des Bundesstaates sind kleine Landstädte, in denen nicht mehr als 50 000 Menschen wohnen.

Die Ökonomie des Staates ist weiterhin stark durch die Landwirtschaft geprägt. Bis zum Bürgerkrieg wurde fast ausschließlich Baumwolle angebaut. Inzwischen nehmen Sojabohnen den ersten Platz ein, aber Mississippi bleibt weiterhin ein Staat des Cotton Belt. Einen wichtigen Rang nimmt der Fang von Süßwasserfischen

Mississippi Klima	**Temperatur**				**Niederschlag**		**Niederschlagsarme Tage**	
	Vicksburg		Meridian		Vicksburg	Meridian	weniger als 0,3 mm	
	Max.	Min.	Max.	Min.	mm		Vicksburg	Meridian
Januar	14	2	14	2	130	100	19	21
Februar	17	3	16	3	150	130	19	18
März	20	6	21	5	140	150	17	16
April	26	12	26	11	130	130	18	19
Mai	29	16	29	15	100	100	20	19
Juni	33	20	33	19	80	100	21	20
Juli	34	22	33	21	100	130	20	18
August	34	21	33	21	100	100	20	19
September	31	18	31	19	80	80	22	22
Oktober	27	11	26	11	50	50	24	25
November	20	6	20	5	100	100	20	19
Dezember	16	3	16	2	130	150	19	18

ein, vor allem der im Mississippi vorkommende Catfish ist begehrt. Mit der Freigabe des Glücksspiels erhoffte man sich neue Einnahmequellen, überall im grünen Delta entstanden mehr oder minder häßliche Kasinos, in denen Gelegenheitsarbeiter kurzfristig ihr Überleben sichern.

In den vergangenen Jahren erlebte der Tourismus einen Aufschwung. Die langen weißen Sandstrände am Golf von Mexico, 22 Erholungsparks, sechs National Forests und große Wasserreservoire bieten viele Möglichkeiten für Wassersportler, Angler und Wanderer. Zahlreiche typische Südstaaten-Ortschaften, herrschaftliche Anwesen auf den ehemaligen Plantagen und der Blues tun ihr übriges.

Bis zur Ankunft der Europäer war Mississippi stark von Indianern besiedelt, die eine hohe Kultur entwickelt hatten. Sie wurden ab 1830 gezwungen, ihre angestammten Gebiete zu verlassen. Die ersten weißen Siedler hatten sich bereits 1691 niedergelassen. Mississippi war Drahtzieher des Sezessionskrieges und wurde erst 1870 wieder in die Union aufgenommen. Der Bundesstaat verfolgte noch lange eine Politik der Rassentrennung.

Literatur

Albert French: Billi, Piper, München 1996

Friedrich Gerstäcker: Die Flußpiraten des Mississippi

Marc Twain: Leben auf dem Mississippi, detebe

Marc Twain: Huckleberry Finns Abenteuer, Die abenteuerliche Flußfahrt auf dem Mississippi, Arena, Würzburg 1996

Tennessee Williams: Die Katze auf dem heißen Blechdach

Natchez

Der Name Natchez geht auf das gleichnamigen Indianervolk zurück. Der Natchez-Trace war ein Indianerpfad, der den Südosten der USA wie ein Netz überzog und über den die Indianer ihren Handel betrieben. 1739 legten Franzosen die erste Karte dieser Route an, die von Natchez bis westlich von Nashville verlief.

Der Ort Natchez, in dem nur 20 000 Menschen leben, liegt im Südwesten des Bundesstaates und ist heute eine touristische Hochburg des alten Südens. Vor allem die gut erhaltenen Häuser aus dem Antebellum (der Zeit vor dem Bürgerkrieg) und das damit verbundene Flair locken jährlich zahlreiche Urlauber in die kleine Stadt.

Hier und in der Umgebung gibt es noch etwa 500 herrschaftliche Anwesen aus der wirtschaftlichen Blütezeit Mississippis. Im Ortszentrum stehen noch zahlreiche neoklassizistische Villen der ehemaligen Baumwollhändler mit großen gepflegten Gärten. Den Wohlstand der Stadt begründete zu Beginn des 19. Jahrhunderts der Handel.

In Natchez haben 14 Gebäude das ganze Jahr über geöffnet, andere können nur im Rahmen der Natchez Pilgrimage besucht werden. Ein ungewöhnlicher, achteckiger Bau im orientalischen Stil ist das Longwood etwas außerhalb des Ortes. Es stammt aus der zweiten Hälfte des 19. Jahrhunderts und wird von einer byzantinischen Kuppel gekrönt *(geöffnet tägl. 9–17 Uhr)*.

Als geschmackvollste Villa gilt Stanton Hall, 401 High Street, im neoklassizistischen Stil gebaut, gut restauriert und mit zahlreichen Antiquitäten bestückt *(geöffnet tägl. 9–17 Uhr)*. Im Nebenhaus gibt es ein Restaurant, in dem Speisen aus den Südstaaten angeboten werden.

Grand Village of the Natchez Indian ist ein kleines Museum am Jefferson Davis Boulevard, in dem Zermonialhöhlen und Erdwohnungen

Informationen

Natchez Convention and Visitors Bureau, F. Box 1485, Natchez, Mississippi 39121-1485, Tel. 601-446-6345, Fax 601-693-5638

Nachgebaute Indianerhütte in Grand Village of the Natchez Indians

zu besichtigen sind *(geöffnet Mo–Sa 9–17 Uhr, So ab 13.30 Uhr).* Von der Silver Street aus gelangt man hinunter zum Fluß, an dem der Schaufelraddampfer Natchez Under the Hill liegt, einst Filmkulisse für Huckleberry Finn. Das früher verrufene Hafenviertel ist heute Tummelplatz für Touristen. Hier liegt auch der imposante Schaufelraddampfer *Lady Lucky Natchez,* in dem heute ein Spielkasino untergebracht ist.

Im Stadtzentrum liegt The Elms, ein großer hochherrschaftlicher Sitz aus dem Jahre 1804 mit einer im Bundesstaat Mississippi einmaligen großen, gußeisernen Treppe. Der Herrensitz ist nur während der Pilgrimage zugänglich.

Einer der letzten großen Herrensitze, die vor dem Bürgerkrieg entstanden, ist Magnolia Hall, in dem heute das Natchez Customs Museum untergebracht ist *(geöffnet tägl. außer feiertags, 9–17 Uhr).*

Vicksburg

Informationen
Vicksburg Convention and Visitors Bureau, P.O. Box 110, Vicksburg, Mississippi 39181, Tel. 601-636-9421, Fax 601-636-9475

Vicksburg liegt westlich von der Hauptstadt Jackson, am Steilufer über dem Mississippi, was der Stadt im Bürgerkrieg große strategische Bedeutung zukommen ließ. Während einer 47tägigen Belagerung im Jahre 1863 verloren 50 000 Soldaten ihr Leben, bis die Stadt kapitulierte und die Südstaaten damit eine schwere Niederlage erlitten.

Die Stadt erstreckt sich zu beiden Seiten des Flusses und ging in die Geschichte als Gibraltar der Konföderierten ein. 17 000 Grabsteine auf dem Militärfriedhof zeugen von der blutigen Schlacht um Vicksburg.

Heute leben hier 21 000 Menschen. Die Stadt ist vor allem durch das National Military Park & Cemetery, die sogenannte Vicksburg Campaign, berühmt. Die Anlage stellt das Bürgerkriegsschlachtfeld dar. Es gibt eine Lehrschau über die Schlacht und die Belagerung der Stadt. Auf dem 728 Hektar großen Areal werden Rundfahrten angeboten *(tägl. 8–17 Uhr).*

Historische Kanone im National Military Park

Wem das noch nicht genügt, der kann ins Gray & Blue Naval Museum an der Washington Street gehen, in dem Modelle von Kanonenbooten und Kriegsschiffen des Bürgerkrieges ausgestellt sind *(geöffnet Mo–Sa 9–17 Uhr).*

Durch den Krieg sind nur wenige der Antebellum-Häuser erhalten geblieben, die man im Rahmen einer Historic Houses Tour von der Clay Street aus besichtigen kann. Ältestes noch erhaltenes Haus ist das McRaven Home in der Harrison Street *(geöffnet Mo–Sa 9–18 Uhr, So 10–17 Uhr).*

Das Old Courthhouse ist ein Bau mit attischen Säulen und steht auf dem höchsten Punkt der Stadt. Hier ist ebenfalls ein Museum untergebracht, das sich mit den Bürgerkriegsereignissen beschäftigt *(geöffnet Mo–Sa 8.30–16.30 Uhr, So 13.30–16.30 Uhr).*

Etwas fröhlicher geht es im Biedenham Candy Company Museum in der Washington St zu. Das ist der Ort, an dem zum erstenmal Coca Cola in Flaschen abgefüllt wurde *(geöffnet Mo–Sa 9–17 Uhr, So 13.30–16.30 Uhr).*

Missouri

Im weiteren Sinne wird Missouri zu den Südstaaten gezählt, liegt geographisch allerdings im Mittleren Westen der USA. Missouri erhielt seinen Namen des gleichnamigen Flusses wegen – Missouri bedeutet Volk der Kanuten. Der Missouri River gilt als Tor zum Westen. Missouri trägt den Beinamen Show Me State, seines skeptischen Menschenschlages wegen, und ist 180 480 Quadratkilometer groß.

Im Bundesstaat leben etwa 5,2 Millionen Menschen, davon 70 Prozent in den Städten. Rund 88 Prozent der Bevölkerung sind Weiße. Die Hauptstadt Missouris ist Jefferson City, in der 37 000 Menschen leben, die größten Städte sind Saint Louis, Kansas City und Independence.

Der Bundesstaat grenzt im Norden an Iowa, im Süden an Tennessee und Arkansas, im Osten an Illinois und Kentucky und im Westen an Oklahoma, Kansas und Nebraska. Im Osten bilden der Mississippi, im Nordwesten der Missouri, der den Staat von West nach Ost durchfließt, natürliche Grenzen. Im Süden des Staates hat das Klima eher mittelmeerischen Charakter, im Norden kontinentalen Charakter.

Im Sommer wird das Gebiet häufig von Wirbelstürmen heimgesucht. Im nördlichen Tiefland sind die Böden ertragreich. Hier werden hauptsächlich Reis, Baumwolle, Sojabohnen und Mais angebaut. Missouri ist führend in der Förderung von Bleierz. In den städtischen Industriezentren Kansas City und Saint Louis sind Luft- und Raumfahrt, Fahrzeug- und Maschinenbau und metallverarbeitende Industrie angesiedelt.

Im 18. Jahrhundert ließen sich auf dem Gebiet des heutigen Bundesstaates Missouri, das damals von Osagen besiedelt war, französische Siedler nieder. Sie gründeten 1735 Ste. Genevieve und 29 Jahre später Saint Louis. Das Gebiet war zunächst Teil der Kolonie La Louisiane, später spanisch und fiel 1803 den USA zu. Missouri trat im August 1821 als 24. Mitglied der Union bei. Obwohl es in Mis-

Missouri Klima	Temperatur				Niederschlag		Niederschlagsarme Tage	
	St. Louis		Kansas City		St. Louis	Kansas City	weniger als 0,3 mm	
	Max.	Min.	Max.	Min.	mm		St. Louis	Kansas City
Januar	4	–5	4	–5	30	30	21	23
Februar	7	–4	7	–3	60	40	19	20
März	12	0	12	1	90	70	19	21
April	19	7	19	8	90	80	19	19
Mai	24	12	24	13	110	120	19	18
Juni	29	17	29	19	110	120	19	19
Juli	32	19	33	22	90	100	21	21
August	31	19	32	21	80	100	22	21
September	27	14	28	16	80	120	22	20
Oktober	21	8	22	9	70	70	22	23
November	12	1	12	2	70	50	22	24
Dezember	6	–3	7	–2	60	30	21	23

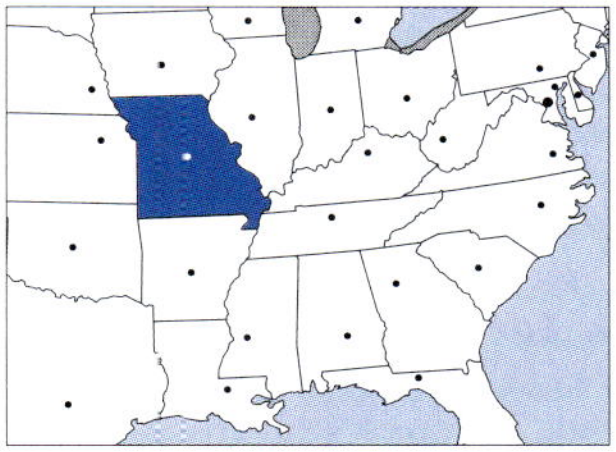

Informationen

Missouri Divison of Tourism, Truman State Office Building, P.O. Box 1055, Jefferson City, MO 65102, Tel. 573-751-4133

Literatur

Bernhard Augustine de Vote: Across the White Missouri, 1947

William Faulkner: Als ich im Sterben lag, Diogenes, Zürich

Mark Twain: Tom Sawyers Abenteuer, Heyne, München 1997

Informationen

Convention and Visitors Commission, 10, South Broadway, Suite 1000, St. Louis, MO 63102, Tel. 314-421-1023

Literatur

Tennessee Williams: Die Glasmenagerie

Altes Gerichtsgebäude in St. Louis

souri Sklaverei gab, trat der Staat nicht der Konföderation bei. Missouri hält seinen Schriftstellerhelden Mark Twain hoch in Ehren. Nördlich von Saint Louis, immer den Mississippi hinauf, liegt die kleine Stadt Hannibal. Wer immer auch Tom Sawyer von Mark Twain gelesen hat, wird hier vieles wiedererkennen, was in den Büchern beschrieben ist. Mark Twain wuchs in Hannibal auf, sein ehemaliges Wohnhaus ist heute Museum, viele andere Orte der Stadt sind in seinem Roman verarbeitet.

Zweifelhaft berühmt, aber doch berühmt ist der Bankräuber Jesse James, der in Liberty nördlich von Kansas City seinen ersten Bankraub durchführte. Diese Bank ist heute ein Museum.

Saint Louis

Im Osten Missouris liegt, zwischen den Einmündungen der Flüsse Missouri und Ohio in den Mississippi, die Stadt Saint Louis. Hier leben 622 000 Menschen. Saint Louis ist die größte Stadt des Bundesstaates, in der Metropolitan Area leben über 2,5 Millionen Menschen.

Die Stadt ist ein Verkehrsknotenpunkt, ihr Flußhafen am Mississippi trug viel zur Urbanisierung bei. Auf dem Gebiet der heutigen Metropole wurde 1764 ein Stützpunkt für Pelzhändler gegründet, benannt nach dem französischen König Ludwig IX. Saint Louis entwickelte sich von da an schnell als Tor zum Westen des nordamerikanischen Kontinents.

Zu Beginn des 20. Jahrhunderts waren etwa 40 Prozent der Einwohner deutschstämmig. Während des Sezessionskrieges stand Saint Louis auf seiten der Nordstaaten.

Die Deutschen brachten Blasmusik und Braukunst in die Stadt, hier steht eine der größten Bierbrauereien der Welt, beeinflußten die Architektur und feierten alljährlich zahlreiche Feste, deren Tradition sich bis heute gehalten hat. Es gibt ein Oktoberfest, ein Saint-Louis-Straßenfest und das Badenfest.

Zur Stadt gehören drei große Universitäten, viele kirchliche und weltliche Seminare und ein Musikinstitut.

Eine Besichtigung der Stadt kann man auf der Aloe Plaza beginnen, auf der ein Brunnen mit dem Namen *The Meeting of the Waters* steht, symbolisch für den Zusammenfluß von Mississippi und Missouri. Über den breiten Unterlauf des Mississippi spannt sich in Saint Louis eine der ersten großen Stahlbrücken der USA, die Eads Bridge. Von hier hat man einen schönen Blick über die Stadt und den Fluß.

Symbol der Stadt ist der Gateway Arch, eine Spezialbahn, deren 192 Meter hoher Dreikantbogen aus Stahl die Stadt als Tor zum Westen repräsentiert. Im Untergeschoß ist das Jefferson National Expansion Memorial Museum eingerichtet *(geöffnet tägl. 9–17 Uhr)*. Hier wird die Geschichte der Besiedlung durch die Europäer dokumentiert. Nach dem Vorbild des Pariser Rathauses ist die City Hall auf der Memorial Plaza gebaut. Architektonisch bietet die Stadt zahlreiche Sehenswürdigkeiten. Erwähnt sei das Wainwright Building, ein Stahlskelettbau aus der Schule von Chicago.

North Carolina

North Carolina, benannt nach dem englischen König Charles I., ist einer der dreizehn Gründungsstaaten der USA. Das 136 412 Quadratkilometer große Gebiet grenzt im Norden an Virginia, im Westen an Tennessee und im Süden an South Carolina. Geographisch ist das Gebiet in drei Regionen aufgeteilt: die Küste, Piedmont und die Berge. Die Atlantikküste im Osten des Staates ist geprägt durch Marsche, Strände, vorgelagerte Inseln und breite Flußmündungen. Hier befinden sich auch die interessantesten historischen Stätten des Bundesstaates. Dem nördlichen Küstenabschnitt sind die Outer Banks vorgelagert, eine schmale, 280 Kilometer lange Sichel von Inseln. Die Outer Banks sind ideales Urlaubsgebiet mit kilometerlangen Stränden und Dünen. Hier wurde am 17. Dezember 1903 Weltgeschichte geschrieben, als den Brüdern Wright der erste Motorflug gelang.

Das Hinterland der Küste besteht zu einem großen Teil aus der wenig erschlossenen Albemarle Peninsula, einer Halbinsel, auf der gegen Ende des 17. Jahrhunderts die ersten dauerhaften englischen Niederlassungen entstanden.

Zwei Fünftel des Staatsterritoriums gehören zur von Sümpfen durchzogenen östlichen Küstenebene. Daran schließt sich die hügelige Landschaft des Piedmont an. Das Piedmontplateau geht im Norden in die Blue Ridge Mountains über, zu denen der Mount Mitchell gehört, mit 2037 Metern der höchste Berg der östlichen USA.

Die Hauptstadt North Carolinas, das auch die Beinamen Tar Heel State und Old North State trägt, ist Raleigh. Die größte Stadt ist Charlotte, das seit langem versucht, Boomtown des Südens zu werden.

22 Prozent der Bevölkerung sind afroamerikanisch, nur 1,2 Prozent Indianer, hauptsächlich Cherokee. Ihnen gehört ein großes Reservat in den westlichen Great Smoky Mountains. Im eher dünnbesiedelten Bundesstaat leben rund 6,6 Millionen Menschen.

North Carolina Klima	Temperatur Asheville Max.	Asheville Min.	Wilmington Max.	Wilmington Min.	Niederschlag Asheville mm	Wilmington mm	Niederschlagsarme Tage weniger als 0,3 mm Asheville	Wilmington
Januar	9	–3	14	3	70	80	20	20
Februar	11	–2	14	4	80	80	20	20
März	14	1	18	7	100	80	18	20
April	21	6	22	11	80	70	19	21
Mai	25	11	26	16	90	80	17	21
Juni	28	15	29	21	100	130	16	19
Juli	29	17	31	22	120	180	15	16
August	29	17	30	22	110	160	16	16
September	26	13	28	19	80	110	20	20
Oktober	21	7	23	13	70	80	23	23
November	14	1	18	8	60	50	23	23
Dezember	9	–2	14	4	80	70	20	20

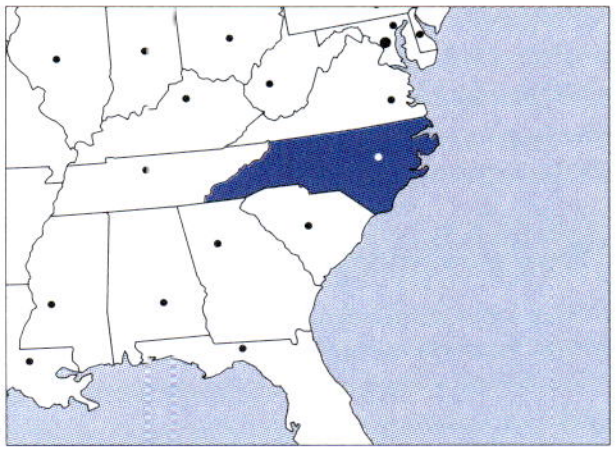

Informationen

North Carolina Travel and Tourism Division, 430 North Salisbury Street, Raleigh, NC 27603, Tel. 919-733-4171, Fax 919-733-8582

Im landesweiten Vergleich ist North Carolina trotz hoher Industrialisierungsrate ländlich und arm. Allerdings ist die Arbeitslosenquote relativ gering und der Anteil der in der Industrie Beschäftigten in Relation zur Bevölkerungszahl hoch. Wichtigster Industriezweig sind die Tabakindustrie und der Tabakanbau in der Landwirtschaft.

Die planmäßige Besiedlung North Carolinas setzte erst um 1660 ein. 1663 verschenkte Charles II. das Gebiet von North und South Carolina an acht seiner Lords.

1729 wurden die Gebiete wieder getrennt und zu Kronkolonien. North Carolina entschied sich 1776 als erste Kolonie für die Unabhängigkeit und trat 1789 der Union bei.

Literatur

Thomas Clayton Wolfe: Schau heimwärts Engel

Charlotte

Dicht an der Grenze zu South Carolina, im Westen North Carolinas liegt Charlotte. In den vergangenen Jahren hat die Stadt, in der 430 000 Menschen leben, eine rasante Entwicklung genommen. Nach New York und San Francisco ist Charlotte heute drittwichtigster Bankenplatz der USA. Glitzernde Fassaden und hohes Verkehrsaufkommen zeugen davon. Mitte des 18. Jahrhunderts war an der Stelle, wo heute Charlotte steht, ein Kreuzungspunkt indianischer Handelswege. Hier ließen sich schottische und irische Einwanderer nieder. 1768 wurde die Siedlung zur Stadt erklärt und nach Sophia Charlotte von Mecklenburg-Strelitz benannt. Deshalb trägt das County noch heute den Namen Mecklenburg.

Informationen

Convention and Visitors Bureau, 122 E. Stonewall St., Charlotte, NC 28202-1838, Tel. 704-334-2282, Fax 704-342-3972

Die Innenstadt wird nicht Downtown, sondern Uptown genannt. Zentrum ist die Kreuzung Trade und Tryon Streets, The Square genannt. Hier wurde 1992 das 264 Meter hohe Nations Bank Corporate Center eröffnet – inzwischen Wahrzeichen der Stadt. Der Unterbau des Wolkenkratzers beherbergt das Blumenthal Performing Arts Center mit einem großen Theater und zwei kleineren Bühnen und die Founders Hall – ein Shopping Center.

Östlich vom Square steht das 1995 fertiggestellte Charlotte Convention Center, ein riesiger Kongreß- und Veranstaltungskomplex. Einen Kontrast zur Skyline bildet die 1914 erbaute Latta Arcade, zwei Blocks südlich der Tryon Street. Hier kann man angenehm in kleinen Läden einkaufen.

Die Skulptur „Grande Disco“ von Aranald Pomodoro in Charlotte

Eine Attraktion ist das Hands-on-Museum Discovery Place in der Tryon Street. Hier kann angefaßt und begriffen werden, vor allem im Bereich Natur, Wissenschaft und Technik. Zum Museum gehört das größte Kino der USA, das Omnimax. *(geöffnet Mo–Fr 9–17 Uhr, Sa 9–18 Uhr, So 13–18 Uhr, Juni bis August Mo–Sa bis 18 Uhr).* Im Vorort Eastover steht in der Randolph Street das Mint Museum of Art mit einer Sammlung europäischer und amerikanischer Malerei, präkolumbianischer und afrikanischer Kunst, Kostümen und viktorianischen Silbers *(geöffnet Di 10– 22 Uhr, Mi–Sa 10–17 Uhr, So von 13–18 Uhr).*

16 Kilometer südlich der Stadt liegt der Vergnügungspark Paramountis Carowinds, von Mitte Juni bis Ende August täglich geöffnet, sonst nur an den Wochenenden.

Outer Banks

Von der Grenze zu Virginia im Norden bis Cape Lookout im Süden erstreckt sich vor der Küste von North Carolina eine Gruppe langer und schmaler Inseln, Outer Banks genannt. Sie sind als Cape Hatteras National Seashore und Cape Lookout National Seashore unter Naturschutz gestellt. Seltene Pflanzen und Vögel fanden hier ihren Lebensraum. Die Outer Banks sind eines der meistbesuchten Ferienziele North Carolinas, vor allem der nördliche Teil ist touristisch stark erschlossen und geprägt von Hotels, Motels, Ferienhäusern und Restaurants. Der Atlantik vor den Inseln ist ein vor allem durch Sandbänke gefährliches Gewässer, in dem bis heute mehr als 600 Schiffe untergingen.

Im Zweiten Weltkrieg machten hier U-Boote der Deutschen Jagd auf Alliierte Geleitzüge. Im Süden verkehren nur Fähren zwischen Festland und Inseln, im Norden erreicht man die Outer Banks über die US 158 und die US 64. Parallel zum Meer verläuft die Beach Road, an der die Küstenstädte Kitty Hawk, Kill Devil Hills und Nags Head liegen. Nicht alle Unterkünfte, die den Touristen damit locken, an der Waterfront zu liegen, haben Meeresblick. Oft stehen sie nur auf der dem Meer zugewandten Straßenseite.

Die drei nördlichen Inseln Bodie, Hatteras und Ocracoke bilden das Schutzgebiet Cape Hatteras. In den Dünen von Kill Devil Hills liegt das Wright Brothers National Memorial, der Ort des ersten motorgetriebenen Fluges in der Geschichte. Genau zwölf Sekunden hielt Orville Wright das Flugzeug in der Luft. Eine Ausstellung dokumentiert Leben und Werk der Brüder Wright *(geöffnet tägl. 9–19 Uhr, im Winter 9–17 Uhr)*. Auf der Fahrt in Richtung Süden, dem unberührteren Teil der Insel, kommt man an der Insel Roanoke vorbei, auf der 1584 Sir Walter Raleigh landete und ein Jahr später die erste englische Kolonie in Nordamerika entstand. 1587 brachte John White 115 weitere Siedler auf die Insel. Bei seiner Rückkehr drei Jahre später fand er die Kolonie verlassen vor. Man vermutete, daß alle Opfer der Indianer geworden waren. In einem nahe gelegenen Amphitheater wird regelmäßig ein Stück über die Geschichte

Informationen

Visitors Bureau, Hwy. 64, P.O.Box 399, Manteo, NC 27954, Tel. 919-473-2138, Fax 919-473-5106

Blick über den Sandstrand beim Avalon Fishing Pier auf den Outer Banks

der Lost Kolonie aufgeführt. Im Norden der Insel Hatteras liegt das Pea Island National Wildlife Refuge, besonders für Naturfreunde und Ornithologen einen Ausflug wert. Ocracoke Island ist die kleinste und beschaulichste der drei Inseln. Hier steht der älteste Leuchtturm North Carolinas, 1823 erbaut.

Die südlich anschließenden Inseln der Cape Lookout National Seashore sind touristisch kaum erschlossen. Es gibt keine Straßen und Siedlungen, nur einfache Hütten zum Übernachten. Überfahrten werden vom Küstenort Atlantic nach Portsmouth Island und im Sommer von Davis auf die Südinsel angeboten.

South Carolina

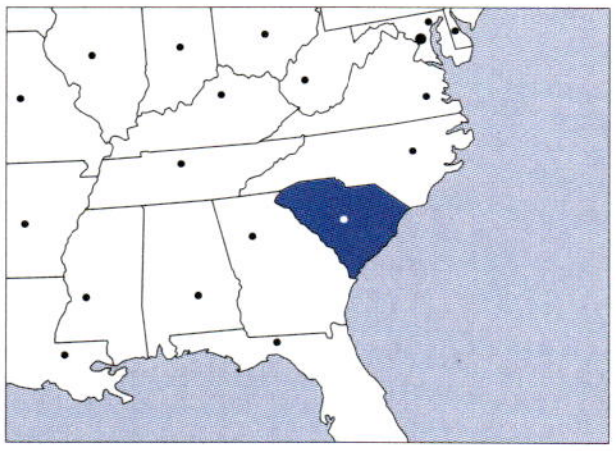

Informationen

South Carolina Office of International Marketing, 1205 Pendleton Street, Columbia, SC 29201, Tel. 803-734-0129, Fax 803-734-1163

South Carolina Fremdenverkehrsbüro, Pfingstweidstraße 4, D-60316 Frankfurt, Tel. 069/43 82 70, Fax 069/43 83 75

Neben Mississippi zählt South Carolina zu den ärmlichsten und ländlichsten Regionen der USA. Hier leben auf einer Fläche von 80 582 Quadratkilometern circa 3,5 Millionen Menschen. South Carolina ist von jeher konservativ, nirgendwo anders ging der Ku-Klux-Klan so brutal vor wie hier. In South Carolina sind zwei der konservativsten Universitäten der Vereinigten Staaten beheimatet.

Im Süden grenzt der Staat mit dem Beinamen Palmetto State an Georgia, im Osten erstreckt sich die Atlantikküste als riesengroßer Badestrand, um dann weiter südlich von den Mündungen des Santee River und des Cooper River geteilt zu werden und in einem Wirrwarr von Flußarmen, Inseln, Halbinseln und Sümpfen zu enden. An die Küste schließen sich die Lower und die Upper Midlands an, die zum Piedmontplateau gehören.

Die Lower Midlands sind von Sandhügeln geprägt, die Upper Midlands mit ihren Seen und Wäldern Anziehungspunkt für zahlreiche Urlauber. Im Westen des Bundesstaates erstreckt sich noch ein kleiner Teil der Blue Ridge Mountains.

South Carolina Klima	Temperatur				Niederschlag		Niederschlagsarme Tage	
	Charleston		Columbia		Charleston	Columbia	weniger als 0,3 mm	
	Max.	Min.	Max.	Min.	mm		Charleston	Columbia
Januar	16	3	14	1	80	80	20	21
Februar	17	4	16	2	80	100	21	20
März	20	7	19	6	130	130	21	20
April	24	12	25	11	80	100	22	22
Mai	28	16	29	16	100	80	22	21
Juni	31	20	32	19	150	100	19	19
Juli	32	22	33	21	200	150	17	17
August	32	22	33	21	150	150	17	18
September	29	19	29	17	130	100	20	22
Oktober	25	13	25	11	80	80	24	24
November	20	7	19	5	50	50	23	24
Dezember	16	3	14	1	80	80	21	21

Die Hauptstadt von South Carolina ist Columbia mit 100 000 Einwohnern, genau in der Mitte des Bundesstaates gelegen. Dieser Platz wurde 1786 als Ort der künftigen Hauptstadt bestimmt, die nach einem System sich waagerecht und senkrecht kreuzender Straßen entworfen wurde. Aus Angst vor der Malaria sind diese Straßen besonders breit angelegt, da man glaubte, die Krankheit würde sich in engen Straßen schneller ausbreiten.

Fast 30 Prozent der Bevölkerung sind afroamerikanisch. Der wirtschaftliche Aufschwung begann in South Carolina erst zu Beginn des Zweiten Weltkriegs mit einer neuen kommunalen Steuerpolitik. Heute ist der Bundesstaat bedeutender Textilproduzent und Hersteller von chemischen und elektronischen Produkten. Staudamm und Energiegewinnungsprojekte verbesserten ebenfalls die wirtschaftliche Lage des Südstaates. In der Landwirtschaft wird nach wie vor hauptsächlich Baumwolle angebaut, Tabak, Sojabohnen und Pecannüsse haben allerdings stark angezogen. Wie der Schwesterstaat North Carolina leidet der westliche Teil von South Carolina unter einer ungewöhnlichen Plage, dem Kudzu, einem aus Japan eingeführten Rankengewächs, das an sonnigen Tagen bis zu 30 Zentimeter wachsen kann und den Bäumen das Sonnenlicht nimmt. Es hat bereits 800 000 Hektar Wald überwuchert.

Die Geschichte South Carolinas ist die Geschichte eines Baumwollplantagen- und Sklavenhalterstaates. Am 20. Dezember 1860 verließ der Staat als erster die Union, da die Gegensätze zwischen Norden und Süden unüberbrückbar geworden waren. 1861 begann der Bürgerkrieg, in dem South Carolina zu weiten Teilen verwüstet wurde. 1868 wurde es wieder in die Union aufgenommen.

Lake Jocassee

Literatur

Sarah Gilbert: So long, Dixie, Piper, München 1994

Charleston

Wo der Cooper River und der Ashley River in den Atlantik münden, liegt auf einer Halbinsel eine der schönsten amerikanischen Städte – Charleston. Hier herrscht weiterhin eine luxuriöse Atmosphäre wie vor der amerikanischen Revolution, erarbeitet durch die Sklaven. Das historische Viertel ist geprägt durch hohe schmale Häuser mit buntem Stuck und gußeisernen Balkonen, hergestellt von Sklaven aus Barbados. Daß die Häuser immer mit der schmalen Seite zur Straße stehen, liegt an der Berechnung der Steuern, die nach der Breite an der Straßenfront berechnet wurden. In Charleston herrscht geradezu karibische Stimmung – tropisches Klima, üppige Gärten und Palmen allerorts.

Tourismus ist eine der wichtigsten Einnahmequellen der Stadt. Charleston liegt auf Meereshöhe und hat 80 500 Einwohner.

In der Stadt kann man bequem zu Fuß gehen. Der Historic District ist ein überwiegend von Weißen bewohntes Viertel, in den heruntergekommenen Häusern nördlich der Calhoun Street wohnen hauptsächlich Schwarze. Den Historic District lernt man am besten durch einen Spaziergang auf der Meeting Street kennen. An der Kreuzung zur Market Street steht die antik anmutende Market Hall, in deren Obergeschoß ein Museum an die Zeiten der Konföderation erinnert. Im Erdgeschoß bieten Händler ihre Waren an, befinden

Informationen

Charleston Area Convention and Visitors Bureau, 81 Mary St., P.O.Box 975, Charleston, SC 29402, Tel. 803-853-8000, Fax 803-723-4853

Visitors Reception and Transportation Center, 375 Meeting St., P.O. Box 975, Charleston, SC 29042

Straßenszene in Charleston

sich Bars und Restaurants. Daran anschließend erstrecken sich bis zur East Bay Street verschiedene weitere Markthallen, deren älteste 1804 erbaut wurde.

Von der North Market Street, Ecke Anson Street oder Ecke Church Street, und vom Rainbow Market aus können täglich ab 9 Uhr Kutschfahrten durch die Stadt unternommen werden. Die Kutscher sind sachkundige Stadtführer.

Nur wenige der historischen Häuser Charlestons sind ganzjährig für Besucher geöffnet. Deshalb führt die Historic Charleston Foundation von Ende März bis Ende April und im Oktober Besichtigungstouren durch, bei denen ansonsten verschlossene Häuser besucht werden können.

Wer sich über die Geschichte der Stadt und den Naturraum informieren möchte, dem empfiehlt sich das Charleston Museum an der Meeting Street. Es ist das älteste Museum der Stadt *(geöffnet Mo–Sa 9–17 Uhr, So 13–17 Uhr)*. Vor dem Gebäude steht der Nachbau des mit Muskelkraft betriebenen U-Bootes Hunley, das bei seinem ersten Unterwasserangriff sank.

Von der Kreuzung Church Street, Queen Street aus sieht man den Turm der French Huguenot Church. 1687 kamen die ersten Hugenotten in die Stadt, und noch heute wird alljährlich im Frühling ein Gottesdienst nach alter hugenottischer Liturgie abgehalten. Wer ein typisches single house, mit nur einem der Straße zugewandten Raum, besichtigen möchte, sollte sich die Werkstatt von Thomas Elfe, einem der meistbeschäftigten Möbeltischler aus dem 18. Jahrhundert, anschauen. In dem 1760 erbauten Haus sind Möbelbauwerkzeuge und Möbel ausgestellt *(geöffnet Mo–Fr 10–12 Uhr und 14.30–16.30, Sa 10–12 Uhr, stündliche Führungen)*.

Literatur

Edwin Dubose Heyward: Porgy, 1925
Margaret Mitchell: Vom Winde verweht, Heyne, München 1992

Myrtle Beach

Informationen

Myrtle Beach Area Chamber of Commerce and Info Center, 1200 North Oak St., P.O.Box 2115, Myrtle Beach, SC 29578-2115, Tel. 803-626-7444, Fax 803-626-0009

Von der Grenze zu North Carolina bis hinunter nach Georgetown erstreckt sich der fast 100 Kilometer lange Sandstrand, dessen Zentrum Myrtle Beach ist. Der große Strand des nach dem Myrtenbaum benannten Ortes ist Hochburg des Familien- und Jugendtourismus. Hotelanlagen, Minigolf- und Golfplätze, Achterbahnen, Riesenräder, Restaurants und Souvenirshops reihen sich hier aneinander. Der Ort, in dem 25 000 Menschen leben, beherbergt in der Hochsaison bis zu 350 000 Touristen. Myrtle Beach ist eines der beliebtesten Badeferienziele der Ostküste. Da der Strand nicht nur sehr lang, sondern auch sehr breit ist, verteilen sich die Menschenmassen allerdings ein wenig. Architektonisch und kulturell hat Myrtle Beach nicht so viel zu bieten. Hierher kommt man, um zu baden und am Strand zu liegen. Es gibt etwa 70 Golfanlagen und 200 Tennisplätze, und für Angler werden Hochseeangeltouren in den nahen Golfstrom vor der Küste angeboten. Themen- und Spaßparks, wie der Myrtle Waves Water Park, der Myrtle Beach Pavilion Amusement Park oder der Family Amusement Park mit einer hölzernen Achterbahn, sind tägliche Angebote für das klassische Familienvergnügen. Eigens für behinderte Kinder wurde der All Childrensis Park in Surfside Beach eingerichtet. Die schönsten Badestrände sind Litchfield und Pawleyis Island, wo noch viele Holzvillen aus dem 19. Jahrhundert stehen.

Wer abseits des Ferientrubels ein wenig Ruhe sucht, sollte zu den Brookgreen Gardens südlich von Myrtle Beach an der US 17 fahren. Sie wurden in den dreißiger Jahren vom Eisenbahnmagnaten Archer Huntington und dessen Frau, der Bildhauerin Anna Hyatt Huntington, auf dem Gelände einer ehemaligen Reisplantage angelegt. Über 500 Skulpturen geben einen Querschnitt der nordamerikanischen Bildhauerkunst. Sie stehen in einem schönen botanischen Garten *(geöffnet tägl. 9.30–16.45 Uhr)*. Auf der anderen Seite der US 17 liegt der Huntington Beach State Park. Hier kann man wandern und das Atelier der Anna Hyatt besichtigen.

Tennessee

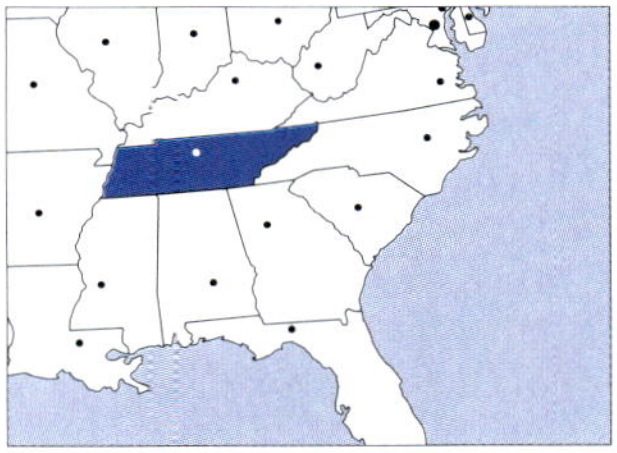

Informationen

Tennessee Department of Tourist Development, Dept. T.S., P.O. Box 23170, Nashville, TN 37202, Tel. 615-741-2158, Fax 615-741-7225

Vom Norden nach Süden mißt der Bundesstaat Tennessee nur eine Länge von 180 Kilometern, vom Mississippi im Westen bis zu den Appalachen im Osten sind es 700 Kilometer, weshalb eine Zeitgrenze durch den Bundesstaat läuft. Tennessee ist 109 152 Quadratkilometer groß und nach dem 1009 Kilometer langen Fluß Tennessee River benannt. Sein Beiname ist Volunteer State und entstand in der Zeit, da Tennessee viele Freiwillige im Krieg gegen England stellte. Drei charakteristische Regionen prägen den Bundesstaat: Im Westen liegt ein sumpfiges Tieflandplateau, das nur im äußersten Südwesten auf einigen Anhöhen den Bau einer Siedlung gestattete, der Hafenstadt Memphis. Den mittleren Teil Tennessees nimmt das hügelige Cumberland Plateau ein, ist landwirtschaftlich erschlossen und geprägt von alten Städten und schönen Plantagenhäusern. Der Osten ist geprägt durch die Gebirgslandschaft des Appalachen-Gebirges und wird von einem Teil des Great-Smoky-Mountains-Nationalpark eingenommen, dessen anderer Teil in North Carolina liegt.

In Tennessee leben 4,6 Millionen Menschen, 45 pro Quadratkilometer. Der Anteil der Afroamerikaner beträgt 16 Prozent und nimmt von Osten nach Westen zu. Da zwischen 1830 und 1840 fast alle Indianer vertrieben wurden, gibt es heute in Tennessee kaum noch welche. Die Hauptstadt ist Nashville, das Mekka der Country-music, die größte Stadt ist Memphis, das Mekka der Blues- und Elvis-Fans.

Die Landwirtschaft Tennessees ist durch Viehwirtschaft, Tabak-, Sojabohnen- und Maisanbau geprägt. Baumwolle wird hauptsächlich entlang des Mississippi im Süden angebaut. Die Gegend um Nashville ist bekannt für Pferdezucht. Tennessee ist ein bedeutender Produzent von Hartholz und natürlich des berühmten Tennessee-Whiskey, dessen bekannteste Marke Jack Daniel's ist.

Der Bundesstaat unterhält 50 State Parks mit zahlreichen Freizeiteinrichtungen. In der Gegend von Gatlingburg kann man Wintersport treiben. Im Jahre 1541 kam der spanische Entdecker De Soto auch in die Gegend von Memphis. Die ersten weißen Siedler kamen

Tennessee Klima	Temperatur Memphis Max.	Memphis Min.	Nashville Max.	Nashville Min.	Niederschlag mm Memphis	Nashville	Niederschlagsarme Tage weniger als 0,3 mm Memphis	Nashville
Januar	9	0	9	–2	130	130	18	18
Februar	12	1	11	–1	130	100	18	19
März	16	5	15	3	130	130	17	18
April	23	11	22	9	130	100	18	19
Mai	27	16	27	14	100	100	19	19
Juni	32	20	31	19	80	80	21	19
Juli	33	22	32	21	100	100	19	19
August	33	21	32	20	80	80	21	21
September	29	17	28	16	80	80	21	22
Oktober	24	11	23	9	80	50	21	23
November	16	4	15	3	100	80	19	21
Dezember	12	1	10	–1	130	100	18	19

in der zweiten Hälfte des 18. Jahrhunderts und lebten anfangs friedlich mit den Cherokee. Wachsende Landansprüche der Weißen führten 1838 zur Vertreibung der Indianer. Gegen den Widerstand der kleinen Farmer im Süden, die keine Sklaven hielten, trat Tennessee bei Ausbruch des Bürgerkrieges der Konföderation bei. 1866 wurde Tennessee als erster Bundesstaat der ehemals Konföderierten wieder in die Union aufgenommen. In den Jahren vor dem Ersten Weltkrieg flüchteten viele Menschen vom Land in die Städte. Ihrer Strenggläubigkeit war zu verdanken, daß Tennessee bis 1939 alkoholfrei blieb. Noch heute ist in einigen Gegenden der Verkauf von Alkohol verboten.

Great Smoky Mountains National Park

Informationen
Great-Smoky-Mountains-Nationalpark,
Gatlinburg, TN 37738,
Tel. 615-436-1200

Der Great-Smoky-Mountains-Nationalpark in den Blue Ridge Mountains, einem Teil der Appalachen, ist 2 072 Quadratkilometer groß und erstreckt sich vom südlichen Teil North Carolinas in den Norden Tennessees. Er ist meistbesuchter Nationalpark der USA, kurz Smokies genannt, und wird von den höchsten Erhebungen der Appalachen gebildet. Ihre Bergrücken erscheinen im typischen blauen Dunst, der von flüchtigen Pflanzenölen und Luftfeuchtigkeit gebildet wird. Der Park mit seinen zum Teil noch unberührten Wäldern und großem Pflanzenreichtum ist eine Mischung aus Natur- und Pioniergeschichte.

Hier entwickelten die Cherokee-Indianer eine hochentwickelte Kultur, ein Teil des Volkes lebt heute in einem Reservat, das im Süden an den Park angrenzt. Die fruchtbaren Böden, starke Regenfälle und Höhenunterschiede bis zu 1800 Meter ließen eine vielfältige Flora mit mehr als 1600 Arten entstehen. Ein Drittel der Wälder des Nationalparks sind bis heute nicht von Abholzung betroffen. In Höhen bis zu 1400 Meter steht der Cove Hardwoods Forest, in dem Zuckerahorn, Gelbbirke und Magnolienbäume stehen. Im Park leben circa 600 Schwarzbären, vor denen man sich allerdings in acht nehmen sollte. Im Park gibt es zehn Campingplätze, 450 Kilometer Straße und 1400 Kilometer Wanderwege. Bei diesem vielfältigen Angebot ist es angebracht, sich zuerst in einem der Besucherzentren an den Parkeingängen zu erkundigen. Die beste Reisezeit sind die Monate April bis Oktober. Im Sommer steigen die Temperaturen bis auf 30 Grad Celsius, in größeren Höhen nur bis auf 20 Grad Celsius.

Smokies eignet sich besonders gut zum Wandern. Besonders interessant ist eine Besichtigung des Cades Cove, einer 17 Kilometer langen Einbahnstraße mit verschiedenen numerierten Haltepunkten. Hierher kamen bereits 1819 erste Siedler, betrieben alle Arten von Landwirtschaft und Almwirtschaft. Ein typisches Blockhaus ist das John Olivers Place, 1826 errichtet.

Memphis

Informationen
Convention and Visitors Bureau, 47 Union Avenue, Memphis, TN 38103, Tel. 901-543-5300, Fax 901-543-5350

Memphis ist die Geburtsstadt des Soul, Blues und Rock 'n' Roll. Die Baumwoll-Hauptstadt liegt 200 Meilen westlich von Nashville auf einer Anhöhe über dem Mississippi. Es wurde 1819 gegründet und nach der altägyptischen Nilmetropole benannt. Die Pyramide ist ihr Wahrzeichen. Ihrem Binnenhafen verdankt die Stadt, daß die schwere Rezession nach dem Bürgerkrieg, verschärft durch eine Gelbfieberepidemie, schnell überwunden wurde. Heute ist der Inlandhafen der zweitgrößte der USA. In Memphis leben 610 000 Menschen.

Um die Jahrhundertwende kamen viele arbeitslose, schwarze Baumwollarbeiter in die Stadt und mit ihnen ihre Musik. Mit dem berühmten Memphis Blues gelang der Musikrichtung 1909 der Durchbruch. Männer wie B.B. King und Muddy Waters begannen in Memphis ihre Karriere. Zentrum der musikalischen Tradition der Stadt ist die Beale Street im alten Vergnügungsviertel. Ihre Klubs sind für Besucher auch heute ein Muß. Hier wird abendlich Life-Musik gespielt. Im Beale Street Blues Museum erfährt man vieles über die Musikgeschichte der Stadt und kann historische Musikaufnahmen hören. Am westlichen Ende der Straße steht eine große Elvis-Statue.

Das neue Wahrzeichen von Memphis, die Pyramide

Ein noch größeres Muß ist natürlich Graceland, die 1939 erbaute Villa von Elvis Presley und totale Vermarktung des King of Rock 'n' Roll. Hier ist einfach alles zu sehen, was mit dem Star zu tun hat, nur sein einsamer Tod spielt in dem rosaroten Flair keine Rolle *(geöffnet Memorial Day-Labor Day tägl. 8–18 Uhr, März bis Oktober tägl. 9–17 Uhr, November bis Januar Di geschlossen).*

Wer mit dem Auto durch die Innenstadt von Memphis fahren will, dem hilft die Self Guided Tour, die mit grünen Schildern ausgewiesen ist. Man gelangt allerdings auch mit dem Trolley Bus zu allen Sehenswürdigkeiten.

Eine ganz besondere ist die Entenparade im Peabody Hotel, einem berühmten Etablissement in der Union Avenue, in dem berühmte Leute zu Gast waren. Täglich um 10 und um 17 Uhr watscheln die Dauergäste zur Musik des King Cotton March zu ihrem Wasserbecken bzw. ihrer Behausung im 13. Stock. Vom River Side Drive und von der Front Street aus kommt man zu Mud Island, einer

Schlamminsel im Mississippi. Hier gibt es Museen und ein Amphitheater mit 5 000 Plätzen *(geöffnet im Sommer tägl. 10–20 Uhr, im Winter Di–So 10–17 Uhr).*

Das Mississippi River Museum zeigt 10 000 Jahre Flußgeschichte. In unmittelbarer Nachbarschaft der Insel steht die Pyramide, das Wahrzeichen der Stadt, ein glänzender, 97 Meter hoher Bau mit 32 Stockwerken. Im Innenraum können bis zu 22 000 Zuschauer Musik- und Sportveranstaltungen erleben, auf der Spitze der Pyramide befindet sich eine Aussichtsplattform *(geöffnet tägl. 10–16 Uhr, So 12–16 Uhr).*

Literatur

Edward Albee: Der Tod der Bessie Smith

Nashville

Informationen

Convention and Visitors Bureau, 161 4th Avenue North, Nashville, TN 37219, Tel. 615-259-4704, Fax 615-244-6278

Nashville ist entstanden aus einem Fort, das die Weißen Ende des 18. Jahrhunderts errichteten. Die Hauptstadt Tennessees liegt im Zentrum des Bundesstaates am Cumberland River. Hier leben 488 000 Menschen, im Großraum, der sich über 1380 Quadratkilometer erstreckt, sind es über eine Million.

Die Stadt wird häufig mit den Beinamen Athen des Nordens und Musikstadt der USA belegt. Nashville ist sowohl Bildungs- und Kulturstadt mit zahlreichen Colleges und Universitäten als auch Zentrum konservativer Fundamentalisten. Hier gibt es 700 Kirchen. Gleichzeitig ist Nashville Hochburg der Country- & Westernmusic.

Nach Versicherungen, Banken und Verlagen ist Musik viertgrößter Wirtschaftszweig. 50 Plattenstudios und 3000 Musiker und Komponisten produzieren rund 90 Prozent der Country- & Westernmusic. 1925 wurde erstmals die Sendung der Grand Ole Opry über den Äther geschickt, heute ist sie das Radioprogramm der USA mit der längsten Tradition. Auf dem Gelände des Vergnügungsparks Opryland stehen die größte Showhalle der USA und die größte Radiostation der Welt. Hier finden wöchentlich bis zu sechs Konzerte statt. Das Grand Ole Opry Museum bietet für 30 Dollar die Besichtigung aller Attraktionen *(geöffnet im Sommer tägl. 10–21 Uhr, ab Mitte November tägl. 16–21 Uhr).* Im Umfeld des Vergnügungsparks liegt Music Valley mit Museen, Restaurants und Motels.

Open-air-Konzert in Opryland in Nashville

Von hier kommt man auf dem McGavock Pike zum Music Valley Dock, einer Anlegestelle für zwei Schaufelraddampfer, die täglich auf dem Cumberland River verkehren und auf denen natürlich Musik gespielt wird.

Das eigentliche historische Zentrum des Country ist die Music Row südwestlich der Innenstadt. Hier befinden sich viele Plattenstudios und die Country Music Hall of Fame and Museum, das über die Entstehungsgeschichte der Musik informiert *(geöffnet Juni bis August tägl. 8–19 Uhr, sonst tägl. 9–17 Uhr).*

Die Sehenswürdigkeiten der Innenstadt sind bequem zu Fuß zu erreichen. Am Cumberland River im Riverfront Park steht ein Nachbau des Fort Nashborough *(geöffnet tägl. 9–17 Uhr).* An den Park schließt sich der aufwendig sanierte District Historic Market Street an, der mit seinen Restaurants, Bars und Geschäften vor allem abends einen Besuch wert ist.

Texas

1300 Kilometer von Ost nach West und 1600 Kilometer von Nord nach Süd dehnt sich Texas aus. Geographisch hat das innerhalb des zweitgrößten Bundesstaates der USA große Unterschiede zur Folge, politisch aber leben Texas und die Texaner noch immer vom Mythos, der sich um das historische Ereignis, einst eine eigene Nation gewesen zu sein, rankt. Von 1836 bis 1845 war Texas Texas. Diese Zeit der Unabhängigkeit prägt die Mentalität der Menschen im US-Bundesstaat. Texas ist mit 692 400 Quadratkilometern fast doppelt so groß wie die Bundesrepublik Deutschland. Die Hauptstadt ist Austin, bekannt für seine spannende Intellektuellen- und Musikszene. Im Norden grenzt Texas an New Mexico und Oklahoma, im Osten an Louisiana und Arkansas, im Süden und Südosten bilden der Rio Grande und der Golf von Mexico natürliche Grenzen. Lone Star State (der Staat mit dem einzelnen Stern) ist der Beiname von Texas, sein Staatsmotto Friendship.

Rund 18 Millionen Menschen leben im Bundesstaat, 45 Prozent davon allein in den Städten Dallas, Fort Worth und Houston. Insgesamt sind rund 80 Prozent der Texaner Städter. Im Osten des Bundesstaates ist der Anteil der schwarzen Bevölkerung sehr hoch.

Im Osten wird das Klima durch subtropische Einflüsse geprägt, im Inneren des Landes herrscht kontinentales Steppenklima, im Westen zum Teil Wüstenklima. Die Sommer in Texas sind sehr heiß, die Winter kühl, von April bis Juni ist Tornadozeit, von August bis September Hurrikanzeit.

Drei Landschaftstypen prägen das Bild des Südstaates. Durch den südwestlichen Teil ziehen sich zwischen Rio Pecos und Rio Grande die Ausläufer der Rocky Mountains, im Südosten liegen die durch den Golf entstandenen Schwemmlandebenen, zwischen beiden Landschaften liegen die Ebenen der Great Plains. Sie sind Ursache dafür, daß Texas den Ruf eines Rinderlandes hat.

Es ist der wichtigste Produzent landwirtschaftlicher Erzeugnisse der USA. Mehr als 180 000 Farmen betreiben vorrangig Viehzucht.

Texas Klima	Temperatur				Niederschlag		Niederschlagsarme Tage weniger als 0,3 mm	
	Dallas		Houston		Dallas	Houston		
	Max.	Min.	Max.	Min.	mm		Dallas	Houston
Januar	13	1	17	5	50	100	21	21
Februar	16	3	19	7	50	100	23	22
März	19	6	22	10	80	80	23	22
April	26	12	26	15	100	100	21	23
Mai	28	17	30	19	100	130	21	23
Juni	33	21	33	22	80	130	23	22
Juli	36	23	34	23	50	100	25	20
August	36	23	34	22	50	100	24	20
September	31	19	32	20	80	130	24	22
Oktober	26	13	28	14	80	100	23	25
November	19	7	23	9	50	100	24	22
Dezember	15	3	19	6	50	100	23	20

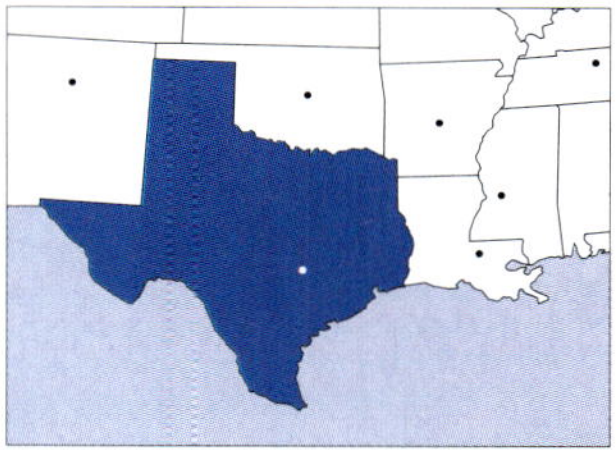

Informationen

Department of Commerce, Tourism Division, P.O. Box 12728, Austin, TX 78711-2738, Tel. 512-462-9191, Fax 512-936-0450 oder 512-936-0089

Caddo Lake in Texas

Es werden Erdöl und Erdgas gefördert. Wichtigster Industriezweig ist die Chemieindustrie. Bevor die Europäer kamen, lebten auf dem Territorium zahlreiche Indianervölker. Keiner überlebte die Besiedlung durch die Weißen. 1528 landete eine spanische Expedition in Florida und begann, das Landesinnere zu erforschen. Aber erst circa 200 Jahre später entstanden die ersten Missionsstationen. Nach langen Auseinandersetzungen mit den Mexikanern erlangte Texas 1836 die Unabhängigkeit, der Anschluß an die USA gelang nicht, und so wurde 1838 die unabhängige Republik Texas proklamiert. Als sich die Engländer einige Jahre später für die Republik interessierten, gestatteten die USA allerdings doch den Beitritt, der 1848 erfolgte. Während des Bürgerkrieges allerdings schloß sich Texas den Konföderierten an und verlor mit ihnen. 1901 begann der Ölboom, der bis dahin arme Staat hatte plötzlich Geld und Macht. Noch heute ist Texas einer der reichsten Staaten der USA.

Literatur

Jay Brandon: Die Ohnmacht der Beweise, Fischer, Frankfurt a.M. 1996
Joe Cummings: Texas Handbook, Moon Publications
Texas Atlas & Gazetter, Delorme

Big Bend National Park

Informationen

Big Bend National Park, TX 79834, Tel. 915-477-2251

Eingefügt in eine hufeisenförmige Schleife des Rio Grande, liegt der 3245 Quadratkilometer große Big Bend National Park. Hier soll nach einer Erzählung der Indianer der Große Geist nach der Erschaffung der Welt jene Steine deponiert haben, die er für sein großes Werk nicht gebrauchen konnte. Lange Zeit war das Gebiet Zuflucht für Glücksritter und Schmuggler, die die Zinnobervorräte ausbeuteten. Ein großer Teil des Parks, der nur von wenigen besucht wird, ist nicht erschlossen. Seine Landschaft ist geprägt von mit Pinienwäldern bestandenen Bergen, kakteenbewachsener Wüste, fruchtbaren Flußauen und schmalen, durch den Fluß entstandenen Canyons. Der größte Canyon ist Santa Elena, besonders von Liebhabern des Rafting geschätzt. Der größte Teil des Nationalparks liegt in der Chihuahua-Wüste, in der im Gegensatz zu anderen Wüsten im Sommer Regen fällt, der eine artenreiche Vegetation ermöglicht. Hier herrschen im Sommer am Boden Temperaturen bis zu 60

Grad Celsius, im Winter gibt es in den Nächten Frost. Die meisten Tiere führen aufgrund der UV-Strahlen ein nachtaktives Leben. Vorsicht ist vor Schlangen geboten. Mitten im Park stehen die Chisos Mountains, bis zu 2000 Meter hoch.

Vom Visitor Center aus kann man einen 10-Meilen-Ausflug in die Chisos Berge unternehmen. Die Straße steigt bis auf 1760 Meter an. Den Rio Grande kann man über zwei asphaltierte Straßen erreichen. Es gibt einen Fußweg am Ufer entlang, wo zahlreiche Vogelarten beobachtet werden können.

Der Park ist ganzjährig geöffnet, die beste Besuchszeit ist Frühjahr oder Herbst. Es gibt keine öffentlichen Verkehrsmittel im Park, alle Zufahrtsstraßen beginnen an der US 90, vor deren Verlassen man das Auto noch einmal volltanken sollte.

Corpus Christi

Corpus Christi ist ein sehr beliebtes texanisches Seebad. Es liegt an einer gleichnamigen Bucht und der Laguna Madre. Der Name geht auf den Tag seiner Entdeckung zurück – es war Fronleichnam im Jahre 1519. In der Stadt leben 258 000 Menschen, in der Metropolitan Area sind es 326 000, die Mehrzahl ist spanischer Herkunft. Sie ist katholischer Bischofssitz und Standort der Corpus Christi University. Einst war Corpus Christi ein Seeräuberort. Alljährlich Ende April findet deshalb der zehntägige Seeräuberkarneval statt.

Wirtschaftlich ist die Stadt zwischen Houston und San Antonio vor allem durch einen Überseehafen geprägt, von dem aus u. a. Baumwolle, Petroleum, Chemikalien und Erze exportiert werden. In Corpus Christi gibt es Chemiewerke, Raffinerien, Baumwollspinnereien und Cottonölfabriken. 1919 wurde die Handelsniederlassung durch einen Hurrikan zerstört. Davon konnte sie sich schnell wieder erholen.

Für Touristen ist Corpus Christi vor allem ein Ort zum Erholen. Große kulturelle Attraktionen bietet die Stadt nicht. Es gibt eine recht umfangreiche Sammlung von Bildern Picassos und Monets im Art Museum of South Texas *(geöffnet Di–Sa 10–17 Uhr, So 13–17 Uhr)*. Naturkundliche Exponate können im Corpus Christi Museum in der Charparral Street besichtigt werden *(gleiche Öffnungszeiten)*. Ein kleines Stück vom Museum entfernt liegt im Hafen die Columbus Fleet mit originalgetreuen Nachbauten der Nina, Pinta und Santa Maria *(geöffnet tägl. 10–17 Uhr)*. Außerdem gibt es noch das Museum of Oriental Cultures in der South Staples Street *(geöffnet Di–Sa 10–16 Uhr)*.

Südlich von Corpus Christi liegt Padre Island. Im Norden der Insel befindet sich das Padre Island National Seashore, ein Schutzgebiet. Die Insel ist von Sanddünen bedeckt, 180 Kilometer lang und nur bis zu fünf Kilometer breit. Die Badestrände sind sehr schön. Die Insel eignet sich aber auch gut zum Beobachten von Vögeln, Wandern und Campen. Das Wasser ist allerdings nicht sehr sauber. Die Insel wird von einem unpassierbaren Kanal durchzogen, deshalb ist der Südteil nur vom Festland aus zu erreichen. Der State Park auf dem nördlichen Teil der Insel ist täglich rund um die Uhr geöffnet.

Informationen
Convention and Visitors Department,
1201 N. Shoreline Blvd., P.O. Box 2664,
Corpus Christi, TX 78403,
Tel. 512-881-1888, Fax 512-887-9023,
Internet http://www.cctexas.org

Museum-Flugzeugträger USS Lexington, Corpus Christi

Dallas

Informationen

Convention and Visitors Bureau, Renaissance Tower, 1201 Elm Street, Suite 2000, Dallas, TX 75270, Tel. 214-746-6677, Fax 214-746-6688

In Dallas gibt es kein Öl. Der Wohlstand der im Jahre 1841 als Handelsposten gegründeten Stadt geht auf die Cleverneß von Händlern und Geschäftsleuten zurück, die unter anderem auch mit Ölreserven handelten. In Dallas, dem Ort, an dem Kennedy erschossen wurde, sitzen heute zahlreiche Ölgesellschaften.

Die Metropole im Norden von Texas liegt inmitten einer hügeligen Prärienlandschaft an den Ufern des Trinity River und ist fast 700 Quadratkilometer groß. In der Stadt leben 942 000 Menschen, in der Metropolitan Area fast 3,5 Millionen. Der Anteil der Afroamerikaner liegt bei circa 30 Prozent.

Mit zahlreichen Banken, Handels- und Modehäusern ist Dallas eines der wichtigsten Wirtschaftszentren des US-amerikanischen Südens.

Kubische Formen, Glasfassaden in Kombination mit Versatzstücken aus der Natur, übersteigerte Perspektiven prägen das Bild der Innenstadt, deren Finanzgrößen Ende der 50er Jahre ihren Einfluß geltend machten, um rassistische Restaurantbesitzer und Busfahrer zu zwingen, die Aufhebung der Rassentrennung zu akzeptieren.

Trotz dieser außergewöhnlichen Tatsache: Dallas ist eine konservative Stadt, in der die größte Baptistenkirche der Welt steht und zahlreiche Prediger das Bild der Innenstadt prägen.

Die Innenstadt, einzig dem Kommerz geweiht, lohnt einen Besuch. Zentrum ist die Commerce Street, die das Versicherungs- und Bankenviertel durchläuft. Hier leuchtet nachts der Mobil Pegasus auf dem Magnolia Building. Eine kleine ruhige Insel inmitten der Wolkenkratzer ist der Thanks-Giving Square mit einem Garten, einem Springbrunnen und einer Kapelle *(geöffnet Mo–Fr 9–17 Uhr, Sa–So 13–17 Uhr).*

Literatur

Terry MacMillan: Awaiting to exhale

Südlich davon befindet sich die auf dem Kopf stehende Pyramide der City Hall, das Rathaus der Stadt, vor dem eine Skulptur von Henry Moore steht. Von den Museen ist das Dallas Museum of Fine Arts auf dem Gelände des State Fair Parks zu erwähnen. Es beher-

Blick auf die Skyline der Metropole Dallas vom Reunion Tower

bergt eine Sammlung europäischer Kunst, u. a. auch Gemälde französischer Impressionisten *(geöffnet Di–Sa 10–17 Uhr, So 13–17 Uhr)*.

Zwei Blocks nördlich vom Museum entfernt steht das Morton H. Meyerson Center, in dem das berühmte Symphonie-Orchester von Dallas spielt. Shopping in historischem Ambiente ist in den aus rotem Backstein erbauten Lagerhäusern des West End Historical District möglich. Auf dem überdachten Marktplatz gibt es mehr als 80 Geschäfte und 50 Restaurants.

Südwestlich davon liegt die Dealey Plaza, der Ort, an dem das Attentat auf John F. Kennedy verübt wurde. Die Plaza ist seit jenem Tag unverändert geblieben.

In Dallas gibt es einen der interessantesten Zoos der USA *(geöffnet tägl. 9–17 Uhr)*, in dem man mehr als 2000 Tiere und eine afrikanische Retortenlandschaft besichtigen kann.

Wer sich für texanische Naturgeschichte interessiert, dem sei das Dallas Museum of Natural History auf dem Gelände des State Fair Parks empfohlen *(geöffnet Mo–Sa 8–17 Uhr, So 12–17 Uhr)*.

Blick auf Hochbau von I.E. Pei in Dallas

El Paso

El Paso im äußersten Westzipfel von Texas ist, das besagt bereits der Name der Stadt, stark von spanischer Sprache und Kultur beeinflußt. Die Stadt liegt im Dreiländereck von New Mexico, Mexiko und Texas, dort, wo der Rio Grande die Rocky Mountains verläßt. Der Fluß bildet die Grenze zu Mexiko.

Mit rund einer halben Million Einwohner ist El Paso nach San Diego die zweitgrößte US-amerikanische Stadt an der mexikanischen Grenze. Wirtschaftlich ist die Metropole von Handel, Verkehr, Landwirtschaft, Bergbau, Tourismus und Militär geprägt. In der Umgebung wird auf künstlich bewässerten Feldern hauptsächlich Baumwolle angebaut.

Benannt wurde El Paso nach einem gleichnamigen Paß, der nach Norden führt. Die Stadt geht auf die Gründung einer franziskanischen Missionskirche im Jahre 1659 zurück, um die sich nach Beginn des 19. Jahrhunderts ein städtisches Gemeinwesen bildete. Spanier waren die ersten weltlichen Siedler. Nur kurze Zeit später begann ein mehr als 100 Jahre andauernder Grenzkonflikt um mexikanische und US-amerikanische Gebietsansprüche, der erst im Jahre 1967 beigelegt wurde.

Heute werden in der Stadt im Jahr etwa eine Million Übernachtungen von Touristen gebucht. Für viele ist El Paso Ausgangspunkt einer Reise in die mexikanische Schwesterstadt Ciudad Juárez. Der größte Trubel herrscht in El Paso an den Tagen zwischen Weihnachten und Neujahr. Dann wird Sun Carneval gefeiert.

Aus dem 1846 gegründeten Militärposten der Stadt ging Fort Bliss hervor, heute eines der größten Luftverteidigungszentren der Welt und Ausbildungsstätte für Soldaten aus mit den USA verbündeten Ländern. Es liegt östlich der Innenstadt. Auf dem Gelände des Forts befinden sich drei Militärmuseen, deren wichtigstes täglich geöffnet ist *(9–16.30 Uhr)*.

Informationen

Greater El Paso Civic, Conventions and Tourism Department, One Civic Center Plaza, El Paso, TX 79901-1188, Tel. 915-534-0600, Fax 915-532-2963

Händler vor Kulisse der Innenstadt von El Paso

Sehenswert ist das Centennial Museum auf dem Gelände der University of Texas *(geöffnet Di–Fr 10–15 Uhr, So 13.30–17.30 Uhr).* In diesem Jahrhundertmuseum können Sammlungen zur Botanik, Geologie, Archäologie, Ethnologie und Naturgeschichte besichtigt werden. Exponate aus der präkolumbianischen Zeit und der mexikanischen Kolonialzeit beherbergt das Museum of Art in der Montana Avenue in der Nähe der Downtown *(geöffnet Di–Sa 10–17 Uhr, So 13–17 Uhr).*

Östlich der Stadt liegen mehrere Missionen, deren wichtigste und älteste die Ysleta Mission im gleichnamigen Vorort ist. Bevor der Rio Grande im 19. Jahrhundert sein Flußbett nach Süden verlegte, gehörte diese Mission zu Mexiko.

Nördlich der Innenstadt führt eine Panoramastraße, der Scenic Drive, in die Franklin Mountains.

Literatur

Dagoberto Gilb: Ich hab mit dem schönsten Mädchen getanzt, Frankfurter Verlagsanstalt Frankfurt 1996

Robert Lowry: Aufenthalt in El Paso, Rogner & Bernhard, Hamburg 1997

Houston

Informationen

Convention and Visitors Bureau, 801 Congress, Houston, TX 77002, Tel. 713-227-3100

Von Houston aus startete 1969 die erste Rakete zum Mond. Die Stadt ist eine Mischung aus Häßlichem und Schönem mit Verkehrschaos, hoher Kriminalitätsrate und gleichzeitig charmanter Unordnung. 1,7 Millionen Menschen leben in der Metropole, 3,2 Millionen in der sogenannten Consolidated Statistical Area. Damit ist sie viertgrößte Stadt der USA und größtes Ballungszentrum im Süden. Houston entstand 1837 auf einem sumpfigen Gelände im Coastal East, einer an Bodenschätzen reichen Landschaft an der Küste, und im flachen Hinterland des Golfs von Mexico und erlebte ab 1901 mit dem Ölboom wirtschaftlichen Aufschwung. Der spätere Preisverfall des Öls traf die Metropole hart, die Gegensätze zwischen Arm und Reich wuchsen, es gibt zu viele Büroräume und zu schlecht geordnete Infrastruktur.

Wer nur einen kurzen Besuch in Houston plant, sollte sich auf die Innenstadt und den Museum District konzentrieren. Die Innenstadt ist geprägt von Wolkenkratzern, monumentalen Bauten für Kunst

Apollo-Mondlandeszene im Space Center in Houston

und Kultur. Ein gigantisches Bauwerk ist der Astrodome-Komplex, ein 100-Millionen-Dollar-Projekt für Versammlungen, Ausstellungen und Volksfeste *(Führungen tägl. 11, 13 und 15 Uhr)*. Hier steht der Astrodome, ein Kuppelbau, in dem 66 000 Menschen Platz haben. Rund um den Tranquility Park erstreckt sich das Civic and Cultural Center, bestehend aus Wolkenkratzern und Kulturhallen. In der Nähe des Civic Center befindet sich der Sam Houston Historical Park *(geöffnet Mo–Sa 10–16 Uhr, So 13–17 Uhr)*. Aus vielen US-Staaten wurden rekonstruierte Häuser hierherverlegt, so auch ein Gotteshaus deutscher Siedler.

In Houston kann man die NASA-Bodenstation NASA Lyndon B. Johnson Space Center besichtigen *(tägl. 9–16 Uhr)*. Sie liegt etwa 40 Kilometer südöstlich der Downtown am Clear Lake. In der Ausstellung sind u. a. Mondfähre und Mondauto zu sehen.

Das Nachtleben der Stadt ist am schönsten am Old Market Square, ein historisches Areal mit Restaurants und Nachtklubs.

Von den Museen ist seiner Architektur wegen besonders das Museum of Fine Arts zu erwähnen *(geöffnet Di–Sa 10–17 Uhr, So 12–18 Uhr)*. Hier steht die von Ludwig Mies van der Rohe entworfene Cullinan Hall und ein weiterer Bau von ihm. Beide sind die einzigen Museumsbauten des berühmten Architekten auf US-amerikanischem Boden. Interessant ist auch das Museum of American Architecture and Decorative Arts *(geöffnet Di–Do 10–16 Uhr, in den ersten drei Augustwochen geschlossen)*. Es befindet sich im Houston Baptist College und beherbergt Architektur und Kunsthandwerk vom großen bis zum kleinsten Gegenstand.

Skulptur von Jean Dubuffet in Houston

Virginia

Königin Elisabeth I. trug den Beinamen Die Jungfräuliche (virgin). Nach ihr ist der Gründungsstaat Virginia benannt, im mittleren Bereich des Atlantischen Ozeans gelegen. Der Bundesstaat steht mit 105 711 Quadratkilometern von der Größe her an 36. Stelle der US-Staaten. Die Kolonie Virginia dehnte sich einst vom Atlantik bis zum Mississippi, heute ist das Gebiet auf zwei Bundesstaaten, Virginia und West Virginia, zusammengeschrumpft. Der größte Teil North Virginias liegt im Einzugsbereich von Washington D.C. Was bleibt, ist, daß Virginia zu den historisch bedeutendsten Staaten der USA gehört. Acht Präsidenten kamen von hier. In Virginia leben 5,5 Millionen Menschen, 63 Prozent davon in den Städten. 81 Prozent sind Weiße. Hauptstadt ist Richmond. West Virginia ist 62 629 Quadratkilometer groß. Hier leben nur 1,9 Millionen Menschen, von denen 95 Prozent Weiße sind. Die Hauptstadt ist Charleston.

Virginia grenzt im Norden und Nordosten an Maryland, im Süden an North Carolina, im Südwesten an Tennessee, im Westen an Kentucky und West Virginia. Natürliche Grenzen sind die Atlantikküste im Osten, die Appalachen im Westen und der Potomac River im Nordosten. Mehr als 60 Prozent der Fläche sind bewaldet, das Klima ist sommerwarm und permanent feucht. Wichtigster Wirt-

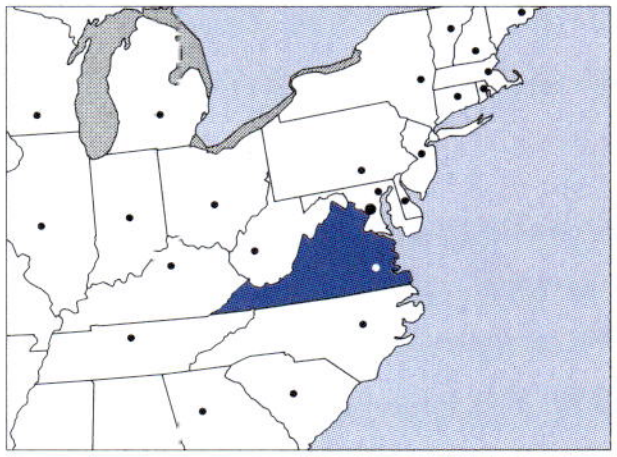

Informationen

Virginia Division of Tourism, 901 East Byrd Street, Richmond, VA 23219, Tel. 804-786-4484, Fax 804-786-1919, Internet http://www. virginia.org

Virginia Tourism Corporation, Steinweg 3, D-60313 Frankfurt, Tel. 069/29 19 23, Fax 069/29 19 04

Virginia Klima	Temperatur Norfolk Max.	Norfolk Min.	Richmond Max.	Richmond Min.	Niederschlag Norfolk mm	Richmond mm	Niederschlagsarme Tage weniger als 0,3 mm Norfolk	Richmond
Januar	9	0	9	–2	80	80	19	19
Februar	10	1	10	–2	80	80	19	20
März	14	4	14	2	80	90	19	19
April	20	9	21	7	80	80	20	20
Mai	24	14	26	12	80	100	19	18
Juni	28	18	29	17	100	100	19	18
Juli	31	21	31	19	150	150	17	19
August	29	21	31	19	150	130	19	19
September	27	18	27	15	100	100	22	19
Oktober	21	12	22	8	80	80	22	23
November	16	6	16	3	80	80	22	23
Dezember	11	1	9	–2	80	80	20	20

schaftszweig ist der Tabakanbau und die Tabakverarbeitung, auch die chemische Industrie spielt eine große Rolle.

Virginia wurde im Jahre 1624 erste britische Kronkolonie. Ende des 17. Jahrhunderts kam es zu sozialen Konflikten, die schließlich zur Teilung Virginias führten. Im Osten, in der Nähe der Küste, entwickelte sich eine Großgrundbesitzerschicht, der riesige Tabakplantagen gehörte und die ihren Reichtum mit Hilfe von Sklaven erwarb. Dem standen in den westlichen Regionen einfache Kleinbauern gegenüber. In der Unabhängigkeitsbewegung war Virginia unter der Führung von Thomas Jefferson, James Madison und George Washington herausragend. Seit 1776 ist Virginia unabhängiger Staat. Es schloß sich nur zögerlich im Bürgerkrieg den Südstaaten an. 1863 schlossen sich 50 Counties der Gebirgsregionen zum Staat West Virginia zusammen, das sich auf die Seite der Nordstaaten stellte. West Virginia wird im Osten von den Appalachen und im Westen vom Ohio River natürlich begrenzt. Auch hier ist das Klima feucht, mäßig kühl und sommerwarm. Ein großer Teil der Fläche

Literatur

Rita Mae Brown: Schade, daß du nicht tot bist, Ein Fall für Mrs. Murphy, Rowohlt, Reinbek 1996

Jane Anne Phillips: Sommercamp, Fischer, Frankfurt a.M. 1996

Landesgeschichte als Folklore und Volkstümliches am Strand: Zwei Gesichter von Virginia

wird vom Appalachental und vom Appalachenplateau eingenommen. 66 Prozent des Staatsterritoriums sind bewaldet. Wirtschaftliche Bedeutung haben der Anbau von Mais, Tabak, Hafer und Obst sowie die Kohleproduktion.

Richmond

Im Wattengebiet der Chesapeake Bay liegt Richmond, die Hauptstadt Virginias. 219 000 Menschen leben hier. Die Stadt, die seit 1780 Hauptstadt ist, lebt vor allem vom Tabak. American Tobacco und Philip Morris haben hier ihren Sitz. Während des amerikanischen Bürgerkrieges war Richmond sogar kurzzeitig Hauptstadt aller Südstaaten, wofür es fast vollständig zerstört wurde.

Das Zentrum der Stadt ist nicht groß. Es liegt beiderseits der Broad Street und umfaßt ein paar Häuserblocks. Interessant ist das Viertel Court End, auf einem kleinen Hügel gelegen, in dem zahlreiche Villen aus der Vorkriegszeit und einige Museen und historische Stätten stehen.

Den Mittelpunkt der Innenstadt bildet das Virginia State Capitol, an dessen Entwurf Thomas Jefferson beteiligt war *(geöffnet Mo–Sa 9–17 Uhr)*. Nördlich des Capitols befindet sich das Museum of the Confederacy, in der u. a. eine Ausstellung unter dem Titel *Von Sonnenaufgang bis Sonnenaufgang* den Sklavenalltag darstellt *(geöffnet Mo–Sa 10–17 Uhr, So ab 12 Uhr)*. Interessenten sollten sich in diesem Zusammenhang auch das Valentine Museum in der Clay Street anschauen, dessen inhaltlicher Schwerpunkt auf dem Leben der Arbeiter und der schwarzen Einwohner der Stadt liegt *(geöffnet Mo–Sa 10–17 Uhr, So ab 12 Uhr)*.

Für Fans von Edgar Allan Poe ist ein Aufenthalt in Richmond Pflicht, denn hier befindet sich das Poe-Museum im ältesten Bauwerk der Stadt in der Main Street. Der Schriftsteller verbrachte einen Großteil seines Lebens in Richmond *(geöffnet So/Mo 13–16 Uhr)*.

Jüngstes Viertel der Stadt ist der Fan District, dessen Name auf die im spitzen Winkel fächerartig angelegten, baumbestandenen Strassen zurückgeht. Hier kann man auf der prachtvollen Monument Avenue spazieren, die angelegt wurde, um die Helden der Konföderierten zu ehren. An vier Kreuzungen stehen vier große Statuen. Südlich der Avenue befindet sich das Virginia Museum of Fine Arts *(geöffnet Di–Sa 11–17 Uhr, So ab 13 Uhr)*. Es beherbergt eine umfangreiche Sammlung impressionistischer und postimpressionistischer Gemälde sowie Werke neuer amerikanischer Künstler.

Informationen
Siehe unter Virginia

Shenandoah National Park

Im Appalachen-Gebirge von Virginia zwischen Front Royal und Waynesboro liegt der 1936 gegründete Shenandoah National Park. Er hat eine andere Geschichte als die übrigen Nationalparks der USA, denn er ist nicht das Ergebnis natürlicher Gegebenheiten, son-

Informationen
Shenandoah National Park, Route 4, P.O. Box 348, Lury, VA 22835, Tel. 703-999-2243

dern aufwendig betriebener Wiederaufforstung. In Zeiten der Weltwirtschaftskrise kaufte die Regierung zahlreiche kleine Farmen. In früheren Zeiten hatten Indianer das Gebiet des Shenandoah Valley zur Jagd genutzt. Die Besiedlung durch Weiße ging mit Abholzung großer Waldflächen einher. Geld des Bundesstaates Virginia und zahlreiche Spenden machten die Wiederaufforstung, das Anlegen von Wanderwegen und den Bau von Schutzhütten möglich. Große Teile der Wälder sind erst 60 Jahre alt, so daß es noch ein bis zwei Jahrhunderte dauern wird, bis es im Nationalpark aussieht wie einst.

Von Norden nach Süden durchzieht der Skyline Drive auf 170 Kilometer Länge den Park. Er ist die einzige öffentliche Straße des Naturparks – es gibt noch zwei Zufahrten zu den Lodges und zwei Querdurchfahrten. Insgesamt ist der Park 789 Quadratkilometer groß. Zum Skyline Drive kommen rund 800 Kilometer Wanderwege, angefangen von einem 400 Meter langen Rundweg bis zur 23 Kilometer langen Strecke. Mehr als zwei Dutzend Wege führen zu den verschiedenen Wasserfällen des Parks. Auf einem Drittel der Wanderwege kann man auch reiten. Der Park ist zu jeder Jahreszeit reizvoll, besonders aber wird der Herbst gerühmt. Zum Essen und zur Übernachtung gibt es drei Lodges, deren älteste, die Skyland Lodge, bereits 1894 eröffnet wurde.

Williamsburg

Informationen
Williamsburg Area Convention and Visitors Bureau, Tel. 757-253-0192

Williamsburg ist eine Kleinstadt und liegt auf einer Halbinsel zwischen James River und York River. Der Ort in West Virginia ist vor allem seines National Historical Parks wegen bekannt, einer originalgetreu rekonstruierten kolonialzeitlichen Hauptstadt mit verschiedensten Bauwerken und Museen. 1699 wurde das Gemeinwesen Hauptstadt Virginias und zu Ehren Wilhelm III. von Oranien Williamsburg genannt. Hier wurde das erste Theater, die erste Druckerpresse gebaut und die erste Zeitung Virginias gedruckt. Als die Regierung im Jahre 1780 nach Richmond zog, verlor die Stadt

Ländliche Szene im Stadtzentrum

Williamsburg an Bedeutung. Sie zählt heute mit Jamestown und Yorktown zum sogenannten Virginias Historic Triangle. Anfang dieses Jahrhunderts war Williamsburg auf dem Weg in die völlige Bedeutungslosigkeit. 1917 entstand hier eine Munitionsfabrik mit häßlichen Arbeitersiedlungen. Einem Mann namens William A. R. Goodwin ist es zu verdanken, daß die Idee einer grundlegenden Rekonstruktion der Stadt in die Tat umgesetzt wurde. John D. Rockefeller persönlich spendete 260 Millionen Dollar für das ehrgeizige Projekt. 700 neue Häuser wurden abgerissen, 150 Gebäude nach historischem Vorbild wiederhergestellt oder wiederaufgebaut. Es entstand Colonial Williamsburg. Häuser, Anlage der Straßen, Bepflanzung lehnen sich streng an historische Vorlagen. Mitarbeiter, Hostessen und Handwerker von Colonial Williamsburg kleiden sich in historische Kostüme, Handwerksbetriebe wie Schmiede, Apotheke, Büchsenmacherei, Schneiderei, Buchbinderei, Mühle wurden nach altem Vorbild wiedererrichtet. Somit ist Colonial Williamsburg heute ein einzigartiges Freilichtmuseum *(geöffnet tägl. 8–18 Uhr, Gebäude 9–17 Uhr).*

In der Francis Street von Williamsburg steht die Bassett Hall, das einstige Wohnhaus des Ehepaares Rockefeller. Heute ist hier ein Museum für Volkskunst eingerichtet. Das College of William and Mary ist das zweitälteste der USA nach Harvard. Die Entwürfe für den Gebäudekomplex stammen von dem englischen Architekten Sir Christopher Wren. Eines der am aufwendigsten gebauten Gebäude der Stadt ist der Governors Palace, Wohnsitz des königlich-britischen Gouverneurs, zu dem auch ausgedehnte Parkanlagen gehören. Von einer hohen Mauer umgeben und als Wachhaus ausgestattet ist das Magazine and Guardhouse in der Duke of Gloucester Street. Der Backsteinbau wurde 1715 als Waffenarsenal Virginias errichtet. In der gleichen Straße befindet sich auch das berühmteste Gasthaus Virginias, die Raleigh Tavern, in der George Washington zu Gast war. Wer nach dem musealen Colonial Williamsburg Lust auf ein weiteres Museum hat, kann sich in der Abby Aldrich Rockefeller Folk Art Collection Gemälde und Skulpturen amerikanischer Volkskünstler anschauen.

Traditionelles Gebäude in Williamsburg

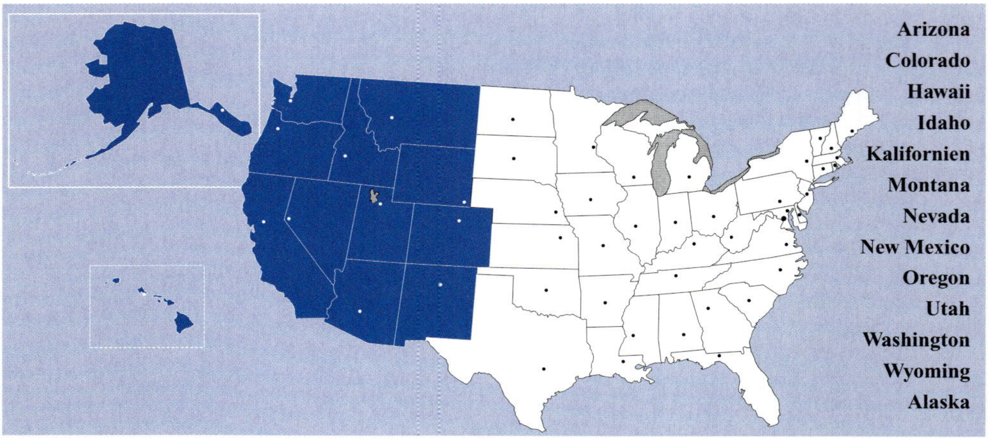

Der Westen der USA

mit Hawaii und Alaska

Der Westen der USA erstreckt sich, grob eingegrenzt, von den Rocky Mountains im Osten bis zur Pazifikküste. In diesem über drei Millionen Quadratkilometer umfassenden Gebiet leben nur 47 Millionen Menschen – auf einer vergleichbaren Fläche in Europa sind es rund 360 Millionen. Da sich die Besiedlung überdies in verhältnismäßig wenigen Ballungszentren hauptsächlich an der Pazifikküste konzentriert, gibt es im Westen große, weitgehend unberührte Naturräume der unterschiedlichsten Art: weite grasbewachsene Hochebenen im Osten, über 4000 Meter hohe Bergzüge in der Sierra Nevada und den Rocky Mountains, ausgedehnte Wälder an der nördlichen Pazifikküste und abflußlose Wüstenbecken nahe der mexikanischen Grenze.

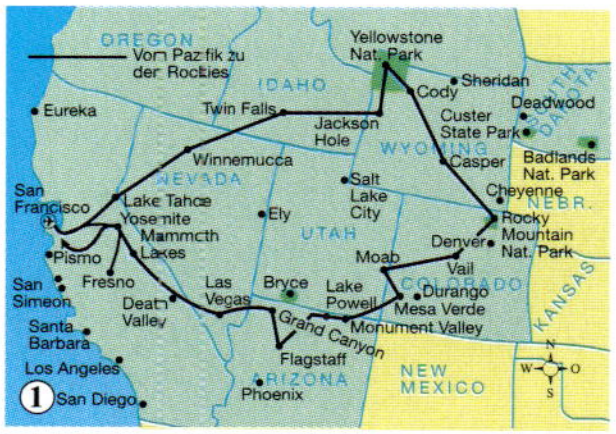

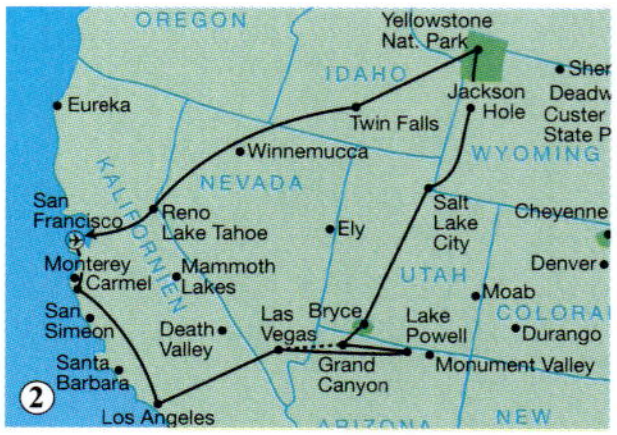

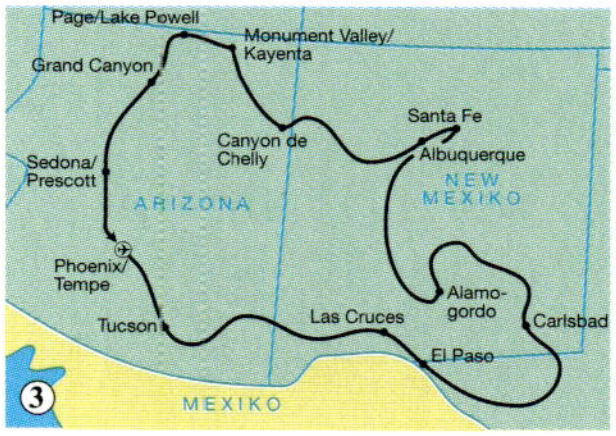

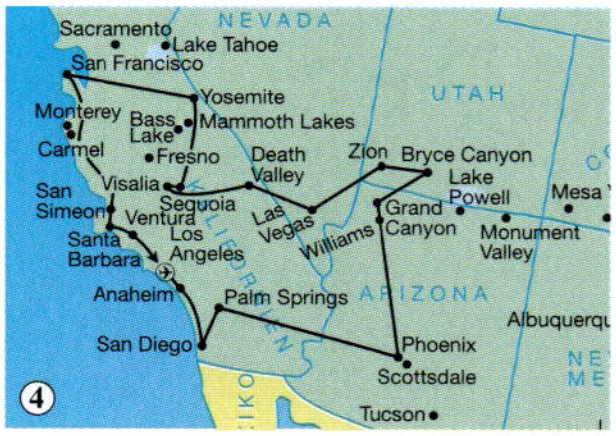

Routenvorschläge

1. *Vom Pazifik zu den Rockies*
2. *Best of the West*
3. *Wild West*
4. *Western Symphony*

Arches Nationalpark

Einige der bekanntesten Naturwunder der USA, der Grand Canyon, die riesigen Mammutbäume des Yosemite-Tals, die heißen Quellen des Yellowstone-Nationalparks und die malerischen Felsformationen von Monument Valley, finden sich im Westen der USA.

Geprägt wird die abwechslungsreiche Landschaft im wesentlichen durch in Nord-Süd-Richtung verlaufende Gebirgszüge und dazwischen liegende Hochplateaus. Zum küstennahen pazifischen Gebirgssystem zählen die Coast Range, das weiter östlich liegende Kaskadengebirge und die Sierra Nevada. Daran schließt sich die intermontane Zone an. Hier wechseln sich abflußlose Becken mit kurzen, bis zu 3000 Meter hohen Bergzügen ab. Im Osten folgen die langen Bergketten der Rocky Mountains, die ebenfalls an die 4000 Meter hoch sind.

Geologisch gehört der gesamte Westen zum Faltengebirge der Kordilleren, die entstanden, als sich die amerikanische Platte über die pazifische schob. Der dadurch bedingte Auffaltungsprozeß ist noch nicht abgeschlossen und verursacht vor allem an der Pazifik-

Literatur

Joan Brady: Jonathan Carrick – als Kind verkauft, Piper, München 1996

Manfred Braunger/Peter Matthis: USA Der Südwesten, Bruckmann, München

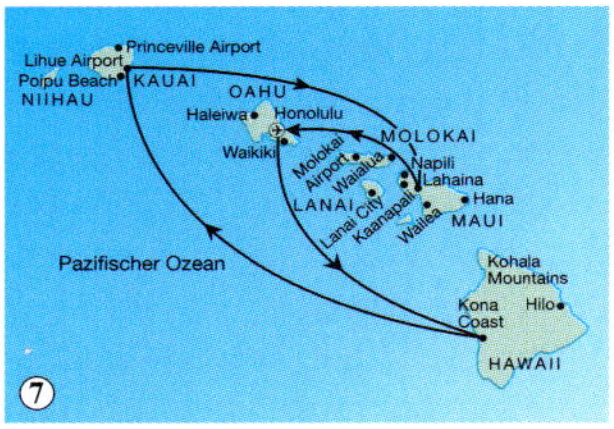

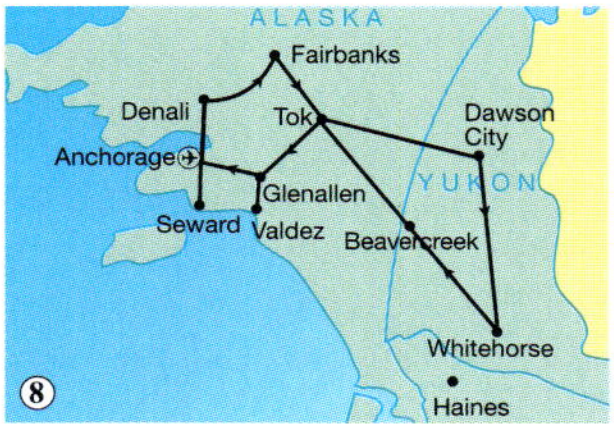

Routenvorschläge

5. Yellowstone

6. Nationalpark USA/Kanada

7. Hawaii – Island Drive

8. Alaska – Land der Gletscher und Goldsucher

Manfred Braunger: USA Der Südwesten, DuMont, Köln
Andreas Fecker: USA West mit Rocky Mountains, Bruckmann, München
Friedrich Geiss: Go West – Auf den Straßen durch Amerikas Westen, Ullstein, Berlin
Richard Haimann: USA Der Nordwesten, Peter Meyer Verlag, Frankfurt a.M.
Holger Hoetzel: Roadside – Stationen am Blue Highway, Ullstein, Berlin
Tom Kirkendail/Vicky Spring: Bicycling the Pacific Coast, The Mountaineers
James Lyon u.a.: California and Nevada, Lonely Planet Publications
Marianne Mehling (Hrsg.): Knaurs Kulturführer USA-West, Droemer Knaur, München
Merian: Der Südwesten der USA, Hoffmann und Campe, Hamburg
Merian: USA Westküste, Hoffmann und Campe, Hamburg
Michael Müller: USA Pazifischer Nordwesten, DuMont, Köln
Ulf Müller-Moewes: USA Der Westen, DuMont, Köln
Werner Rockstroh: USA Der Südwesten, DuMont, Köln
Horst-W. Schmidt Brünner: Südwesten USA, Vista Point, München
Jane Smiley: Tausend Morgen, Fischer, Frankfurt a.M. 1994
Jane und Michael Stern: Way out West – Cowboys, Conchas und Coyoten, Ullstein, Berlin

küste immer wieder Erdbeben. Weil es keine in Ost-West-Richtung verlaufenden Gebirgszüge gibt, treffen im Westen der USA immer wieder arktische und subtropische Luftmassen zusammen und sorgen für extreme Temperaturschwankungen oder gar Unwetter wie Blizzards oder Hurrikans.

Erstmals besiedelt war die Gegend vor rund 30 000 Jahren. Ungefähr 700 nach Christus hatten die Asnazi-Völker im Südwesten eine erste Hochkultur mit stadtähnlichen Siedlungen und künstlichen Bewässerungssystemen errichtet, die Pueblos. Überreste dieser Zivilisation, die von den Hopi-Indianern und verwandten Völker fortgeführt wurde, entdeckte der Spanier Francisco Vasquez de Corona, als er 1540 mit einer Expedition aufbrach, um die sieben Städte von Cibola und ihren legendären Reichtum zu erkunden. Zeugnisse der Pueblo-Kultur und Überreste der frühen spanischen, später mexikanischen Herrschaft finden sich bis heute in New Mexico, Arizona und im Süden Kaliforniens.

Im 19. Jahrhundert begann dann die systematische Besiedlung des Westens, die unter dem Begriff *Frontier* zentrale Bedeutung für die amerikanische Geschichte hat. Ursprünglich bezeichnete der Begriff die Grenzline zu einem Territorium, auf dem weniger als zwei Menschen pro Quadratmeile lebten. Später und bis heute steht er für die Herausforderung, sich dem Neuen, Unbekannten zu stellen. Dabei ignorierten die Siedler und vor allem die amerikanische Armee, daß der Westen damals von 400 Indianervölker, insgesamt rund eine Million Menschen, besiedelt war. Vor allem nach 1846, als Mexiko wegen des verlorenen Krieges große Gebiete des Westens an die USA abtreten mußte, begann die Vertreibung der Indianer aus ihren angestammten Gebieten.

Nach unzähligen, durch die USA gebrochenen Verträgen bekamen die Ureinwohner schließlich das schlechteste Land als Reservate zugewiesen, wo sie bis heute leben. Hauptgrund für diese rücksichtslose Besiedlung waren die zahlreichen Goldfunde jener Zeit. Einige Geisterstädte erinnern noch heute an den Goldrausch jener Tage. 1869, nach der Fertigstellung der transkontinentalen Eisenbahn, war der Westen endgültig an den Rest der USA angeschlossen.

Arizona

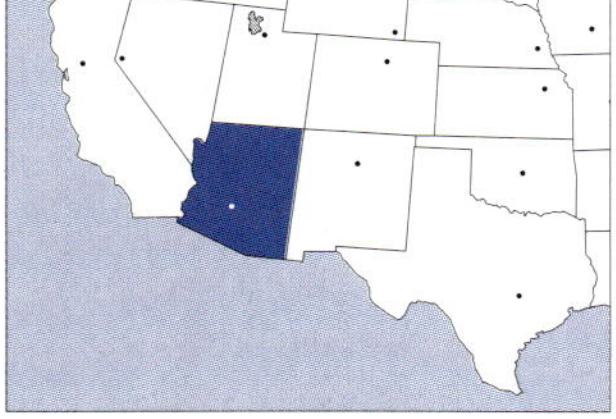

Arizona umfaßt eine Fläche von gut 295 000 Quadratkilometern, wovon gut 65 Prozent Steppen und Wüstengebiete sind, denn das Klima ist extrem heiß und trocken. Hauptregenzeiten sind die Monate Juli bis September, doch dann verdunsten aufgrund der hohen Temperaturen 90 Prozent der Niederschläge, ehe sie in die Erde einsickern oder sich zu Flüssen sammeln können. Auf diese Trockenheit bezieht sich auch der Staatsname, der indianischen Ursprungs ist und soviel wie *Land der kleinen Flüsse* bedeutet. Im Wüstenklima haben sich zahlreiche spezifische Pflanzen und Tierarten ent-

Arizona Klima	Temperatur Phoenix Max.	Temperatur Phoenix Min.	Temperatur Flagstaff Max.	Temperatur Flagstaff Min.	Niederschlag Phoenix mm	Niederschlag Flagstaff mm	Niederschlagsarme Tage weniger als 0,3 mm Phoenix	Niederschlagsarme Tage weniger als 0,3 mm Flagstaff
Januar	18	3	5	–15	30	50	27	24
Februar	21	5	7	–8	30	30	24	21
März	24	7	9	–7	30	50	27	23
April	29	11	14	–3	10	30	28	24
Mai	34	16	19	1	10	30	30	27
Juni	38	20	24	4	10	30	29	27
Juli	41	25	27	10	30	50	26	18
August	39	24	26	10	30	80	25	18
September	37	21	23	5	30	50	27	23
Oktober	31	14	17	–1	10	30	29	26
November	24	7	11	–6	10	30	27	25
Dezember	19	3	6	–9	10	50	27	25

wickelt wie der Orgelpfeifenkaktus, der bis zu sieben Meter hoch wird und erst nach Sonnenuntergang blüht, oder der auf Kakteen lebende Gila-Specht. Im Organ National Pipe Monument im Südwesten Arizonas finden sich rund 30 verschiedene Kakteenarten *(geöffnet tägl. 8–17 Uhr)*.

Die besonders trockenen Gebiete liegen im Süden des Staates, der landschaftlich durch die Basin and Range Province geprägt ist: flache Becken, die Richtung Norden immer häufiger durch bis zu 3000 Meter hohe Bergketten unterbrochen werden. Der Norden dagegen ist durch das von tiefen Canyons durchschnittene Colorado Plateau bestimmt. Hier findet sich auch der weltberühmte vom Colorado River durchflossene Grand Canyon.

Arizona war bis ins 13. Jahrhundert von präkolumbianischen Pueblo-Kulturen geprägt. Nach deren Untergang lebten hier verschiedene seßhafte Indianervölker wie die Hopi im Norden oder die Papago und Yuma im Süden des Landes.

Mitte des 17. Jahrhunderts zogen auch Nomadenvölker der Navajo und Apachen aus den Great Plains hierher. Im späten 17. Jahrhundert errichteten spanische Franziskaner und Jesuiten erste Missionsstationen. Gegen diese Besiedlung setzten sich die Indianer erfolgreich zur Wehr. 1821 fiel Arizona an die USA, ab Mitte des 19. Jahrhunderts kamen erste Siedler über den Santa Fe Trail, 1864 wurden die Navajo von der US-Armee besiegt. Im Nordosten Arizonas liegt heute das bis nach New Mexico und Utah hineinreichende größte Navajo-Reservat der USA, in dem etwa 200 000 Menschen leben. Es umschließt die nur 7000 Einwohner zählende Reservation der Hopi.

Im Südwesten und Süden liegen Reservate anderer Indianervölker. Arizona hat mit 5,5 Prozent den höchsten indianischen Bevölkerungsanteil der USA.

Insgesamt leben hier über 3,5 Millionen Menschen, davon 19 Prozent Hispanics und drei Prozent Schwarze. Am dichtesten besiedelt sind dank künstlicher Bewässerung heute die südlichen Wüstengebiete mit der Hauptstadt Phoenix und der Großstadt Tucson. Das trockene, staubfreie Wüstenklima und eine unternehmerfreundliche

Informationen

Arizona Office of Tourism, 2702 North 3rd Street, Suite 4015, Phoenix, AZ 85004, Tel. 602-230-7733, Fax 602-240-5475, Internet www.arizonaguide.com

Saguaro-Kakteen bei Ajo im südlichen Arizona

Literatur
T. M. McNally: Diese Wut in uns, Rowohlt, Reinbek 1996
Bill Weir/ Robert Blake: Arizona Traveller's Handbook, Moon Publications

Informationen
Grand Canyon Chamber of Commerce, P.O. Box 3007, Grand Canyon, AZ 86023, Tel. 520-638-2901

Gesetzgebung haben die Gegend zu einem Zentrum der High-Tech-Industrie gemacht, die heute neben Viehzucht den wichtigsten Wirtschaftszweig darstellt.

Das umstrittene Forschungsprojekt *Biosphere 2,* bei dem Wissenschaftler versuchten, von der Außenwelt völlig abgeschlossen in autarken Biotopen zu überleben, ist ebenfalls hier angesiedelt.

Grand Canyon

Der Grand Canyon ist mit 1600 Metern die tiefste Schlucht, die der Colorado River in das gleichnamige Hochplateau geschnitten hat. Er zieht sich über 450 Kilometer in Ost-West-Richtung und ist durchschnittlich nur 16 Kilometer breit. Dieses Naturwunder ist seit 1919 in einem 5000 Quadratkilometer großen Nationalpark geschützt. Fundstücke weisen darauf hin, daß schon vor 4000 Jahren hier Indianer siedelten, heute leben noch 450 Havasupai-Indianer in einem Nebental des Canyon. In den Wänden der Schlucht läßt sich die Erdgeschichte anhand von zwölf Gesteinsformationen ablesen, die bis ins Altertum zurückreichen. Der Boden des Canyon ist aus sogenanntem Vishnu-Schiefer gebildet, es folgen Granit-, Vulkan-, Kalk- und Sandsteinschichten in den verschiedensten Farben.

Ein Abstieg in den Grand Canyon ist an mehreren Punkten möglich, allerdings wegen der Höhendifferenz und der Hitze, die vor allem im Juli und August herrscht, beschwerlich. Bequemer sind die angebotenen Maultiertouren, die man aber vorher reservieren sollte, denn jährlich besuchen rund vier Millionen Touristen den Grand Canyon. Die meisten Besucher zieht es zum trockenen Südrand der Schlucht. Hier können die Aussichtspunkte vom Grand Canyon Village bis zum Desert View mit dem Auto angefahren werden. Auf den West Rim Drive verkehrt ein Pendelbus.

Für eine Canyon-Durchwanderung müssen drei bis vier Tage eingeplant werden, die Übernachtung auf Campingplätzen muß rechtzeitig bei der Nationalpark-Verwaltung reserviert werden. Am rund

Grand Canyon

350 Meter höheren Nordrand der Schlucht herrscht kühleres und feuchteres Klima, hier gibt es Mischwälder, die sich im Herbst leuchtend verfärben.

Am Nordrand kann man mit dem Auto bis zur Grand Canyon Lodge direkt am Abgrund fahren. Zwischen den Besucherzentren an den beiden Canyon-Rändern, die nur 16 Kilometer Luftlinie, aber 340 Straßenkilometer voneinander entfernt sind, existiert eine tägliche Busverbindung.

Monument Valley

Die Felsenlandschaft Monument Valley gehört zu den am häufigsten gefilmten Gegenden der USA. Zwischen den 350 bis 610 Meter hohen Sandsteingebilden, die monolithisch aus der Steppenlandschaft aufragen, ritt schon John Wayne in *Stagecoach. Spiel mir das Lied vom Tod, Fort Apache* und zahlreiche andere Western wurden hier ebenso gedreht wie diverse Zigaretten-Werbespots. Die Felsen, geformt wie Nadeln, Zinnen, Torbögen oder ganze Burgen, leuchten besonders im Morgen- und Abendlicht in den verschiedensten Farbtönen von orangerosa bis violett. Das 120 Quadratkilometer große Gelände gehört zur Navajo-Reservation im Norden Arizonas und ragt bis nach Utah hinein. Vom Visitor Center aus führt eine 26 Kilometer lange unbefestigte Straße entlang elf numerierter Aussichtspunkte. Es werden auch geführte Rundtouren mit dem Kleinbus oder zu Pferd angeboten auf Routen, die für Privatfahrzeuge gesperrt sind *(März bis September tägl. 7–20 Uhr, sonst 8–17 Uhr).* Wanderwege gibt es nicht.

Informationen
Monument Valley Najavo Tribal Park, P.O. Box, UT 84536, Tel. 801-727-3287

Entstanden ist Monument Valley vor rund 70 Millionen Jahren. Damals war die Gegend von einem Ausläufer des heutigen Golf von Mexiko bedeckt. Als sich das Terrain allmählich anhob, wurde das Wasser verdrängt. Die weite Ebene wies zahlreiche Spalten und Risse auf, an denen die Erosion ansetzte und in den folgenden Jahrtausenden die bizarre Sandsteinlandschaft formte.

Ungefähr 30 Kilometer südlich des Monument Valley, bei Kayenta, liegen die Überreste der drei Klippen-Pueblos Betatakin, Keet Seel und Inscription House, die als Navajo National Monument zu den wichtigsten Zeugnissen der Asnazi-Kultur in Arizona zählen. Sie dürfen nur in Begleitung eines Rangers besichtigt werden, Besuche sollten vorher angemeldet werden *(Tel. 801-627-2366).*

Im Westen des Navajo Reservates nahe der Grenze zu New Mexico liegen die drei steilen Canyons des Canyon de Chally National Monument. Sie wurden durch den Chinle River aus dem roten Sandstein des Colorado-Plateaus herausgewaschen. Die Flußniederung gehört heute zu den wenigen fruchtbaren Gegenden im Reservat. Canyon de Chelly hat außerdem für die Geschichte der Navajo traurige Bedeutung. Hier verbrannte die US-Army unter Führung von Leutnant Kit Carson 1864 die Felder der Indianer, tötete ihre Schafherden und brach so den letzten Widerstand des Volkes. Auch in diesen Canyons gibt es noch Überreste von Felsenwohnungen der vor den Navajo hier lebenden Asnazi. Die Canyons dürfen nur in Begleitung eines Navajo-Führers besichtigt werden

Monument Valley

(Tel. 801-674-5500). Weiter südlich außerhalb des Reservats liegt der kleine Petriefied-Forest-Nationalpark. Versteinerte Baumstämme geben einen Hinweis darauf, wie die Steppe vor über 200 Millionen Jahren aussah, als hier noch Nadelhölzer wuchsen. Das Rainbow Forest Museum erklärt den Versteinerungsprozeß und zeigt Fundstücke von Sauriern und anderen damals lebenden Tierarten *(geöffnet tägl. 8–19 Uhr).*

Phoenix

Informationen
Convention and Visitors Bureau, 400 E. Van Buren/ St. 600., Phoenix, AZ 85004, Tel. 602-254-6500

Wie eine grüne Oase liegt die Hauptstadt Arizonas in der Gila Wüste im Süden des Staates. Die Zitronen-, Gemüse- und Baumwollfelder der Umgebung sind auf künstliche Bewässerung durch Staudammprojekte angewiesen. Deren wichtigstes ist der 112 Kilometer östlich der Stadt gelegene Roosevelt-Staudamm, der seit 1912 den Salt River staut. Schon um 200 vor Christus war die Gegend von Hohokam-Indianern bewohnt, die bereits Bewässerungstechniken beherrschten, um die Wüste fruchtbar zu machen. Ruinen dieser frühen Hochkultur, die im 15. Jahrhundert aus unbekannten Gründen unterging, sind im Casa Grande Ruins National Monument 50 Kilometer südlich von Phoenix erhalten, ebenso im Pueblo Grande Museum *(geöffnet Mo–Sa 9–16.45, So 13–16.45 Uhr).* 1867 setzte der weiße Siedler Jack Swilling dann die 2000 Jahre alten Kanäle wieder instand, bewässerte einige Wiesen und verkaufte das Gras als Viehfutter an das nahe gelegene Fort McDowell. Bald folgten weitere Siedler, die überzeugt waren, den Boden kultivieren zu können. Ihr Optimismus drückte sich in der Namensgebung aus – die neue Stadt sollte sich wie ein Phönix aus der Asche erloschener Kulturen erheben. Acht Häuser aus dieser Zeit sind am Heritage Square im historischen Zentrum der Stadt erhalten. 1889 wurde Phoenix dann mit 3000 Einwohnern Hauptstadt Arizonas, im 1900 erbauten Capitol ist heute das Arizona State Museum untergebracht.

Mercado-Viertel mit Art-Deco-Architektur in Phoenix

Nach der Eröffnung des Roosevelt-Staudamms und dem Eisenbahnanschluß im Jahr 1926 nahm die Stadt einen enormen wirtschaftlichen Aufschwung. Vor der Landwirtschaft sind heute die Produktion von Flugzeugteilen, Elektrogeräten und andere High-Tech-Branchen die wichtigsten Wirtschaftszweige.

Das Stadtbild wird bestimmt von modernen Hochhäusern, die zum Teil von bedeutenden Architekten entworfen wurden, wie etwa das Grady Gammage Memorial Auditorium von Frank Lloyd Wright auf dem Gelände der Arizona State University. Wrights Wohnhaus liegt 30 Kilometer nordöstlich von Phoenix in der ebenfalls von ihm geplanten Siedlung Taliesin West. Sein Schüler Paolo Soleri entwarf die auf ökologischen Prinzipien basierende Wohnsiedlung Arcosanti, die im Norden der Stadt entstand.

Heute leben fast eine Million Menschen in Phoenix. Die Bevölkerungszahl hat sich seit dem Zweiten Weltkrieg mehr als verzehnfacht. Ein Großteil der Einwohner sind Rentner, die es seit der Erfindung der Klimaanlage verstärkt in die trockenen, warmen Regionen des amerikanischen Sun Belt zieht. In Sun City, 18 Kilometer nordwestlich von Phoenix, leben 50 000 Senioren. Kindergärten oder Schulen gibt es hier nicht. Südlich der Stadt befindet sich ein Reservat der Gila-Indianer. Mit dem Heard Museum besitzt Phoenix das bedeutendste Museum zur Kultur der Indianer des Südwestens *(geöffnet Mo–Sa 9.30–17, Mi bis 21, So 12–17 Uhr)*.

Literatur
Dagoberto Gilb: Ich hab mit dem schönsten Mädchen getanzt, Frankfurter Verlagsanstalt, Frankfurt a.M. 1996

Tucson

Die zweitgrößte Stadt Arizonas liegt nahe der mexikanischen Grenze in der Sonora-Wüste, umschlossen von über 2000 Meter hohen Bergen. Das historische Zentrum Tucsons ist der Presido District, der durch Bauten im Adobe-Stil geprägt ist. Deren ältestes ist die 1848 erbaute Casa Cordoba, die heute das Mexican Heritage Museum beherbergt *(geöffnet Di–Sa 10–16, So 12–16 Uhr)*. Vor der Übernahme durch die USA gehörte Tucson von 1821 bis 1846 zu Mexiko. Auch heute ist noch ein Viertel der Bewohner mexikanischer Herkunft. Spanisch gilt als gleichberechtigte Verkehrssprache, und die Architektur vieler moderner Häuser orientiert sich am auf die Indios zurückgehenden Pueblo-Stil. Schon vor rund 12 000 Jahren war die Gegend durch präkolumbianische Völker besiedelt, die hier ein fruchtbares Hochtal vorfanden, das ihre indianischen Nachfahren Stjushon – *Quelle am Fuß der dunklen Hügel* – nannten, woraus sich der heutige Name abgeleitet hat. Das Tucson Museum of Art zeigt eine Sammlung präkolumbianischer Kunst *(geöffnet Di–Sa 10–16, So 12–16 Uhr)*. 1770 gründeten spanische Jesuiten die Mission San Xavier del Bac, die heute im ursprünglichen Barockstil restauriert ist. Nach der Übernahme durch die Amerikaner wurde Tucson eine wichtige Station auf dem Weg nach Westen. Heute leben die knapp 500 000 Einwohner von Landwirtschaft, der High-Tech-Industrie, die sich verstärkt in der Umgebung ansiedelt, und vom Tourismus. Die vielfältigen Lebensformen der Wüste sind im Arizona Sonora Desert Freilichtmuseum zu sehen *(geöffnet tägl. 7.30–18, im Winter 8.30–17 Uhr)*. Östlich der Stadt beginnt das Saguaro National Monument, in der 338 Quadratkilometer der Sonora Wüste mit ihren typischen Kakteen, anderen Pflanzen und zahlreichen Tierarten geschützt sind.

Malerin vor Missionskirche San Xavier del Bac südlich von Tucson

Colorado

Colorado ist mit einer durchschnittlichen Höhe von 2100 Metern der höchstgelegene US-Bundesstaat und derjenige mit den meisten Bergen über 4000 Meter. Diese bis zur Baumgrenze bewaldeten Gebirgszüge gehören zu den Rocky Mountains, die zusammen mit dem Colorado Plateau den Westen des Landes beherrschen und hier eine Wetterscheide bilden. Über 1000 Quadratkilometer der Berglandschaft sind im Rocky-Mountains-Nationalpark unter Naturschutz gestellt. Am Yampa River im äußersten Nordwesten des Landes fand man versteinerte Überreste von Dinosauriern, Riesen-

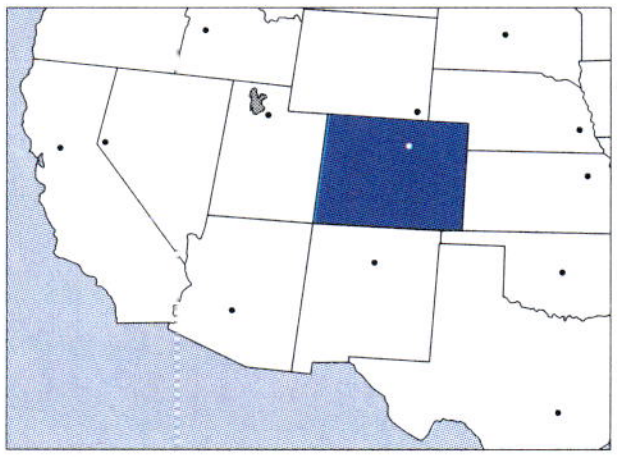

Colorado Klima	Temperatur Gr. Junction Max.	Min.	Pueblo Max.	Min.	Niederschlag Gr. Junction mm	Pueblo	Niederschlagsarme Tage weniger als 0,3 mm Gr. Junction	Pueblo
Januar	3	–9	19	–22	20	10	24	27
Februar	7	–5	20	–19	20	10	22	23
März	12	–1	24	–14	20	20	23	25
April	18	4	27	–6	30	40	24	24
Mai	24	9	31	1	30	40	25	23
Juni	30	14	36	7	30	30	26	23
Juli	34	18	37	11	30	50	25	21
August	32	17	36	10	30	50	22	23
September	27	12	34	2	30	20	24	26
Oktober	20	6	30	–5	20	20	26	27
November	11	–2	24	–14	20	10	25	27
Dezember	4	–7	19	–21	20	10	25	26

Informationen

Colorado Travel and Tourism Authority, P.O. Box 3524, Englewood, CO 80155, Tel. 303-799-5965, Internet http://www.colorado.com

schildkröten und Krokodilen aus der Jurazeit. Die Gegend ist als Dinosaurier National Monument geschützt.

Der Osten Colorados ist durch die baumarmen und trockenen, teilweise versteppten Hochebenen der Great Plains geprägt. Die großen Städte liegen wie an einer Kette aufgereiht am östlichen Rand der Rocky Mountains. An dieser zentralen Nord-Süd-Achse entlang der Interstate 25 leben fast 80 Prozent der 3,3 Millionen Einwohner. Colorado hat eine Gesamtfläche von knapp 270 000 Quadratkilometer, die Hauptstadt ist Denver.

Der Staatsname stammt aus dem Spanischen, bedeutet *farbig* und bezieht sich auf die bunten Gesteins- und Sandformationen des Colorado River.

Die hohen Berge stellten für die frühen Siedler auf dem Weg nach Westen unüberwindbare Hindernisse dar. Bis Ende des 18. Jahrhunderts blieben deshalb die Cheyenne-, Arapho-, Comanche- und Ute-Indianer quasi die einzigen Bewohner. Dennoch stritten seit dem 17. Jahrhundert spanische und französische Entdecker um die Besitzrechte. Erst 1861 wurde Colorado zum US-Territorium, 1876, genau 100 Jahre nach Gründung der Vereinigten Staaten von Amerika, wurde es 38. Bundesstaat mit dem Beinamen *Centennial State.* Mitte des 19. Jahrhunderts verursachten Gold- und Silberfunde einen ersten Wirtschaftsboom und die Vertreibung der Indianer. Heute gibt es im äußersten Südwesten Colorados kleine Ute-Reservate, der Anteil der Indianer an der Gesamtbevölkerung macht weniger als ein Prozent aus, insgesamt 13 Prozent sind spanischstämmig.

Ausstieg aus Cliff Palace in Colorado

Der Abbau von Silber und Gold spielt heute nur noch eine untergeordnete Rolle, wird aber in geringem Ausmaß noch betrieben, zum Beispiel in Leadville, südwestlich von Denver, wo einst 40 000 Menschen Edelmetalle im Wert von über 700 Millionen US-Dollar zutage gefördert haben. Eine Reihe von Bauwerken aus dieser Zeit des Gold- und Silberrausches ist noch erhalten, unter anderem die Mine von H.A.W. Tabor, der beinahe über Nacht zum Millionär wurde, dann mit dem Verfall des Silberpreises aber derart verarmte, daß seine Frau Baby Doe 1935 den Erfrierungstod starb. Heute sind Bodenschätze wie Uran, Erdgas, Erdöl und das Schwermetall Molybdän wichtig für die Wirtschaft des Bundesstaates. Seit dem Zweiten Weltkrieg gibt es eine bedeutende Waffenindustrie. Ein junger, expandierender Wirtschaftszweig ist die Elektroindustrie, vor allem in Süden des Landes. Seit 1913 ein Norweger den Skisport in den Rocky Mountains einführte, haben Orte wie Aspen und Vail Colorado als Wintersportparadiese einen weltweiten Ruf.

Literatur

Isabelle L. Bird: A Lady's Life in the Rocky Mountains, University of Oklahoma Press, Oklahoma

Stephen Metzger: Colorado Outdoor Guide Book, Moon Publications

Colorado Springs

Colorado Springs, knapp 100 Kilometer südlich von Denver am Ostabfall der Rocky Mountains Front Range gelegen, ist heute sowohl ein beliebter Ferienort als auch Zentrum der expandierenden Elektroindustrie. 1871 legte William J. Palmer hier an der neuen Bahnlinie die Gartenstadt Fountain Colony an, die bald ein Vergnügungs- und Erholungsort für die durch die Goldfunde im Nachbarort Colorado City reich gewordenen Spekulanten wurde. 1917 wurden beide Städte dann zu Colorado Springs vereinigt. Hier leben knapp 300 000 Menschen. Die Altstadt der damaligen Colorado City, zuvor auch El Dorado City genannt, wurde mit ihren Westernhäusern sorgfältig restauriert, auch die Gartenstadt-Architektur ist noch zu erkennen.

Hauptattraktion für Touristen ist aber die beeindruckende Gebirgslandschaft außerhalb der Stadt. Vom 4301 Meter hohen Pikes Peak, dessen Umgebung als Pike National Forest geschützt ist, kann man an klaren Tagen bis nach Denver und New Mexico schauen. Acht Kilometer nordwestlich der Stadt liegt der *Garden of the Gods* genannte Naturgarten mit zahlreichen, durch Erosion entstandenen Sandsteingebilden, die riesigen Skulpturen gleichen. In der Nähe liegt der kleine Kurort Manitu Springs, dessen Mineralquellen schon die Indianer nutzten. Im Manitu Cliff Dwellings Museum sind unter anderem Nachbauten indianischer Felsenwohnungen zu sehen *(geöffnet tägl. 9–20 Uhr)*. Das Fine Arts Center in Colorado Springs präsentiert Kultgegenstände aus der Zeit, als sich indianische und spanische Kultur zu vermischen begannen.

Informationen

Convention and Visitors Bureau, 104 St. Cascade, Suite 104, Colorado Springs, CO 80903, Tel. 719-635-7506

Denver

Die Hauptstadt Colorados liegt zwischen den westlichen Ausläufern der Great Plains und dem Ostrand der Rocky Mountains 1609 Meter über dem Meeresspiegel und wird deshalb auch *The mile high city* genannt. Denver ist mit etwa 500 000 Einwohnern nicht nur die größte Stadt des Bundesstaates, sondern auch der gesamten Rocky-Mountains-Region. Das Stadtbild wird bestimmt durch moderne Wolkenkratzer, aufgelockert durch über 200 Parks und sorgfältig restaurierte Straßenzüge, die an die Ursprünge als Goldgräbersiedlung erinnern. Einen guten Blick über die Skyline und auf die nahen Rocky Mountains hat man von der Aussichtsgalerie des Capitol, das 1887 nach Washingtoner Vorbild errichtet wurde *(geöffnet Mo–Fr 9–15.30 Uhr, Sa bis 14.30 Uhr)*.

Informationen

Denver Metro Convention and Visitors Bureau, 1555 California St., Ste.300, Denver, CO 80202

Rund um den Larimer Square in Denver

Nördlich der großzügigen Grünanlage des Regierungssitzes verläuft die Colfax Avenue als Hauptverkehrsader der Stadt. Wiederum nördlich davon beginnt das historische Stadtzentrum, dessen Straßen gegen das Schachbrettraster der übrigen Stadt um 45 Grad verdreht sind.

Sein Herz bildet die 16. Street, *The Mall,* die für 76 Millionen Dollar zu einer Fußgängerzone mit Bäumen, Blumenrabatten und Bänken umgestaltet wurde, auf der als einziges Fahrzeug ein kostenloser Shuttle-Bus verkehrt. Am Südende dieser zwei Kilometer langen Straße finden sich viele der Wolkenkratzer, die durch die Fernsehserie *Denver Clan* über die Grenzen der USA hinaus bekannt wurden.

Am nördlichen Ende kreuzt die Larimer Street, die älteste Straße Denvers. An ihrem Ostende, dem Larimer Square, wurden 18 Häuser im alten Stil restauriert, um einen Eindruck zu vermitteln, wie es Mitte des vorigen Jahrhunderts ausgesehen haben mag, als unter anderen William F. Cody, genannt *Buffalo Bill* (1846–1917), hier wohnte *(geöffnet Mo–Sa 10–21Uhr, So 12–18 Uhr).*

Denver wurde 1858 gegründet, weil man am nahe gelegenen Cherry Creek Gold entdeckt hatte, und drei Jahre später mit zwei weiteren Goldgräbersiedlungen zur Stadt zusammengefaßt und nach dem Gouverneur James Denver benannt. Die Anbindung an die Eisenbahn 1870 brachte einen weiteren Aufschwung als Verkehrs- und Handelszentrum für die nahe gelegenen Edelmetallminen der Rocky Mountains. 1876 wurde Denver Bundeshauptstadt. Die Staatsgeschichte dokumentiert das Colorado History Museum *(geöffnet Mo–Sa 10–16.30 Uhr, So ab 12 Uhr).*

Mittlerweile gilt Denver nach Washington als wichtigstes Verwaltungszentrum der USA. An die 2000 Großunternehmen haben hier ihren Firmensitz, in der U.S. Mint werden zwei Drittel der amerikanischen Münzen geprägt *(Führungen: Mo–Fr 8–15 Uhr).* Seit den fünfziger Jahren wachsen vor allem die Vororte Denvers stetig, in der Metropolitan Area leben mittlerweile fast zwei Millionen Menschen. In den Bergen finden sich beliebte Naherholungsgebiete wie die Denver Mountain Parks oder der Lookout Mountain Park. Von hier aus, wo Buffalo Bill bestattet ist, kann man die gesamte Stadt und das östliche Vorland der Rocky Mountains überblicken.

Durango

Informationen

Convention and Visitors Bureau, P.O. Box 2587, Durango, CO 81302, Tel. 970-247-0312

Die ehemalige Goldgräberstadt hat 12 000 Einwohner und ist touristisches und wirtschaftliches Zentrum des südwestlichen Colorados. Gegründet wurde der Ort 1880 von der Rio-Grande-Western-Railroad-Gesellschaft und nach seinem mexikanischen Vorbild benannt.

Die Häuser der Hauptstraße wurden im Stil der Jahrhundertwende restauriert, als Durango eine Boomtown des Gold- und Silberbergbaus war. Wer sich in diese Epoche zurückversetzen will, kann mit der historischen Dampfeisenbahn Silverton zur gleichnamigen Bergbausiedlung fahren *(Mai bis Oktober, Voranmeldung nötig unter Tel. 970-247-2733).*

Die Reise dauert etwa dreieinhalb Stunden und führt durch die beeindruckende Gebirgslandschaft der San Juan Mountains mit Schluchten, Gebirgsbächen und einer abwechslungsreichen Vegetation. Silverton hat heute nur noch gut 700 Einwohner, die vom Tourismus leben. Die gut erhaltenen Holzhäuser dienen häufig als Filmkulisse. In der Umgebung von Durango liegen einige verlassene Goldgräberstädte, sogenannte Ghost Towns wie Eureka, die meist nur mit dem Jeep zu erreichen sind.

In den San Juan Mountains liegen gute Skigebiete, im Sommer kann man im San Juan National Forest wandern oder von Durango aus Wildwasser-Rafting und Mountainbike-Touren unternehmen. Südlich der Stadt beginnt das Ute-Reservat, in Ignacio 37 Kilometer südlich von Durango stellt ein Museum Kunsthandwerk der Ute aus. 64 Kilometer westlich der Stadt beginnt der Mesa-Verde-Nationalpark, eine Kultstätte früher Anasazi-Völker.

Mesa Verde

Informationen
Mesa Verde National Park, CO 81330,
Tel. 970-529-4465

Im gut 200 Quadratkilometer großen Mesa Verde Park sind einzigartige präkolumbianische Wohn- und Kultstätten der Anasazi erhalten. Der Park liegt im äußersten Südwesten Colorados auf einer von Pinien und Wacholder bewachsenen Hochebene, die von 20 großen und zahlreichen kleinen Canyons durchschnitten ist. Hier lebten ungefähr seit Christi Geburt die Anasazi-Völker zuerst in einfachen Wohnhöhlen, ab dem 8. Jahrhundert in anspruchsvollen Lehmhäusern, deren verschachtelter Baustil heute als Pueblos- oder Adobe-Stil bezeichnet wird. Noch später bauten sie ihre Häuser dann direkt an die steilen Canyon-Wände des Mesa Verde heran. Diese Bauform wird *Cliff Dwelling* genannt. Diese Phase, in der die Anasazi mit Hilfe von künstlicher Bewässerung Ackerbau betrieben und terrassenförmig angelegte Großbauten zu stadtähnlichen Siedlungen verbanden, wird von Forschern als Pueblo III bezeichnet.

Die meisten erhaltenen Gebäude in Mesa Verde stammen aus dieser Epoche. Das größte ist Cliff Palace mit über 200 Wohn- und 23 runden Kulträumen, sogenannten *Kivas.* Sehr gut erhalten ist das Spruce Tree House, in dem rund 100 Personen wohnen konnten. Die meisten Cliff Dwellings finden sich im Walnut Canyon. Die Erforschung von Mesa Verde, die 1888 begann, ist bis heute nicht abgeschlossen. Wissenschaftler gehen aber davon aus, daß die Anasazi diese Siedlungen etwa 1275 wegen extremer Dürreperioden aufgaben. Der Park ist ganzjährig geöffnet, darf aber nur mit einem Ranger betreten werden, Übernachtungen sind möglich. Im Chapin Mesa Museum sind Alltags- und Kunstgegenstände der Anasazi ausgestellt *(geöffnet tägl. 8–17 Uhr, im Sommer bis 18.30 Uhr).*

Mesa Verde

Rocky Mountains National Park

Dieser über 1000 Quadratkilometer große Nationalpark liegt im Norden an der sogenannten Front Range, wo die Rocky Mountains

Informationen

Rocky Mountains National Park, Estes Park, CO 80517, Tel. 303-586-1206

steil zu den Great Plains abfallen. Das Schutzgebiet umfaßt zwölf Viertausender – der höchste Gipfel ist Longs Peak mit 4345 Meter – außerdem fünf noch aktive Gletscher und zahlreiche Seen. Der Park wird in drei Vegetationsstufen aufgeteilt: Unterhalb von 2700 Meter liegt die montane Stufe mit Wacholder- und Douglasien-Wald, einigen Laubbäumen und blumenreichen Wiesen. Hier leben die meisten Tiere: Hirsche, Biber, Rotfüchse, Silberdachse und zahlreiche Singvögel, unter anderem der Dreifarben-Kolibri. An den Wasserläufen gibt es Tiger-Salamander, die bis zu 40 Zentimeter lang werden, und als einzige Schlangenart der Gegend die ungiftige Western Terrestrial Garter Snake. In den höheren Lagen der subalpinen Stufe (2700–3400 Meter) wachsen Fichten und Tannen sowie einige Blumen, zum Beispiel die blaue Colorado-Akelei.

Hier leben seltene Tiere wie die knapp 40 Schwarzbären, die zum Park gehören, und Pumas. Jenseits der Baumgrenze oberhalb 3400 Meter beginnt die Tundra-Landschaft der alpinen Stufe mit über 100 verschiedenen Blütenpflanzen, die während der nur acht- bis zehnwöchigen Vegetationsperiode ganze Felder bedecken. Hier leben Murmeltiere, Pikas und Dickhornschafe, die als Symbol der Rocky Mountains gelten. Durch den Nationalpark führen circa 500 Kilometer Wanderwege sowie einige Autostraßen, es gibt drei Besucherzentren und fünf Campingplätze. Weitere Übernachtungsmöglichkeiten außerhalb des Parks bestehen in Lake Estes am Osteingang und in Grand Lake am südwestlichen Eingang. Der Park ist ganzjährig geöffnet, von Oktober bis Mai sind aber viele Straßen wegen Schneefalls gesperrt.

Hawaii

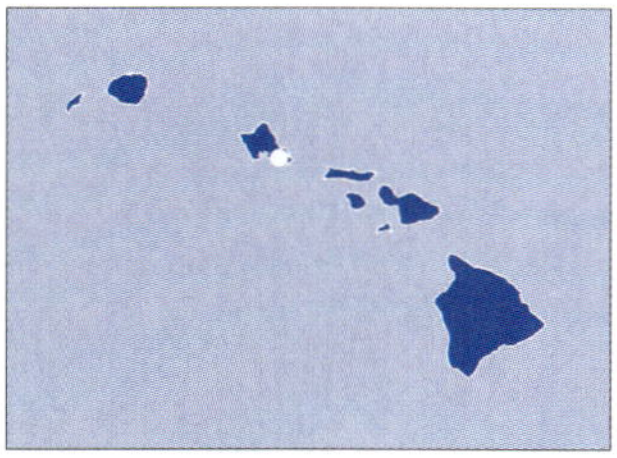

Informationen

Hawaii Visitors Bureau, 2270 Kalakaua Ave., Suite 801, Honolulu, HI 96815, Tel. 808-923-1811, Fax 808-922-8991

Hawaii Visitors & Convention Bureau, c/o A.V.M. – American Venture Marketing GmbH, Siemensstraße 9, D-63263 Neu-Isenburg, Tel. 06102/72 24 11/10, Fax 06102/72 24 09

Hawaii, der drittkleinste der US-amerikanischen Bundesstaaten, liegt knapp 4000 Kilometer von San Francisco entfernt im Pazifik und besteht aus über 136 Inseln. Sieben davon sind bewohnt: Kaua'i, Ni'iahu, O'ahu, Moloka'i, Lana'i, Maui und Big Island Hawaii, mit 132 000 Quadratkilometer die größte Insel. 80 Prozent der rund 1,2 Millionen Hawaiianer leben auf O'ahu, wo sich auch die Hauptstadt Honolulu befindet.

Wegen seiner subtropischen Lage und des ganzjährig milden Klimas existiert auf Hawaii eine üppige Vegetation. Vor allem auf den unbewohnten kleinen Atollen gibt es zahlreiche einmalige, sogenannte endemische, den regionalen Bedingungen angepasste Arten. Säugetiere leben hier nur wenige, dafür aber zahlreiche farbenprächtige Vögel, von denen viele ebenfalls nur hier vorkommen. In den küstennahen Gewässern gibt es mehr als 600 verschiedene Fischarten.

Der gesamte hawaiische Archipel ist vulkanischen Ursprungs. Vom über 5000 Meter tiefen Meeresgrund gemessen, erhebt er sich zu enormen Höhen. So sind die Berge Mauna Kea und Mauna Loa auf Big Island über 4000 Meter hoch und am Gipfel häufig ver-

Hawaii Klima	Temperatur Honolulu Max.	Min.	Midway Max.	Min.	Niederschlag Honolulu mm	Midway mm	Niederschlagsarme Tage weniger als 0,3 mm Honolulu	Midway
Januar	26	18	22	16	100	110	17	15
Februar	26	18	22	15	50	90	17	12
März	27	19	22	16	80	110	18	18
April	27	20	23	16	30	130	18	19
Mai	29	21	26	18	30	90	20	21
Juni	30	22	28	21	0	90	18	20
Juli	31	23	29	22	30	80	17	16
August	31	23	29	22	30	90	18	17
September	31	23	29	22	30	130	17	15
Oktober	30	22	28	20	50	130	18	19
November	28	21	25	18	80	40	17	18
Dezember	27	19	22	16	100	90	16	13

schneit – in dieser Höhe steigen auch im Sommer die Temperaturen selten über 0 Grad Celsius. Aus fein zerriebenem und vom Meer ausgewaschenem Vulkangestein bestehen auch die weißen Sandstrände, für die Hawaii berühmt ist. Noch heute sind viele Vulkane aktiv. Sie gelten aber als ungefährlich, da das Magma einen geringen Gasgehalt hat und deshalb keine heftigen Explosionen auslöst.

Erstmals besiedelt wurde Hawaii um 500 nach Christus von polynesischen Seefahrern. Schon damals, als die Wikinger sich nur in küstennahe Gewässer trauten, fuhren sie mit ihren Doppelrumpfkanus übers offene Meer. 1976 bewiesen Nachfahren der Eingeborenen, daß man auch heute noch mit einem Hokule'a nach Tahiti ohne Navigationsinstrumente segeln kann. 1778 hatte James Cook als erster Weißer Hawaii entdeckt und wurde hier ein Jahr später erstochen. In den folgenden Jahren waren die Inseln wichtige Stützpunkte für britische Walfänger und Handelsreisende. Fast die Hälfte der Einheimischen starb an eingeschleppten Krankheiten.

Heute machen Polynesier noch gut ein Prozent der inzwischen stark durchmischten Bevölkerung aus. 1820 kamen erste Missionare von der amerikanischen Ostküste und christianisierten die Bevölkerung innerhalb weniger Jahre. Ihre Nachfolger eigneten sich große Ländereien an und begründeten, wie etwa James B. Dole, Zucker- und Ananas-Dynastien, die die Wirtschaft Hawaiis entscheidend prägten. 1893 wurde die letzte hawaiische Königin zum Abdanken gezwungen, 1900 wurde der Archipel US-Territorium und 1959 50. Staat der USA. In den vergangenen 20 Jahren haben sich große Gruppen der Bevölkerung dafür eingesetzt, das polynesiche Erbe zu schützen. 1994 gab die US-Bundesregierung die als Bombenabwurfgelände genutzte Insel Kaho'olawe zurück, wo sich mehr als 500 archäologische Stätten der ersten polynesichen Siedler befinden.

Wichtigster Wirtschaftszweig ist heute die Tourismusbranche, die sich überwiegend in der Hand japanischer Investoren befindet. Hawaii mit seinen gigantischen Wellen ist vor allem bei Surfern beliebt – eine Sportart, die auch die Polynesier vor gut 1400 Jahren schon kannten.

Literatur

Baedeker: Hawaii, Karl Baedeker Verlag, Ostfildern
Glenda Bendure/Ned Friary: Hawaii Outdoor Guide, Lonely Planet Publications

Tänzerinnen auf Hawaii

J.D.Bisignana: Hawaii Outdoor Handbook, Moon Publications
J.D.Bisignani: Big Island of Hawaii Handbook, Moon Publications
Fodor's Hawaii, Fodor's Travel Publications
GEO special: Hawaii, Gruner und Jahr, Hamburg
Merian: Hawaii, Hoffmann und Campe, Hamburg
James Albert Michener: Hawai, 1959
Kurt Jochen Ohlhoff: Hawaii, DuMont, Köln
Karl Teuschl: Hawaii, Vista Point, München

Hawaii Big Island

Informationen
Hawaii Visitors Bureau, 25D Keawe St., Hilo, HI 96720, Tel. 808-961-5797, Fax 808-961-2126

Hawaii Visitors Bureau, 75-5719 W. Alii Drive, Kailua-Kona, HI 96740, Tel. 808-329-7787, Fax 808-326-7563

Die mit 132 000 Quadratkilometer größte Insel Hawaiis bietet eine besonders abwechslungsreiche Landschaft. Weil die Insel geologisch gesehen noch jung ist, circa 700 000 Jahre, ist das Vulkangestein noch nicht zu feinen weißen Stränden ausgewaschen, sondern schwarz, rot oder grün. Im Südosten können im Hawaii Volcanoes National Park aktive Vulkane besichtigt werden. Eine Autostraße führt durchs Vulkangebiet, außerdem gibt es zahlreiche Wanderwege und ein geologisches Museum *(Visitors-Center Tel. 808-967-7311).*

Am östlichen Ende des Nationalparks erhebt sich Mauna Loa, mit 4196 Metern der höchste Berg Hawaiis und im Winter Skigebiet. In der nordöstlich gelegenen Hauptstadt Hilo, die vom US-Festland direkt angeflogen wird, leben rund 40 000 Menschen, ungefähr ein Drittel der Einwohner von Big Island. Das Lymann Museum and Mission House erinnert an die ersten Missionare und die Kulturgeschichte Hawaiis *(geöffnet Mo–Sa 9–17 Uhr).* Der nahe der Stadt an der zerklüfteten Lavaküste gelegene Hawaii Tropical Botanical Garden zeigt über 2000 Gewächse und gehört mit seinem ursprünglichen Regenwald und den kleinen Wasserfällen zu den schönsten Gärten Hawaiis *(geöffnet tägl. 7–17 Uhr).* Im trockeneren Südwesten der Insel gibt es einige Badestrände und im Pu'uhonua o Honaunau National Historical Park die größte und besterhaltene vorchristliche Tempelanlage Hawaiis *(geöffnet tägl. 7.30–17.30 Uhr).* Auf einer 360 Kilometer langen Strecke kann die Insel umrundet werden.

Big Island-Feuer unter Wasser

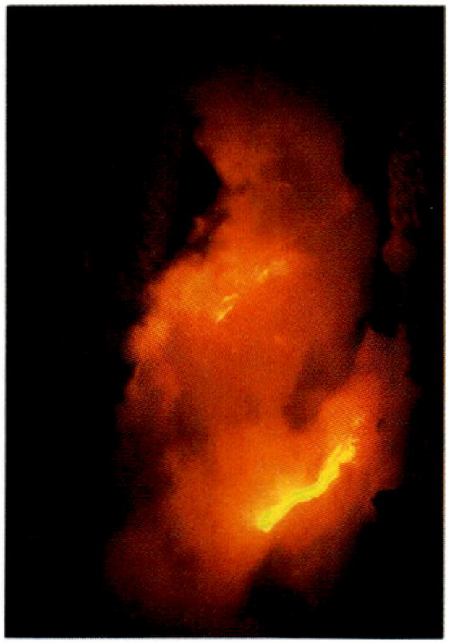

Kauai

Die 54 000 Quadratkilometer große Insel wird oft als Garten Hawaiis bezeichnet: Nirgendwo ist die Vegetation vielfältiger und üppiger als hier. Weil Kauai die geologisch älteste Insel ist, hat sich das Vulkangestein hier am weitesten zu fruchtbarem Boden zersetzt. Außerdem regnet es häufiger als auf den anderen Inseln. Die Regenmassen, die sich am zentralen, 1569 Meter hohen Wai'ale'ale-Gipfel fangen, haben die Gestalt der Insel geformt: Am Fuße der Berge erstreckt sich das 50 Quadratkilometer große Alak'i-Sumpfgebiet, das mit durchschnittlich 12 000 mm Niederschlag im Jahr als der feuchteste Ort der Erde gelten kann.

Östlich davon liegt der 23 Kilometer lange Waimea-Canyon, dessen Wände über 850 Meter steil abfallen und ein Farbenspiel in Rosa-, Orange- und Blautönen bieten. Der Canyon kann auf dem etwas schwierigen Koai'e Trail durchwandert werden, entlang der Strecke gibt es drei Zeltplätze.

Westlich von Princeville, einem Ferienort mit luxuriösen Hotels, finden sich die schönsten Badestrände Kauis. Bei Ke'e Beach hört die Straße allerdings auf, die sich anschließende Steilküste kann nur zu Fuß erkundet werden.

Informationen
Hawaii Visitors Center, 3016 Umi St., Suire 207, Lihue, HI 96766, Tel. 808-245-3971, Fax 808-246-9235

Zentrum der Insel ist die 7000-Einwohner-Stadt Lihu'e im Südosten. Nachdem Heinrich Hackfeld und Paul Isenberg hier große Zuckerrohrplantagen aufgebaut hatten, war Lihu'e Ende des 19. Jahrhunderts eine von Deutschen dominierte Siedlung. Die Old Lutheran Church aus dem Jahr 1883 mit ihrem barocken Altar erinnert daran. Rund um die Stadt erstrecken sich noch heute riesige Zuckerrohrfelder. Einen Einblick in das frühere Plantagenleben bietet Kilohana Plantation *(geöffnet Mo–Sa 9.30–21.30, So bis 17 Uhr).*

Lana'i

Informationen
Destination Lana'i, P.O. Box 100, Lana'i City, HI 96763, Tel. 808-565-7600

Die kleinste der bewohnten Inseln war bis vor kurzem die größte Ananas-Plantage der Welt. Noch heute gehört sie einer Tochterfirma der Dole Food Company, die hier seit 1991 keine Ananas mehr anbaut, sondern zwei luxuriöse Ferienanlagen betreibt. Die dazugehörigen Golfplätze zählen zu den schönsten überhaupt. Ansonsten bietet Lana'i über 30 000 Hektar offenes Land mit Schluchten, wenig besuchten Stränden und einzigartigen Wäldern.

1900 pflanzte der neuseeländische Botaniker George Munro auf der bis dahin wasserarmen und wenig bewaldeten Insel Norfolk Pinien aus seiner Heimat. Sie wuchsen schnell bis über die Wolkengrenze, fingen die Feuchtigkeit ein und gewährleisten bis heute die Inselvegetation. Der zehn Kilometer langen Munro Trail im Norden führt durch eine abwechslungsreiche Regenwald-Landschaft, die vom 700 Meter tiefen Hauola Canyon durchschnitten wird. Vom 1026 Meter hohen Lana'ihale kann man die gesamte Insel überblicken. Für alle Auto-Touren auf Lana'i empfiehlt sich ein Geländewagen, denn nur 40 Straßenkilometer sind asphaltiert. Mittelpunkt der Insel und Wohnort fast aller 2600 Einwohner ist Lana'i City, das 1924 vom Plantagenbesitzer Jim Dole für seine Arbeiter angelegt wurde. Noch heute bestimmen die pastellfarbenen Holzhäuser aus jener Zeit das Ortsbild. Außer einigen Kirchen, einer Schule und ein paar Läden steht hier mit einem 10-Zimmer-Hotel, das den Namen der Insel trägt, das einzige preiswertere Hotel der Insel.

Maui

Informationen
Maui Visitors Bureau, 250 Alabama St., Suite N-15, Kahului, HI 96732, Tel. 808-871-8691, Fax 808-877-7560

Maui, mit 100 000 Qaudratkilometern die zweitgrößte hawaiische Insel, ist besonders für die Strände berühmt: Im Nord- und Südwesten liegen die touristisch erschlossenen Badestrände, an der Nordküste, rund um den Ho'okipa Beach Park, vollführen die besten Surfer ihre Kunststücke.

Östlich von hier beginnt die üppig bewachsene Steilküste. Die Küstenstraße führt bis nach Kipahulu im Südosten. Hier beginnt der Haleakala National Park, der weit ins Landesinnere reicht und 116 Quadratkilometer einzigartige Vulkanlandschaft umfaßt, die als UNO-Biosphären-Reservat geschützt ist. Hier gibt es mehrere Klima- und Vegetationszonen mit je eigener Tier- und Pflanzenwelt. Mittelpunkt des Parks ist der etwa zwölf Kilometer lange und vier Kilometer breite Krater des Haleakala-Vulkans, der vor 200 Jahren zum letzten Mal ausgebrochen ist und nicht als erloschen gilt. Vom höchsten, 3055 Meter hohen Gipfel kann man einen grandiosen

Iao Needle auf Maui

Sonnenaufgang bewundern – übersetzt bedeutet Haleakala *Haus der Sonne.*

Im Nationalpark gibt es zwei Campingplätze, es werden Mountainbike- und Trekking-Touren sowie Ponytrails angeboten *(Informationen Visitors Center Tel. 808-572-9306).* Die im Südwesten der Insel liegende Stadt Lahaina war Anfang des 19. Jahrhunderts ein Zentrum der Walfänger. Der gesamte Ort steht heute unter Denkmalschutz. Im Herbst kommen noch heute Tausende von Buckelwalen aus dem Nordpazifik, paaren sich und bringen im Frühjahr ihre Jungen zur Welt. Beobachtungstouren bietet zum Beispiel die Pacific Whale Foundation an *(Tel. 808-879-8811).*

Ni'ihau

Die 29 Kilometer lange und zehn Kilometer breite Insel darf von Touristen nur auf kurzen Hubschrauber-Exkursionen betreten werden *(Ni'ihau Helicopters Tel. 808-335-3500).* Zwar wird Ni'ihau von Kaua'i verwaltet, ist aber seit 1864 Privatbesitz. Damals kaufte eine reiche neuseeländische Kapitänswitwe Ni'ihau für 10 000 Dollar und baute hier eine Schafzucht auf. Ihren Nachkommen, der Familie Robinson, gehört das eher trockene Land noch heute. Die 250 Bewohner sind fast alle reinblütige Hawaiianer, die traditionell leben und auch die Sprache ihrer Vorfahren sprechen. Es gibt kein Stromnetz, keine Telefone und keine Autos.

Im einzigen Dorf Pu'uwai gibt es eine Grundschule, ältere Kinder besuchen auf Kaua'i die High School, die meisten von ihnen kehren anschließend wieder zurück. Die Inselbewohner arbeiten als Angestellte der Robinsons in der Rinder- oder Schafzucht oder verfertigen aus den nur hier vorkommenden Ni'ihau-Muscheln kostbare Schmuckstücke.

Wer will, kann die Insel jederzeit verlassen, lediglich der Zutritt für Fremde ist streng reglementiert. Die Hubschrauber, die ursprünglich nur der medizinischen Versorgung der Bewohner dienten, bringen Touristen an die vom Dorf abgelegene Küste. Hier kann man ungefähr zwei Stunden lang im kristallklaren Wasser am Riff bei Pu'ukole Point schnorcheln oder Muscheln suchen, dann muß man wieder zurückfliegen. Die Robinsons wollen so die hawaiische Tradition auf Ni'iahu bewahren.

Idaho

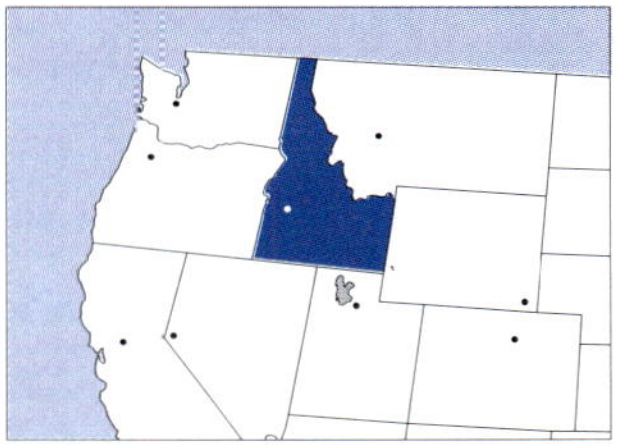

Idaho ist mit durchschnittlich drei Einwohnern pro Quadratkilometer einer der am dünnsten besiedelten Regionen der USA. Die nördlichen zwei Drittel des Staates sind durch bewaldete Gebirge geprägt, die zur Westabdachung der Rocky Mountains zählen. Im als Pfannenstiel bezeichneten schmalen Nordteil des Staates findet sich eine weitgehend unberührte, durch Gletscher gebildete Gebirgsseen-Landschaft, die zu den Clearwater Mountains zählt. Südlich schließen sich die Salmon River Mountains mit dem höchsten Berg Idahos, Berah Peak (3859 Meter), an. Hier liegen auch das weltberühmte Skigebiet Sun Valley und die Kleinstadt Ketchum, wo Ernest Hemingway bestattet ist. Im Osten bildet das Faltengebirge der Bitterroot Range, über das die kontinentale Wasserscheide verläuft, die natürliche Grenze zu Montana. Südlich schließt sich die steppenartige Snake River Ebene an. In dieser am dichtesten besiedelten Region des Staates liegen die Hauptstadt Boise sowie die Großstädte Pocatello und Idaho Falls. Im Südwesten, an der Grenze zu Oregon, hat Idaho Anteil am Columbia Plateau, durch das der Snake River den 150 Kilometer langen Hells Canyon schneidet – mit 2000 Metern die tiefste Schlucht der USA.

Informationen

Idaho Division of Tourism Development, P.O. Box 83720, Boise, ID 83720-0093, Tel. 208-334-2470, Fax 208-334-2631, Internet: http://www.visitid.org/

Bis Anfang des 19. Jahrhunderts war Idaho ausschließlich von Völkern der Salish, Kalispell und Skitwish bewohnt, die mit den Indianern der Nordwestküste verwandt sind. 1805 durchquerten Lewis und Clark das Gebiet auf ihrer Expedition, es folgten englische und französischstämmige Pelztierjäger. Nach einem vergeblichen Aufstand schlossen die eingeborenen Indianer Frieden mit den Weißen. Kämpferischer zeigten sich die aus Oregon hierher zwangsumgesiedelten Nez Percé, die sich 1879 erst nach heftigen Kämpfen der US Army ergaben.

Tanz der Indianer

Im Reservat östlich der Stadt Lewiston werden im Nez Percé National Historical Park Kultur und Geschichte des früh christianisierten Volkes erläutert. Die ersten weißen Siedlungen wurden 1860 gegründet, als man Gold fand, später entdeckte man im Norden reichhaltige Silber- und Bleivorkommen. 1868 wurden die heutigen Grenzen Idahos festgelegt, 1890 gab es genügend Einwohner, um als 43. Staat der USA aufgenommen zu werden. In den folgenden Jahren kam es im wirtschaftlich bedeutenden Bergbau zu schweren Arbeitskämpfen, die 1905 in der Ermordung des Gouverneurs gipfelten.

Heute leben die knapp eine Million Einwohner vornehmlich von der Landwirtschaft: Angeblich stammt jede vierte in den USA ver-

Idaho Klima	Temperatur Boise Max.	Boise Min.	Pocatello Max.	Pocatello Min.	Niederschlag mm Boise	Pocatello	Niederschlagsarme Tage weniger als 0,3 mm Boise	Pocatello
Januar	2	–6	9	–22	180	30	20	20
Februar	7	–3	10	–15	100	30	19	18
März	11	–1	12	–11	30	30	22	21
April	16	2	23	–6	30	40	23	20
Mai	22	7	28	–1	30	40	24	21
Juni	26	11	33	2	30	30	25	23
Juli	32	14	36	7	20	20	29	25
August	31	14	35	7	10	20	29	25
September	26	9	31	–1	10	30	28	25
Oktober	18	4	24	–4	30	30	26	24
November	9	–1	17	–11	30	20	22	22
Dezember	4	–4	11	–19	130	30	21	21

zehrte Kartoffel aus Idaho, ihr Symbol schmückt auch die Autokennzeichen des Staates. Rund um die Hauptstadt Boise hat sich in den vergangenen Jahren zunehmend High-Tech-Industrie angesiedelt, im Norden sind Gold-, Silber- und Zinkabbau noch immer von Bedeutung. Der Staatsname wird häufig als Ableitung von einem indianischen Begriff für Bergedelstein gedeutet, vermutlich war er aber einfach eine Volksbezeichnung.

Literatur
Bill Loftus: Idaho Handbook, Moon Publications
Therasa Scott: Die Wildjägerin, Goldmann München

Boise

Informationen
Boise Air Terminal Center, 2739 Airport Way, Boise, ID 83705,
Tel. 208-385-0362, Fax 208-385-0694

Boise Convention Center Information, 850 W. Front St., Boise, ID 83702,
Tel. 208-344-5338
Siehe auch unter Idaho

Die Hauptstadt von Idaho liegt im bewaldeten Tal des Snake River. Dieser grünen Umgebung, die heute als Boise National Forest geschützt ist, verdankt die Stadt ihren Namen. Franko-kanadische Trapper hatten die Region Les Bois, *Die Wälder,* genannt. Vom gut 1200 Meter hohen Table Rock, dessen Gipfelkreuz nachts beleuchtet wird, hat man eine gute Aussicht über Boise und das gesamte Flußtal.

Die Hauptachse der Stadt ist der baumbestandene Capitol Boulevard, der zum Sitz der Staatsregierung führt, der 1905 nach Washingtoner Vorbild errichtet wurde *(geöffnet Mo–Fr 8–17 Uhr).* Wie einige andere Gebäude der Stadt wird das Capitol mit dem Wasser einer 77 Grad Celsius heißen Quelle beheizt.

Am Capitol Boulevard liegt auch der Julia Davis Park, ein mit Tiergarten, Spielplätzen und Bänken ausgestatteter Freizeitpark. Auf seinem Gelände befinden sich das Idaho State Historical Museum, das über die Staatsgeschichte informiert *(geöffnet Mo–Fr 9–17 Uhr, Sa–So 13–17 Uhr),* und die Boise Gallery of Art, die Werke amerikanischer und europäischer Künstler zeigt *(geöffnet Di–Fr 10–17 Uhr, Sa–So 12–17 Uhr).*

Die Geschichte der Stadt begann 1863 mit der Gründung eines Forts, das den Goldschürfern der Umgebung als Versorgungsstation diente. Hier kreuzte sich der Oregon Trail mit der Minenstraße vom Boise Basin nach Owghee, deshalb expandierte die Stadt schnell und wurde schon 1866 zur Hauptstadt des damaligen Territoriums Idaho ernannt. Die Überreste des damaligen Goldrausches finden sich noch heute in der Umgebung. Rund 70 Kilometer nordöstlich von Boise liegt die Geisterstadt Silver City, die nur über eine nichtasphaltierte Piste erreicht werden kann. Nachdem 1863 Gold- und Silberadern entdeckt worden waren, lebten hier über 5000 Menschen.

In Silver City erschien die erste Zeitung Idahos, und das ortsansässige Idaho Hotel galt als das beste des gesamten Staates. Anfang des 20. Jahrhunderts begann der wirtschaftliche Niedergang. Seit 1930 ist Silver City entvölkert. Von hier aus lassen sich auch weitere Ausflüge in die kaum erschlossene Wildnis der Salmon Mountains unternehmen.

In Boise leben heute circa 100 000 Menschen, weitere 70 000 im unmittelbaren Einzugsgebiet. Ein Großteil ist in der Verwaltung beschäftigt. Viehzucht, Obst- und Zuckerrübenanbau sowie die Herstellung von Streichhölzern sind ebenfalls wirtschaftlich bedeutsam. In jüngster Zeit siedeln sich zunehmend High-Tech-Unternehmen an. Da der Anteil baskisch-stämmiger Einwohner hier größer ist als irgendwo sonst in den USA, informiert das Basque Museum and Cultural Center über die Siedlungsgeschichte der Basken in den westlichen Rocky Mountains und im Great Basin *(geöffnet Di–Fr 10–16 Uhr, Sa 11–15 Uhr).* Einmal im Jahr findet in Boise ein großes baskisches Kulturfestival statt.

Idaho Falls

Twin Falls

Die Kleinstadt im Süden Idahos erhielt ihren Namen, weil der Snake River hier über zwei Wasserfälle, den Shoshone- und den Auger-Fall, 61 Meter in die Tiefe stürzt. Damit sind die Wasserfälle 15 Meter höher als die Niagara-Fälle. Allerdings werden sie im Sommer zur Bewässerung des umliegenden Farmlandes umgeleitet. Doch selbst ohne Wasser ist der tiefe Basalt Canyon beeindruckend.

Die Stadt Twin Falls ist Sitz des College of Southern Idaho und Handelszentrum für die umliegende fruchtbare Agrarregion. Sie bietet sich als Ausgangspunkt für einen Besuch des knapp 100 Kilometer nördlich gelegenen Craters of the Moon National Monument an.

Diese Mondlandschaft umfaßt ein rund 250 Quadratkilometer großes Gebiet verschieden strukturierter Lavaflüsse, Lavatunnel und bis zu 240 Meter hoher Schlackenkegel. An manchen Stellen finden sich auch Abdrücke versteinerter Bäume. Die Landschaft entstand vor rund 2000 Jahren unter dem Einfluß des nordöstlich gelegenen Yellowstone *hot spot.* Durch Risse in der Erdkruste quoll Magma an die Oberfläche. Heute ist die Lavalandschaft durch einige Pflanzen wie Wermutsträucher bewachsen. Hier leben Virgina-Uhus, Buntfalken, Taschenmäuse und Großohrhirsche. Bevor es als National Monument geschützt wurde, haben Astronauten auf dem Gelände trainiert. Eine zwölf Kilometer lange Ringstraße, von der Lehrpfade abgehen, führt durchs Gelände. Es gibt einen Campingplatz.

Informationen

Craters of the Moon National Monument, P.O. Box 29, Arco, ID 83213, Tel. 208-527-3257

Snake River Vewi Rest Area, 7200 1-84 Eastbound, Mile Maker 1, Fruitland, ID 83619, Tel. 208-452-3900, Fax 208-452-4388

Kalifornien

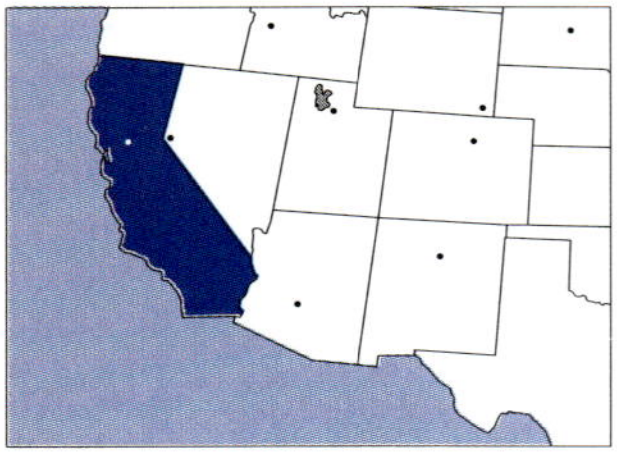

Der nach Alaska und Texas drittgrößte Staat der USA wird geographisch im wesentlichen durch drei Gebirgsketten und ein großes Tal bestimmt. Parallel zur 2024 Kilometer langen Küste verläuft die bis zu 2700 Meter hohe Coast Range. Östlich schließt sich das 700 Kilometer lange und 60 Kilometer breite Central Valley an, das aus dem Sacramento-Tal im Norden und dem San-Joaquin-Tal im Süden gebildet wird. Dank künstlicher Bewässerung wurde aus dem fruchtbaren Schwemmboden eine bedeutendes landwirtschaftliches Anbaugebiet. Fast die Hälfte des in den USA verzehrten Obstes und Gemüses kommt aus Kalifornien, mehr als 250 verschiedene Produkte werden hier angebaut.

Im Nordosten wird diese fruchtbare Region von den über 4000 Meter hohen Gipfeln des Kaskadengebirges begrenzt, das nach Süden in die massive Sierra Nevada übergeht. Hier liegt mit dem 4418 Meter hohen Mount Whitney der höchste Berg des Staates und, außerhalb Alaskas, die höchste Erhebung der gesamten USA. Während es vor allem in den nördlichen Gebirgsregionen zahlreiche Seen gibt, besteht der Süden Kaliforniens vorwiegend aus Wüstenregionen wie der Mojave- und der Colorado-Wüste. Sie sind allerdings keine Sandwüsten und verfügen teilweise über ein vielfältiges Tier- und Pflanzenleben. Mit Los Angeles befindet sich auch die am dichtesten besiedelte Region des Staates im Wüstengebiet, weshalb in zahlreichen Bewässerungsprojekten Wasser aus dem dünner besiedelten Norden hergeleitet werden muß.

Geologisch gehört Kalifornien zu den Kordilleren, die sich als mächtigstes Faltengebirge der Erde von Feuerland bis Alaska erstrecken. Es ist gekennzeichnet durch zahlreiche Einschnitte und Verwerfungen, wie dem über 900 Kilometer langen San-Andreas-Graben. Er trennt die nordamerikanische von der pazifischen Platte, die sich jährlich um rund drei Zentimeter nach Norden bewegt. Deshalb gibt es in Kalifornien häufig Erdbeben.

Ungefähr seit 5000 vor Christus war die Gegend durch Indianer besiedelt. 1542 entdeckte der portugiesische Seefahrer Juan Rodriguez Cabrillo die Küste und nannte sie nach einem zeitgenössischen Trivialroman, in dem es um eine Schatzinsel ging, *California*. Mitte des 18. Jahrhunderts begannen spanische Franziskaner mit dem systematischen Aufbau von Missionsstationen, ungefähr ein Sechstel der circa 300 000 Indianer traten freiwillig zum Christentum über. Nach der mexikanischen Unabhängigkeit wurde das Gebiet Mexiko zugeschlagen und mußte 1848 an die USA abgetreten werden. Unmittelbar danach wurde in Coloma in der Nähe der heutigen Hauptstadt Sacramento, Gold gefunden. Die von überall aus den USA einwandernden Goldsucher ließ die Zahl der Weißen auf 250 000 ansteigen, die Indianer wurden durch Mißhandlung und eingeschleppte Krankheiten auf knapp 60 000 dezimiert.

Heute ist Kalifornien mit rund 30 Millionen Einwohnern der bevölkerungsreichste Staat der USA. Der Anteil der Weißen beträgt knapp 50 Prozent, Hispanics und Asiaten sind die nächstgrößeren Gruppen, die Indianer machen knapp ein Prozent aus. Zum wichtigen Agrarland hatte sich der Staat dank billiger Arbeitskräfte aus Japan und China schon um 1900 entwickelt. Später kamen der Umzug

Informationen

California Division of Tourism, P.O. Box 1499, Sacramento, CA 95812-1499, Fax 916-322-3402, Internet http://gocalif.ca.gov

Literatur

Hans-J. Aubert/ Ulf Müller-Moewes: Kalifornien, Bruckmann, München
Baedeker: Kalifornien, Karl Baedeker Verlag, Ostfildern
Scott Bradfield. Die Geschichte der leuchtenden Bewegung, Fischer, Frankfurt a.M. 1995
Margit Brinke u.a.: Kalifornien, wo es am schönsten ist, Bruckmann, München
Wendy Ferguson: Kalifornien & Westküste USA, Stefan Loose Verlag, Berlin
Fred Gebhart/Maxine Cass: On the Road around California, Thomas Cook
Thomas Pynchon: Vineland, Rowohlt, Reinbek
Werner Rau: Quer durch Kalifornien, Werner Rau Verlag, Stuttgart
Horst-W. Schmidt-Brümmer: Kalifornien und Südwesten, Vista Point, München
Mick Sinclair: Kalifornien; RV, München
John Steinbeck: Früchte des Zorns, dtv, München 1996
John Steinbeck: Jenseits von Eden, Diana, Zürich
Martin Walser: Brandung, Suhrkamp, Frankfurt a.M. 1985
Kim Weir: Northern California Handbook, Moon Publications

Kalifornien Klima	Temperatur				Niederschlag		Niederschlagsarme Tage	
	Los Angeles		San Diego		Los Angeles	San Diego	weniger als 0,3 mm	
	Max.	Min.	Max.	Min.	mm		Los Angeles	San Diego
Januar	19	8			80	50	25	25
Februar	20	9			80	50	22	21
März	21	10			50	40	25	24
April	21	12			30	20	26	26
Mai	23	13			10	10	29	28
Juni	24	16			10	10	29	29
Juli	28	17			10	10	30	30
August	29	18			10	10	30	30
September	28	17			10	10	30	30
Oktober	26	15			10	10	29	28
November	23	11			50	20	27	26
Dezember	20	9			50	50	25	25

der Filmindustrie von der Ostküste nach Hollywood und die Ansiedlung von High-Tech-Industrie in der Gegend von San Francisco als wichtige Wirtschaftsfaktoren hinzu. Das ganzjährig frühlingshafte Klima ist bis heute ein starker Anziehungsfaktor für Rentner und Touristen.

Death Valley

Das Nationalmonument umfaßt gut 8000 Quadratkilometer der abwechslungsreichen Landschaft im Osten der Mojave-Wüste und ragt zu einem kleinen Teil über die Grenze nach Nevada hinein. Durch Bewegungen der Erdkruste entstand hier vor Millionen von Jahren ein abflußloses Becken, das bis 86 Meter unter dem Meeresspiegel liegt und damit den tiefsten Punkt der USA darstellt.

In dem harten Wüstengebiet finden sich Sanddünen, palmenbestandene Oasen und bis zu 3368 Meter hohe Berge. Wenn es geregnet hat, blühen selbst in den Tälern zahlreiche Wildblumen, in den höheren Lagen gibt es Wacholder-Sträucher und mehrere Kiefernarten. Schon vor rund 7000 Jahren lebten Shoshone-Völker in der Gegend, die sie wegen der großen Hitze, die in den tiefen Lagen im Sommer herrscht, *tomesha,* Bodenfeuer, nannten. Die extremste Temperatur, die hier gemessen wurde, lag im Juli 1913 bei 57 Grad Celsius. Hauptsaison für den Besuch des Death Valley sind deshalb die Monate Oktober bis Mai mit ihrem milden Klima.

Zur falschen Jahreszeit versuchten 1849 einige Goldsucher, den Weg nach Kalifornien durch dieses Tal abzukürzen. Einige starben, die Überlebenden gelangten mit letzter Kraft wieder in bewohnte Gegenden. Sie gaben dem Tal seinen abschreckenden Namen. Später wurde hier Borax abgebaut, ein für die chemische Industrie wichtiger Grundstoff. Reste der Harmony Borax Works können in der Nähe des Besucherzentrums besichtigt werden, unter anderem die 36 Tonnen fassenden Transportkarren, die von 18 Maultieren und zwei Pferden 20 Tage bis nach Mojave gezogen wurden. Heute

Informationen
Chamber of Commerce, 118 Hwy. 127, P.O. Box 157, Shoshone, CA 92384, Tel. 619-852-4524

Death Valley

wird Death Valley durch den Highway 190 erschlossen. Vom Besucherzentrum in Furnace Creek führt er in südliche Richtung zunächst am Aussichtspunkt Zabriskie Point vorbei. In der Nähe zweigt die Einbahnstraße zur 1669 Meter hoch gelegenen Aussichtsplattform Dantes View ab. Von hier kann man den tiefsten Punkt, den ausgetrockneten Salzsee Badwater, ebenso sehen wie den nur 15 Kilometer entfernten Gipfel des Telescope Peak, der oft verschneit ist. Dazwischen zweigt die geschwungene Straße Artists Drive vom Highway ab und führt durch eine wegen ihrer Farbenpracht als Malerpalette bezeichnete Felslandschaft.

Nördlich des Visitors Center liegt die in den zwanziger Jahren erbaute Luxusvilla des Chicagoer Bankiers Johnson, die noch vollständig eingerichtet ist, unter anderem mit einer 1600-Pfeifen-Orgel. Wegen des Börsenkrachs von 1929 mußten die Johnsons das Haus allerdings aufgeben, bevor der Pool fertig war. Stattdessen gab ein Hochstapler, der sich Walter Scott nannte, mit dem Anwesen an, das deshalb nun *Scotty's Castle* genannt wird und seit 1970 vom National Park Service verwaltet wird *(geöffnet tägl. 7–18 Uhr)*.

Beim Besucherzentrum in Furnace Creek gibt es ein Motel und ein Hotel, außerdem gehören zehn Campingplätze zum National Monument Death Valley. Während der heißen Sommermonate sind die meisten der Campingplätze geschlossen.

Lake Tahoe

Informationen

Chamber of Commerce, 245 N. Lake Blvd., P.O. Box 884, Tahoe City, CA 96145, Tel. 916-581-6900, Fax 916-581-6904

Visitors and Convention Bureau, 950 N. Lake Blvd., P.O. Box 5578, Tahoe City, CA 96145, Tel. 916-583-3494

Der 580 Quadratkilometer große Gebirgssee liegt im Nordosten Kaliforniens, umgeben von Nadelwäldern, auf einer Höhe von 1900 Metern. Seine östliche Hälfte gehört schon zum Staatsgebiet von Nevada. Die umliegenden Wintersportgebiete der Sierra Nevada zählen zu den besten der USA. Im Sommer, bei Durchschnittstemperaturen um 16 Grad Celsius, ist vor allem das am Südufer gelegene South Lake Tahoe ein beliebtes Ferien- und Naherholungsgebiet. Hier finden sich zahlreiche Hotels und Restaurants, von hier werden

Sandstrand am Lake Tahoe

mit der *Tahoe Queen* Bootsfahrten rund um den See angeboten, und hier dokumentiert das Lake Tahoe Historical Society Museum die Geschichte des Gebiets.

Ursprünglich siedelten hier die Washoe-Indianer, auf deren Wort für Wasser, *da-au,* der Name des Sees zurückgeht. Der spätere Bürgerkriegsgeneral Charles Frémont und sein deutscher Kartograph Charles Preuss entdeckten 1844 als erste Weiße das Gebiet.

Am Nordufer des Sees, wo eine Vorschrift den Bau von Hochhäusern weitgehend verhindert, befindet sich in North Lake Tahoe ein Amphitheater, in dem im August Konzerte und auch Aufführungen von Shakespeare-Dramen stattfinden. Etwas vom Seeufer entfernt ist die Kleinstadt Truckee direkt an der Interstate 80, ein wichtiges Wintersportzentrum. Der Highway 28 führt in Ufernähe einmal rund um den See.

Lassen Volcanic National Park

Der 3187 Meter hohe Vulkanberg Lassen Peak ist die Hauptattraktion des 430 Quadratkilometer großen Nationalparks. Sein 610 Meter hoher Lavadom ist der höchste der Welt. Er bildete sich vor ungefähr 11 000 Jahren an der Nordflanke eines älteren Vulkans, aus dem ein riesiger Propf aus zäher Dactilava an die Oberfläche gepreßt wurde, der dann zur heutigen Bergspitze erstarrte. Die letzte aktive Phase des Lassen-Vulkans lag zwischen 1914 und 1921: In dieser Zeit brach er fast 400 Mal aus. Überreste der riesigen Asche- und Lavamengen, die damals ausgeworfen wurden, findet man noch in der sogenannten Devasted Area nordöstlich des Berges. Momentan ist nur in den Thermalgebieten Bumpass Hell und Warner Valley geringe vulkanische Aktivität zu verzeichnen.

Im Osten des Parks gibt es zahlreiche Seen und Flüsse, die von Nadelwäldern und Blumenwiesen gesäumt sind. Neben den für diese Nadelwaldgegend üblichen Zwieseln, Großohrhirschen und vereinzelten Schwarzbären gibt es 160 Vogelarten und an den Seen einige Sumpfschildkröten und Laubfrösche. Durch den Westteil des Parks führt die 55 Kilometer lange Lassen Park Road, von der zahlreiche Wanderwege in die anderen Gebiete abzweigen. Der Park ist nur von Mitte Juni bis Mitte Oktober geöffnet, sieben Campingplätze bieten Übernachtungsmöglichkeiten, sowohl am nördlichen als auch am südlichen Eingang gibt es ein Besucherzentrum.

Informationen
Lassen Volcanic National Park,
P.O. Box 100, Mineral, CA 96063-0100,
Tel. 916-595-4444

Los Angeles

Los Angeles liegt im Süden Kaliforniens am Fuße der Coast Range. Mit einer Flächenausdehnung von 1200 Quadratkilometer gehört es zu den größten Städten der Welt. Hier leben gut 3,5 Millionen Menschen. Rechnet man die Einwohner der über 80 selbständigen Städte hinzu, die die Metropolitan Area bilden, ergibt sich eine Bevölkerungszahl von fast 15 Millionen. Das gesamte Stadtgebiet ist bisher ausschließlich durch Autobahnen erschlossen. Erst 1993 wurde im

Informationen
Chamber of Commerce, 404 Bixel St.,
Los Angeles, CA 90017,
Tel. 213-629-0602, Fax 213-629-0708

Convention and Visitors Bureau, 633 W. Fifth St., Ste. 6000, Los Angeles, CA 90017, Tel. 213-624-7300, Fax 213-624-9746

Visitor Information Center, 685 S. Figueroa St., Los Angeles, CA 90017, Tel. 213-689-8822

Walk of Fame, Hollywood Boulevard, LA

Literatur

Apa Guides Los Angeles, Apa Publications
Wanda Colemann: Blues, Rowohlt, Reinbek 1993
Robert Ferrigno: Nur wenn du flüsterst, Goldmann, München
John Gottberg: Los Angeles City Guide, Lonely Planet Publications
Merian: Los Angeles, Hoffmann und Campe, Hamburg
Walter Mosley: Der weiße Schmetterling, btb, 1997
Walter Mosley: Teufel in blau, Goldmann, München 1992
Horst-W. Schmidt-Brümmer: Los Angeles, DuMont, Köln

Stadtzentrum mit dem Bau einer U-Bahn begonnen, die bis 2010 alle Vororte erreichen soll. Im Unterschied zu anderen US-amerikanischen Städten ist Los Angeles durch eine niedrige Bauweise gekennzeichnet.

Bis 1957 durfte wegen der Erdbebengefahr kein Haus höher als 13 Stockwerke gebaut werden. Eine Ausnahme erhielt 1926 das Rathaus, von dessen Balkon im 27. Stockwerk man eine gute Aussicht über die Stadt hat *(geöffnet Mo–Fr 9–16 Uhr)*, es sei denn, es herrscht gerade Smog.

Die neueren erdbebensicheren Wolkenkratzer, deren bisher höchster das Gebäude der Interstate Bank mit 257 Metern ist, befinden sich im Zentrum von Los Angeles. Dessen Hauptachse ist der Broadway mit seinen zahlreichen Kinos aus den zwanziger Jahren. Gleichzeitig ist der denkmalgeschützte Kino-District heute die Haupteinkaufsstraße der hier ansässigen Hispanics, die insgesamt ein Drittel der Bevölkerung von Los Angeles ausmachen. Während die Weißen (Bevölkerungsanteil knapp 35 Prozent) vor allem in den Vororten wohnen, leben in der Innenstadt außer den Hispanics vor allem Schwarze (Bevölkerungsanteil etwa 15 Prozent) und Asiaten in jeweils eigenen Vierteln Chinatown, Little Tokio und Koreatown. Am nördlichen Ende des Broadway befindet sich der historische Stadtkern mit dem El Pueblo de Los Angeles State Historic Park mit 27 restaurierten Gebäuden aus der Frühzeit der Siedlung, die hier 1781 auf Geheiß des Königs von Spanien gegründet wurde.

Nordwestlich von hier, im ehemaligen Wohnviertel Bunker Hill, liegt das 1986 eröffnete Museum of Contemporary Art, im Süden der Innenstadt findet sich der Exposition Park mit den Museen für Industrie und Naturwissenschaften sowie dem California Afro-American Museum. Alle Sehenswürdigkeiten der Innenstadt sind mit einem der grauen Dash-Minibusse zu erreichen, die im 10-Minuten-Takt verkehren *(Mo–Fr 9–19 Uhr)*. Das vier Gebäude umfassende Los Angeles County Museum of Art befindet sich westlich der Innenstadt am Wilshire Boulevard *(geöffnet Di–Fr 10–17, Sa–So 11–18 Uhr)*.

Der seit 1910 eingemeindete Stadtteil Hollywood, dessen Filmindustrie in den Jahren vor dem Zweiten Weltkrieg entscheidend zum wirtschaftlichen Aufschwung von Los Angeles beigetragen hat, liegt 13 Kilometer nordwestlich der Innenstadt. Am gleichnamigen Boulevard finden sich die in den zwanziger Jahren erbauten Kinopaläste *Chinese* und *Egyptian Theater* mit den weltberühmten Fußabdrücken berühmter Stars vor den Eingangsportalen.

Heute produzieren in Hollywood selbst nur noch die Paramount Studios, doch der hier verlaufende Sunset Boulevard gilt immer noch als ein Zentrum des Nachtlebens von Los Angeles. Das Gelände der weiter nördlich liegenden Universal Studios kann auf einer mit vielen Spezialeffekten garnierten Tour besichtigt werden *(im Sommer tägl. 8–17, sonst 9–15.30 Uhr)*. Westlich der Studios findet sich der Friedhof Forest Lawn Memorial Park, wo Filmstars wie Humphrey Bogart, Lee Harlow und Spencer Tracy begraben sind. Die lebenden Stars wohnen bevorzugt im südlich gelegenen Beverley Hills mit der Luxus-Shopping-Meile am Rodeo Drive. In den Wohnstraßen behandeln private Wachdienste Fußgänger als verdächtige Elemente.

Monterey

Die Kleinstadt mit 32 000 Einwohner liegt südlich von San Francisco auf einer Halbinsel in der Monterey Bay. In der Altstadt sind 47 restaurierte Adobe-Häuser aus der Zeit vor 1850 zum State Historical Park zusammengefaßt. Die meisten können auch von innen besichtigt werden *(tägl. 10–17 Uhr)*. Im Casa Soberanes mit seinen ein Meter dicken Lehmwänden ist das Historische Museum der Stadt untergebracht *(geöffnet tägl. 10–17 Uhr)*.

Monterey war von 1770 bis 1822 Hauptstadt des unter spanischer Verwaltung stehenden Kaliforniens. Auch nach der mexikanischen Unabhängigkeit blieb es noch bis 1846 Hauptstadt der nun mexikanischen Provinz. Nachdem die USA Kalifornien übernommen hatten, verlor es an politischer Bedeutung. Die riesigen Sardinenschwärme, die hier im Pazifik lebten, sorgten in der folgenden Zeit für eine wirtschaftliche Blüte. Die Licht- und Schattenseiten der prosperierenden Fischkonserven-Industrie hat John Steinbeck 1945 in seinem Roman *Die Straße der Ölsardinen* verewigt. Ihm zu Ehren wurde die einstige Industriestraße nach dem Roman benannt, heute ist sie nur noch eine Touristenattraktion.

Dort, wo früher eine große Konservenfabrik stand, befindet sich jetzt das Monterey Bay Aquarium, das größte See-Aquarium der USA. Durch gläserne Wände kann man mehr als 6000 Lebewesen des hiesigen Tiefseegrabens beobachten: Otter, Haie und Robben ebenso wie Wasserpflanzen und Seevögel *(geöffnet tägl. 10–18 Uhr)*.

Informationen
Visitor and Convention Bureau, 380 Alvarado St., P.O. Box 1770, Monterey, CA 93940, Tel. 408-649-1770, Fax 408-649-3502

Literatur
John Steinbeck: Die Straße der Ölsardinen, dtv, München 1996

Redwood National Park

In dem 450 Quadratkilometer großen Areal an der nordkalifornischen Pazifikküste werden vor allem die gigantischen Redwood-Bäume geschützt. Sie wachsen über 100 Meter hoch und bedeckten noch Mitte des vorigen Jahrhunderts fast 8000 Quadratkilometer der Küste von Süd-Oregon bis hinunter nach Monterey. Die Indianer benutzten das harte und beständige Holz zum Kanubau, ab 1850 entdeckten die zahlreichen Siedler und Goldsucher die Redwood-Wälder und holzten sie innerhalb der folgenden 120 Jahre fast vollständig ab. Außerhalb des Nationalparks dürfen die kostbaren Bäume auch heute noch gefällt werden.

Dominiert von den Redwoods findet sich im Nationalpark eine gemäßigte Regenwald-Vegetation mit Moosen, Farnen, zahlreichen Alpenrosen-Arten und Tannen. Es gibt nur wenige Säugetiere, aber zahlreiche Amphibien, Insekten und Vögel. Der Park wird durch den Highway 101 erschlossen, von dem sich die wichtigsten Besuchspunkte gut erreichen lassen. Die höchsten Bäume finden sich bei Stout Grove im Norden des Parks, im Süden ist am Lady Bird Johnson Grove ein 1,5 Kilometer langer Naturlehrpfad angelegt. Etwas nördlich von hier kann man den Fern Canyon besichtigen, dessen 20 Meter tiefe Wände von acht Farnarten bewachsen sind. Innerhalb des Parks gibt es vier Campingplätze und zwei Besucherzentren: im Norden bei Crescent City und im Süden bei Orick.

Informationen
Redwood National Park, 1111 Second St., Crescent City, CA 95531, Tel. 707-464-6101

San Diego

Informationen
Convention and Visitors Bureau, 401 B St., Ste. 1400, San Diego, CA 92101, Tel. 619-236-1212, Fax 619-696-9371

Mit gut einer Million Einwohner ist San Diego die zweitgrößte Stadt Kaliforniens. Sie liegt zwischen zwei geschützten Pazifik-Buchten an der Grenze zu Mexiko. Das Stadtzentrum hat sich im Laufe der gut 250jährigen Geschichte verschoben. Einen guten Überblick über die durch moderne Wolkenkratzer dominierte Skyline hat man vom Sky Tower, der zum maritimen Erlebnispark Sea World gehört, der nordwestlich des Zentrums an der Mission Bay liegt *(geöffnet tägl. 9 Uhr bis Sonnenuntergang)*. Hier gibt es dressierte Pinguine, Delphine, Otter und Seelöwen zu sehen. Das Walprogramm wurde eingeschränkt, nachdem 1987 zwei Zahnwale ihren Trainer schwer verletzt hatten.

Südöstlich von hier, unmittelbar an der Interstate 8, befinden sich im als Freilichtmuseum restaurierten Old Town State Historic Park die ältesten vollständig erhaltenen Gebäude der Stadtgeschichte. Sie wurden um 1830 vornehmlich im Adobe-Stil errichtet und können fast alle besichtigt werden *(Führungen tägl. um 14 Uhr)*. Ihren eigentlichen Anfang hatte die Stadtgeschichte 1769 in der Gründung der spanischen Franziskaner-Mission San Diego de Alcala, nach der die Stadt benannt ist. Fünf Jahre später wurde sie von ihrem küstennahen Standort zehn Kilometer ins Landesinnere verlegt, weil das Militär den Presidio-Hügel beanspruchte. Ihre restaurierten Überreste, darunter eine von Glockennischen durchbrochene Giebelwand, können besichtigt werden *(tägl. 9–17 Uhr)*.

Einen ersten großen Aufschwung nahm San Diego mit dem Bau des Panama-Kanals 1914. Im folgenden Jahr fand auf dem Gelände des Balboa Parks eine große Panama-Kalifornien-Ausstellung statt. Der Park ist heute noch das beliebteste Naherholungsgebiet der Stadt. Hier befinden sich auch der großzügig angelegte Zoo *(geöffnet im Juli tägl. 9–17, sonst bis 16 Uhr)* und die wichtigsten kunstgeschichtlichen und naturkundlichen Museen. Um die Jahrhundertwende verlagerte sich das Geschäftszentrum der Stadt an den Ostrand der heutigen Innenstadt. Die viktorianischen Häuser wurden erst vor wenigen Jahren restauriert und bilden den 16 Blocks

Mission in San Diego

umfassenden Gaslamp-District. Imposantestes Gebäude ist die 1887 erbaute Villa Montezuma *(geöffnet Di–So 12–16 Uhr)*. Herausragendes Zentrum des heutigen Geschäftslebens ist die sechsstöckige Shoppingmall Horton Plaza, die sich südwestlich des Gaslamp-Districts über vier Blöcke ausdehnt.

Seit 1941 ist San Diego Hauptquartier der US Pazifik-Flotte. Diese Militärpräsenz ist für die Ökonomie der Stadt von zentraler Bedeutung. Wichtige Wirtschaftsfaktoren sind die Flugzeug- und Raketenindustrie sowie Ozean- und biomedizinische Forschung. Die 1912 gegründete Universität liegt 22 Kilometer nördlich der Innenstadt in La Jolla, das den Charakter einer eigenen Kleinstadt hat. In den vergangenen zehn Jahren haben sich in San Diego zahlreiche neue Vororte entwickelt, die Bevölkerungszahl ist seit 1980 um 25 Prozent gestiegen.

San Francisco

Auf einer hügligen Halbinsel zwischen San Francisco Bay und dem Pazifik liegt das Zentrum San Franciscos. Mehrere Brücken verbinden es mit der Metropolitan Area, die sich nördlich und östlich der Bay ausdehnt. Die nach Norden führende Golden Gate Bridge gilt weltweit als Wahrzeichen der Stadt. Ihr charakteristischer rötlicher Bleifarbe-Anstrich wird ständig erneuert. Östlich der Brücke liegt die berüchtigte Gefängnisinsel Alcatraz, die mit einer Fähre von Pier 41 aus besichtigt werden kann *(tägl. 9–15, im Sommer bis 17 Uhr)*.

Die Stadt ist trotz der vielen Hügel im typischen Schachbrettmuster angelegt. Einzig die Hauptstraße Market Street durchbricht es. Sie verläuft diagonal von der Waterfront im Nordosten zu den einzigen unbewohnten Stadthügeln im Südwesten, den Twin Peaks. Von hier hat man eine gute Aussicht, ebenso von der Aussichtsplattform der Transamerica Pyramid, mit 260 Metern der höchste Wolkenkratzer der Stadt *(geöffnet Mo–Fr 9–17 Uhr)*. Downtown San Francisco erstreckt sich nördlich der Market Street, die höchsten Häuser stehen hier im Financial District nahe der Bay.

Das schwere Erdbeben von 1906 vernichtete einen Großteil der fürs Stadtbild charakteristischen Holzhäuser. Die noch vorhandenen, um 1880 im viktorianischen, neoklassizistischen oder spanischen Missionsstil erbauten Gebäude stehen jetzt unter Denkmalschutz und können zum Beispiel am Alamo Square besichtigt werden. Aus der gleichen Zeit stammen die Holz-Straßenbahnen und Seilzugbahnen, Cable Cars, die teilweise noch in Betrieb sind.

Prägend für das Stadtbild San Franciscos ist auch das mit rund 100 000 Menschen größte Chinatown außerhalb Asiens, das sich westlich an den Financial District anschließt. Das Chinese Historical Society Museum erinnert an die Geschichte der Chinesen in Amerika *(geöffnet Di–Sa 12–16 Uhr)*. Von den knapp 750 000 Einwohnern San Franciscos stellen sie mit 13 Prozent die größte ethnische Gruppe dar, gefolgt von Schwarzen (11,5 Prozent), Engländern (10,3), Iren (8,5) und Deutschen (7,5). Italiener, Fillipinos und Mexikaner bilden jeweils Gruppen von um die fünf Prozent.

Informationen

Convention and Visitors Bureau, 201 Third St., Ste. 900, San Francisco, CA 94103, Tel. 415-974-6900, Fax 415-227-2619

Visitor Information Center, 900 Market St., P.O. Box 429097, San Francisco, CA 94142-9097, Tel. 415-391-2000

Literatur

Apa Guides San Francisco, Apa Publications

Udo Bernhard/ Jürgen Kalwa: San Francisco Stadtporträt, Bruckmann, München

Museum of Modern Art und die Golden Gate Bridge in San Francisco

Gwen Bistow: Alles Gold der Erde, Schneekluth, München
T.C. Boyle: Grün ist die Hoffnung, dtv, München 1996
Dashiel Hammett: Das Haus in der Turk Street, Diogenes, Zürich 1981
Jamie Jensen/ Barry Parr: San Francisco und Nordkalifornien, RV, München
Maupin/Armistead: Stadtgeschichte, Rogner & Bernhard, Hamburg 1993
Merian: San Francisco und Nordkalifornien, Hoffmann und Campe, Hamburg
Merian: San Francisco und Umgebung, Hoffmann und Campe, Hamburg
Ernst Rischmüller: San Francisco und Umgebung, DuMont, Köln
Horst-W. Schmidt-Brümmer: San Francisco, Vista Point, München
Mick Sinclair: San Francisco, RV, München
Tony Wheeler: San Francisco City Guide, Lonely Planet Publications

Der Golden Gate Park, der sich von der Pazifikküste auf 800 Meter Breite und fünf Kilometer Länge ins Zentrum erstreckt, ist ein wichtiges Naherholungsgebiet. Hier befinden sich mit dem Asian Art Museum *(geöffnet tägl. 10–17 Uhr)* und dem Michael H. de Young Museum *(geöffnet Mi–So 10–17 Uhr),* das der Kunst des frühen 19. Jahrhunderts gewidmet ist, wesentliche kulturelle Einrichtungen der Stadt. Zeitgenössische Werke vor allem kalifornischer Künstler zeigt das Museum of Modern Art, das im großzügig angelegten Verwaltungsdistrikt, dem Civic Center, liegt *(geöffnet Di, Mi, Fr. 10–17, Do 9–21, Sa–So 11–17 Uhr).*

Gegründet wurde die Stadt 1776 von spanischen Franziskanern. Die damals im spanisch-mexikanischen Stil erbaute Kirche Mission Dolores liegt am südlichen Ende der Market Street. Ihre massive Lehmbauweise überstand alle Erdbeben. Sie ist das älteste Gebäude der Stadt *(geöffnet So–Do 9–16.30 Uhr).* Der Goldrausch von 1849 sorgte für den ersten Boom San Franciscos, später wurde es eine wichtige Hafenstadt. Heute ist es vor allem Dienstleistungs-, Handels- und Verwaltungszentrum sowie Sitz bedeutender Universitäten, darunter die University of California in Berkeley am Ostufer der Bay. Für Touristen erschließt eine 80 Kilometer lange markierte Rundfahrstrecke, der 49-Mile-Drive, die wichtigsten Sehenswürdigkeiten auf der Halbinsel und auf dem Festland.

Santa Barbara

Informationen
Chamber of Commerce, P.O. Box 299, Santa Barbara, CA 93102, Tel. 805-965-3023

Conference and Visitors Bureau, 510 State St., Santa Barbara, CA 93101, Tel. 805-966-9222, Fax 805-466-1728

Santa Barbara liegt rund 150 Kilometer nördlich von Los Angeles inmitten eines künstlich bewässerten Agrargebiets an der Pazifikküste. Das Stadtbild ist durch eine einheitlich niedrige Bebauung im spanisch-mexikanischen Missionsstil geprägt, der beim Wiederaufbau nach dem Erdbeben von 1925 festgelegt wurde. Auch die schachbrettartig angelegten Straßen tragen alle spanische Namen.

Gegründet wurde Santa Barbara 1786 als Missionsstation. Die erste Kirche wurde schon 1812 durch ein Erdbeben zerstört, die wiederaufgebaute 1833 von den Mexikanern säkularisiert. Dennoch ist die etwas außerhalb des Zentrums liegende Kirche die einzige der kalifornischen Franziskaner-Missionen, die in ihrem ursprünglichen Stil erhalten blieb.

Noch bis 1968 war das kalifornische Franziskaner-Seminar in der Kirche untergebracht, die nach dem Beben von 1925 originalgetreu restauriert worden war. Neben dem Gotteshaus können der Garten und ein angegliedertes Museum besichtigt werden *(geöffnet tägl. 9–17 Uhr).*

Die Altstadt Santa Barbaras erstreckt sich nordwestlich des Hafens. Die wichtigsten Sehenswürdigkeiten, wie das Casa de la Guerra, 1819–1827 Sitz der spanischen Stadtverwaltung, oder das palastartige Gerichtsgebäude County Courthouse, können zu Fuß erreicht werden.

Der markierte Rundweg wird wegen der stilprägenden roten Dachziegeln *Red Tile Tour* genannt. Südöstlich des Zentrums führt der Scenic Drive entlang der Küste zu den schönen Stränden Santa Barbaras, die seit der Ölpest von 1969 besonders geschützt werden.

Das Wahrzeichen von Santa Barbara, die Stern Wharf

Sequoia and Kings Canyon National Parks

Der 3500 Quadratkilometer große Nationalpark, der 1940 durch den Zusammenschluß des Sequoia-Nationalpark und des Grant-Nationalparks entstand, liegt südlich des Yosemite-Gebietes in der Sierra Nevada, die hier mit dem 4418 Meter hohen Mount Whitney ihren höchsten Punkt erreicht. Seine Hauptattraktionen sind die Mammutbäume, die teilweise über 2000 Jahre alt sind und entsprechende Ausmaße erreicht haben. Im Giant Forest unmittelbar hinter dem südlichen Parkeingang steht der General Sherman Tree, der mit einem Durchmesser von elf Metern als dickster Baum der Welt gilt. Auch weiter nördlich im Grant Grove finden sich mehrere beeindruckende Mammutbäume.

Beide Gebiete sind vom Generals Highway, der durch den südwestlichen Teil des Parks führt, gut zu erreichen. Von der Straße zweigen mehrere Forst-Lehrpfade ab. Ein Abzweig von der Hauptstraße führt zur Tropfsteinhöhle Crystal Cave, durch die Ranger Führungen anbieten. Der Nordteil wird vom klippenreichen Kings Canyon mit zahlreichen Wasserfällen dominiert. Eine Zufahrtsstraße folgt seinem Verlauf und bietet mehrere schöne Aussichtspunkte über die Berglandschaft, die der des Yosemite-Tals ähnelt, aber weniger überlaufen ist.

Ungefähr drei Viertel des Gebiets sind durch subalpine und alpine Vegetation geprägt.

Die Mammutbäume wachsen nur unterhalb von 2500 Metern, in noch tieferen Lagen blühen im Frühjahr kalifornischer Goldmohn und Western Redbuds. Hier sind die Sommer heiß und trocken, im Winter regnet es viel.

Weiter oben herrscht fast zehn Monate im Jahr Winter mit arktischen Temperaturen. Entsprechend sind die meisten der 13 Campingplätze im Park nur von Mai bis November geöffnet.

Informationen

Sequoia and Kings Canyon National Parks
Three Rivers, CA 93271,
Tel. 209- 565-3341

Yosemite National Park

Yosemite National Park

Im Yosemite National Park im Osten Kaliforniens sind gut 3000 Quadratkilometer der durch Gletscher geformten Sierra-Nevada-Berglandschaft geschützt. Mittelpunkt ist das 1000 Meter tiefe Yosemite-Tal, dessen Felswände fast senkrecht emporsteigen. Hier findet sich der 2695 Meter hohe Half Dome, der das Tal überragt, und der wegen seiner schroffen, die Gegend beherrschenden Form sehenswerte El Capitan (2307 Meter). In den Nebentälern formten kleine eiszeitliche Gletscher sogenannte Hängetäler, über die sich heute zahlreiche Wasserfälle stürzen. Der Upper und Lower Yosemite Fall, die zusammengenommen 739 Meter in die Tiefe stürzen, sind damit der höchste Wasserfall der USA. Allerdings gibt es in der Gegend auch häufig andauernde Trockenperioden, in denen sich regelmäßig schwere Buschbrände ereignen. Innerhalb des Parks gibt es wegen der großen Höhendifferenz unterschiedliche Klima- und Vegetationszonen. In den Tälern stehen Mischwälder aus Zedern, Eichen und Ahorn sowie einige Mammutbäume. Der älteste ist der 2700 Jahre alte Grizzly Giant bei Mariposa Grove im Süden des Parks. Die höheren Lagen sind von Koniferen, Tannen und anderen Nadelbäumen dominiert, die von blumenreichen Feuchtwiesen aufgelockert werden. Außer Dickhornschafen, Großohrhirschen und zahlreichen Hörnchen leben im Park auch Waschbären.

Erschlossen wird der Park durch eine Ringstraße im eigentlichen Yosemite-Tal, die aber häufig überlaufen ist. Deshalb gibt es auch Pendelbusse zu den wichtigsten Sehenswürdigkeiten. Weiter nördlich führt die Tioga Road durch das umliegende Parkgelände. Von beiden Straßen zweigen zahlreiche Wanderwege ab. Auf dem Gelände gibt es insgesamt zehn Campingplätze, davon sechs direkt im Yosemite-Tal. Sie müssen vorab reserviert werden.

Informationen

Yosemite National Park, CA 95389, P.O. Box 577, Tel.209-372-0200

Montana

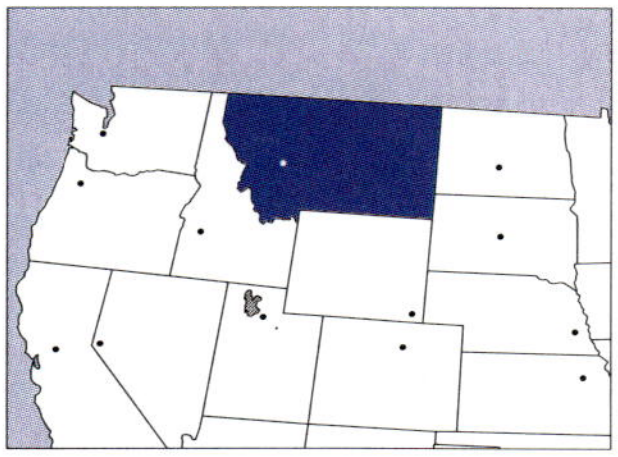

Der Name des mit knapp 390 000 Quadratkilometer viertgrößten US-Bundesstaates stammt aus dem Spanischen und bedeutet *bergig*.

Die Rocky Mountains beherrschen das westliche Drittel Montanas, im Norden als geschlossenes Massiv, nach Süden hin in Form einzelner Gebirgsmassive. Es gibt viele Seen, die durch eiszeitliche Moränen gebildet wurden. In der hochalpinen Region des Glacier Nationalparks finden sich auch heute noch zahlreiche Gletscher. In der bewaldeten Bergregion gibt es noch viele Elche, Grizzlybären und Braunbären. Von West nach Ost fließt der Yellowstone, der sich an der Grenze zu Nord Dakota mit dem Missouri vereinigt.

Der größere Teil Montanas wird durch das Missouri-Plateau beherrscht, das zu den Great Plains gehört. Die hüglige Landschaft ist hier nicht höher als 760 Meter. Hier lebten ursprünglich verschiedene Völker der Prärieindianer, unter anderen Schwarzfuß, Crow und

Informationen

Travel Montana, 1424 9th Avenue, P.O. Box 200533, Helena, MT 59620-0533, Tel. 406-444-2654, Fax 406-444-2978, Internet http://travel.mt.gov/

Montana Klima	Temperatur Helena Max.	Temperatur Helena Min.	Temperatur Miles City Max.	Temperatur Miles City Min.	Niederschlag Helena mm	Niederschlag Miles City mm	Niederschlagsarme Tage weniger als 0,3 mm Helena	Niederschlagsarme Tage weniger als 0,3 mm Miles City
Januar	–3	–13	–4	–13	20	20	20	22
Februar	–1	–10	0	–10	10	20	20	22
März	6	–5	4	–8	20	20	21	22
April	11	–1	10	–2	30	30	21	22
Mai	17	4	16	3	60	60	19	21
Juni	21	11	22	9	60	70	18	19
Juli	28	12	29	13	40	40	22	22
August	27	11	26	10	30	30	24	24
September	20	8	19	7	30	30	23	24
Oktober	14	1	13	1	20	20	24	24
November	5	–3	4	–5	20	20	23	24
Dezember	0	–10	0	–11	20	20	22	23

Cheyenne. In den Bergen siedelten unter anderen Flathead und Shoshone.

1804 bis 1806 bekamen die Weißen durch die Expedition von Lewis und Clark erste Kenntnisse über die Gegend, um 1830 kamen die ersten Dampfschiffe über den Missouri nach Montana. Um 1860 wurde im Südwesten in der Gegend der heutigen Hauptstadt Helena das erste Gold entdeckt. Die Goldsucher strömten in Massen ins Land und stampften Minenstädte wie Virginia City aus dem Boden. Die etwa 100 Kilometer südlich von Helena gelegene Stadt ist heute liebevoll restauriert. Zwei Museen erinnern an den Goldrausch. Mitte des Jahres 1864 wurden hier jede Woche 100 neue Häuser errichtet, 1865 war Virginia kurzfristig Staatshauptstadt, heute leben hier noch 200 Menschen vom Tourismus.

Als man in den Black Hills im Süden des Landes Gold fand, versuchte die amerikanische Armee erneut, die Sioux aus ihrem vertraglich zugesicherten Volksgebiet zu vertreiben. Die Sioux wehrten sich und errangen unter der Führung ihrer Häuptlinge Sitting Bull, Crazy Horse und Red Cloud am 25. Juni 1876 den legendären Sieg in der Schlacht am Little Big Horn. Das Custer Battlefield Monument erinnert einseitig aus der Perspektive der weißen Armee an das Ereignis *(geöffnet tägl. 8 Uhr bis Sonnenuntergang)*. Heute machen Indianer noch ungefähr drei Prozent der circa 800 000 Einwohner aus, die meisten leben in einem der sechs Reservate Montanas.

Wichtigste Einnahmequelle Montanas ist die Landwirtschaft. In den zahlreichen Flußtälern werden Getreide und Feldfrüchte angebaut, das kontinentale Klima begünstigt die Ernten. Lediglich im Norden kommt es im Winter zu den berüchtigten Blizzards, Schneestürmen die das Land innerhalb von Stunden mit meterhohem Schnee zudecken.

Zentrum der Agrarwirtschaft ist das Tal des Gallatin River. Hier liegt auch Billings, mit etwa 70 000 Einwohnern die größte Stadt Montanas, und die kleine Universitätsstadt Bozemann, Sitz des Museum of the Rockies mit einer der größten Dinosaurier-Sammlungen der USA *(geöffnet tägl.9–21 Uhr)*.

Literatur

W. C. McRea/Jude Jewell: Montana Handbook, Moon Publications
Robert M. Pirsing: Zen oder Die Kunst ein Motorrad zu warten, Fischer, Frankfurt a.M. 1994

Missoula

Informationen

Chamber of Commerce, 825 E. Front, P.O. Box 7577, Missoula, MT 59807, Tel. 406-543-6623

Glacier National Park, West Glacier, MT 59936, Tel. 406/888-5441

Die Universitätsstadt im Westen Montanas hat knapp 43 000 Einwohner und ist ein guter Ausgangspunkt für Ausflüge in die umliegende Bergregion. Im Reservat der Flathead, das nördlich der Stadt beginnt, befindet sich die National Bison Range. In diesem Schutzgebiet für rund 400 Bisons leben außerdem Antilopen und Elche. Die Tiere können von ausgewiesenen Autostraßen aus beobachtet werden *(tägl. 7–9.30 Uhr)*. Weitere 150 Kilometer nördlich beginnt der 4100 Quadratkilometer große Glacier National Park, der Teil des nach Kananda hineinreichenden Waterton/Glacier International Peace Park ist, der ein zusammnhängendes Ökosystem darstellt.

Aus den östlichen Ebenen erheben sich die wuchtigen Sedimentgestein-Berge der Lewis Range. Sie wurden durch eiszeitliche Gletscher geformt. Im Nationalpark gibt es noch 50 neuzeitliche Gletscher, mehr als 200 Seen und viele Wasserfälle. Der Park besteht aus zwei klimatisch unterschiedlichen Hälften: dem durch feuchtwarme pazifische Luftmassen milden Westen und dem Ostteil, in dem es oft zu arktischen Kälteeinbrüchen kommt. Daher gibt es ein äußerst vielfältiges Pflanzenspektrum. Zu den seltenen Tieren, die hier leben, gehören, neben einem Rudel Wölfe, Pumas, Bären und zahlreiche Schneeziegen. Der Park wird durch die zentrale 80 Kilometer lange Going to the Sun Road erschlossen, die bis auf den 2036 Meter hohen Logan Pass führt und zahlreiche beeindruckende Aussichten auf die Bergwelt bietet. Außerdem gibt es mehr als 1000 Kilometer Wanderwege, drei in den Sommermonaten geöffnete Besucherzentren sowie zahlreiche Campingplätze und Hotels im Park.

Nevada

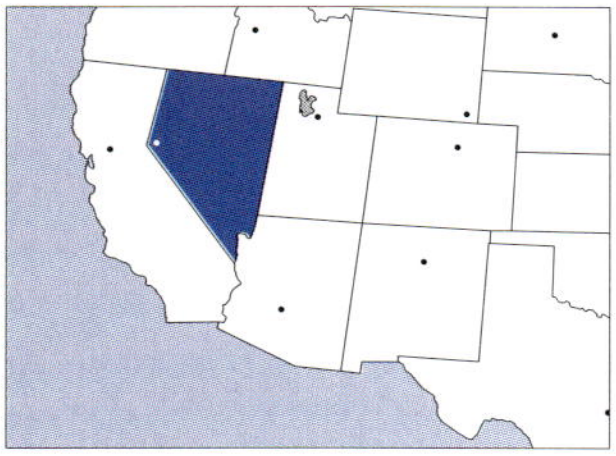

Informationen

Nevada Commission on Tourism, Capitol Complex, Carson City, NV 89710, Tel. 702-687-4322

Der gut 280 000 Quadratkilometer große Staat ist durch Wüstenlandschaft geprägt. Die nördlichen zwei Drittel zählen zum Großraum des abflußlosen Beckens Great Basin, das in Nord-Süd-Richtung von zahlreichen bis zu 3000 Meter hohen Bergketten durchzogen ist.

Die hier gelegenen kleinen Flüsse versickern im Salztonuntergrund oder werden zu Stauseen aufgefangen. Hauptvegetationsform dieser Gegend ist der beifußartige Sagebrush-Strauch, der sich dem extremem kalttrockenem Klima angepaßt hat und zahlreichen Tieren einen Lebensraum bietet. Noch trockener ist die sich südlich anschließende Mojave-Wüste. Hier wachsen vor allem Kakteen. Wälder gibt es nur im Südosten Nevadas, auf den Hängen der Washoe Mountains. Sie gehören zum Osthang des Gebirgszuges Sierra Nevada, nach dem der Staat benannt ist. Hier, an der Grenze zu Kalifornien, liegt auch Boundary Peak, mit 4007 Metern der höchste Berg Nevadas.

Besiedelt wurde die Gegend wegen der extremen klimatischen und geographischen Gegebenheiten erst spät.

Nevada Klima	Temperatur				Niederschlag		Niederschlagsarme Tage	
	Las Vegas		Reno		Las Vegas	Reno	weniger als 0,3 mm	
	Max.	Min.	Max.	Min.	mm		Las Vegas	Reno
Januar	13	1	7	–8	30	40	28	23
Februar	16	3	11	–5	10	30	26	22
März	20	3	13	–3	10	20	28	24
April	25	10	18	–1	10	10	29	26
Mai	31	15	22	3	10	10	29	26
Juni	36	19	27	6	10	10	29	28
Juli	40	24	33	8	30	10	28	28
August	38	23	32	7	30	10	28	28
September	35	18	28	4	10	10	29	27
Oktober	27	12	21	–1	10	10	29	27
November	19	5	13	–4	10	10	29	26
Dezember	14	1	8	–7	10	20	28	23

Steinritzungen im Valley of Fire, nahe Las Vegas, belegen aber, daß präkolumbianische Asnazi-Völker hier gelebt haben. Ab 1834 führte der California Trail Tausende von Siedlern durch das Great Basin über die Sierra Nevada, ungefähr entlang der Trasse der heutigen Interstate 80.

Die erste detaillierte Beschreibung des Landes legte 1845 der Vermessungsingenieur John C. Fremont vor. Zur gleichen Zeit eröffnete der Pony Express. Entlang der Strecke des heutigen Highway 50 wurde bis zur Fertigstellung der Telegrafenlinie 1861 die Post von Missouri bis San Francisco in zehntägigen Gewaltritten über 3420 Kilometer befördert.

1850 gründeten die Mormonen die Niederlassung Genoa, neun Jahre später entdeckte man die größte Silberader aller Zeiten, Comstock Lode. Es kam zu heftigen Auseinandersetzungen zwischen den Bergleuten und den mormonischen Landwirten, so daß 1861 Nevada vom Utah-Territorium abgespalten wurde. 1864 wurde Nevada als 36. Staat der USA aufgenommen. Eine typische Stadt des

Belmont Ghost Town in Nevada

Silberbooms ist Virginia City, 15 Kilometer südlich von Reno. Hier förderte man um 1870 wöchentlich Silber im Wert von einer Million Dollar. Die 10 000 Bewohner lebten in Saus und Braus, Stars wie Lola Montez traten im örtlichen Opernhaus auf. 1878 verfiel der Weltmarktpreis für Silber über Nacht. Heute lebt Virginia City vom Tourismus. Eine anschauliche Darstellung des Silberbergbaus findet sich auch im Nevada State Museum in der Hauptstadt Carson City.

Der Erzbergbau spielt nur noch eine untergeordnete wirtschaftliche Rolle. Seit 1931 das Glücksspiel legalisiert wurde, stellt es die wichtigste Einnahmequelle Nevadas dar. Die gut 1,2 Millionen Einwohner leben zum größten Teil in den Ballungszentren um Las Vegas im Süden und um Reno, Carson City und Sparks im Nordwesten des Staates.

Literatur

Deke Castleman: Nevada Handbook, Moon Publications

Elisabeht Lowell: Feuergipfel, Goldmann, München 1997

Great Basin National Park

Informationen

Great Basin National Park, Baker, NV 89311, Tel. 702-234-7331

Dieser erst 1986 eingerichtete Nationalpark im Osten Nevadas umfaßt gut 300 Quadratkilometer abwechslungsreicher Berglandschaft mit dem 3982 Meter hohen Wheeler Peak als höchsten Punkt. Direkt am Eingang liegen die Tropfsteinhöhlen Lehmann Caves, deren feine Stalaktiten sich zu vorhangähnlichen Gebilden geformt haben. Eine Attraktion im Süden des Geländes ist der große Kalksteinbogen Lexington Arch.

Während die trockene Ebene hauptsächlich mit Wermutssträuchern bewachsen ist, gibt es in höheren Lagen dichte Fichtenwälder und blühende alpine Matten. Eine Besonderheit stellen die bizarr verformten Borstenzapfenkiefern dar, die selbst unter extremen Klimabedingungen überleben können.

In Zeiten mit schlechten Wachstumsbedingungen reduziert der Baum seine Funktionen auf das Notwendigste und wirkt dann wie abgestorben. Einige der Exemplare im Park sind über 3000 Jahre alt. Der Nationalpark wird durch eine 20 Kilometer lange Panora-

Die Tropfsteinhöhlen Lehman Caves im Great-Basin-Nationalpark

mastraße erschlossen, die sich bis auf 3000 Meter Höhe in die Nähe des Wheeler Peak hinaufschraubt und von der verschiedene Wanderwege abzweigen. Im Parkgelände gibt es vier Campingplätze und ein Besucherzentrum.

Las Vegas

Geschmückt mit bunten Neonreklamen liegt die größte Spielhalle der Welt, umgeben von kahlen Bergen, in der fahlbrauen Wüstenlandschaft im äußersten Südosten Nevadas. Rund 20 Millionen Besucher kommen jährlich, nicht nur wegen des legalen Glücksspiels, sondern auch wegen der zahlreichen Show-Programme, der phantasievoll eingerichteten Hotels und nicht zuletzt wegen des milden trockenen Wüstenklimas.

Die zentrale Vergnügungsmeile ist der Las Vegas Boulevard und insbesondere dessen südliches Ende, *The Strip* genannt. Hier stehen die Casinos und Hotelpaläste inmitten großzügiger Gartenanlagen. Sie locken auch Nicht-Spieler mit günstigen Drinks, Buffets und diversen Show-Programmen. Bei den großen Big-Room-Shows in Sälen mit bis zu 1500 Plätzen treten häufig Stars wie David Copperfield oder Siegfried & Roy auf, die auch in Europa bekannt sind. Programminformationen bietet die kostenlose Monatszeitschrift *Las Vegas Today.* Zwischen dem *Strip* und dem Stadtzentrum verkehrt rund um die Uhr ein Pendelbus.

Ausgerechnt die strenggläubigen Mormonen, die das Glücksspiel ablehnen, haben 1855 hier an einem alten spanischen Handelsweg die erste Siedlung gegründet. Der Name stammt aus dem Spanischen und bedeutet soviel wie *bewässertes Gartenland,* denn der vorbeifließende Colorado River hatte hier eine kleine Oase entstehen lassen. Schon drei Jahre später gaben die Mormonen den Ort nach vergeblichen Versuchen des Bleibergbaus wieder auf. 1905, als die Union-Pacific-Eisenbahn hierher vordrang, wurde er wieder zum Leben erweckt. Das Hoover-Damm-Projekt, durch das der Co-

Informationen

Convention and Visitors Authority, 3150 Paradise Road, Las Vegas, NV 89109-9096, Tel. 702-892-0711

Chamber of Commerce, 711 East Desert Inn Rd., Las Vegas, NV 89109, Tel. 702-735-1616

Das auf Mittelalter getrimmte Hotel Excalibur und das Kasino Treasure Island, beide in Las Vegas

lorado zum Lake Mead gestaut wird, verschaffte in den dreißiger Jahren mehreren tausend Menschen Arbeit. Der hier durch Wasserkraft gewonnen Strom sorgt bis heute für die imposante Neon-Beleuchtung der Stadt. Der 380 Meter lange und 223 Meter breite Staudamm und das Kraftwerk können besichtigt werden *(im Sommer tägl. 8–18.45 Uhr, sonst 9–16.15 Uhr).*

1931 wurde das Glücksspiel in Nevada legalisiert, 1940 bauten Investoren aus Los Angeles mit dem *El Rancho* das erste Hotel am *Strip.* Zu dieser Zeit wurden auch die Heirats- und Scheidungsgesetze gelockert, weshalb man zwischen den Hotels und Casinos zahlreiche Hochzeitskapellen findet. Pro Jahr werden hier mindestens 10 000 Paare getraut.

Las Vegas hat etwa 280 000 Einwohner, einschließlich der Metropolitan Area sind es fast 800 000 und damit zwei Drittel der Bevölkerung Nevadas. Neben dem Glücksspiel-Tourismus sind der Anbau von Baumwolle und Tomaten sowie der Abbau von Mineralien und Metallen von wirtschaftlicher Bedeutung. In der Umgegend gibt es zwei militärische Einrichtungen für unterirdische Atomwaffentests.

Las Vegas ist auch Sitz der Nevada State University, auf deren Gelände sich das Museum of Natural History befindet. Der 640 Quadratkilometer große Stausee Lake Mead, etwa 30 Kilometer östlich der Stadt, ist ein beliebtes Naherholungsgebiet mit vielen Wassersportmöglichkeiten.

Virginia Street in Reno in der Nacht

Reno

Reno liegt im Westen auf gut 1200 Meter Höhe inmitten einer bewaldeten Berglandschaft. Die bis zu 3000 Meter hohen Berge gehören zu den östlichen Ausläufern der Sierra Nevada. Wie die „große Schwester" Las Vegas bietet Reno schnelles Geld, schnelle Hochzeiten und schnelle Scheidungen. Haupt-Vergnügungsmeilen sind die Virginia Street, die im Zentrum auf einer Länge von gut 500 Metern als *Casino Row* bezeichnet wird, und die parallel verlaufende Sierra Street, sowie einige kleine Nebenstraßen. Reno ist Sitz der University of Nevada, auf dem Campus befindet sich das Bergbaumuseum Mackay School of Mines. Direkt im Stadtzentrum findet sich das Nevada Historical Society Museum, das der Kulturgeschichte des Staates gewidmet ist.

Die erste feste Siedlung auf dem heutigen Stadtgebiet entstand im Zuge der Erschließung durch die Eisenbahn 1868, sie wurde zu Ehren des im Bürgerkrieg für die Unionisten gefallenen Generals Jesse Lee Reno benannt. Ihre wirtschaftliche Blüte erlebte sie erst nach der Legalisierung des Glücksspiels 1931. In der landschaftlich abwechslungsreichen Umgebung ist Lake Tahoe, durch den die Grenze nach Kalifornien verläuft, ein beliebtes Naherholungs- und Wintersportgebiet. Knapp 50 Kilometer nördlich liegt der Pyramid Lake, der weniger touristisch erschlossen ist. Das Gelände darf nur mit Genehmigung der Paiute-Indianer betreten werden, in deren Reservat sich der See befindet *(Ranger-Station geöffnet Mo–Sa 9–17 Uhr).*

Informationen

Convention and Visitors Authority, 4590 S. Virginia Street, Reno, NV 89502, Tel. 702-827-RENO

Reno/Sparks Indian Colony, Tribal Council, 98 Colony Road, Reno, NV 89502, Tel. 702-329-2936

New Mexico

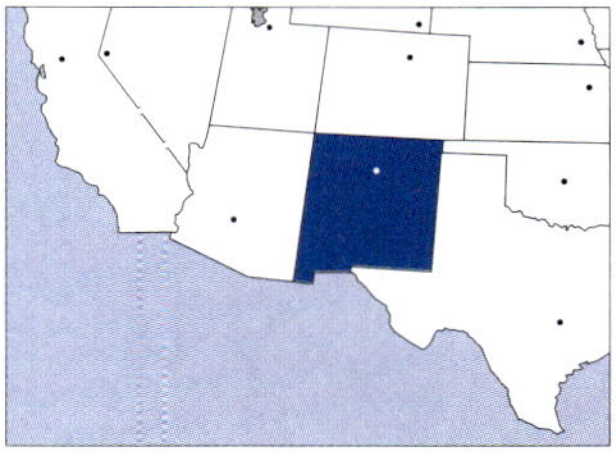

Informationen

New Mexico Department of Tourism, 491 Old Santa Fe Trail, Santa Fe, NM 87503, Tel. 505-827-7400, Fax 505-827-7402

Die Landschaft New Mexicos ist abwechslungsreich: Das an Texas angrenzende östliche Drittel ist durch die grasbewachsenen Hochebenen der Great Plains geprägt. Im Norden ziehen sich bis hin zur Hauptstadt Santa Fe Ausläufer der Rocky Mountains, deren höchster Berg hier der Wheeler Peak mit 4014 Metern ist. In der Nähe liegt die Kleinstadt Taos, die seit Beginn des 20. Jahrhunderts unter anderem durch die Malerin Georgia O'Keefe einen Ruf als Künstlerkolonie erworben hat. Nordwestlich schließen sich Hochebenen des Colorado Plateaus an. Als eine zentrale Nord-Süd-Achse verläuft der Rio Grande, dessen Flußtal der am dichtesten besiedelte Teil New Mexicos ist. Am Ufer des Rio Grande liegen nicht nur die Hauptstadt Santa Fe, sondern auch Albuquerque, die größte Stadt des Bundesstaates, und Las Cruces. Insgesamt leben in New Mexico auf einer Fläche von gut 315 115 Quadratkilometern circa 15 Millionen Menschen.

Schon 300 Jahre v. Chr. war New Mexico von einem Ackerbauvolk bewohnt, das als Vorfahre der Zuni-Indianer gilt. 200 Jahre später siedelten sich erste Völker der Anasazi-Indianer an. Überreste ihrer hohen Kultur, die wahrscheinlich während einer Trockenperiode um 1300 n. Chr. untergegangen ist, sind im Chaco Culture Natural History Park im Nordwesten des Staates bewahrt *(geöffnet tägl. 8–18 Uhr)*. Luftaufnahmen beweisen, daß ein weitläufiges Bewässerungssystem, sowie befestigte Straßen existierten. Es ist davon auszugehen, daß hier bis zu 10 000 Menschen in 13 Pueblos und 2500 kleineren Häusern gewohnt haben. Zu den Nachfahren der Anasazi zählen unter anderen die Hopi. Bis ins 16. Jahrhundert lebten in New Mexico ausschließlich solche Pueblo-Völker. Dann errichteten spanische Siedler aus Mexiko am Rio Grande die ersten Missionsstationen und machten um 1610 Santa Fe zu ihrer Hauptstadt. 1680 gelang es den Pueblo-Völkern, die Spanier noch einmal für zwölf Jahre zu vertreiben, dann wurde das Land erneut spanische Kolonie. Nach dem mexikanischen Krieg nahmen

New Mexico Klima	**Temperatur**				**Niederschlag**		**Niederschlagsarme Tage**	
	Rosewell		Santa Fe		Rosewell	Santa Fe	weniger als 0,3 mm	
	Max.	Min.	Max.	Min.	mm		Rosewell	Santa Fe
Januar	13	–3	4	–7	10	20	27	24
Februar	16	–1	6	–5	20	20	25	22
März	20	2	11	–2	20	20	27	23
April	26	8	15	2	20	30	26	24
Mai	30	13	20	6	30	30	26	23
Juni	34	18	26	11	40	30	25	24
Juli	35	20	27	14	50	60	23	17
August	34	19	26	13	50	60	23	18
September	30	15	23	9	50	30	25	22
Oktober	25	8	17	3	40	30	25	25
November	18	2	10	–2	20	20	26	26
Dezember	14	–2	4	–7	20	20	26	24

die USA das Gebiet 1848 in Besitz. Doch wirtschaftliche und politische Bedeutung erlangte es für die USA erst, als 1879 die Eisenbahn Santa Fe erreichte und Bodenschätze wie Gold, Silber und Kohle abtransportiert werden konnten, die auch heute noch wichtige Wirtschaftsfaktoren sind. Außerdem wird Uranerz abgebaut, und in Los Alamos befindet sich das bedeutendste Atomforschungszentrum der USA. 1943 wurde dort die erste Atombombe hergestellt und in der Wüste von Alomogordo, im Südosten des Landes, gezündet.

Der Anteil der Indianer an der Gesamtbevölkerung macht heute knapp zehn Prozent aus, etwa 38 Prozent sind spanischer Abstammung. Im Nordwesten beginnt das Shiprock Reservat der Navajos, das nach Arizona hinüberreicht. Südlich davon liegt die Kleinstadt Gallup, wo jedes Jahr im August eine zeremonielle Tanzveranstaltung stattfindet, zu der sich Indianervölker aus ganz Nord- und Mittelamerika treffen. Kleinere Reservate von Zuni, Apachen und Nachfahren der Anasazi-Stämme liegen außerdem im Westen und Südwesten. Viele moderne Gebäude sind in der für die Pueblos charakteristischen Adobe-Bauweise aus Lehm errichtet oder zumindest von deren Architektur beeinflußt.

Literatur
Robert Olmstead: Amerika landeinwärts, Rowohlt, Reinbek 1996

Albuquerque

Informationen:
Visitors Bureau, 20 First Plaza, Ste. 601, Albuquerque, NM 87125-6866, Tel. 505-842-9918, Fax 505-247-9101

Mit fast 400 000 Einwohnern ist Albuquerque die einzig Großstadt New Mexicos. Sie liegt am Rio Grande und ist ein wichtiger Verkehrsknotenpunkt: Hier kreuzt die Route 66 als Paßstraße die Interstate 25, die wichtigste Nord-Süd-Verbindung New Mexicos. Albuquerque wurde 1706 als Posten auf dem spanischen Handelsweg von Santa Fe nach Mexico City gegründet und nach dem Vizekönig des spanisch besetzten Mexiko, Herzog Alburquerque, benannt. Mittelpunkt der in Teilen noch heute erhalten spanischen Altstadt ist die aus dem Jahr der Stadtgründung stammende Kirche San Felipe de Neri. Der ursprüngliche Baustil der Kolonialzeit ist in den folgenden Jahrhunderten zunehmend mit dem Adobe-Stil vermischt worden. Nachdem die Amerikaner 1821 mit dem Handel auf den Santa Fe Trail begannen, nahm Albuquerque einen großen wirtschaftlichen Aufschwung, nach der Eroberung durch die USA 1842 wurde hier außerdem ein wichtiger Militärposten angelegt. Mit dem Bau der Eisenbahn verlagerte sich 1880 das Stadtzentrum 1,5 Kilometer nach Osten, die Entwicklung der Stadt folgte der neuen Handelsstrecke. Dieses neue Zentrum wurde Mittelpunkt des modernen Albuquerque. Hier siedelte man 1889 die Staatsuniversität New Mexicos an, auf deren Campus sich Museen für Anthropologie, Geologie und zeitgenössische Kunst befinden *(geöffnet tägl. 9–17 Uhr).*

Das große traditionelle Ballonfest in Albuquerque

Nach 1945 entwickelte sich die Stadt auch zum industriellen Zentrum New Mexicos. Neben der Herstellung von Eisenbahn- und Flugzeugteilen, dem Uranbergbau und dem Dienstleistungsgewerbe spielen die Sandia National Laboratories eine wichtige Rolle. Sie entwickeln Weltraum-, Nuklear-, Laser- und Solartechnologie. Die Forschungsergebnisse sind im Sandia Atomic Museum and Exhibit Center dokumentiert *(geöffnet tägl. 9–17 Uhr).*

Carlsbad

Informationen
Conventionen and Visitors Bureau, P.O. Box 910, Carlsbad, NM 88220, Tel. 505-887-6516

Die Kleinstadt im Südosten New Mexicos am Rande der Chihuahua-Wüste ist der tiefsten gelegene Ort New Mexicos. Knapp 40 Kilometer südöstlich von hier beginnt eine der größten Höhlenlandschaften der Welt, der Carlsbad Caverns National Park, deren vollständige Ausdehnung noch nicht erforscht ist. Das bisher erkundete Gebiet ist etwa 52 Kilometer groß, fünf Kilometer davon können auf zwei verschiedenen Touren besichtigt werden. Die Höhlen liegen auf drei Ebenen: 228, 274 und 335 Meter unter dem Meeresspiegel. Die größte, *Big Room* genannt, hat einen Umfang von 2,4 Kilometern, eine Breite von 190 Metern und ist 87 Meter hoch. Überall im Höhlensystem finden sich Tropfsteinbildungen, die zum Teil enorme Ausmaße erreichen.

Entdeckt wurden die Carlsbad Caverns Anfang des 19. Jahrhunderts von Bergleuten, die den aus Fledermauskot bestehenden Guano-Dünger abbauten. Während der Sommermonate fliegen Millionen von Fledermäusen bei Anbruch der Dunkelheit aus den Höhlen. Wandmalereien deuten darauf hin, daß die Indianer Teile der Höhle schon im 11. Jahrhundert kannten.

Die Stadt Carlsbad mit ihren 26 000 Einwohnern lebt vom Höhlentourismus. 1887 wurde sie vom Viehzüchter B. Eddy gegründet und auch nach ihm benannt. 1899 entdeckte man dann eine Mineralquelle, deren Zusammensetzung derjenigen des damals weltberühmten tschechischen Kurortes glich und taufte sie um, um den Fremdenverkehr anzukurbeln. Die Quelle ist bis heute nicht versiegt. Der zum Carlsbad Lake aufgestaute Pecos River bietet außerdem einen Badestrand.

Las Cruces / White Sands

Las Cruces ist Zentrum des südwestlichen New Mexico und Mittelpunkt landwirtschaftlicher Anbaugebiete, die von den fruchtbaren Böden am Ufer des Rio Grande profitieren. Die Stadt wurde 1848 von Siedlern gegründet, die zum Andenken an einige erschossene Kollegen hier Kreuze aufstellten. Westlich von La Cruce kann man einige verlassene Dörfer, Ghosttowns, besichtigen. Richtung Osten erreicht man über den Highway 70 nach knapp 80 Kilometern das White Sands National Monument, eine 600 Quadratkilometer große weiße Landschaft aus feinen weichen Gipsdünen, die durch wechselnde Winde ständig ihre Form ändern und bis zu 18 Meter hoch werden. Hier finden sich zahlreiche Tier- und Pflanzenarten, die sich ihrem eigenwilligen Lebensraum angepaßt haben, zum Beispiel weiße Eidechsen und Springmäuse. Pappeln und Yuccapalmen wachsen selbst dann, wenn sich eine Wanderdüne nähert, so daß die Baumkrone aus dem Gips hinausguckt. Wenn die Düne über die Pflanze hinweggegangen ist, treiben weiter unten aus dem überlangen Stamm neue Blätter, die obere Krone stirbt wieder ab. Die Gipslandschaft ist vor circa 5000 Jahren entstanden. Aus den umliegenden San-Andreas- und Sacramento-Bergketten haben Niederschläge den Gips ausgewaschen, der sich am tiefsten Punkt der Gegend,

Altes Adobe-Gebäude in der Gemeinde Mesilla bei Las Cruces

Informationen:
Visitors Bureau, 311 N. Downtown Mall, Lac Cruces, NM 88001, Tel. 505-524-8521, Fax 505-524-8191

dem abflußlosen Lake Lucero, sammelte. Der See trocknete immer wieder aus, der Gips kristallisierte aus und wurde vom Wind zu Dünen aufgeweht.

Durch White Sands führt eine 24 Kilometer lange Ringstraße und ein kurzer Lehrpfad für Fußgänger, Übernachtungen auf dem Gelände sind verboten *(geöffnet tägl. 7 Uhr bis Sonnenuntergang).*

Santa Fe

Informationen
Visitors Bureau, P.O. Box 909, Santa Fe, NM 87504-0909, Tel. 505-984-6760, Fax 505-984-6679

Die Hauptstadt New Mexicos liegt auf 2000 Meter Höhe am Südwestrand der Sangre-de-Christo-Berge, die zu den Ausläufern der Rocky Mountains zählen. Im Gegensatz zu den meisten amerikanischen Städten bietet Santa Fe ein einheitliches Stadtbild mit niedrigen Häusern und schmalen Gassen. Entsprechend einer Verordnung von 1957 sind alle Gebäude vom Wohnhaus über die Einkaufszentren bis hin zu öffentlichen Einrichtungen in der Adobe-Bauweise gehalten, die auf die Bautechnik der Pueblo Indianer zurückgeht. Charakteristisch auch für moderne Häuser dieses Stils sind die dicken, mit Lehm glatt verputzten Wände, das Flachdach und die asymmetrische, kubistisch anmutende Anordnung der Geschosse.

Vom Hügel mit dem Kreuz des Märtyrers hat man einen guten Rundblick. Auf dem Weg dorthin informieren 20 Schrifttafeln über die Stadtgeschichte.

Gegründet wurde Santa Fe 1609 von einem spanischen Franziskaner-Pater, der an der Stelle eines verlassenen Pueblos der Tiwa-Indianer eine Missionsstation errichtete. An der Stelle der ersten Kirche findet sich heute die 1886 fertiggestellte Bischofskirche, die dem Namenspatron der Stadt, Franz von Assisi, gewidmet ist. Die 1610 nach dem Vorbild der spanischen Stadt Santa Fe angelegte Plaza ist auch heute noch der Stadtmittelpunkt, von dem aus alle Sehenswürdigkeiten zu Fuß erreichbar sind. Hier findet sich auch das aus der gleichen Zeit stammende Regierungsgebäude, der Palace of Gouvernors, der 1909 restauriert wurde und einen Teil des State Mu-

In Adobe-Bauweise errichtetes Hotel in Santa Fe

seums beherbergt. Bis zur Restaurierung wurde hier immer regiert, nach der Pueblo-Revolte 1680 herrschten für zwölf Jahre noch einmal die Indianer über die Stadt. Dann wurde Santa Fe wieder Hauptstadt der spanischen Kolonie New Mexico. 1821, als Mexiko von Spanien unabhängig wurde, entwickelte sich Santa Fe zum Handelszentrum. An der zentralen Plaza endete der 1300 Kilometer lange Handelsweg Santa Fe Trail, der in Missouri begann. Aus dem Osten wurden Stoffe, Glas und Eisen geliefert, auf dem Rückweg transportierten die Planwagen Pelze, Felle und Silber. Mit dem Bau der Eisenbahn wurde der Trail ab 1880 überflüssig. Auch nachdem Santa Fe 1912 Hauptstadt des amerikanischen Bundesstaates New Mexico wurde, blieb der Handel bedeutender Wirtschaftsfaktor. Außerdem zog die Stadt zahlreiche Künstler an, die Schule von Santa Fe wurde als Stilrichtung ein Begriff.

1917 gründete Edgar Lee Hewitt das Museum of Fine Arts, in dem noch heute zeitgenössische Kunst zu sehen ist, unter anderem Werke von Georgia O'Keefe und Edward Weston *(geöffnet tägl. 9.30–17 Uhr)*.

Außer Künstlern haben sich wegen des trockenen Höhenklimas inzwischen auch viele Pensionäre in der Stadt niedergelassen, insgesamt leben hier etwa 60 000 Menschen. In der Umgebung Santa Fes gibt es einige noch bewohnte Pueblos, viele der dort lebenden Indianer verkaufen auf der Plaza im Zentrum mit staatlicher Konzession Schmuck und Kunsthandwerk. Der Geschichte und Kultur der Ureinwohner sind das Museum of Indian Arts & Culture und das Institute of American Indian Arts gewidmet *(geöffnet tägl. 10–17 Uhr)*.

Oregon

Oregon liegt zwischen den Bundesstaaten Washington und Kalifornien am Pazifk. An der gut 600 Kilometer langen Küste wechseln sich Dünen, Nadelwälder, felsige Kaps und kleinere Ortschaften ab. Sie wird auf der gesamten Länge, von Astoria im Norden bis zur kalifornischen Grenze, vom Highway 101 erschlossen, der auch für Radfahrer geeignet ist.

Eine besonders schöne Dünenlandschaft findet sich in der Oregon Dunes National Recreation Area bei Reedsport, nördlich davon kann man bei den Sea Lions Caves Seelöwen beobachten.

Oregon wird östlich der Küste in Nord-Süd-Richtung von den bewaldeten Gebirgszügen Coast Range und Cascade Range durchzogen, die zu den Kordilleren zählen.

Dazwischen liegt das Tal des Willamette River als Hauptsiedlungsgebiet des Staates. Die über 3000 Meter hohen Berge der Cascade Range teilen Oregon in zwei Klimazonen: Während es im Westen mild und feucht ist, herrscht im Ostteil des Landes trockenes Kontinentalklima mit kalten Wintern und heißen Sommern. Hier ist die Landschaft durch die Steppe des Columbia Hochplateaus ge-

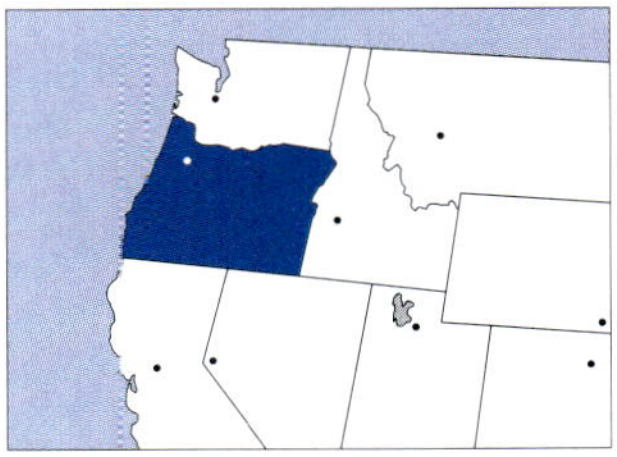

Informationen

Oregon Tourism Department, 775 Summer Street, NE, Salem, OR 97310, Tel 541-986-0000

Oregon Lodging Association, 12724 S.E. Stark St., Portland, OR 97233, Tel. 541-255-5135

Oregon Klima	Temperatur Portland Max.	Temperatur Portland Min.	Temperatur Baker Max.	Temperatur Baker Min.	Niederschlag mm Portland	Niederschlag mm Baker	Niederschlagsarme Tage weniger als 0,3 mm Portland	Niederschlagsarme Tage weniger als 0,3 mm Baker
Januar	7	0	2	–9	150	30	11	18
Februar	10	2	5	–7	130	30	11	17
März	12	3	9	–4	120	30	13	19
April	16	5	14	–1	50	30	16	21
Mai	19	8	19	3	50	30	17	21
Juni	22	11	23	7	50	30	20	22
Juli	26	13	30	11	10	10	27	26
August	26	13	28	9	30	10	26	26
September	23	10	24	5	50	20	22	25
Oktober	17	7	17	0	100	20	18	24
November	11	3	8	–4	150	30	13	20
Dezember	8	2	3	–8	150	30	11	18

Literatur

Warren Stuart u.a.: Oregon Handbook, Moon Publications

prägt, deren Vegetation hauptsächlich aus Gras und niedrigen Sträuchern besteht. Ursprünglich war das heutige Staatsgebiet von Indianern zweier verschiedener Kulturkreise besiedelt:

Die Völker der Kwakiutl und Nootka an der Küste lebten vom Fischfang, östlich der Cascade Range betrieben Völker wie die Chopunnish Ackerbau. Von französischen Waldläufern wurden sie wegen ihres Schmuckes als „durchbohrte Nasen“, *nez percé,* bezeichnet.

Als erste Weiße entdeckten die Spanier 1543 die Küstenregion Oregons, 1778 folgten britische Seefahrer unter James Cook, der amerikanische Kapitän Robert Gray kam 1792 über den von ihm entdeckten Columbia River, der heute die Nordgrenze Oregons bildet. Zunächst wurde nur der Küstenstreifen besiedelt. Mitte des 19. Jahrhunderts folgten 400 000 Siedler über den Oregon Trail, fast 20 000 starben an den Strapazen der Reisen.

Als dann die Eisenbahn das Land erschloß, waren die kleineren Indianervölker schon ausgerottet. Die Nez Percé, prinzipiell zu einer friedlichen Einigung mit den Weißen bereit, sollten nach Idaho umgesiedelt werden, obwohl sie selbst lieber nach Kanada wollten. 500 Indianer setzten sich fast zwei Jahre lang gegen 5000 US-Soldaten zur Wehr, bis sie 1879 aufgaben und seitdem im Reservat in Idaho leben.

Heute hat Oregon ungefähr 2,9 Millionen Einwohner, knapp zwei Prozent davon sind Indianer, die hauptsächlich in den zwei Reservaten des Staates leben.

Die Wirtschaft basiert in erster Linie auf der Holzindustrie. Viehzucht und Nahrungsmittelindustrie sind ebenfalls von Bedeutung. Der Tourismus, der von den intakten Naturräumen profitiert, hat sich im Staatshaushalt zum drittwichtigsten Einnahmeposten entwickelt. Größte Stadt und wirtschaftliches Zentrum Oregons ist Portland, Hauptstadt ist Salem.

Der Staatsname geht vermutlich auf eine Verballhornung des spanischen Begriffs *orejones,* große Ohren, zurück: So hatten die ersten Europäer die ansässigen Indianer wegen ihres Ohrschmuckes genannt.

Bemalte Astoria Column in Astoria

Astoria

Die Kleinstadt mit 10 000 Einwohner liegt an der Mündung des Columbia River, über den zwei Brücken in den Nachbarstaat Washington führen. Vom 38 Meter hohen Turm Astor Column auf dem Stadthügel Coxcomb Hill hat man eine gute Aussicht. In der Stadt finden sich zahlreiche gut erhaltene Gebäude aus der Gründerzeit, wie das 1883 erbaute Flavel Manison und die ehemalige City Hall, in der sich heute das Heritage Museum befindet.

Gegründet wurde die Stadt 1811 als Fort für Pelzhändler, ein Nachbau kann in der Exchange Street besichtigt werden. Der in Heidelberg geborene Stadtgründer Johann Jakob Aster baute sich mit der American Fur Company eine Art Pelz-Monopol auf. Er exportierte Pelze in den Fernen Osten und kaufte dort Tee, den er in New York verkaufte. Den Profit investierte er in Grundstücksspekulationen in Manhattan. Als er 1848 starb war er mit einem geschätzten Vermögen von 25 Millionen Dollar der reichste Mann der USA. Einer seiner Nachkommen gründete 1894 das New Yorker Luxushotel *Waldorf Astoria.*

Die Stadt Astoria lebt heute hauptsächlich von der Hochseefischerei, deren Geschichte im Columbia Maritime Museum dokumentiert ist. Zwölf Kilometer südwestlich der Stadt erinnert das Fort Clatsop National Memorial an die Ost-West-Expedition von Meriwether Lewis und William Clark, die 1804 hier endete.

Informationen

Visitors Center, P.O. Box 176, 111 W. Marine Dr., Astoria, OR 97103, Tel. 503-325-6311, Fax 503-325-9767

Crater Lake National Park

Der fast kreisrunde tiefblaue Kratersee liegt im Süden Oregons auf einer Höhe von 1900 Metern. Ihn umgeben Vulkanberge, sanfte Hügel und Nadelwälder, ein 740 Quadratkilometer umfassendes Gebiet ist seit 1902 als Nationalpark geschützt. Der Kratersee entstand vor etwa 6800 Jahren, als der Vulkanberg Mount Mazama nach ungeheueren Ausbrüchen quasi ausgehöhlt war und seine Spitze nach innen einbrach.

Das Becken mit neun Kilometern Durchmesser füllte sich mit Regenwasser und ist heute mit 589 Metern der tiefste See der USA. Lange Zeit galt er den Indianern, deren Vorfahren den Vulkanausbruch miterlebt hatten, als heiliger Ort, den Weiße nicht betreten durften. Heute wird das Gebiet durch eine 53 Kilometer lange Ringstraße rund um den Kraterrand erschlossen. An mehreren Punkten zweigen Wanderwege ab, zum Beispiel zur Bimssteinwüste Pumice Desert nördlich des Sees.

Gute Aussichtspunkte sind Mount Scott, mit 2721 Metern der höchste Gipfel des Parks, Garfield Peak im Süden und Watchman am Westufer des Sees. Die Vegetation wird von Nadelhölzern wie Drehkiefern, Douglasien und den widerstandsfähigen weißen Zirbelkiefern bestimmt. Im Juni und Juli blühen zahlreiche Waldblumen. Im Park leben Großohrhirsche, Schwarzbären, Pikas, gelbbäuchige Murmeltiere und über 200 Vogelarten. Für Besucher gibt es auf dem Gelände zwei Campingplätze und zwei Informationscenter.

Informationen

Crater Lake National Park, P.O. Box 7, Crater Lake, OR 97604, Tel.503-594-2211

Landschaft am Crater Lake

Pioneers Square in Portland

Portland

Mit knapp einer halben Million Einwohner ist Portland die größte Stadt Oregons und auch die einzige Großstadt des Staates. Sie liegt an der Einmündung des Willamette River in den Columbia, nicht weit entfernt erhebt sich der Mount Hood, mit 3427 Metern der höchste Berg des Staates. Das Stadtbild Portlands ist durch eine niedrige, durch viele Grünanlagen aufgelockerte Bebauung gekennzeichnet. Von der Aussichtsplattform der First Interstate Bank, die mit 170 Metern zu den höchsten Gebäuden gehört, hat man einen guten Überblick. Das Stadtzentrum befindet sich am Ostufer des Willamette, es ist mit den westlich gelegenen Vierteln durch acht Brücken verbunden. Der Stadtplan ist schachbrettförmig angelegt, die meisten Sehenswürdigkeiten liegen zwischen Columbia Street, 10th Avenue und Burnside Street.

Gegründet wurde Portland 1844 an der Stelle einer ehemaligen Indianersiedlung, bereits 1851 erhielt man den Rang einer City. Aufgrund seiner Lage entwickelte sich die Stadt schnell zu einem Verkehrsknotenpunkt am Oregon Trail und zu einer wichtigen Hafenstadt. Das Oregon Historical Center dokumentiert die Besiedlungsgeschichte der gesamten Nordwestküste *(geöffnet Mo–Sa 10–16.45 Uhr)*. Seit Anfang des 20. Jahrhunderts neue Häfen am Puget Sound errichtet wurden, sind für Portland Holzverarbeitung, Maschinenbau und Elektroindustrie von größerer wirtschaftlicher Bedeutung. Die Stadt ist Sitz mehrerer Universitäten und besitzt bedeutende kulturelle Einrichtungen wie das Center for the Performing Arts und das Portland Art Museum, das ein breites Spektrum europäischer, asiatischer und amerikanischer Kunst zeigt *(geöffnet Di–So 11–17 Uhr)*, sowie das der Werbung gewidmete American Advertising Museum *(geöffnet Mi–Fr 11–17 Uhr, Sa 12–17 Uhr)*.

Informationen

Portland Oregon Visitors Association, 26 S.W. Salmon St., Portland, OR 97204, Tel. 503-222-2223

Utah

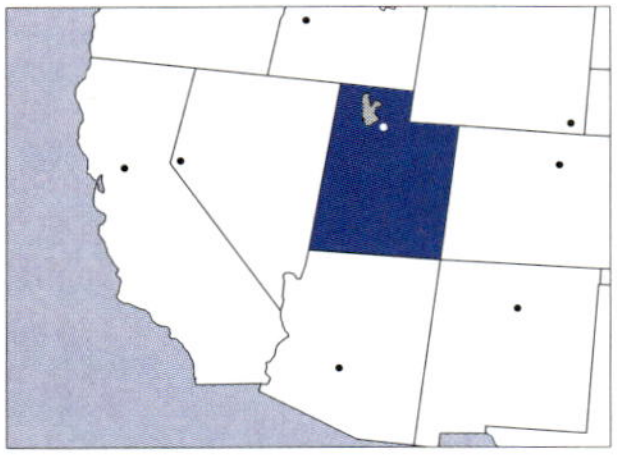

Utah ist durch die Rocky Mountains ebenso geprägt wie durch das Great Basin und deshalb landschaftlich sehr abwechslungsreich. Im Nordosten erstrecken sich die zu den Rocky Mountains zählenden Gebirgsmassive Wasatch Range mit dem Kings Peak (4126 Meter), dem höchsten Gipfel des Staates, und die Uinta-Berge. Hier fällt viel Niederschlag, bis zur Baumgrenze gibt es Wald.

Der Nordwesten dagegen ist bestimmt durch die wüstenartige Landschaft des Great Salt Lake Desert und den gleichnamigen abflußlosen Salzsee. An dessen westlichem Ufer, an der Grenze zur Bergregion, befindet sich die Hauptstadt Salt Lake City, deren Umland den dichtbesiedeltsten Teil Utahs darstellt. Das südostliche Zweidrittel des knapp 220 000 Quadratkilometer umfassenden Staates nimmt das Colorado Hochplateau ein. Große Teile dieser durch tiefe Canyons durchschnittenen Landschaft sind in fünf Nationalparks geschützt. An der Südgrenze zu Arizona ist der Colora-

Informationen

Utah Travel Council, Council Hall, Salt Lake City, UT 841114, Tel. 801-538-1030 oder 801-538-1467, Internet http://www.netpub.com/utah!

do River zum Lake Powell aufgestaut. Mit der umliegenden Recreation Area stellt er ein beliebtes Ferienziel für Wassersportler dar.

Ursprünglich war die Gegend von Shoshonen-, Paiute- und Ute-Indianervölkern besiedelt, nach denen der Staat später auch benannt wurde. Die ersten Europäer waren durchreisende Franziskaner aus Spanien.

1847 folgten religiöse Dissidenten aus dem Osten der USA, die hier unter der Führung von Brigham Young einen Mormonenstaat errichten wollten. Ihr Glaube geht auf den Farmersohn Joseph Smith zurück, der, nachdem er mehrere göttliche Erscheinungen hatte, 1830 das *Buch Mormon* veröffentlichte. Die Mormonen, die sich selber Kirche Jesu Christi der Heiligen der letzten Tage nennen, gehen davon aus, daß der Mensch die Möglichkeit hat, stufenweise göttlichen Status zu erreichen und daß Christus wiederkehren wird, bevor das Jüngste Gericht über die Menschen hereinbricht. Ihr Glaube, dem noch heute circa 70 Prozent der rund 1,7 Millionen Einwohner Utahs anhängen, verbietet Genußmittel wie Alkohol, Zigaretten, Tee oder Kaffee, erlaubt aber die Polygamie. Der US-Kongreß wollte Utah nicht als theokratischen Staat anerkennen, im Gegenzug kämpften die Mormonen gemeinsam mit den Indianern gegen andere weiße Siedler. Nach der Besetzung von Salt Lake City durch die US-Armee erklärten sich die Mormonen 1890 zur offiziellen Trennung von Staat und Kirche, sowie zur Aufgabe der Polygamie bereit, 1896 wurde Utah als 45. Staat in der Union aufgenommen. Die Kirche ist aber bis heute der wichtigste Arbeitgeber Utahs, die maßgeblichen Posten in Politik und Verwaltung sind mit Mormonen besetzt.

Mit Hilfe künstlicher Bewässerungssysteme ist es in Utah schon früh gelungen, dem kargen Boden beträchtliche Erträge abzugewinnen. Neben der Landwirtschaft spielen auch Bergbau und Schwerindustrie, die sich in den Händen von Nicht-Mormonen befinden, eine wichtige wirtschaftliche Rolle.

In Anspielung auf den Fleiß und die Disziplin der mormonischen Einwoher wird Utah auch als *Beehive State,* Bienenkorb-Staat, bezeichnet.

Der Große Salzsee in Utah

Literatur

Bill Weir/Robert Blake:
Utah Handbook, Moon Publications

Utah Klima	Temperatur Modena Max.	Modena Min.	Salt Lake City Max.	Salt Lake City Min.	Niederschlag Modena (mm)	Salt Lake City (mm)	Niederschlagsarme Tage weniger als 0,3 mm Modena	Salt Lake City
Januar	4	–10	3	–8	20	30	24	20
Februar	7	–7	6	–5	30	40	24	20
März	11	–4	11	–2	30	50	23	20
April	16	–1	17	3	20	50	24	21
Mai	21	3	22	7	20	50	24	22
Juni	27	7	27	11	10	20	27	25
Juli	31	12	34	16	40	10	23	26
August	29	12	32	15	40	20	22	24
September	25	7	27	9	20	30	26	25
Oktober	18	1	19	3	20	40	26	23
November	11	–6	10	–2	20	40	26	23
Dezember	5	–9	4	–6	20	40	25	20

Arches National Park

Informationen

Arches National Park, P.O. Box 907, Moab, UT 84532, Tel. 801-259-8161

Im wüstenartigen Südosten Utahs sind rund 300 Quadratkilometer des Colorado Plateaus seit 1971 im Arches Nationalpark geschützt. Hier finden sich auf engstem Raum mehrere hundert natürliche Steinbögen, Arches, unterschiedlichster Formen, Größe und Entwicklungsstadien. Außerdem gibt es Felsengebilde und versteinerte Wüsten, die wie Skulpturen wirken. Die bizarren Sandsteingebilde sind das Ergbnis komplizierter geologischer Prozesse, die vor rund 150 Millionen Jahren begannen. Sie beruhen im Prinzip darauf, daß der rote Sandstein von Bewegungen der Erdkruste erfaßt wurde und seither in besonderem Maße der Erosion ausgesetzt war. Die vegetationsarme Steinlandschaft war nie dauerhaft besiedelt. Felsenmalereien deuten aber darauf hin, daß sie Indianern als Kultstätte diente. Dominierende Pflanzen sind Nußkiefern, Wacholder-, Wermut- und Schachtelhalmsträucher. Bei ausreichendem Regen zeigt sich im Mai/Juni eine bunte Blütenpracht typischer Blumen des Colorado Plateaus wie Gilbert Yucca oder der Sego Lily, die die Staatsblume Utahs ist. Die Mehrzahl der 40 Säugetierarten des Parks ist wegen der Hitze nur nachts aktiv.

Von großer ökologischer Bedeutung ist die sogenannte mikrobiotische Kruste, eine Schicht aus Moos, Algen und Flechten, die die Böden bedeckt. Sie verlangsamt die Verdunstung, saugt das Regenwassers auf und gibt es mit Nährstoffen versetzt langsam an den Boden ab. Um sie nicht zu beschädigen, sollte man unbedingt im Nationalpark auf den ausgewiesenen Wegen bleiben. Die 35 Kilometer lange Parkstraße, die am Besucherzentrum beginnt, ist so angelegt, daß von ihr aus die wichtigsten Steinmonumente über kurze Fußwege erreicht werden können. Zu ihnen zählen der riesige, nur auf einem dünnen Sockel aufliegende Balanced Rock, der Ribbon Arch, der an seiner dünnsten Stelle nur 30 Zentimeter mißt und der Landscape Arch, mit über 90 Metern einer der längsten Steinbögen der Welt. Vom Delicate Arch aus hat man eine beeindruckende Aussicht auf die bis zu 4000 Meter hohen La- Sal- Berge. Die Steinlandschaft Fiery Furnace im Nordosten des Parks sollte bei einer der kostenlo-

Arches-Nationalpark

sen Führungen erkundet werden. Es besteht sonst die Gefahr, sich im unübersichtlichen Gelände zu verirren. Am Nordende der Parkstraße bei Devils Garden gibt es einen Campingplatz, weitere Übernachtungsmöglichkeiten bietet der kleine Ort Moab, acht Kilometer südlich des Nationalparks.

Moab, das in vielen Western als Kulisse diente, bietet sich auch als Ausgangspunkt für Touren in den südlich gelegenen Canyonlands National Park an. Die abwechslungsreiche Schluchtenlandschaft eigenet sich besonders für länge Wanderungen und Geländefahrten, der Colorado River bietet sich für Wildwasserfahrten an.

Bryce Canyon National Park

Informationen
Bryce Canon National Park, Bryce Canyon, UT 84717, Tel. 801-834-5322

Die Hauptattraktion dieses 145 Quadratkilometer großen Nationalparks ist eine Fläche von fünf Quadratkilometern, die als Bryce Amphitheater bezeichnet wird. Die hier versammelten Felsformationen aus Kalksandstein erinnern an Türme, Minarette, Giebel und Dächer einer antiken Stadt, die besonders bei tiefstehender Sonne in den verschiedensten Rot-Orange-Tönen leuchten. Diese beeindruckende Landschaft, die einem vergrößerten Stalagmiten-Wald in einer Tropfsteinhöhle ähnelt, entstand vor rund 50 Millionen Jahren an der Bruchkante des 2400 Meter hohen Paunsaugunt Plateaus. Regen, Schnee und Eis bearbeiten den Kalksandstein. Je nach Härte des Gesteins nehmen die Felsen dabei die unterschiedlichsten Formen an. Die Vegetation im Park läßt sich in drei Gruppen einteilen: Unterhalb des Plateaurandes bis 2100 Meter Höhe wächst Trockenwald vornehmlich aus Nußkiefern und Wacholder. Auf dem Plateau bis zu 2500 Meter Höhe wechseln sich Gelbkiefer-Wälder und offene Grasflächen ab, in noch größeren Höhen im Süden des Parks findet man dichten Nadelwald, der durch kleine Zitterpappeln aufgelockert wird. Neben Kojoten, Stinktieren und Maultierhirschen leben hier die vom Aussterben bedrohten Utah-Präriehunde.

Bryce Canyon

Der Nationalpark wird in Nord-Süd-Richtung durch eine Straße erschlossen, von der diverse Wanderwege zu den attraktivsten Punkten abgehen. Die beste Aussicht über das gesamte Gelände hat man vom 2776 Meter hoch gelegenen südlichen Ende, dem Rainbow Point. Durch das Bryce Amphitheater führt ein neun Kilometer langer Fußweg, der der Abbruchkante folgt, außerdem gibt es Pfade ins Innere des Kessels.

Auf dem Parkgelände gibt es zwei Campingplätze und ein Lodge, weitere Übernachtungsmöglichkeiten bestehen außerhalb des Parks nahe des Eingangs.

Salt Lake City

Informationen
Convention and Visitors Bureau, 180 South West Temple, Salt Lake City, UT 84101, Tel. 801-521-2868

Die Hauptstadt Utahs liegt am gleichnamigen Great Salt Lake zwischen den Wasatch-Bergen im Osten und der Wüste im Westen in einer ursprünglich fast vegetationslosen Landschaft. Mit Hilfe künstlicher Bewässerungsmethoden gelang es mormonischen Siedlern seit 1847, eine grüne Oase zu entwickeln, die heute mit gut 160 000 Einwohnern die größte Stadt, sowie wirtschaftliches und kulturelles Zentrum des Staates ist.

Das Herzstück der Stadt bildet der knapp vier Hektar große umfriedete Tempelbezirk, Historic Temple Square, um den herum ein regelmäßiges Schachbrettmuster 40 Meter breiter Straßen angelegt ist. Dieser symmetrische Stadtplan löst sich in den neueren Stadtvierteln auf, wo die Straßen häufig dem hügeligen Gelände angepaßt sind. Der Tempelbezirk gilt den Mormonen der ganzen Welt als heiliger Platz. Zwischen 1853 und 1893 wurde der Granittempel erbaut, an dessen West- und Ostseite sich jeweils sechs Spitztürme erheben, deren höchster von einer vergoldeten Figur des Engels Moroni gekrönt wird. Das Gebäude darf nur von Mormonen betreten werden. Für Andersgläubige zugänglich ist dagegen das Tabernacel genannte Auditorium, das auf 44 Sandsteinpfeilern eine der größten freischwebenden Kuppel der Welt trägt und eine bemerkenswerte Akustik hat. Hier finden Konzerte des weltbekannten Tabernacle Chors statt, auch bei Orgelproben darf man zuhören. Im ebenfalls aus Granit erbaute Versammlungshaus werden die mormonischen Gottesdieste abgehalten, das benachbarte Verwaltungsgebäude der mormonischen Kirche ist mit 128 Metern das höchste Haus der Stadt, im 26. Stockerk gibt es eine Aussichtsplattform *(geöffnet Mo–Fr 9.30–16.30 Uhr).* Eine Bronzestatue zeigt den Stadtgründer, Mormonenführer Brigham Young, der später der erste Gouverneur Utahs wurde. Das „Bienenstock-Haus“, in dem er mit seinen 19 Frauen und 56 Kindern lebte, kann besichtigt werden *(geöffnet Mo–Sa 9.30–16.30, So 10–13 Uhr).* 1847 war er mit einem Treck von 147 Siedlern, die wegen ihres Glaubens aus Illinois vertrieben worden waren, nach eineinhalbjähriger Reise in der unwirtlichen Salzwüste gelandet. Schon im folgenden Jahr wurde die Stadt ein wichtiger Versorgungsposten für die Goldsucher auf dem Weg nach Kalifornien, dann eine zentrale Pony-Express-Station und schließlich an die Eisenbahn angeschlossen. An die Pioniertage der Stadt erinnert das Freilichtmuseum Pioneer Trail State Park

Indianerstatue vor dem Capitol in Salt Lake City

(geöffnet tägl. 10–18 Uhr). Gegen den verstärkten Zuzug andersgläubiger Siedler setzten sich die Mormonen allerdings entschieden zur Wehr, bis in die zwanziger Jahre unseres Jahrhunderts kam es immer wieder zu Unruhen. Noch heute leben die nicht-mormonischen Einwohner in eigenen Stadtvierteln.

Für die blühende Ökonomie von Salt Lake City spielen Computerfirmen eine zunehmend wichtige Rolle, doch auch die Landwirtschaft und der Bergbau sind noch von Bedeutung. 40 Kilometer südwestlich der Stadt liegt die Bingham Canyon Kupfermine, die derzeit größte der Welt.

Zion National Park

Der Zion-Nationalpark umfaßt 600 Quadratkilometer einer abwechslungsreichen Canyon-Landschaft im Südwesten Utahs. Die Schluchten sind bis zu 900 Meter tief und zeigen Sandstein-, Kalk- und Schieferschichten, die, abhängig vom Eisengehalt des Steins, in Orange-, Rot- und Violettönen leuchten. Die fast senkrecht aufsteigenden Felswände wirken wie massive Dome oder bezinnte Burgtürme.

Informationen
Zion National Park, Springdale, UT 84767, Tel. 801-772-3256

Als die Mormonen die Gegend um 1860 bereisten, fühlten sie sich an die Schöpfungsgeschichte erinnert und bezeichneten die imposanten Naturdenkmäler mit biblischen Namen.

Neben der Erosion, die seit 150 Millionen Jahren die Gesteine formt, sind vor allem die Zuflüsse des Virgin River für das Landschaftsbild verantwortlich. Während der Schneeschmelze und bei heftigen Gewittern verwandeln sich ruhige Bäche wie der North Fork Virgin River in reißende Ströme, die dann bis zu drei Millionen Tonnen Sand und Geröll zu Tal tragen. Entlang der Flüsse existiert eine üppige Vegetation mit Mischwäldern und Kletterpflanzen, die an den steilen Uferwänden wie hängende Gärten wirken. Die höher gelegenen Gebiete des Nationalparks weisen die typische Trockenvegetation auf, die vorwiegend aus Kiefern und Wacholder besteht.

Die farbige Landschaft des Zion-Nationalparks

Zu den seltenen Tieren des Parks gehören Pumas. Das Gebiet wird durch zwei Straßen entlang der Hauptflüsse North Creek und North Fork Virgin River erschlossen, von denen zahlreiche Wanderwege und Naturlehrpfade abzweigen. An beiden Routen gibt es Übernachtungsmöglichkeiten, außerdem am östlichen Eingang des Parks in Springdale.

Washington

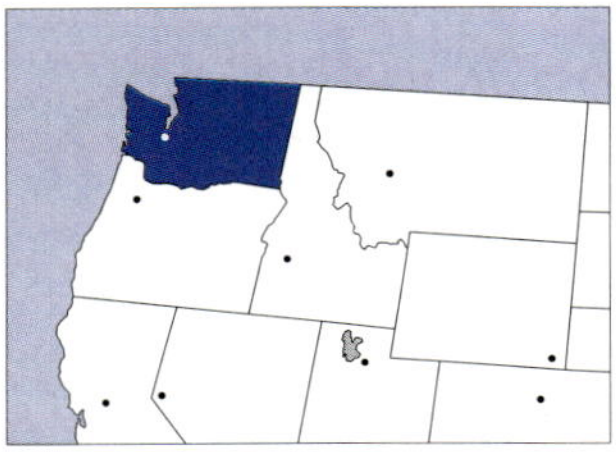

Informationen

Washington State Tourism, 101 General Administration Building, P.O. Box 42500, Olympia, WA 98504-2500, Tel 360-753-5601, Fax 360-753-4470

Washington ist, wie sein südlicher Nachbarstaat Oregon, durch den in Nord-Süd-Richtung verlaufenden Gebirgszug Cascade Range in zwei Klimazonen geteilt. Die westlich liegende küstennahe Gegend ist regenreich und mild, die Temperaturen bewegen sich das ganze Jahr zwischen 0 und 15 Grad Celsius. Im Osten des Staates dagegen regnet es selten, dafür ist es im Sommer heiß und im Winter kalt.

Landschaftlich ist der Westen geprägt durch die Sedimentberge der Olympic Mountains und der Willapa Hills. Im Norden schließt sich die Wasserlandschaft des Puget Sound mit unzähligen Kaps, Inseln und Buchten an. Mit den Städten Seattle, Tacoma und der Hauptstadt Olympic ist dies auch die am dichtesten besiedelte Region des Staates.

Östlich des Kaskadengebirges, das teilweise vergletschert ist und im Mount Rainier mit 4392 Metern seinen höchsten Gipfel erreicht, liegt das in manchen Regionen versteppte Columbia Plateau, aus dem einzelne erloschene Vulkankegel aufragen. Einige Vulkane sind auch noch aktiv: Beim letzten Ausbruch des im Südwesten gelegenen Mount St. Helena starben 57 Menschen, fast 400 Quadratkilometer Wald wurden vernichtet. Anstelle des Berggipfels klafft ein 600 Meter tiefer Krater, der heute als National Monument geschützt ist.

Washington Klima	**Temperatur** Seattle Max.	Seattle Min.	Spokane Max.	Spokane Min.	**Niederschlag** Seattle mm	Spokane mm	**Niederschlagsarme Tage** weniger als 0,3 mm Seattle	Spokane
Januar	7	2	1	–6	120	50	12	16
Februar	8	3	4	–4	90	40	14	18
März	11	4	9	–1	80	30	14	19
April	14	6	16	3	60	30	17	21
Mai	18	8	20	7	50	30	18	21
Juni	21	11	24	11	40	30	21	22
Juli	22	12	29	13	20	20	26	26
August	23	13	28	12	20	20	25	26
September	19	11	22	8	40	20	22	23
Oktober	15	8	16	3	70	30	17	22
November	11	5	7	–1	120	50	13	17
Dezember	8	3	2	–4	140	50	11	16

Der äußerste Nordosten wird von Ausläufern der Rocky Mountains durchzogen.

Fast 50 Prozent des Staatsgebietes sind bewaldet, vorwiegend durch Nadelbäume, weshalb Washington den Beinamen *Evergreen State* trägt.

Zu den Ureinwohnern der Gegend gehören die seßhafen Völker der Chinook und Kwakiutl, die vom Robben- und Seelöwenfang lebten. Die Kunstfertigkeit ihrer Holzschnitzereien gilt als herausragend. Im 18. Jahrhundert wurde die Gegend sowohl von Spaniern, die aus Kalifornien kamen, erkundet als auch von franko-kanadischen Waldläufern, britischen Pelztierjägern und russischen Expeditionen. Systematisch wurde das Terrain um 1802 durch die Lewis- und Clark-Expedition erforscht.

1855 wurde der letzte Indianer-Aufstand niedergeworfen. Die Chinook sind heute ausgestorben, andere Völker leben in Reservaten. Berühmt geworden ist die 1853 gehaltene Ansprache des Suquamish-Häuptlings Seathl, der zum Frieden zwischen Weißen und Indianern aufrief und darauf hinwies, wieviel die Weißen von der Lebensphilosophie der Indianer lernen könnten, doch gleichzeitig bezweifelte, daß sie dazu bereit seien.

1863 wurden die heutigen Grenzen festgelegt, das Gebiet hatte aber noch den Status eines US-Territoriums. Erst 1889 trat Washington als 42. Staat der Union bei. Heute leben hier knapp fünf Millionen Menschen, die Mehrzahl im industriellen Ballungsraum am Puget Sound und in Spokane nahe der Grenze zu Montana. Wichtigste Wirtschaftszweige sind die Luft- und Raumfahrtindustrie, der Schiffbau und die Lebensmittelherstellung. Auch Holzverarbeitung und Fischerei sind von Bedeutung. Der Fremdenverkehr profitiert davon, daß die Landschaft außerhalb der Ballungszentren weitgehend unberührt ist.

Pioniermuseum in der Western-Ortschaft Winthrop am North Cascades Highway in Washington

Literatur

Charles D'Ambrosio: Ihr wirklicher Name. Stories, btb, Berlin 1997

Archie Satterfield u.a.: Washington Handbook, Moon Publications

Lake Chelan

Der bis zu 450 Meter tiefe See ragt fast 80 Kilometer tief in in ehemaliges Gletschertal der Kaskadenberge hinein. Durch einen kleinen Canyon ist er mit dem Columbia River verbunden, der den natürlichen See-Abfluß darstellt. Ein Staudamm dient der Stromerzeugung. Die kleinen Orte Chelan am Südufer und Stehekin am Nordende des Sees haben sich zu wichtigen Zentren für Touristen entwickelt.

Von hier aus bieten sich Ausflüge ins westlich gelegene Waldgebiet des Wenatchee National Forest ebenso an wie Wanderungen über den Kaskaden Pass. Am Seeufer, das außerhalb der Ortschaften für Autofahrer gesperrt ist, gibt es zahlreiche Campingplätze und Angelstellen.

In der Hochsaison verkehrt vom Visitor Center in Stehekin ein Shuttle-Bus, außerdem gibt es zwei Bootslinien, die den See in seiner ganzen Länge befahren. Rund 100 Kilometer nördlich des Lake Chelan beginnt der North Cascades National Park, ein gut 2000 Quadratkilometer großes Gelände, das durch die touristisch gut erschlossene Ross Lake National Recreation Area unterbrochen wird.

Informationen

North Cascades National Park, 2105 Hwy. 20, Sedro Woolley, WA 98284, Tel. 206-856-5700

Lake Chelan Chamber of Commerce, 102 E Johnson Avenue, P.O. Box 216. Chelan, WA 98816, Tel. 509-682-3503, Fax 509-682-3538

Im Nationalpark, der einen besonders rauhen Teil des Kaskadengebirges umfaßt, findet man über 300 Gletscher und bis zu 3000 Meter hohe Berge, die von zwei jungen Vulkanen gekrönt werden. Hier leben zahlreiche Schwarzbären. Über 580 Kilometer ausgebauter Wege bieten sich für meist mehrtägige Wanderungen an.

Mount Rainier National Park

Informationen
Mount Rainier National Park, Tahoma Woods, Star Route, Ashford, WA 98304, Tel. 206-569-2211

Der 953 Quadratkilometer große Nationalpark wird beherrscht vom Mount Rainier, mit 4394 Metern der höchste Berg Washingtons. Obwohl sein Gipfel verschneit ist und zahlreiche Gletscher ihn bedecken, ist er doch Teil des Vulkangebirges Cascade Range. Sein letzter Ausbruch liegt ungefähr 5800 Jahre zurück. Damals zerriß eine gewaltige Explosion den Gipfel, aber in dem entstandenen Krater bildete sich ein neuer Kegel aus Lava und Asche, und die Gletscher regenerierten sich. Messungen der jüngsten Zeit weisen wieder verstärkte Magmabewegungen im Inneren des Berges nach.

Reflection Lake im Mount-Rainier-Nationalpark

Mit Höhenlagen zwischen 560 und 4400 Metern bietet der Park die unterschiedlichsten Lebensräume für Pflanzen und Tiere. Bereits ab 1400 Metern ist der Boden durchschnittlich acht Monate des Jahres mit Schnee bedeckt. Zu den bemerkenswerten Pflanzen gehören in den niedrigeren Regionen Riesenlebensbäume und Orchideen. Außer Schneeziegen, Pikas und Murmeltieren leben hier auch die nachtaktiven nordamerikanischen Waschbären.

Der südöstliche Teil des Parkes ist durch eine Autostraße erschlossen, die allerdings im Winter in den höheren Lagen häufig wegen schwerer Schneefälle gesperrt ist. Von der Straße gehen mehrere Lehr- und Wanderwege ab, auf denen auch der nordöstliche Teil des Mount Rainier umrundet werden kann. Auf dem 150 Kilometer langen Wonderland Trail läßt sich der Berg in zehn bis 14 Tagen einmal umwandern. Den größten Gletscher des Parks, Emmons Glacier, kann man am besten vom auf 1900 Meter Höhe gelegenen Aussichtspunkt Sunrise im Nordosten betrachten. Im Nationalpark gibt es vier Besucherzentren, von denen eines auch im Winter geöffnet ist. Fünf Campingplätze bieten von Juni bis Oktober Übernachtungsmöglichkeiten. In Paradise und Longmire stehen auch Pensionen zur Verfügung, die aber vorher reserviert werden müssen.

Olympic National Park

Informationen
Olympic National Park, 3002 Mount Angeles Road, Port Angeles, WA 98362, Tel. 360-452-0330

Große Teile der Olympischen Halbinsel im äußersten Nordwesten Washingtons sind durch diesen 3700 Quadratkilometer großen Nationalpark geschützt. Wegen seiner landschaftlichen und ökologischen Vielfalt wurde er 1981 von der UNESCO zum Erbe der Menschheit erklärt. Zum Schutzgebiet gehören ein 90 Kilometer langer Streifen der Pazifikküste ebenso wie Nadelwälder und die Fels- und Schneeregionen der Olympic Mountains mit ihrem höchsten Gipfel, dem 2400 Meter hohen Mount Olympus. Auf der regenreichen Westseite des Berges finden sich gemäßigte Regenwälder, die mit Riesenlebensbäumen, großblättrigem Ahorn sowie zahlreichen Farnen und Mosen zu den Hauptattraktionen des Parks zählen. An der Pazifikküste kann man Seehunde, Seelöwen und im Frühjahr und Herbst auch die Wanderung der Grauwale beobachten.

Der Highway 101 führt mit mehreren Stichstraßen als großräumiger Ring um den Nationalpark herum, das eigentliche Parkgelände kann auf über 1000 Kilometern Wanderwegen erschlossen werden. Direkt von der Autostraße lassen sich die heißen Quellen des Sol Duc Resort erreichen, in denen man baden kann. Im Makah Indianer Reservat bei Nea Bay, der äußersten Nordwestspitze der Halbinsel, gibt es ein der Geschichte des Indianervolkes gewidmetes Museum. Zum Park gehören zwei ganzjährig geöffnete Besucherzentren und mehrere kleine Ranger-Stationen, sowie 16 Campingplätze. Außerdem bieten sich in zahlreichen kleinen Ortschaften der Halbinsel Übernachtungsmöglichkeiten an.

Seattle

Die größte Stadt Washingtons liegt auf einem hügeligen Landrücken zwischen dem Puget Sound und dem Lake Washington. Ihre Vororte dehnen sich noch weiter nach Osten aus. An klaren Tagen kann man in der Ferne die Berglandschaft der Olympic Mountains und den schneebedeckten Gipfel des Mount Rainier sehen. Der 185 Meter hohe Space-Needle-Turm, der seit der Weltausstellung 1962 als Wahrzeichen Seattles gilt, bietet eine gute Aussicht *(tägl. 10–24 Uhr)*. Die Altstadt, Pioneer Square, liegt südlich des modernen Zentrums zwischen Yesler Way und Washington Street. Hier gibt es mehrere restaurierte Backsteingebäude aus der Zeit um 1890, nachdem ein Großbrand die ursprünglichen Holzbauten vernichtet hatte. Fundamente dieser Holzhäuser können auf einer unterirdischen Tour besichtigt werden *(Tel. 206-682-1511)*. Gegründet wurde Seattle 1851 durch eine Siedlergruppe aus Illinois, die hier ein Sägewerk aufbauten. Häuptling Seathl hatte ihnen das Land friedlich

Informationen
Seattle King-County Convention and Visitors Bureau, 520 Pike Street, Seattle, WA 98101, Tel. 206-461-5815, Fax 206-461-5855

Great Gallery des Museum of Flight in Seattle

überlassen, die Weißen verehrten ihn als Sokrates des Nordwestens und benannten die Stadt nach ihm. Die Holzfällersiedlung entwickelte sich nur langsam. 1865 war der Frauenmangel so eklatant, daß der spätere Universitätsgründer Asa Mercer 100 heiratswillige Frauen aus New York anwarb.

Der Aufstieg beschleunigte sich, als 1896 in Alaska Gold gefunden und Seattle zum Versorgungszentrum für den unwirtlichen Norden wurde. Das Klondike Gold Rush Museum erinnert an diese Zeit *(geöffnet tägl. 9–17 Uhr).*

Für das heutige Seattle mit seinen gut 500 000 Einwohnern und einer Metropolitan Area mit 1,7 Millionen Einwohnern ist der Asien-Handel von zentraler Bedeutung. Der International District mit chinesischen, koreanischen und japanischen Geschäften und Restaurants schließt sich westlich ans historische Zentrum an. Der Central Business District mit seinen über 40stöckigen Wolkenkratzern liegt nördlich des Pioneer Square und zieht sich bis zum Seattle Center hin. Auf diesem Gelände der damaligen Weltausstellung ist im Pacific Science Center ein naturwissenschaftliches Museum untergebracht *(geöffnet Juli bis August tägl. 11–20 Uhr, sonst Mo–Fr 9–17 Uhr, Sa/So 12–20 Uhr).* Von hier fährt eine Einschienenbahn, Monorail, in anderthalb Minuten ins Zentrum. Weiter im Nordosten, jenseits der Portage Bay, befindet sich der Campus der 1861 gegründeten University of Washington mit der auf moderne Kunst spezialisierten Henry Art Gallery *(geöffnet Di–Sa 10–17 Uhr, Do bis 22 Uhr, So 13–17 Uhr)* und dem nahe gelegenen Seattle Art Museum, das vom renommierten Architekten Robert Venturi erbaut wurde.

Vom Hafen, der heute der wichtigste Fischereihafen der USA ist, wird die Innenstadt durch eine Stadtautobahn abgetrennt. Zwischen den Piers 48 und 70 verkehrt eine nostalgische Straßenbahn, die Grünanlage Waterfront Park bietet gute Aussichtspunkte über die weitläufige Hafenanlage.

Ein wichtiger Arbeitgeber Seattles ist der Flugzeughersteller Boeing, auf dessen Werksgelände das Museum of Flight besichtigt werden kann *(geöffnet tägl. 10–17 Uhr).*

Blick von der Space Needle auf die Wolkenkratzerlandschaft von Seattle

Durch sein schönes Umland und die zahlreichen Freizeitmöglichkeiten, vor allem für Wassersportler, ist Seattle in den vergangenen Jahren für viele junge Leute eine attraktive Stadt geworden. Sie prägten Trends wie den Grunge-Stil, der die Popmusik international beeinflußte, Filme wie *Singles* und *Sleepless in Seattle* versuchen, dieses Lebensgefühl widerzuspiegeln.

Literatur

Apa Guides Seattle, Apa Publications

Aaron Elkins: Alte Meister, Haffmans, Zürich 1996

Wyoming

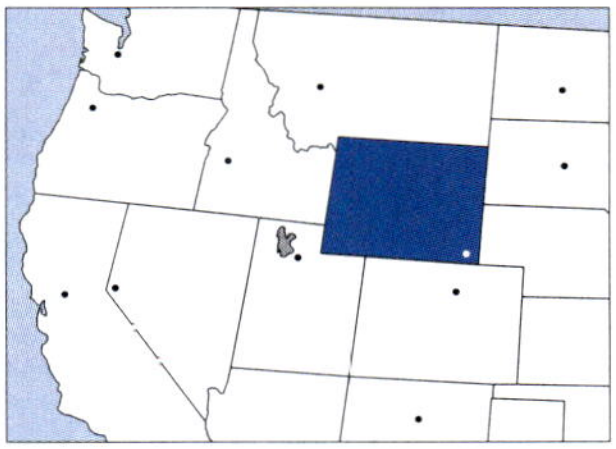

Informationen

Wyoming Division of Tourism, I-25 at College Drive, Cheyenne, WY 82202

Der Name Wyoming ist indianischen Ursprungs und bedeutet soviel wie Wechsel zwischen Berg und Tal, was die Landschaft dieses gut 250 000 Quadratkilometer großen Bundesstaates treffend beschreibt. Der Osten ist durch die hügligen Ebenen der Great Plains geprägt, deren ursprüngliches Grasland durch Überweidung inzwischen stark versteppt ist. Eine markante Erhebung ist der Devils Tower genannte Basalt-Tafelberg, der sich wie ein riesiger abgestorbener Baumstumpf 300 Meter aus der flachen Landschaft erhebt. Im Westen bestimmt das von Gebirgen umrahmte Wyoming-Becken das Landschaftsbild. Es trennt die stark zergliederten südlichen Rocky Mountains vom geschlossenen Massiv der nördlichen Rocky Mountains. Hier erreichen die Berge mit dem Gannet Peak (4202 Meter) ihren höchsten Punkt. Zwischen den Bergen im äußersten Nordwesten liegt die durch Vulkantätigkeit geprägte Landschaft des Yellowstone-Nationalparks. Durch die hohen Berge ist Wyoming gegen regenbringende Westwinde weitgehend abgeschirmt, das Klima ist deshalb sehr trocken, die Landwirtschaft ist auf künstliche Bewässerung angewiesen.

Völker der Sioux, Cheyenne, Crow, Arapho und Shoshonen waren bis ins frühe 18. Jahrhundert die Bewohner Wyomings, dann durchzogen Pelzjäger das Gebiet, die sich aber nicht dauerhaft niederließen. 1842 erkundete John Fremont, Vermessungsingenieur der US-Armee gemeinsam mit dem Trapper Kit Carson eine Route von St. Louis nach Oregon, die durch Wyoming und Utah führte. Dieser Oregon Trail und der von ihm abzweigende California Trail führten in der folgenden Zeit Tausende von Menschen nach Westen, denn der 2300 Meter hohe South Pass war lange der einzig bekannte Übergang über die Rocky Mountains. Die ansässigen Indianervölker verteidigten ihr Land jedoch, so daß die Weißen nur einige Forts errichten konnten. Eines der bekanntesten ist das 1834 angelegte Fort Laramie im Südosten Wyomings, wo es immer wieder schwere Auseinandersetzungen zwischen den einheimischen Sioux und den weißen Siedlern gab und viele, später gebrochene, Verträge geschlossen wurden. Die restaurierte Anlage kann besichtigt werden.

Im Verlauf des Eisenbahnbaus 1867 entstanden dann kleinere Niederlassungen entlang der Trasse. Aus Texas kamen zahlreiche Viehbarone, um ihre Longhorn-Rinder auf den östlichen Grasländern zu weiden. Zwischen 1889 und 1892 brach ein blutiger Kleinkrieg zwischen Farmern und Ranchern aus, der Johnson County War. Rinder-

Wyoming Klima	Temperatur Cheyenne Max.	Cheyenne Min.	Lander Max.	Lander Min.	Niederschlag mm Cheyenne	Lander	Niederschlagsarme Tage weniger als 0,3 mm Cheyenne	Lander
Januar	2	–9	0	–15	10	10	24	26
Februar	3	–9	2	–13	20	20	24	25
März	7	–6	7	–7	30	30	22	23
April	12	–2	13	–2	50	60	20	22
Mai	17	3	18	3	60	60	18	21
Juni	23	8	24	7	40	30	21	24
Juli	27	12	29	11	50	20	19	24
August	26	11	28	9	40	20	20	24
September	22	6	22	4	30	30	24	25
Oktober	14	0	14	–1	30	40	24	24
November	8	–5	7	–8	20	20	25	26
Dezember	4	–8	0	–14	20	20	25	26

und inzwischen auch Schafzucht spielen heute noch eine große Rolle. Es heißt, es gebe mehr Vieh als Menschen. Wyoming ist mit knapp 500 000 Einwohnern der am dünnsten besiedelte Staat der USA. Der Anteil der Indianer liegt unter zwei Prozent, sie leben hauptsächlich im Wind-River-Reservat im Nordwesten.

Anfang des 20. Jahrhunderts fand man in der Gegend von Gilette große Ölvorkommen, die neben den reichhaltigen Kohlevorkommen heute die wichtigste Einahmequelle des Staates darstellen. Die Abhängigkeit von den internationalen Energiepreisen zeigt sich am Boom und ebenso schnellen Verfall einiger Städte Wyomings. Die größten Städte sind die Hauptstadt Cheyenne mit rund 55 000 Einwohnern, gefolgt von der Universitätsstadt Laramie und der Industriestadt Casper. Von 1925 bis 1927 hatte Wyoming mit Nelly Rose Taylor den ersten weiblichen Gouverneur der USA, der Beiname des Staates lautet *State of Equality.*

Literatur
Jane Smiley: Tor zum Paradies, Fischer, Frankfurt a.M. 1996
Joe Pitscher: Wyoming Handbook, Moon Publications

Cheyenne

Informationen
Chamber of Commerce, P.O. Box 1147, Cheyenne, WY 82003, Tel. 307-638-3388

Die Hauptstadt Wyomings hat mit 55 000 Einwohnern einen beschaulichen Charakter. Sie wurde 1867 als Stützpunkt der Union-Pacific-Eisenbahngesellschaft gegründet. Bald befand sich hier der größte Außenposten der US-Kavallerie mit der Aufgabe, Siedler und Bahnarbeiter vor Indianern zu schützen, die ihr Land nicht kampflos aufgeben wollten. Während der Frontier Days in der letzten Juliwoche werden alljährlich diese Kämpfe zwischen Soldaten und Sioux nachgestellt. Auch das Frontier Museum ist den frühen Siedler-Tagen gewidmet *(geöffnet Juni bis September Mo–Sa 8–19 Uhr, So. 10–18 Uhr, sonst Mo–Fr 9–17 Uhr, Sa, So 11.30–16.30 Uhr)*

Das Militär spielt für Cheyenne auch heute noch eine zentrale Rolle. Der nahe gelegene Luftwaffenstützpunkt F.E. Warren Air Force Base ist der wichtigste Arbeitgeber der Stadt. In der Umgebung wird Erdöl und Erdgas abgebaut. Früher lebten in Cheyenne einige reiche Viehbarone, die ihre Rinderherden im hügligen Prärie-Umland der Great Plains weiden ließen. In der 17. Straße, die auch als *Cattle Barons Row* bekannt ist, erinnern noch einige gut erhaltene Luxusvillen im viktorianischen Stil an den Reichtum der Rancher. Genauere Informationen über die große Zeit der Rinder und Cowboys bietet das Wyoming State Museum *(geöffnet Mo–Sa 9–17 Uhr, So 13–17 Uhr).*

Eine knappe Autostunde westlich von Cheyenne liegt die Universitätsstadt Laramie, auf deren Campus Museen für Anthropologie und Geologie sowie das neue American Heritage & Art Center stehen. In Laramie wurde 1869 erstmals in den USA das Frauenwahlrecht eingeführt.

Jackson

Jackson liegt am Rand des Grand-Teton-Nationalparks im 70 Kilometer langen Hochtal Jackson Hole, durch das der Snake River fließt. Die reizvolle Umgebung hat die 6000 Einwohner zählende Kleinstadt im Sommer wie im Winter zum Touristenzentrum der Region gemacht. Das Freizeitangebot umfaßt Wildwasserfahrten auf dem Snake River ebenso wie eine Seilbahnfahrt ins 3000 Meter hoch gelegene Teton Village oder einen Besuch des nahe gelegenen Elk Village, wo mehrere tausend Hirsche überwintern.

Der nur knapp 20 Kilometer entfernte Grand-Teton-Nationalpark bietet auf 1257 Quadratkilometern eine abwechslungsreiche alpine Landschaft mit steilen Felswänden, ausgedehnten Blumenwiesen und großen Gebirgsseen, auf denen Wassersport möglich ist. Rund um den Jackson Lake gibt es ausgedehnte Campingplätze mit entsprechenden Versorgungseinrichtungen. Es werden auch kleine Blockhäuser vermietet. Neben dem Informationszentrum in Colter Bay findet man das American Indian Art Museum mit Ausstellungen zur indianischen Kultur *(geöffnet Juni bis September tägl. 8–19, sonst bis 17 Uhr).*

Jackson selbst wurde 1897 von Mormonen gegründet und präsentiert sich Besuchern im Stile einer klassischen Western-Stadt. Der baumbestandene Town Square ist von Torbögen aus Hirschgeweihen umspannt, Pferdedroschken stehen bereit und während der Hochsaison veranstalten Cowboys allabendlich ein Wettschießen. Ein Wildwesttheater und das Opera-Playhouse ergänzen das Western-Angebot, die lokale Kneipenszene bietet eine reichhaltigere Auswahl als manche amerikanische Großstadt.

Informationen

Grand Teton National Park, Drawer 170, Moose, WY 83012, Tel. 307-733-2880

Jackson Chamber of Commerce, P.O. Box E, 555 E. Broadway, Jackson, WY 83001, Tel. 307-733-3316

Front Million Dollar Bar in Jackson

Yellowstone National Park

Der Yellowstone National Park umfaßt 9000 Qaudratkilometer vulkanischer Landschaft im äußersten Nordwesten Wyomings. Er wurde 1978 von der UNESCO zum Kulturerbe der Menschheit erklärt. Zusammen mit dem südlich gelegenen Teton National Park bildet er die 36 000 Quadratkilometer große Greater Yellowstone Area, die

Informationen
Yellowstone National Park, P.O. Box 168, Yellowstone, WY 82190, Tel. 307-344-7381

als das größte intakte Ökosystem der gemäßigten Breiten gilt. Im Zentrum des Nationalparks liegt das gut 2100 Meter hohe Yellowstone-Vulkan-Plateau, aus dem sich als höchster Gipfel der Mount Washburn (3122 m) erhebt. In der Nähe liegen die versteinerten Wälder der Specimen Ridge und die über 30 Kilometer lange Schlucht des Grand Canyon of the Yellowstone, deren gelb-orangener Färbung der Nationalpark seinen Namen verdankt. Im Südosten breitet sich der 360 Quadrtkilometer große Yellowstone-See aus, der größte Hochlandsee der USA.

Die Entstehung der Vulkanlandschaft begann vor ungefähr 600 000 Jahren, als Vulkane mehr als 1000 Kubikmeter flüssiges Gestein in die Luft schleuderten. Es bildete sich ein großer Einsturzkrater, der sich im Laufe der Jahrtausende wieder mit Lava füllte, wodurch das heutige Hochplateau entstand. Die letzten Lavaflüsse versiegten erst vor rund 60 000 Jahren. Noch heute bewegt sich hier die Erde. Knapp sechs Kilometer unter der Erdoberfläche befindet sich ein sogenannter Hot Spot, ein lokal begrenztes Gebiet hoher Wärmeströmungen. Deren Magmakammern erhitzen das im Gestein versickernde Regenwasser, so daß es in Form von heiße Quellen, Geysiren oder Dampfausströmungen (Fumarolen) wieder austritt.

Zu den beeindruckendsten Heißwasser-Phänomenen des Nationalparkes gehört der Old Faithful Geysir, der alle 60 bis 80 Minuten eine 40 Meter hohe Fontäne ausstößt, das Norris Geysir Basin, wo unregelmäßig die Steamboat-Fontäne als höchster Geysir der Welt austritt und das besonders farbenfrohe Midway Geysir Basin. Die bunte Färbung der heißen Quellen ergibt sich durch Kleinstlebewesen in dem unterschiedlich heißen Wasser. Das noch kochende Zentrum erscheint durch die hier vorhandenen fadenförmigen Bakterien blau, weiter außen ist das Wasser um die 70 Grad heiß und durch bestimmte Algen gelb-grün eingefärbt, am äußeren Rand, wo die Quelle auf ungefähr 60 Grad abgekühlt ist, sorgen andere Algen und Bakterien meist für eine orangene Färbung.

Über 500 Schwarzbären und mehr als 200 Braunbären stellen eine weitere Attraktion des Nationalparks dar. Außerdem leben hier zahl-

Geysir im Yellowstone Nationalpark

reiche Rothirsche, Elche und Bisons, an den Wasserläufen sind unter anderem Biber und die seltenen Trompeterschwäne zu Hause.

Die wesentlichen Sehenswürdigkeiten des Yellowstone-Parks werden durch die Grand Loop Road erschlossen, insgesamt führen rund 600 Kilometer asphaltierte Straßen und fast 2000 Kilometer Wanderwege durch das Gelände. Auf dem Gelände gibt es insgesamt elf Campingplätze und neun Hotels bzw. Lodges. Die bei den fünf Eingängen zum Nationalpark gelegenen Orte bieten weitere Übernachtungsmöglichkeiten.

Alaska

Mit gut 1,5 Millionen Quadratkilometern ist der nördlichste Bundesstaat der USA auch mit Abstand der größte und am dünnsten besiedelte. Hier leben knapp 500 000 Menschen, die sich im Südosten des Landes hauptsächlich in den großen Städten Anchorage und Fairbanks konzentrieren. Weite Teile des Landes sind wegen der extremen klimatischen Bedingungen unbewohnt.

Grob läßt sich Alaska in drei Großregionen einteilen: Einen südlichen Küstenstreifen, Zentralalaska und die jenseits des Polarkreises am 68. Breitengrad beginnende arktische Region. Der an Kanada grenzende südöstliche Teil des Küstenstreifens wird als *panhandle,* Pfannenstiel, bezeichnet und ist durch zahlreiche Fjorde, Halbinseln und Inseln geprägt, so daß als Verkehrsmittel nur Fähren und Flugzeuge nützlich sind. Das Klima ist kühl, und es regnet häufig. Dagegen ist es im südwestlichen Teil der Küste, zu dem Kodiak, Bristol Bay, die Halbinsel Alaska und die Aleuten zählen, trockener, aber windiger, kälter und im Sommer häufig neblig. Die zerklüftete baumlose Landschaft ist Heimat der eingeborenen Aleuten und der Inuit. In dieser Gegend kann man sich kaum mit Booten fortbewegen, sondern ist auf Flugzeuge angewiesen. Straßen gibt es vor allem im südlichen Teil des gebirgigen Zentralalaskas, wo auch das Hauptsiedlungsgebiet liegt. Hier erstrecken sich bis zu den Vulkanbergen der Alaska Range fruchtbare Täler, das Klima ist feucht und gemäßigt kühl.

Jenseits dieses gigantischen Gebirgskette, die mit dem Mount Mc Kinley (6193 Meter) ihren höchsten Punkt erreicht, wird es trockener. Die kurzen Sommer sind warm, die langen Winter kalt. In der arktischen Zone schließlich, wo kaum Menschen leben, sind diese klimatischen Gegensätze am extremsten ausgeprägt. Rund zwei Drittel Alaskas gehören zum sogenannten Permafrostbereich. Der Boden ist bis zu einer Tiefe von 400 Metern gefroren, nur an der Oberfläche taut eine sogenannte aktive Schicht auf und ermöglicht Pflanzenwuchs. Weite Gebiete Alaskas sind deshalb Taiga- und Tundraregionen, nur vereinzelt finden sich Landschaften mit nördlichem Wald oder, an der feuchten Pazifikküste, mit Regenwald.

1741 hatte der dänische Seefahrer Vitus Bering in russischem Auftrag die Südküste Alaskas erkundet, die von Aleuten, Inuit und In-

Informationen

Alaska State Division of Tourism, Dept. VP, P.O. Box 110801, Juneau, AK 99811-0801, Tel. 907-465-2010, Fax 907-465-2287

Alaska Native Tourism Council, 1577 C St, # 304, Anchorage, AK 99501, Tel. 907-274-5400, Fax 907-263-9971

Alaska Klima	Temperatur Jeneau Max.	Min.	Anchorage Max.	Min.	Niederschlag Jeneau (mm)	Anchorage (mm)	Niederschlagsarme Tage weniger als 0,3 mm Jeneau	Anchorage
Januar	−2	−8	4	−29	180	20	13	24
Februar	1	−6	4	−33	140	20	13	22
März	3	−3	8	−21	140	20	13	26
April	8	−1	11	−14	130	10	12	26
Mai	13	3	19	−3	100	10	13	26
Juni	17	7	24	2	130	20	15	26
Juli	18	9	26	5	130	40	14	21
August	17	8	22	3	180	70	12	16
September	13	6	19	−1	260	70	10	16
Oktober	8	2	13	−9	290	60	8	19
November	3	−2	9	−20	230	30	10	23
Dezember	0	−5	2	−25	190	30	11	25

dianern dünn besiedelt war. In der Folgezeit nutzten Pelzhändler aus Europa, den USA und Rußland das Gebiet, ab 1799 hatte die amerikanisch-russische Pelzhandelsgesellschaft eine Monopolstellung, 1867 schließlich verkaufte Rußland den USA ganz Alaska für 7,2 Millionen Dollar. 1897 lösten erste Goldfunde einen Besiedlungsschub aus.

Inzwischen sind vor allem die reichhaltigen Erdöl- und Erdgasvorkommen wirtschaftlich bedeutsam. Gleichzeitig bemüht man sich verstärkt, den einzigartigen Naturraum zu schützen, der Alska zunehmend für Touristen attraktiv macht. Hier leben anderswo vom Aussterben bedrohte Tiere wie Grizzlybären, Moschusschafe, Elche, Karibus, Pelzrobben, Walrosse und diverse Fisch- und Vogelarten. Seit 1980 ist ungefähr ein Viertel der Landschaft Alaskas durch Nationalparks geschützt.

Literatur

Udo Beinhart: Alaska – Abenteuer am Polarkreis, Bruckmann, München
Deke Castleman/Don Pitcher: Alaska-Yukon Handbook, Moon Publications
Jim DuFrene: Alaska, Lonely Planet Publications
Hannah Glaser/Wolfgang R. Weber: Alaska und Kanadas Yukon, Vista Point, München
Jack London: Goldsucher, Naumann & Göbel, Köln 1989
Jack London: Alaska Kid & CO. Zwei Abenteuerromane unter den Goldsuchern Alaskas, Arena, Würzburg 1994
Jack London: Der Ruf der Wildnis, detebe, 1987
Karl Jochen Ohlhoff: West Kanada und Alaska, DuMont, Köln

Anchorage

Mit rund 180 000 Einwohnern ist Anchorage die mit Abstand größte Stadt Alaskas. In ihrem Einzugsgebiet lebt gut ein Drittel der Bevölkerung des Bundesstaates. Die Stadt liegt im Südwesten des Lades an der Cook-Inlet-Bucht, die zum Golf von Alaska gehört. Im Osten erheben sich die schneebedeckten Gipfel der Chugach Mountains, im Süden der Mount Alyeska, beides sind gute Skigebiete. Das Stadtbild ist durch einige 20stöckige Wolkenkratzer und andere moderne Gebäude geprägt, denn die ältere Bausubstanz wurde 1965 bei einem schweren Erdbeben fast vollständig zerstört. Im Earthquake Park erinnert eine Schautafel an die Katastrophe.

Die Stadtgeschichte begann 1915, als für den Bau der Eisenbahn zwischen Fairbanks und Seward ein Lager angelegt wurde. Innerhalb eines Monats entstand eine Zeltstadt mit 2000 Menschen, die auf Arbeit beim Bau der Bahn hofften. Innerhalb eines Jahres wurde eine feste Siedlung mit Schulen, Strom- und Wasseranschlüssen aufgebaut, 1917 lebten hier 7000 Menschen. Nach Fertigstellung

Informationen

Visitors Information Center, 546 W. Fourth Ave., Anchorage, AK 99556, Tel. 907-235-2600

des Bahn-Teilstücks erlahmte der Aufschwung, doch mit Beginn des Zweiten Weltkrieges profitierte die Stadt wieder von ihrer strategisch bedeutsamen Lage. Im Museum für Geschichte und Kunst, im Zentrum am Town Square gelegen, wird die Stadtgeschichte ausführlich dokumentiert *(geöffnet tägl. 9–18 Uhr).*

Den größten wirtschaftlichen Aufschwung nahm Anchorage 1957, als am Cook Inlet Erdöl entdeckt wurde. Obwohl die Pipeline fast 500 Kilometer von der Stadt entfernt liegt, ist Anchorge vom Erdölgeschäft geprägt: Alle großen Firmen haben hier ihre Büros.

In der Lobby der Nationalbank von Alaska ist die größte Privatsammlung alaskanischer Kunstgegenstände und Bücher ausgestellt *(geöffnet tägl. 12–17 Uhr).* Im Historical und Fine Arts Museum werden neben archäologischen und geologischen Exponaten auch Werke zeitgenössischer einheimischer Künstler ausgestellt. Anchorage ist Sitz der University of Alaska und der Methodist University.

Küstenzone bei Ebbe am Turnagain-Arm bei Anchorage in Alaska

Wirtschaftlich bedeutsam sind bis heute der Fischfang und die Militär-Einrichtungen. Die nordöstlich der Stadt gelegene Elemendorf Air Force Base kann besichtigt werden *(Mi 14.30–17 Uhr).* Anchorage ist außerdem der wichtigste Verkehrsknotenpunkt Alaskas. Neben dem internationalen Flughafen und der Bahnstation gibt es eine riesige Landefläche für Wasserflugzeuge. Der Geschichte der Luftfahrt ist das Alaska Avitation Heritage Museum gewidmet *(geöffnet tägl. 9–19 Uhr).* Touristen können die Stadt auch mit einem Ballon überfahren.

Die Umgebung bietet außer Wintersportmöglichkeiten auch zahlreiche Wanderwege. Innerhalb Anchorages gibt es mehrere Parks und einen Zoologischen Garten. Wer sich in Ruhe über die nordamerikanische Tierwelt informieren will, findet im Anchorage Log Cabin ausgestopfte Exemplare. Besonders beeindruckend ist das schwergewichtige Walroß.

Fairbanks

Fairbanks liegt im östlichen Zentral-Alaska im Tal des Chena River, umgeben von arktischer Buschlandschaft. Mit Höchsttemperaturen von 32 Grad Celsius im Juli und Tiefsttemperaturen von –15 Grad Celsius im Januar kann Fairbanks als die Stadt mit den extremsten Temperaturschwankungen der Welt gelten. Wegen der Nähe zum Polarkreis folgen hier auch die Jahreszeiten einem anderen Rhythmus als andernorts. Der Frühling beschränkt sich auf wenige Tage rund um den 1. Mai, wenn explosionsartig die Blätter sprießen, der Sommer dauert nur 90 Tage, und schon im September fällt der erste Schnee. Um die Wintersonnenwende gibt es nur zwei Stunden Tageslicht, dafür ist es im Sommer 22 Stunden lang hell. Die Skulptur *Solar Borealis,* Nördliche Sonne, am Ausgang des Flughafens ist diesen besonderen Lichtverhältnissen gewidmet. An einem 20 Meter hohen Stahlbogen sind spezielle Kacheln angebracht, die das Licht in seine Spektralfarben zerlegt widerspiegeln.

Das Zentrum der Stadt, in der heute rund 25 000 Menschen leben, liegt zwischen dem Chena River im Osten und der Cushman Street

Informationen
Visitors Information Center,
550 First Ave., Fairbanks, AK 99576,
Tel. 907-456-5574, Fax 907-452-2867

Kirche in der für Alaska typischen Form

im Westen. Am Nordende dieser Magistrale findet sich nahe dem Fremdenverkehrsbüro das Yukon Quest Haus. Es erinnert mit Photos, Ausrüstungsgegenständen und Karten an das gleichnahmige Schlittenhunde-Rennen, das seit 1983 alljährlich im März stattfindet *(tägl. 10–17 Uhr)*. Schräg gegenüber informiert das Public Lands Office mit einem angeschlossenen Kino über Natur und Kultur der verschiedenen Regionen Alaskas *(geöffnet im Sommer tägl. 8.30–21, sonst 10–16 Uhr)*.

Fairbanks ist nicht nach einem einheitlichen Plan errichtet, sondern hat sich entsprechend verschiedener wirtschaftlicher Impulse ziemlich wild entwickelt. Gegründet wurde die Stadt 1901 als Versorgungsbasis für die Goldsucher der Umgebung, die hier mit besonderen Widrigkeiten zu kämpfen hatten: Das Gold war in einer Tiefe von bis zu 70 Metern im Boden eingefroren. Erst nachdem die Stadt 1923 an die Eisenbahn angeschlossen war, konnten die großen Bergbaufirmen genug Maschinen heranschaffen, um im großen Stil Gold abzubauen. 1974 wurde Fairbanks dann eine bedeutende Station beim Bau der Trans-Alaska-Erdölpipeline. Gut 16 000 Menschen waren von hier aus daran beteiligt. Heute ist Fairbanks vor allem als Verkehrsknotenpunkt sowie Dienstleistungs- und Handelszentrum für das mittlere und nördliche Alaska bedeutsam.

Schon seit 1922 ist die Stadt Sitz der University of Alaska, auf deren Campus sich ein Museum mit einer Sammlung russischer Kunst und mehreren naturwissenschaftlichen Abteilungen befindet *(geöffnet Juni/Juli tägl. 9–19, sonst 9–17 Uhr)*. Etwas außerhalb der Stadt liegt das Eskimo-Museum und Alaskaland, der einzige Vergnügungspark des Bundesstaates, in dem unter anderem eine Siedlung aus der Zeit des Goldrausches nachgebaut ist *(geöffnet tägl. 11–21 Uhr)*.

Glennallen / Wrangell St. Elias National Park

Informationen

Glennallen/Wrangell St. Elias National Park Visitors Center, P.O. Box 469, Glennallen, AK 99588, Tel. 907-822-5555

Der kleine Ort mit seinen knapp 500 Einwohnern liegt im südlichen Zentralalaska an der Kreuzung des Glenn Highway mit dem Richardson Highway. Er ist ein wichtiges Versorgungszentrum für Touren in der abwechslungsreichen Umgebung mit ihren vielen kleinen Flüssen.

Der nach Süden Richtung Valdez führende Richardson Highway entstand während des Goldrausches 1898 und ist die älteste Straße Alaskas. Sie dient heute auch als Zufahrtsstraße zum Wrangell St. Elias National Park. Er liegt knapp 400 Kilometer südwestlich von hier und ist außer dem Denali-Park der einzige Alaskas, der mit dem Auto erreicht werden kann. Auf dem Weg dorthin gibt es vor allem bei Chitina zahlreiche gute Angelmöglichkeiten.

Der Nationalpark selbst ist der größte der Welt. Hier laufen drei Gebirgsketten, St. Elias, Wrangell und Chugach, zusammen und bieten eine 53 370 Quadratkilometer große Gletscher-, Tundra- und Flußlandschaft, die bis hinunter zum Golf von Alaska reicht, wo es sogar Strände gibt. Der vom Richardson Highway abzweigende Edgerton Highway führt bis mitten in den Park. Der Copper River und der Chitina River bieten sich für ausgedehnte Kanutouren an. Im

Park gibt es drei Campingplätze, die aber keinerlei Versorgungseinrichtungen bieten. Freies Zelten ist erlaubt. Informationen gibt es in der Parkverwaltung in Glennallen oder im Besucherzentrum bei Meile 105 am Richardson Highway *(Mitte Mai bis September tägl. 8–18 Uhr)*. Hier helfen Ranger bei der Routenplanung und tragen die Wanderer in ein Buch ein, um sie im Notfall retten zu können. Von Glennallen verkehrt auch ein Bus zum Nationalpark.

Zahlreich sind die Wege nicht, die durch Alaska führen

Ketchikan

Die mit 7700 Einwohnern fünftgrößte Stadt Alaskas liegt im zerklüfteten Südosten, im sogenannten Pfannenstiel, auf der Insel Revillagigedo. Wer von Seattle aus mit der Fähre anreist, landet hier. Die Stadt erstreckt sich auf gut fünf Kilometern Länge entlang der Küste. Ihre Hauptstraße, die Tongass Avenue, ist zugleich die meist befahrene des gesamten Staates. Viele der Holzhäuser der Stadt stehen auf Pfählen im Wasser, zum Beispiel entlang der Creek Street im Südwesten des Zentrums. Ein kleines Museum erinnert daran, daß dies früher der Rotlichtbezirk war.

Gegründet wurde Ketchikan 1885, als hier die erste lachsverarbeitende Fabrik gebaut wurde. Um 1930 waren es 13 Fabriken, und Ketchikan galt als die Lachshauptstadt der Welt – später kam dann noch die Holzindustrie als wichtiger Wirtschaftsfaktor dazu. In der Deer Mountain Hatchery am Ketchika Creek werden die Prinzipien der Lachszucht erklärt.

Der einheimischen Kultur widmen sich das Tongass Historical Museum *(geöffnet im Sommer Mo–Sa 8.30–17, So 13–17 Uhr, im Winter Mi–Fr 13–17, Sa. und So. 13–16 Uhr)* und das Totem Heritage Center etwas südwestlich des Stadtzentrums. Hier sind 33 echte, nicht kopierte oder restaurierte Totempfähle und Hauspfosten der Tlingit- und Haida-Indianer ausgestellt. Die Pfähle und Pfosten sind aus verlassenen Dörfern der Umgegend gerettet worden *(geöffnet Mo–Sa 8–17, So. 9–17 Uhr)*.

Bizarre Berg- und Meereslandschaft am Portage Gletscher

USA kurz

Geschichte, Geographie, Staat, Wirtschaft, Reisetips

Abkürzungen

Ave.	– Avenue	Bldg.	– Building
Blvd.	– Boulevard	Dept.	– Department
Dr.	– Drive	mph.	– Miles per hour
Ln.	– Lane	Mtn.	– Mountain
Rd.	– Road	Mts.	– Mountains
St.	– Street	Pk.	– Peak
Hwy.	– Highway	Res.	– Reservoir (Stausee)
Fwy.	– Freeway	NM.	– National Monument
S.	– South	NP.	– Nationalpark
N.	– North	Nat'l. Rec. A.	– Nat. Recreation Area
W.	– West	Nat'l. For.	– National Forest
E.	– East	I.	– Interstate (oder Island)

Abkürzungen für die US-Bundesstaaten:

AL	– Alabama	AK	– Alaska
AZ	– Arizona	AR	– Arkansas
CA	– California	CO	– Colorado
CT	– Connecticut	DE	– Delaware
DC	– Washington D.C.	FL	– Florida
GA	– Georgia	HI	– Hawaii
ID	– Idaho	IL	– Illinois
IN	– Indiana	IA	– Iowa
KS	– Kansas	KY	– Kentucky
LA	– Louisiana	ME	– Maine
MD	– Maryland	MA	– Massachusetts
MI	– Michigan	MN	– Minnesota
MS	– Mississippi	MO	– Missouri
MT	– Montana	NE	– Nebraska
NV	– Nevada	NH	– New Hampshire
NJ	– New Jersey	NM	– New Mexico
NY	– New York	NC	– North Carolina
ND	– North Dakota	OH	– Ohio
OK	– Oklahoma	OR	– Oregon
PA	– Pennsylvania	RI	– Rhode Island
SC	– South Carolina	SD	– South Dakota
TN	– Tennessee	TX	– Texas
UT	– Utah	VT	– Vermont
VA	– Virgina	WA	– Washington
WV	– West Virginia	WI	– Wisconsin
WY	– Wyoming		

Alkohol

Der Verkauf von Alkohol unterliegt zeitlichen und örtlichen Beschränkungen: nicht an Sonn- und Feiertagen, nicht in der Nähe von

Kirchen, nicht in Restaurants ohne besondere Lizenz, nicht bei öffentlichen Veranstaltungen, nicht in Indianerreservaten. Getränke mit niedrigem Alkoholgehalt sind in Supermärkten und Lebensmittelgeschäften erhältlich, hochprozentige Getränke nur in Spezialgeschäften *(liquor shops)*. Das Trinken von Alkohol in Restaurants ist fast landesweit nur Personen erlaubt, die älter als 21 Jahre sind. Unverdecktes Trinken in der Öffentlichkeit und das Mitführen von angebrochenen Spirituosen im Auto sind verboten.

Angeln

Zum Angeln bedarf es in einigen Bundesstaaten einer gebührenpflichtigen Angellizenz. Informationen sind bei den lokalen Fremdenverkehrsämtern einzuholen. Stark verbreitet ist das Hochseeangeln auf Großfische. Am Atlantik, Pazifik und Golf von Mexiko können Boote mit Besatzung und komplettem Equipment für dieses Freizeitvergnügen gechartert werden.

Apotheken

Apotheken *(drugstore, pharmacy* oder *prescription)* sind bis spät in die Nacht geöffnet. In ihnen können die gängigsten Medikamente, zum Teil ohne Rezept, erstanden werden. Außerhalb der Öffnungszeiten gibt es keinen Notdienst. Bei einem Notfall muß man sich an das nächstgelegene Krankenhaus wenden. Allerdings befinden sich auch häufig Apotheken in Supermärkten.

Armut

Die amerikanische Gesellschaft empfindet sich weitgehend als Mittelstandsgesellschaft mit einem hohen Lebensstandard. 1986 gaben drei Prozent der Amerikaner an, zur Oberschicht zu gehören, während sechs Prozent sich der Unterschicht zugehörig fühlten: eine Selbsteinschätzung, die über Einkommen definiert wird, obgleich auch hier individuelle Unterschiede festzustellen sind. Familien mit einem Jahreseinkommen von 12 000 Dollar fühlen sich ebenso der Mittelschicht zugehörig wie Familien mit einem Einkommen über 60 000 Dollar.

Key West

1986 galt die Armutsgrenze überschritten, wenn eine vierköpfige Familie mit zwei Kindern über ein Jahreseinkommen von 12 000 Dollar verfügte. 1992 lag sie für einen Drei-Personen-Haushalt bei 11 000 Dollar, behördlich festgelegt anhand eines „Warenkorbes“. Wer nicht in der Lage ist, mit einem Drittel seines Nettoverdienstes eine Mindestgrundernährung zu finanzieren, gilt als arm.

Etwa 37 Millionen von 265 Millionen Amerikanern leben unterhalb der offiziellen Armutsgrenze: 33 Prozent aller schwarzen Haushalte, 29 Prozent der hispanischen und elf Prozent der weißen Haushalte, auch etwa 40 Prozent aller Indianer (Natives). Jeder zehnte Bürger ist auf staatliche Lebensmittelkarten angewiesen. Jedes fünfte Kind unter 18 Jahren wächst in Armut auf.

Armut in den USA gab es schon immer. Sie wird von der Gesellschaft als individuelles Versagen empfunden. Der Staat weigerte sich viele Jahre, Armut zu definieren oder qualitativ zu bestimmen. Wohlfahrtsleistungen des Staates, um Armut zu verringern, galten lange Zeit als überflüssig und fehlerhaft. Erst unter den Präsidenten John F. Kennedy und Lyndon B. Johnson begann man, vergleichbare Daten zu erheben.

Autobahnen

Siehe unter Straßenverkehr

Automobilclubs

Der größte Club ist American Automobile Association (AAA), 1000. AAA Drive, Heathrow, FL 32746-5063, Tel. 407-444-8000. Ausländischen Touristen hilft AAA vor allem dann, wenn Mitgliederausweise der heimischen Automobilclubs vorgelegt werden. Über die gebührenfreie Telefonnumer 1-800-336 HELP gibt es Hinweise auf die nächste AAA-Pannenhilfe. Weitere Clubs sind die American Automobile Touring Alliance (AATA), der National Automobile Club (NAC) und die National Automobile Association (NAA)

Autoverleih

Siehe unter Mietwagen

Banken

Banken sind im allgemeinen von Montag bis Freitag von 9–17 Uhr geöffnet.

Bed & Breakfast

Zumeist handelt es sich um Privatunterkünfte mit ordentlichem Service in außergewöhnlichen Räumlichkeiten. Entsprechend ist der Preis. Er liegt kaum unter dem Niveau großer Hotels.

Behinderte

In den USA ist man um behindertengerechte Einrichtungen und Angebote für Behinderte besorgt. Bus- und Bahngesellschaften offerieren besonderen Service und spezielle Vergünstigungen, die Straßenverkehrsämter *(Department of Motor Vehicle)* stellen Parkausweise aus, die meist zum kostenlosen und zeitlich unbegrenzten Parken berechtigen. Große Hotels und einige Motelketten verfügen über behindertengerechte Räume. Informationen sind zu erhalten über

- Information Center for Individuals with Disabilities, Ford Point Place, 1st. Floor, 27-43 Wormwood St., Boston, MA 02210, Tel. 617-727-5540
- American Automobile Association (siehe unter Automobilclubs)

sowie über

- Society for the Advancement of Travel for the Handicaped, 36 Court St., Brooklyn, NY 1124

Benzin

In den USA werden folgende Benzinsorten angeboten: *Regular Unleaded* (bleifreies Normalbenzin), *Premium Unleaded* (bleifreies Superbenzin), *Unleaded Plus* (bleifreies Gemisch aus Normal- und Superbenzin, das fast alle Fahrzeuge mit Katalysator benötigen).

Bevölkerung

Bevölkerungsstruktur und -wachstum der Vereinigten Staaten von Amerika sind permanenten Veränderungen unterworfen.

Seit Beginn dieses Jahrhunderts hat sich die Bevölkerung mehr als verdreifacht. Im wesentlichen bestimmen drei Hauptgruppen die Bevölkerungsstruktur: die Majorität der Weißen, die schwarze Bevölkerung sowie die spanisch sprechenden Nationalitäten. Die auf dem Kontinent ehemals stärkste Gruppe der indianischen Ureinwohner gehört heute zu den Minderheiten.

Basierend auf der Volkszählung von 1990 wurden für 1996 265 Millionen amerikanische Staatsbürger geschätzt: davon rund 26 Millionen (9,9 Prozent) Latinos (mexikan., südamer., karib. Herkunft), 9 Millionen Asiaten (3,6 Prozent), 32 Millionen Schwarze (12 Prozent) afrikanischer Herkunft, 2,2 Millionen Natives (Indianer, Inuit und Aleuten) sowie 192 Millionen (72,4 %) Weiße nichtspanischer Abstammung. Etwa jeder fünfte Amerikaner wurde im Ausland geboren. Zwischen 1991 und 1995 wurden jährlich 900 000 Einwanderer aufgenommen. Die Zahl wurde jetzt auf 700 000 jährlich reduziert.

Capitol, Washington D.C.

Regional gibt es große Unterschiede in der Bevölkerungsdichte. Am dichtesten besiedelt sind die Bundesstaaten an der Nordostküste (über 200 Einwohner pro Quadratkilometer), die Industriestaaten um die Großen Seen sowie Kalifornien an der Westküste. Am dünnsten besiedelt sind Nevada, New Mexico sowie die Staaten des Nordwestens an der Grenze zu Kanada (unter zehn Einwohner pro Quadratkilometer).

Die Volkszählung von 1990 ergab auch: zwei Drittel aller Staatsbürger über 16 Jahre stehen in einem Beschäftigungsverhältnis (74 Prozent aller Männer, 58 Prozent aller Frauen); rund vier Fünftel wohnen in Großstädten; mehr als 50 Prozent wohnen im Westen und Süden; zwei Drittel leben in Eigenheimen; mehr als 80 Prozent haben einen High-School-Abschluß, 22 Prozent einen Hochschulabschluß, und 85 Prozent aller Amerikaner verfügen über eine Krankenversicherung.

In den sechziger Jahren hatte die Bürgerrechtsbewegung erreicht, daß alle Amerikaner vor dem Gesetz gleichgestellt sind. Über Sonderprogramme *(affirmative action)* sollten Diskriminierungen von Frauen und ethnischen Minderheiten in Bildung und Beruf durch Quoten abgebaut werden. Seit Anfang der neunziger Jahre jedoch ist eine starke Bewegung gegen diese Programme zu verzeichnen, da weiße Amerikaner eine Benachteiligung der Mehrheit beanstanden.

Mit etwa 60 000 Gewaltverbrechen jährlich und rund 150 Inhaftierten pro 100 000 Einwohner haben die USA die höchste Kriminalitätsrate in der westlichen Welt.

Bildungswesen

Das Bildungssystem und die Teilnahme daran spielt innerhalb der amerikanischen Gesellschaft eine herausragende Rolle. Wissenserwerb ist Triebkraft im Kampf um wirtschaftlichen und gesellschaftlichen Erfolg. *Bildung ein Leben lang* lautet die Devise für jeden amerikanischen Staatsbürger. Begründet wird sie damit, Bildung diene unter anderem dazu, die Demokratie zu fördern, Armut und Kriminalität zu senken, Arbeitslosigkeit zu beseitigen, den wissenschaftlichen und technologischen Fortschritt voranzutreiben, die Kultur zu bereichern und Unterschiede zwischen ethnischen Gruppen zu überwinden.

Das Bildungssystem ist in vier Stufen gegliedert: beginnend mit der Vorschule *(preschool),* daran anschließend die Grundschule *(elementary school)* und die Sekundarstufe *(secondary school),* die mit einem High-School-Diplom abschließt. Anschließend kann die Ausbildung im Tertiärbereich *(post-secondary school)* an Colleges, Universitäten und Fachhochschulen fortgesetzt werden, je nach individuellen Interessen und finanziellen Möglichkeiten. In allen Bereichen gibt es sowohl staatliche als auch private Schulen und Universitäten.

Allgemeine Schulpflicht besteht in den meisten Bundesstaaten zwischen sechs und 16 Jahren, in einzelnen auch bis 18 Jahre. Die Ausbildung der Grund- und Sekundarschule ist für alle Staatsbürger kostenlos, Vorschulbildung hingegen freiwillig und kostenpflichtig, ebenso die Ausbildung nach dem High-School-Diplom. Dieses bestätigt dem Schüler, alle Bedingungen für den Abschluß der High-

School des betreffenden Bundesstaates erfüllt zu haben. Sie können eine bestimmte Anzahl von *course credits* (Testate für erfolgreiche Kurse) oder eine Gesamtzahl aller erworbenen *credits* beinhalten. Etwa drei Viertel aller volljährigen Amerikaner erreichten Ende der achtziger Jahre einen High-School-Abschluß.

Einrichtung und Verwaltung öffentlicher Schulen werden durch die einzelnen Bundesstaaten organisiert, ebenso deren Finanzierung. Zwar gibt es offiziell keine Verantwortung seitens der amerikanischen Bundesregierung, dennoch kontrolliert sie de facto die Finanzierung und die Einhaltung staatlicher Bildungspolitik. Obgleich Abschlüsse in verschiedenen Staaten nicht vergleichbar sind, ist die Durchlässigkeit des Bildungssystems, seine Vielfalt und seine flexible Anwendung bei Berufswechsel allgemein anerkannt.

Über die Hälfte aller High-School-Absolventen strebt eine höhere Bildung an weiterführenden Institutionen des tertiären Bereichs an. In den letzten 20 Jahren hat die Zahl der Einschreibungen an Universitäten, Colleges oder Fachhochschulen zugenommen, was insbesondere auf das höhere Bildungsinteresse von Frauen, Einwandererkindern, älteren Bürgern und Teilzeitstudenten zurückzuführen ist.

Hervorzuheben sind die Ergebnisse für amerikanische Frauen im Bildungsbereich. In den achtziger Jahren hatten mehr Frauen (bis 25 Jahre) als Männer die Oberschule abgeschlossen, Ende der siebziger Jahre waren mehr Frauen an den Colleges eingeschrieben, und sie hatten die Hälfte aller Bachelor-Abschlüsse und Magister-Grade. Allerdings nur noch rund ein Drittel hatte eine Promotionsarbeit geschrieben.

Bundesstaaten

Siehe Auflistung auf Seite 154

Busse

Die nicht unkomfortablen Busse der Linien Greyhound/Trailways Inc. sind eine preiswerte Möglichkeit, in die nächstgelegene größere Stadt zu reisen. Eher ländliche Regionen werden von den Über-

Mount Rushmore

Name	Abkz.	Beiname	Rang km²	Rang Einw.	Hauptstadt	Größte Stadt	Region
Alabama	AL	Heart of Dixie Camelia State	28	22	Montgomery	Birmingham	Süden
Alaska	AK	The Last Frontier Great Land	1	49	Jeneau	Anchorage	Norden
Arizona	AZ	Grand Canyon State	6	24	Phoenix	Phoenix	Westen
Arkansas	AR	Land of Opportunity	27	33	Little Rock	Little Rock	Süden
California	CA	Golden State	3	1	Sacramento	Los Angeles	Westen
Colorado	CO	Centennial State Silver State	8	26	Denver	Denver	Westen
Connecticut	CT	Constitution State	48	27	Hartford	Bridgeport	Osten
Delaware	DE	First State Diamond State	49	46	Dover	Wilmington	Osten
District of Columbia	DC				Washington D.C.	Washington D.C.	Osten
Florida	FL	Sunshine State	26	4	Tallahassee	Jacksonville	Süden
Georgia	GA	Empire State of the South; Peach State	21	11	Atlanta	Atlanta	Süden
Hawaii	HI	Aloha State	47	40	Honolulu	Honolulu	Westen
Idaho	ID	The Gem State	11	42	Boise	Boise	N-Westen
Illinois	IL	Land of Lincoln	24	6	Springfield	Chicago	M-Westen
Indiana	IN	Hoosier State	38	14	Indianapolis	Indianapolis	M-Westen
Iowa	IA	Hawkeye State	23	30	Des Moines	Des Moines	M-Westen
Kansas	KS	The Sunflower State The Jayhawker State	13	32	Topeka	Wichita	M-Westen
Kentucky	KY	Blue Grass State	37	23	Frankfort	Louisville	Süden
Louisiana	LA	Sunflower State	33	21	Baton Rouge	New Orleans	Süden
Maine	ME	Pine Tree State	39	38	Augusta	Portland	Osten
Maryland	MD	Old Line State Free State	42	19	Annapolis	Baltimore	Osten
Massachusetts	MA	Bay State	45	13	Boston	Boston	Osten
Michigan	MI	Great Lakes State Wolverine State	22	8	Lansing	Detroit	Osten
Minnesota	MN	North Star State	14	20	St. Paul	Minneapolis	N-Westen
Mississippi	MS	Magnolia State	31	31	Jackson	Jackson	Süden
Missouri	MO	Show Me State	18	15	Jefferson City	Kansas City	M-Westen
Montana	MT	Treasure State Big Sky Country	4	44	Helena	Billings	Norden
Nebraska	NE	Cornhusker State	15	36	Lincoln	Omaha	M-Westen
Nevada	NV	The Silver State	7	39	Carson City	Las Vegas	Westen
New Hampshire	NH	Granite State	44	41	Concord	Manchester	Osten
New Jersey	NJ	Garden State	46	9	Trenton	Newark	Osten
New Mexico	NM	Land of Enchantment	5	37	Sante Fe	Albuquerque	S-Westen
New York	NY	Empire State	30	2	Albany	New York City	Osten
North Carolina	NC	Tar Heel State Old North State	29	10	Raleigh	Charlotte	Süden
North Dakota	ND	Peace Garden State Sioux State	17	47	Bismarck	Fargo	Norden
Ohio	OH	Buckeye State	35	7	Columbus	Columbus	Osten
Oklahoma	OK	Sooner State	19	28	Oklahoma City	Oklahoma City	Süden

Zeitzone	Größe	Bevölkerung	Einwohner pro km²	Höchste Erhebung	Tiefster Punkt	Staats-gründung
Central = MEZ – 7 Std.	132.500 km²	4.055.400	30,6	733 m	NN	14. Dez. 1819
Alaska = MEZ –10 Std. Pacific = MEZ – 9 Std. Yukon = MEZ – 9 Std.	1.506.215 km²	553.100	0,36	6.194 m	NN	03. Jan. 1959
Mountain = MEZ – 8 Std.	295.100 km²	3.771.000	12,8	3.850 m	21 m	14. Feb. 1912
Central = MEZ – 7 Std.	135.600 km²	2.358.200	17,4	839 m	17 m	15. Jun. 1836
Pacific = MEZ – 9 Std.	409.445 km²	30.260.400	73,9	4.418 m	–86 m	09. Sep. 1850
Mountain = MEZ – 8 Std.	269.150 km²	3.310.500	12,3	4.399 m	1.021 m	01. Aug. 1876
Eastern = MEZ – 6 Std.	12.750 km²	3.290.200	258,1	725 m	NN	09. Jan. 1788
Eastern = MEZ – 6 Std.	5.190 km²	667.100	128,5	129 m	NN	07. Dez. 1787
Eastern = MEZ – 6 Std.	163 km²	609.400	3.738,7	125 m	0,30 m	
Eastern = MEZ – 6 Std. Central = MEZ – 7 Std.	143.800 km²	12.970.000	90,2	105 m	NN	03. Mär. 1845
Eastern = MEZ – 6 Std.	151.600 km²	6.490.200	42,8	1.458 m	NN	02. Jan. 1788
Hawaii = MEZ –11 Std.	16.700 km²	1.112.800	66,6	4.205 m	NN	21. Aug. 1959
Mountain = MEZ – 8 Std. Pacific = MEZ – 9 Std.	215.700 km²	1.009.000	4,7	3.859 m	216 m	03. Jul. 1890
Central = MEZ – 7 Std.	145.100 km²	11.442.300	78,9	376 m	85 m	03. Dez. 1818
Eastern = MEZ – 6 Std. Central = MEZ – 7 Std.	93.200 km²	5.548.700	59,5	383 m	98 m	11. Dez. 1816
Central = MEZ – 7 Std.	144.350 km²	2.778.900	19,3	509 m	146 m	28. Dez. 1846
Central = MEZ – 7 Std. Mountain = MEZ – 8 Std.	212.800 km²	2.490.000	11,7	1.231 m	206 m	29. Jan. 1861
Eastern = MEZ – 6 Std. Central = MEZ – 7 Std.	103.750 km²	3.692.300	35,6	1.262 m	78 m	01. Jun. 1792
Central = MEZ – 7 Std.	117.900 km²	4.231.200	35,9	163 m	–1,53 m	30. Apr. 1812
Eastern = MEZ – 6 Std.	82.100 km²	1.231.000	15,0	1.605 m	NN	15. Mär. 1820
Eastern = MEZ – 6 Std.	26.400 km²	4.789.100	181,4	1.024 m	NN	28. Apr. 1788
Eastern = MEZ – 6 Std.	20.850 km²	6.020.500	288,8	1.062 m	NN	06. Feb. 1788
Eastern = MEZ – 6 Std. Central = MEZ – 7 Std.	148.900 km²	9.301.400	62,5	630 m	174 m	26. Jan. 1837
Central = MEZ – 7 Std.	211.700 km²	4.379.000	20,7	701 m	183 m	11. Mai 1858
Central = MEZ – 7 Std.	122.100 km²	2.581.700	21,1	246 m	NN	10. Dez. 1817
Central = MEZ – 7 Std.	179.600 km²	5.126.200	28,5	524 m	70 m	10. Aug. 1821
Mountain = MEZ – 8 Std.	377.200 km²	810.800	2,1	3.901 m	549 m	08. Nov. 1889
Central = MEZ – 7 Std. Mountain = MEZ – 8 Std.	199.800 km²	1.589.700	7,9	1.654 m	256 m	01. Mär. 1867
Pacific = MEZ – 9 Std.	285.500 km²	1.221.000	4,3	4.005 m	146 m	31. Okt. 1864
Eastern = MEZ – 6 Std.	23.800 km²	1.110.500	46,6	1.917 m	NN	21. Jun. 1788
Eastern = MEZ – 6 Std.	19.800 km²	7.735.100	390,6	550 m	NN	18. Dez. 1787
Mountain = MEZ – 8 Std.	314.700 km²	1.526.100	4,8	4.011 m	859 m	06. Jan. 1912
Eastern = MEZ – 6 Std.	124.500 km²	18.014.000	144,7	1.629 m	NN	26. Jul. 1788
Eastern = MEZ – 6 Std.	129.200 km²	6.641.800	51,4	2.037 m	NN	21. Nov. 1789
Central = MEZ – 7 Std. Mountain = MEZ – 8 Std.	180.600 km²	642.600	3,6	1.069 m	229 m	02 Nov. 1889
Eastern = MEZ – 6 Std.	106.300 km²	10.863.600	102,2	472 m	139 m	01. Mär. 1803
Central = MEZ – 7 Std.	179.900 km²	3.152.400	17,5	1.516 m	88 m	16. Nov. 1907

Name	Abkz.	Beiname	Rang km²	Rang Einw.	Hauptstadt	Größte Stadt	Region
Oregon	OR	Beaver State	10	29	Salem	Portland	N-Westen
Pennsylvania	PA	Keystone State	32	5	Harrisburg	Philadelphia	Osten
Rhode Island	RI	The Ocean State	50	43	Providence	Providence	Osten
South Carolina	SC	Palmetto State	40	25	Columbia	Columbia	Süden
South Dakota	SD	Coyote State Sunshine State	16	45	Pierre	Sioux Falls	S-Westen
Tennessee	TN	Volunteer State	34	17	Nashville	Memphis	Süden
Texas	TX	Lone Star State	2	3	Austin	Houston	Süden
Utah	UT	Beehive State	12	35	Salt Lake City	Salt Lake City	Westen
Vermont	VT	Green Mountain State	43	48	Montpelier	Burlington	Osten
Virginia	VA	The Old Dominion	36	12	Richmond	Virginia Beach	Süden
Washington	WA	Evergreen State	20	18	Olympia	Seattle	N-Westen
West Virginia	WV	Mountain State	41	34	Charleston	Charleston	Süden
Wisconsin	WI	Badger State	25	16	Madison	Milwaukee	M-Westen
Wyoming	WY	Equality State Cowboy State	9	50	Cheyenne	Cheyenne	Norden

landbussen jedoch kaum angefahren. Greyhound offeriert einen *Ameripass,* der wahlweise für 4, 7, 15 oder 30 Tage gültig ist und beliebig viele Fahrten ermöglicht. Der Paß kann nur außerhalb der USA erworben werden.

Camping

Zahlreich sind die Campingplätze in den USA. Ihr Standard ist gut. Die Gebühren sind abhängig vom Standard und von den Freizeiteinrichtungen auf dem Camping-Gelände. Kleinere *Campgrounds* und solche jenseits der Hauptrouten fordern oft das *self registering,* das eigenständige Registrieren und Bezahlen. Dafür werden 1-Dollar-Scheine benötigt. Das freie oder wilde Campieren ist nicht erlaubt. Die größte Kette privater Campingplätze ist *Kampgrounds of America (KOA).*

Chronik

1607	Erste englische Koloniegründung an der Ostküste (heutiges Virginia)
1620–1681	Weitere Koloniegründungen an der Ostküste
1763	Französische Niederlage im Siebenjährigen Krieg, einige Kolonialgebiete fallen an England
1775	Beginn des amerikanischen Unabhängigkeitskrieges
1776	Unabhängigkeitserklärung der Vereinigten Staaten von Amerika
1783	Großbritannien erkennt Unabhängigkeit der 13 ehemaligen Kolonien an der heutigen Ostküste an, das amerikanische Staatsgebiet reicht bis zum Mississippi
1787	Verfassung der Vereinigten Staaten von Amerika
1803	Kauf großer französischer Gebiete zwischen Mississippi und Rocky Mountains
1819	Spanien tritt Florida an die USA ab

Zeitzone	Größe	Bevölkerung	Einwohner pro km²	Höchste Erhebung	Tiefster Punkt	Staats-gründung
Mountain = MEZ – 8 Std. Pacific = MEZ – 9 Std.	249.800 km²	2.848.100	11,4	3.426 m	NN	14. Feb. 1859
Eastern = MEZ – 6 Std.	116.900 km²	11.878.000	101,6	979 m	NN	12. Dez. 1787
Eastern = MEZ – 6 Std.	2.950 km²	1.005.200	340,7	247 m	NN	29. Mai 1790
Eastern = MEZ – 6 Std.	79.200 km²	3.491.600	44,9	1.085 m	NN	23. Mai 1788
Central = MEZ – 7 Std. Mountain = MEZ – 8 Std.	198.100 km²	699.300	3,5	2.207 m	293 m	02. Nov. 1889
Eastern = MEZ – 6 Std. Central = MEZ – 7 Std.	107.900 km²	4.888.500	45,3	2.025 m	54 m	01. Jun. 1796
Central = MEZ – 7 Std. Mountain = MEZ – 8 Std.	683.305 km²	17.034.000	24,9	2.667 m	NN	29. Dez. 1845
Mountain = MEZ – 8 Std.	215.800 km²	1.747.200	8,1	4.321 m	610 m	04. Jan. 1896
Eastern = MEZ – 6 Std.	24.400 km²	563.800	23,1	1.339 m	29 m	04. Mar. 1791
Eastern = MEZ – 6 Std.	104.100 km²	6.199.000	59,5	1.746 m	NN	25. Jun. 1788
Pacific = MEZ – 9 Std.	173.100 km²	4.873.800	28,2	4.392 m	NN	11. Nov. 1889
Eastern = MEZ – 6 Std.	62.500 km²	1.997.400	31,9	1.482 m	73 m	20. Jun. 1863
Central = MEZ – 7 Std.	142.900 km²	4.898.100	34,2	595 m	176 m	29. Mai 1848
Mountain = MEZ – 8 Std.	252.300 km²	453.900	1,8	4.207 m	945 m	10. Jul. 1890

Vergleichszahlen Bevölkerungsdichte Deutschland: 228 pro km² / Österreich: 240 pro km² / Schweiz: 168 pro km²

1845 Texas wird annektiert
1846 Gebiete südlich des 49. Breitengrades bis zur Pazifikküste werden amerikanisches Territorium (Washington, Idaho, Oregon)
1846–1848 Mexikanischer Krieg: Mexiko muß große Gebiete des heutigen Kalifornien, New Mexico, Nevada und Utah abtreten
1861–1865 Amerikanischer Bürgerkrieg: Abschaffung der Sklaverei in den Südstaaten
1867 Kauf Alaskas
1882 Beginn der großen Einwanderungswellen aus Ost- und Südeuropa
1898 Spanischer Krieg: u.a. Annexion von Hawaii

Miami Beach

1900	Staatsbürgerrechte für amerikanische Frauen
1917	Eintritt der USA in den Ersten Weltkrieg
1920	Wahlrecht für amerikanische Frauen
1929	Beginn der Weltwirtschaftskrise
1941	Eintritt der USA in den Zweiten Weltkrieg, Überfall der Japaner auf Pearl Harbour
1945	Präsident Roosevelt stirbt, sein Nachfolger wird Truman, der den Abwurf zweier amerikanischer Atombomben auf Hiroshima und Nagasaki befürwortet
1947	Verkündung des Marshall-Plans, der die kommunistischen Staaten in Europa zurückwerfen soll
1950	Koreakrieg (Waffenstillstand ab Juli 1951)
1954	Anhörungen zahlreicher Intellektueller und Künstler vor dem Untersuchungsausschuß für unamerikanisches Verhalten im amerikanischen Kongreß (McCarthy-Ausschuß)
1957	Gesetz zur Gleichstellung rassischer Minderheiten (insbesondere Schwarzer)
1957	Start des ersten Weltraumsatelliten Sputnik in der Sowjetunion löst in den USA den „Sputnik-Schock“ aus
1959	Chruschtschow zu Staatsbesuch in den USA, Annäherung zwischen den USA und der Sowjetunion, nach Abschuß eines US-Aufklärers über sowjetischem Gebiet eingefroren
1961	Beginn der Kuba-Krise, die bis heute andauert: Abbruch diplomatischer Beziehungen
1961	Erster amerikanischer Astronaut im All (einen Monat nach Gagarin)
1963	Rassenunruhen in den Südstaaten
1963	Ermordung von Präsident John F. Kennedy
1964	Verabschiedung eines „Bürgerrechtsgesetzes“, das die Diskriminierung und Benachteiligung von Schwarzen aufhebt
1964	Verschärfung der Indochina-Krise: das Parlament hatte dem Präsidenten Johnson Vollmachten zum Eingreifen zugestanden
1965	Erster schwarzer Minister in einer US-Regierung
1968	Martin Luther King (schwarzer Bürgerrechtler) wird ermordet
1969	Erste bemannte Weltraummission landet auf dem Mond
1972	Beginn der Normalisierung mit der Volksrepublik China
1973	Watergate-Affäre (Präsident Nixon tritt 1974 vom Amt zurück)
1980	Weizenembargo gegen die Sowjetunion und USA-Boykott der Sommerolympiade in Moskau, ausgelöst durch die Afghanistan-Invasion der Sowjetunion im Dezember 1979
1983	Intervention der USA in Grenada
1983	Präsident Reagan stellt SDI-Pläne (Strategische Waffen-Stationierung im All) vor
1985	Erstes amerikanisch-sowjetisches Gipfeltreffen in Genf, Beginn intensiver Verhandlungen mit Gorba-

	tschow über Rüstungskontrolle und -abbau
1989	Militärisches Eingreifen in Panama
1990	USA und UdSSR einigen sich auf Truppenreduzierung in Europa von jeweils 195 000 Soldaten
1991	USA intervenieren im Golfkrieg gegen den Irak
1992	Der Demokrat Bill Clinton gewinnt Präsidentschaftswahlen gegen George Bush
1994	USA beenden das seit 1964 bestehende Handelsembargo gegen Vietnam
1995	Absicht republikanischer Kongreßabgeordneter, das SDI-Programm wiederzubeleben, scheitert bereits in einer ersten Abstimmung im Repräsentantenhaus
1996	Wiederwahl Bill Clintons als US-Präsident

Devisen

Bis zu einem Betrag von 10 000 Dollar ist die Ein- und Ausfuhr der Landeswährung frei. Höhere Beträge bedürfen einer Deklaration.

Diplomatische Vertretungen

Siehe Aufstellung auf Seite 160

Einreise

Deutsche, Österreicher und Schweizer benötigen einen gültigen Reisepaß, mindestens gültig für die Zeit des Aufenthalts in den USA. Bei der Einreise muß auch ein Rück- oder Weiterreiseticket vorgelegt oder aber ausreichend finanzielle Mittel vorgewiesen werden können, die eine Ausreise aus den USA ermöglichen. Bei einem länger als 90 Tage währenden Aufenthalt ist ein Visum vonnöten. Informationen über die Modalitäten geben die US-amerikanischen Botschaften und Konsulate.

Eisenbahn

Amtrak, die große US-amerikanische Eisenbahngesellschaft, fährt gut 500 Städte und größere Orte im Lande an. Zahlreich sind die Vergünstigungen, die man auf den Fahrpreis erhalten kann, auch

Der Cadillac von Elvis Presley in Memphis

Diplomatische Vertretungen der Bundesrepublik Deutschland, Schweiz und Österreich in den USA

Vertretung	Stadt	Anschrift	Telefon	Fax
BRD (K)	Boston	Three Copley Place, Suite 500, Boston, MA 02116	617-536 81 72	617-536 85 73
Schweiz (K)	Boston	20 Park Plaza, Suite 1207, Boston, MA 02116-4399	617-357 16 17	617-537 16 18
Österreich (K)	Boston	211 Congress Street, Suite 400, Boston, Ma 02110	617-426 03 30	617-461 14 12
BRD (K)	Buffalo	135 Delaware Ave., Buffalo, NY 14202	716-854 40 10	716-854 78 60
Schweiz (K)	Buffalo	75 Glen Drive, Amherst, NY 14228-2171	716-691 88 06	716-691 52 26
Österreich (K)	Buffalo	107 Delaware Ave, Suite 500, Buffalo, NY 14202	716-852 70 00	
BRD (K)	New York	460 Park Ave. New York, NY 10022	212-308 87 00	212-308 34 22
Schweiz (K)	New York	665 Fifth Ave. Rolex Bldg. 8th Floor, New York, NY 10022	212-758 25 60	212-207 80 24
Österreich (K)	New York	950 3rd Ave. New York NY 10022	212-737 64 00	212-772 89 26
BRD (K)	Philadelphia	1617 JFK Boulevard, Philadelphia, PA 19103	215-665 32 63	215-665 31 65
Schweiz (K)	Philadelphia	Public Ledger Bldg., Independence Square, Philadelphia, PA 19106	215-922 22 15	
Österreich (K)	Philadelphia	3 Parkway, 20th Floor, Philadelphia, PA 19102	215-665 73 48	215-636 93 73
BRD (K)	Pittsburgh	100 Sandusky Street, Pittburgh, PA 15212-5852	412-322 98 80	412-321 76 34
Schweiz (K)	Pittsburgh	P. O. Box 7379, Pittburgh PA 15213	412-621 88 04	412-621 96 11
BRD (B)	Washington D.C.	4645 Reservoir Road, NW., Washington D.C. 20007-1998	202-298 81 40	202-298 42 49
Schweiz (B)	Washington D.C.	2900 Cathedral Ave., NW, Washington D.C. 20008-3499	202-745 79 00	202-387 25 64
Österreich (B)	Washington D.C.	3524 International Court, NW., Washington D.C. 20008	202-895 67 00	202-895 67 50
BRD (K)	Virginia Beach	536 Viking Drive, Virginia Beach VA23452	804-486 84 44	804-486 92 49
BRD (K)	Spartanburg	290 Montgomery Drive, Spartanburg SC 29302	803-582 51 33	803-579 59 30
Schweiz (K)	Spartanburg	I-85 & Bryant Rd., Spartanburg, SC 29303	803-578-71 01	803-578 71 07
BRD (K)	Nashville	2700 First American Center, Nashville, TN 37238	615-244 53 70	615-742 62 93
Konsulat der BRD	Savannah	6001 Chatham Center, 3rd Floor Orleans Bldg., Savannah GA 31402	912-232 55 81	912-238 55 24
BRD (K)	Atlanta	285 Peachtree Center, Suite 901, Atlanta GA 30303-1221	404-659 47 60	404-659 12 80
Schweiz (K)	Atlanta	1275 Peachtree Street, NE. Suite 425, Atlanta GA 30309-3555	404-870 20 00	404-870 20 11
Österreich (K)	Atlanta	10 N Parkway Square, 4200 North Side Parkway NW., Atlanta GA 30327	404-264 98 58	404-266 38 64
BRD (K)	Miami	100 N. Biscayne Blvd. Miami, FL 33132	305-358 02 90	305-358 03 07
Schweiz (K)	Miami	7319 SW.97th Ave. Miami, FL 33173	305-274 42 10	305-595 63 42
Österreich (K)	Miami	Suite 200, Republic Bldg. 1454 NW., 17th Ave., Miami FL 33125	305-325 15 61	
BRD (K)	St. Petersburg	4400 Central Ave., St. Petersburg, FL 33733	813-327 44 44	813-323 49 37
BRD (K)	Jacksonville	1510 Talleyrand Ave., Jacksonville, FL 32206	904-353 17 41	904-632 13 19
BRD (K)	New Orleans	Poydras Plaza, 8th Floor, 639 Loyola Ave., New Orleans LA 70113	504-576 42 89	504-576 42 69
Schweiz (K)	New Orleans	1620 8th Street, New Orleans, LA 70115	504-897 65 10	
Österreich (K)	New Orleans	755 Magazine Street, New Orleans, LA 70130-3672	504-581 51 41	504-566 12 01
BRD (K)	San Antonio	1500 Alamo Bldg. 105 South St. Maryís Street, San Antonio TX 78205	512-224 44 55	512-224 64 30
BRD (K)	Dallas	5580 Peterson Lane, Suite 160, Dallas, TX 75240	214-239 07 07	214-788 42 47
Schweiz (K)	Dallas	2651 N. Harwood, Suite 455, Dallas, TX 75201	214-965 10 25	214-871 08 79
BRD (K)	Corpus Christi	5440 Old Brownsville Rd., Corpus Christi, TX 78469	512-289 24 16	
BRD (K)	Houston	1330 Post Oak Blvd. Suite 1850, Houston, TX 77056-3018	713-627 77 70	713-627 05 06
Schweiz (K)	Houston	First Interstate Plaza, 1000 Louisiana, Suite 5670, Houston, TX 77002	713-650 00 00	713-650 13 21
Österreich (K)	Houston	7887 Katy Freeway, Suite 200, Houston, TX 77024	713-688 11 26	713-956 86 67
BRD (K)	St. Louis	49 Orange Hill Drive, Chesterfield, MO 63017	314-576 47 86	314-576 69 56
Österreich (K)	St. Louis	200 South Bemiston, Suite 103, Clayton, MO 63105	314-966 76 87	
BRD (K)	Albuquerque	5700 Harper NE., Suite 430, Albuquerque, NM 87109	505-822 88 26	505-828 26 82

Vertretung	Stadt	Anschrift	Telefon	Fax
BRD (K)	Denver	350 Indiana Street, Suite 400, Golden CO 80401	303-279 15 51	
Schweiz (K)	Denver	2810 Liff, Boulder, CO 80303	303-499 56 41	303-499 99 77
Österreich (K)	Denver	821 17th Street, Suite 2450, Denver, CO 80293-2450	303-292 90 00	303-292 54 45
BRD (K)	Phoenix	1130 East Missouri Ave., Suite 200, Phoenix, AZ 85014	602-264 25 45	602-285 02 96
Schweiz (K)	Phoenix	3020 N. Scctsdale Rd., Suite A, Scottsdale, AZ 85251	602-945 00 00	602-481 00 81
BRD (K)	Salt Lake City	254 West 4th South, Suite 305, Salt Lake City, UT 84101	801-364 95 73	801-322 09 30
Schweiz (K)	Salt Lake City	1455 South 11th East, Salt Lake City, UT 84106	801-487 04 50	801-467 77 11
BRD (K)	San Diego	6215 Ferris Square, Suite 125, San Diego CA 92121-3251	619-455 14 23	619-452 0609
BRD (K)	San Francisco	1960 Jackson Street, San Francisco, CA 94109	415-775 10 61	415-755 01 87
Schweiz (K)	San Francisco	456 Montgomery Street, Suite 1500, San Francisco, CA 94104-1233	415-788 22 72	415-788 14 02
Österreich (K)	San Francisco	41 Sutter Street, Suite 207,San Francisco, CA 94104	415-951 89 11	415-444 78 35
BRD (K)	Los Angeles	6222 Wilshire Blvd., Suite 500, Los Angeles, CA 90048	213-930 27 03	213-930 28 05
Schweiz (K)	Los Angeles	11766 Wilshire Blvd. Suite 1400, Los Angeles, CA90025	310-575 11 45	310-575 19 82
Österreich (K)	Los Angeles	11859 Wilshire Blvd. Suite 501, LosAngeles, CA 900 25	310-444 93 10	310-477 98 97
BRD (K)	Las Vegas	925 East Dessert Inn Rd., Las Vegas, NV 89109	702-734 97 00	702-735 46 92
BRD (K)	Portland	200 SW Market Street, Suite 1695, Portland, OR 97201	503-222 04 90	503-248 01 38
BRD (K)	Spokane	S. 123rd. Post, Spokane, WA 99204	509-624 52 42	
BRD (K)	Seattle	One Union Square, Suite 2500, 600 University Street, Seattle, WA 98101	206-682 43 12	206-682 37 24
Österreich (K)	Seattle	4131 - 11th NE.,Penthouse 1, Seattle, WA 98105	206-633 36 06	206-632 77 86
BRD (K)	Honolulu	2005 Kalia Rd., Suite 1 I, Honolulu, HI 96815	808-946 38 19	808-946 38 19
Schweiz (K)	Honolulu	4231 Papu Circle, Honolulu, HI 96816	808-737 52 97	808-734 39 96
Österreich (K)	Honolulu	1314 South King Street, Suite 1260, Honolulu, HI 96814	808-923 85 85	808-528 28 00
BRD (K)	Anchorage	425 „G“ Street, Suite 650, Anchorage, AK 99501	907-274 65 37	907-274 87 98

(B) = Botschaft (K) = Konsulat

werden Pässe angeboten, für die man während einer bestimmten Zeit beliebig viele Bahnkilometer zurücklegen kann. Die Kosten sind abhängig von der Zeit und der Anzahl der Regionen, die man zu durchqueren gedenkt. Dieser *USA Rail Pass* ist jedoch nur außerhalb der USA erhältlich. Informationen gibt es unter der kostenfreien Amtrak-Rufnummer 1-800-872-7245.

Einzig auf der Strecke zwischen Washington D.C. und Sanford in Florida verkehrt ein Autoreisezug.

Alte Hütte am Mississippi-Ufer in Natchez

Elektrizität

Die Stromspannung liegt bei 110–115 Volt. Für Elektrogeräte aus Europa bedarf es mindestens eines Zwischensteckers (Adapter). Wenn das Gerät nicht auf die US-Spannung umstellbar ist, auch eines Transformators.

Essen und Trinken

Die kulinarische Vielfalt in den USA ist besser als das Image der US-amerikanischen Küche. Es gibt auch *Fast food,* aber eben nicht nur. Das Angebot gleicht in etwa dem in Europa. Es reicht von Spitzenrestaurants über die Vielfalt der fremdländischen Restaurants und so deftiger wie meistens üppiger Hausmannskost bis hin zu Schnellimbissen und Bouletten-Bratereien. Teuer ist das Speisen in Restaurants, die eine Liquor-Lizenz haben. Preiswert ist es in den Gaststätten größerer Restaurant-Ketten wie etwa *The Olive Garden* (italienische Küche), *Bob Evans* (amerikanische Küche) oder *Red Lobster* (Fischgerichte).

Das Frühstück *(breakfast)* wird zwischen 7 und 10 Uhr eingenommen. Im Übernachtungspreis in Hotels ist es meist nicht eingeschlossen. *Brunch,* eine Mahlzeit zwischen *breakfast* und *lunch,* wird an Sonn- und Feiertagen angeboten.

Das Mittagessen *(lunch)* wird gemeinhin zwischen 12 und 14 Uhr angeboten. Die Hauptmahlzeit ist das *dinner,* das ab 18 Uhr offeriert wird.

In den guten und besseren Restaurants wird der Platz durch das Bedienungspersonal zugewiesen. Ein Schild mit der Aufschrift *Please wait to be seated* weist auf diese Usance hin.

Feiertage

Feiertage sind: Neujahrstag, Martin Luther Jr´s Birthday King Day (dritter Montag im Januar), George Washington´s Birthday (dritter Montag im Februar), Mardi Gras (Karneval, nur regional), Good Friday (Karfreitag, nur regional), Conferate Memorial Day (26. April, nur in den Südstaaten), Memorial Day (letzter Montag im Mai), Independence Day (4. Juli), Labour Day (erster Montag im September), Columbus Day (zweiter Montag im Oktober), Veteran´s Day (11. November), Thanksgiving Day (vierter Donnerstag im November), Christmas Day (25. Dezember). In Wahljahren kommt der Election Day, der Dienstag nach dem ersten Montag im November dazu. Fällt ein Feiertag auf einen Sonntag, ist der darauffolgende Montag arbeitsfrei.

Flaggen

Siehe Seite 164

Flugverkehr

Das Flugnetz ist außerordentlich dicht. Die meistbeflogenen Strecken werden im festen Takt beflogen. Es gibt etliche Pauschal- und Spezialtarife, die den Flugpreis um bis zu 50 Prozent ermäßigen können.

Föderalismus

Man hat sehr lange gerungen, ehe aus den heute 50 Staaten das Gebilde „Vereinigte Staaten von Amerika“ entstanden ist. Das geographisch, sozial und ethnisch stark gegliederte Land sieht im föderalen Prinzip den Garanten für einen sozialen Pluralismus. Das föderale Selbstverständnis, verbunden mit einem tiefen Mißtrauen gegen jegliche Machtkonzentration, wird durch die Verfassung gesichert.

Bis heute ist die amerikanische Gesellschaft vom Spannungsverhältnis zwischen Zentralisierung und föderalem Aufbau geprägt. Manchen Amerikanern scheint der Einfluß der Bundesregierung und damit einhergehender Zentralismus zu stark; in ihrem Verständnis wird Freiheit durch Dezentralisierung garantiert. Daher genießen lokale Politik und Bürgernähe einen hohen Stellenwert.

Bund und Einzelstaaten teilen sich verschiedene Kompetenzen, grenzen sich aber auch stark voneinander ab. Dem Bund obliegt die Verantwortung für einen einheitlichen Wirtschaftsraum sowie Außenbeziehungen. Die Regelung sozialer Tatbestände, zum Beispiel eine zentrale Sozialversicherung, ermöglicht staatliche Einflüsse auf Arbeitslosenhilfe, Sozialhilfe sowie die Unterstützung sozialer Dienste. Dies garantiert ein Minimum an gleichen Verhältnissen für die amerikanischen Bürger, überläßt den Einzelstaaten und Kommunen jedoch dezentrale Freiräume und Ermessensspielräume.

Das föderale Prinzip hat allerdings eine Vielfalt und mitunter Unübersichtlichkeit an regionalen und kommunalen Organisationsformen und Zuständigkeiten hervorgebracht.

Fotografieren

Alle gängigen Filme und Fotomaterialien sind erhältlich. Schwierigkeiten kann es allerdings mit Diafilmen geben, die oft nur von Fachgeschäften angeboten werden.

Frauen

Das Heimatland der Frauenbewegung sind die USA. Angefangen hat die Entwicklung bereits im 19. Jahrhundert. Mitte des vergangenen Jahrhunderts fochten sie aktiv für die Abschaffung der Sklaverei, und schon 1848 hatten amerikanische Frauenrechtlerinnen

Die Durango- & Silverton-Bahn in Colorado verkehrt nur noch für Touristen

USA

Alabama

Alaska

Arizona

Arkansas

California

Colorado

Connecticut

Delaware

Florida

Georgia

Hawaii

Idaho

Illinois

Indiana

Iowa

Kansas

Kentucky

Louisiana

Maine

Maryland

Massachusetts

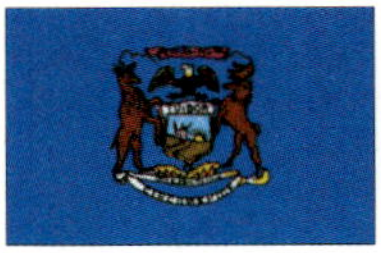

Michigan

Minnesota

Mississippi

Missouri

Montana

Nebraska

Nevada

New Hampshire

New Jersey

New York

North Carolina

North Dakota

New Mexico

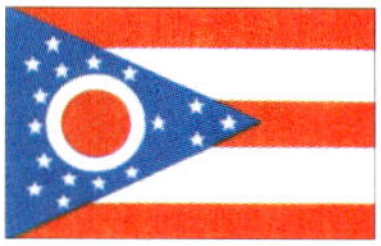
Ohio

Oklahoma

Oregon

Pennsylvania

Rhode Island

South Carolina

South Dakota

Tennessee

Texas

Utah

Vermont

Virginia

West Virginia

Wisconsin

Washington

Wyoming

während eines Kongresses in Seneca Falls (US-Bundesstaat New York) das Wahlrecht für Frauen gefordert. Aber erst 1920 wurde das Ziel erreicht, nachdem die nötige Mehrheit der Einzelstaaten (36 Staaten) der Verfassungsänderung zugestimmt hatte. Erst 1900 hatten amerikanische Frauen die Staatsbürgerschaft erhalten. Die Entwicklung lief nicht reibungslos. In den Gründerjahren standen die amerikanischen Frauen der Frauenbewegung distanziert gegenüber. Lange Zeit sicherten sie die traditionelle Rollenverteilung zwischen Mann und Frau ab. Vor allem auch die verschiedenen Einwanderungsgruppen fürchteten um den Verlust ihrer ethnischen Identität. Erst die moderne Wirtschaftsgesellschaft vollzog die Chancengleichheit für Frauen. Das Gesetz über die Bürgerrechte *(Civil Rights)* von 1964 sollte Diskriminierung aufgrund des Geschlechts verhindern, und das Gesetz über gleiche Bezahlung (1963) garantierte Frauen mehr ökonomische Sicherheit.

Wichtige Impulse wurden seitdem im Bildungsbereich und im Arbeitsleben gesetzt. Mitte der achtziger Jahre schlossen mehr Frauen erfolgreich eine Oberschule ab als Männer. Vom Fortschritt im Bildungsbereich profitierten, obgleich in geringerem Maße als weiße Frauen, auch Frauen aus den Minderheiten. Mehr afroamerikanische und hispanische Frauen haben einen Oberschulabschluß als Männer gleicher ethnischer Zugehörigkeit. 1986 hatten 29 Prozent der hispanischen, 37 Prozent der afroamerikanischen und 43 Prozent der weißen Frauen über 25 Jahre einen Oberschulabschluß.

1986 gingen 55 Prozent aller Amerikanerinnen über 16 Jahre einer bezahlten Beschäftigung nach (Männer: 76 Prozent), allerdings vorwiegend in den klassischen weiblichen Berufsfeldern (Textilbranche, Gesundheits- und Sozialbereich, Grundschulen, Banken und Dienstleistungen, Büroberufe), was negative Auswirkungen auf ihr Jahreseinkommen hat, verglichen mit den männlichen Erwerbstätigen.

Mit 53 Prozent sind mehr Frauen wahlberechtigt als Männer, jedoch sind sie trotz enormer Fortschritte seit Mitte der achtziger Jahre in der Politik weiterhin unterrepräsentiert. Sie stellten 1987 lediglich 16 Prozent aller Abgeordneten in den Einzelstaaten, nur 5,5 Prozent der Abgeordneten des Repräsentantenhauses und ganze 2,2 Prozent der Senatoren.

Heute sind die amerikanischen Frauen im Bunde der modernen Industriegesellschaften am weitesten integriert und emanzipiert, wenngleich wichtige Ziele der Gleichberechtigung nicht vom Tisch sind.

Forst-, Park- und Freizeitanlagen

Siehe Übersicht auf Seite 168

Führerschein

Wer ein Auto fahren will, muß einen nationalen Führerschein seines Heimatlandes vorweisen. Ein internationaler Führerschein wird nur in Verbindung mit dem nationalen Führerschein anerkannt.

Fußgänger

Sie sind im Straßenverkehr der USA eigentlich nicht vorgesehen. Die Gehsteige, wenn überhaupt vorhanden, sind häufig in einem miserablen Zustand.

Gebührenpflichtige Highways

Mit *toll* werden Straßengebühren bezeichnet, die auf Highways, Brücken und für Tunneldurchfahrten erhoben werden. Wartezeiten an den Mautstellen können verhindert werden durch abgezähltes Kleingeld, das einem die Durchfahrt durch das Tor *exact fare* ermöglicht. Das Geld muß dort in einen Korb geworfen werden.

Siehe auch Aufstellung über die gebührenpflichtigen Highways auf Seite 171

Geld

Siehe unter Zahlungsmittel

Geographie

Das gesamte Territorium der Vereinigten Staaten von Amerika umfaßt rund 9,3 Millionen Quadratkilometer. Die USA sind damit flächenmäßig das viertgrößte Land der Erde. Größer sind Rußland, Kanada und China.

Die Ausdehnung zwischen Kanada im Norden und der Karibik im Süden beträgt rund 2 500 Kilometer. Die Entfernung von der Ostküste (Atlantik) zur Westküste (Pazifik) mißt rund 4 500 Kilometer. Dabei werden vier Zeitzonen überbrückt. Außerhalb des Kerngebietes liegen die Bundesstaaten Alaska (1,5 Millionen Quadratkilometer) und die Inselgruppe Hawaii (16 800 Quadratkilometer).

Die USA haben gemeinsam mit Kanada Anteil am größten zusammenhängenden Süßwassergebiet (23 Billionen Kubikmeter Wasser) der Welt. Die Großen Seen Lake Superior, Lake Huron, Lake Michigan, Lake Erie und Lake Ontario umfassen auf US-amerikanischer Seite 15,7 Billionen Kubikmeter Wasser.

Darüber hinaus sind die beiden Ströme Mississippi und Missouri mit ihrem Gesamtflußnetz (6 000 Kilometer Länge) von besonderer Bedeutung für die Binnenschiffahrt.

Klimatisch gibt es zwischen den einzelnen Regionen starke Unterschiede. Dennoch liegt der größte Teil des Landes in der gemäßigten Zone, nur der äußerste Süden gehört zur subtropischen Klimazone. Zwischen den nördlichen und südlichen Regionen findet mangels einer ost-westlich verlaufenden Gebirgsbarriere permanent ein Austausch polarer und tropischer Luftmassen statt, so daß relativ schnell extreme Wetterlagen entstehen können. Dadurch können

Viehtrieb in Montana

Forst-, Park- und Freizeitanlagen

Name	Staat	Stadt
Katmei National Monument	Alaska	McKinley Park
Mount Kinley National Park	Alaska	Mc Kinley Park
North Tongass National Forest	Alaska	Juneau
South Tongass National Forest	Alaska	Ketchikan
Canyon de Chelly National Monument	Arizona	Chinle
Casa Grande Ruins National Monument	Arizona	Coolidge
Chiricahua National Monument	Arizona	Willcox
Coronado National Memorial	Arizona	Hereford
Glen Canyon Recreation Area	Arizona	Page
Grand Canyon National Monument	Arizona	Grand Canyon
Hubwell Trading Post National Historical Site	Arizona	Ganado
Lake Mead National Recreation Area	Arizona	Boulder City
Navajo National Monument	Arizona	Tonalea
Saguaro National Monument	Arizona	Tucson
Sitgreaves National Forest	Arizona	Holbrook
Sunset Crater National Monument	Arizona	Flagstaff
Tonto National Forest	Arizona	Phoenix
Tonto National Monument	Arizona	Roosevelt
Bent's Old Fort National Historic Site	Colorado	La Junta
Black Canyon of the Gunnison Nat. Monument	Colorado	Montrose
Colorado National Monument	Colorado	Montrose
Curecant National Recreation Area	Colorado	Montrose
Dinosaur National Monument	Colorado	Dinosaur
Florissant Fossil Beds National Monument	Colorado	Estes Park
Great Sand Dunes National Monument	Colorado	Alamosa
Hovenweep National Monument	Colorado	Mesa Verde
Roosevelt National Forest	Colorado	Fort Collins
Routt National Forest	Colorado	Steamboat Springs
San Isabel National Forest	Colorado	Pueblo
San Juan National Forest	Colorado	Durango
Shadow Mountain National Recreation Area	Colorado	Estes Park
White River National Forest	Colorado	Glenwood Springs
Battleground National Cemetery	Distr. o. Columbia	Washington D.C.
National Capital Parks	Distr. o. Columbia	Washington D.C.
Pennsylvania Avenue National Historic Site	Distr. o. Columbia	Washington D.C.
Theodore Roosevelt Island	Distr. o. Columbia	Arlington
Castillo de San Marcos Monument	Florida	St. Augustine
De Soto National Memorial	Florida	Bradenton
Fort Caroline National Memorial	Florida	St. Augustine
Fort Jefferson National Monument	Florida	Homestead
Fort Mantanzas National Monument	Florida	St. Augustine
Fort Frederica National Monument	Georgia	Simons Island
Fort Pulaski National Monument	Georgia	Savannah Beach
Kennesaw Mountain National Battlefield Park	Georgia	Marietta
City of Refuge National Historical Park	Hawaii	Kona
Craters of the Moon National Monument	Idaho	Arco
Salmon National Forst	Idaho	Salmon
Sawtooth National Forest	Idaho	Twin Falls
St. Joe National Forest	Idaho	St. Maries
Cabrillo National Monument	Kalifornien	San Diego
Devils Postpile National Monument	Kalifornien	Yosemite Nat. Park
Lava Beds National Monument	Kalifornien	Tulelake
Muir Woods National Monument	Kalifornien	Mill Valley
Pinnacles National Monument	Kalifornien	Paicines
Point Reyes National Seashore	Kalifornien	Point Reyes
San Bernardino National Forest	Kalifornien	San Bernardino
Shasta National Forest	Kalifornien	Redding
Sierra National Forest	Kalifornien	Fresno
Six Rivers National Forest	Kalifornien	Eureka

Name	Staat	Stadt
Stanislaus National Forest	Kalifornien	Sonora
Tahoe National Forest	Kalifornien	Nevada City
Trinity National Forest	Kalifornien	Redding
Whiskeytown-Shasta Trinity Recreation Area	Kalifornien	Whiskeytown
Abraham Lincoln Birthplace Nat. Historic Site	Kentucky	Hodgenville
Cumberland Gap National Historical Park	Kentucky	Middlesboro
Chalmette National Historical Park	Louisiana	Arabi
Adams National Historic Site	Massachusetts	Quincy
Cape Cod National Seashore	Massachusetts	South Wellfleet
John Fitzgerald Kennedy National Historic Site	Massachusetts	Brookline
Brices Cross Roads National Battlefield Site	Mississippi	Tupelo
Natchez Trace Parkway	Mississippi	Tupelo
Tombigbee National Forest	Mississippi	Jackson
Vicksburg National Military Park and Cemetary	Mississippi	Vicksburg
George Washington Carver Monument	Missouri	Diamond
Jefferson National Expansion Memorial NHS	Missouri	St. Louis
Ozark National Scenic Riverways	Missouri	Van Buren
Wilson's Creek National Battlefield Park	Missouri	Diamond
Big Hole National Battlefield	Montana	Wisdom
Custer Battlefield National Monument	Montana	Crow Agency
Glacier National Park	Montana	West Glacier
Lehmann Caves National Monument	Nevada	Baker
Tolyabe National Forest	Nevada	Reno
White Mountain National Forest	New Hampshire	Laconia
Aztec Ruins National Monument	New Mexico	Aztec
Bandlier National Monument	New Mexico	Alamos
Capulin Mountain National Monument	New Mexico	Capulin
Chaco Canyon National Monument	New Mexico	Bloomfield
El Morro National Monument	New Mexico	Ramah
Fort Union Nation Monument	New Mexico	Watrous
Gila Cliff Dwellings National Monument	New Mexico	Hot Springs
Gran Quiwira National Monument	New Mexico	Mountainair
Santa Fe National Forest	New Mexico	Santa Fe
Castle Clinton National Monument	New York	New York
Federal Hall National Memorial	New York	New York
Fire Island National Seashore	New York	Patchogue
General Grant National Memorial	New York	New York
Home of Franklin D. Roosevelt Nat. Historic Site	New York	Hyde Park
Saratoga National Historical Park	New York	Stillwater
Vanderbilt Mansion National Historic Site	New York	Hyde Park
Cape Hatteras National Seashore	North Carolina	Manteo
Cape Lookout National Seashore	North Carolina	Beaufort
Fort Raleigh National Historic Site	North Carolina	Manteo
Guilford Courthouse National Military Park	North Carolina	Greensboro
King Mountain National Military Park	North Carolina	Kings Mountain
Uwharrie National Forest	North Carolina	Asheville
Fort Clatsop National Memorial	Oregon	Astoria
Oregon Caves National Monuments	Oregon	Crater Lake
Siuslaw National Forest	Oregon	Corvallis
Umatilla National Forest	Oregon	Pendleton
Umpqua National Forest	Oregon	Roseburg
Wallowa National Forest	Oregon	Baker
Whitman National Forest	Oregon	Baker
Willamette National Forest	Oregon	Eugene
Winema National Forest	Oregon	Klamath Falls
Siskiyou Nation Forest	Oregon	Grants Pass
Allegheny Portage Railroad Nat. Historic. Site	Pennsylvania	Johnstown
Fort Necessity National Battlefield	Pennsylvania	Farmington
Gettysburg National Military Park & Cemetery	Pennsylvania	Gettysburg
Hopewell Village National Historic Site	Pennsylvania	Elverson
Independence National Historical Park	Pennsylvania	Philadelphia

Fortsetzung von S. 169

Name	Staat	Stadt
Cowpens National Battlefield Site	South Carolina	Kings Mountain
Fort Sumter National Monument	South Carolina	Sullivans Island
Sumter National Forest	South Carolina	Columbia
Andrew Johnson National Historic Site	Tennessee	Greeneville
Fort Donelson National Military Cemetery&Park	Tennessee	Dover
Shiloh National Military Park and Cemetery	Tennessee	Shiloh
Fort Davis National Historic Site	Texas	Fort Davis
Padre Island National Seashore	Texas	Corpus Christi
Sabine National Forest	Texas	Lufkin
Sam Houston National Forest	Texas	Lufkin
Sanford Recreation Area	Texas	Sanford
Cedar Breaks National Monument	Utah	Cedar City
Golden Spike National Historic Site	Utah	Brigham City
Natural Bridges National Monument	Utah	Moab
Rainbow Bridge National Monument	Utah	Page
Timpanogos Cave National Monument	Utah	American Fork
Uinta National Forest	Utah	Provo
Wasatch National Forest	Utah	Salt Lake City
Appomattox Court House National Hist.Park	Virginia	Appomattox
Booker T. Washington National Monument	Virginia	Hardy
Colonial National Historical Park	Virginia	Yorktown
Custis-Lee Mansion	Virginia	Arlington
George Washington Birthplace Nat. Monument	Virginia	Fredericksburg
George Washington Memorial Parkway	Virginia	Arlington
Manassas National Battlefield Park	Virginia	Manassas
Petersburg National Battlefield	Virginia	Peterburg
Prince William Forest Park	Virginia	Triangle
Richmond National Battlefield Park	Virginia	Richmond
Shenandoah National Park	Virginia	Luray
Coulee Dam National Recreation Area	Washington	Coulee Dam
Fort Vancouver National Historic Site	Washington	Vancouver
Snoqwalmie National Forest	Washington	Seattle
Wenatchee National Forest	Washington	Wenatchee
Whiteman Mission National Historic Site	Washington	Walla Walla
Harpers Ferry National Historical Park	West Virginia	Harpers Ferry
Devils Tower National Park	Wyoming	Devils Tower
Fort Laramie National Historic Site	Wyoming	Laramie
Shoshone National Forest	Wyoming	Cody
Targhee National Forest	Wyoming	St. Anthony
Teton National Forest	Wyoming	Jackson

sich besonders im Südosten zahlreiche Wirbelstürme entladen. Darüber hinaus kennen weite Teile der USA sowohl heiße Sommer als auch kalte Winter.

Mit zunehmender Entfernung von der Ostküste nehmen die Niederschläge (1 000–1 500 mm jährlich) ab; die meisten Niederschläge (3000 mm pro Jahr) fallen an der Nordwestküste, begünstigt durch starke Westwinde. Die intramontane Region im Regenschatten der pazifischen Küstengebirge bekommt nur geringe Niederschlagsmengen ab und geht im Süden in wüstenähnliche Gebiete über.

Geologie

Die morphologische Einteilung der USA wird im wesentlichen durch zwei Gebirgskomplexe bestimmt, zwischen denen sich endlos flaches Land erstreckt. Im Osten zieht sich entlang der atlantischen Küste der Gebirgszug der Appalachen von New England im nördlichen Teil bis Alabama im Süden. Der westlich gelegene Ge-

Gebührenpflichtige Intercity-Highways

Staat	Straßenname	Lage von/bis	Meilen	Gebühren $
California	Foothills Transportation Corridor	Portola Pkwy nach Antonio Pkwy., Orange County	7,5	1,00
Florida	Airport Expressway (Miami)	NW 42nd Av. nach I-95	3,6	0,25
	Bee Line Main	Orlando Airport Plaza nach FL 520	20	1,00
	Bee Line East	FL 520 nach Cape Canaveral	22	0,20
	Bee Line West	1–4 nach Co 436 (Semoran Blvd.)	11	0,50
	Central Florida Green Way	International Dr. nach US 17/92	46	4,50
	Crosstown Expressway (Tampa)	Gandy Blvd. (US 92) nach I-75	13,9	1,25
	Dolphin Expressway (Miami)	Le Jeune Road nach I-95	4,1	0,25
	Don Shula Expressway (Miami)	Homestead Ext. (Florida's Tpk.) nach Kilian Pkwy.	2,1	0,25
	East-West Expressway (Orlando)	Colonial Dr. (east) nach Colonial Dr. (west)	22	2,50
	Everglades Parkway (Alligator Alley)	Naples nach Andytown	78	0,75
	Florida's Turnpike	I-75 nach Miami	260	13,10
	Florida's Turnpike (Homestead Extension)	Miramar nach Florida City	48	2,00
	Gratigny Parkway (Miami)	Palmetto Expwy. nach NW 27th Av.	5,2	0,25
	Sawgrass Expressway	I-75 nach I-95	23	1,50
	Veterans Expressway	Dale Mabry Hwy. nach Courtney Campbell Causeway	4,7	1,25
Massachusetts	Massachusetts Turnpike	Boston nach N.Y. State Line	135	5,60
New Hampshire	F. E. Everett Turnpike	Nashua nach Concord	42,1	1,50
	New Hampshire Turnpike	Portsmouth nach Seabrook	17,8	1,00
	Spaulding Turnpike	Portsmouth nach Milton, N.H.	36,6	1,00
New York	New York Thruway – Eastbound	Pa. State Line nach N.Y.C.	496	18,10
	New York Thruway – Westbound	N.Y.C. nach Pa. State Line	496	15,60
	Berkshire Section	Selkirk nach Mass. Turnpike	24	1,20
	New England Section	N.Y.C. nach Conn. State Line	15	1,00
	Niagara Section	Buffalo nach Niagara Falls	21	1,50
Pennsylvania	Amos K. Hutchinson Bypass (PA Tpk. 66)	US 119 nach US 22	13	1,00
	James E. Ross Hwy. (PA Tpk. 60)	Beaver Falls nach New Castle (Northbound)	17	1,50
	James J. Manderino (PA Tpk. 43)	I-70 nach US 40	5	0,50
	Pennsylvania Turnpike	N.J. State Line nach Ohio State Line	359	14,70
	Pa. Turnpike (N. E. Sect.)	Norristown nach Scranton	110	3,60
Texas	Dallas North Tollway	I-35E, Dallas, nach TX 121, Plano	17,2	1,50
	Hardy Toll Road	I-45, Houston, nach I-610, Houston	21,6	2,00
	Sam Houston Tollway	US 59, Houston, nach I-45	28	3,00
Virginia	Chesapeake Bay Bridge & Tunnel	US 13, Norfolk/Va. Beach, nach Eastern Shore	17,6	10,00
	Downtown Expressway (Richmond)	I-195 nach I-95	3,4	0,35
	Dulles Greenway	VA 28 nach Leesburg	14,3	2,00
	Dulles Toll Road	VA 123 nach VA 28	13	0,85
	Powhite Parkway	I-195 nach VA 150	2,1	0,35
	Powhite Parkway Extension	VA 150 nach Old Hundred Rd.	12,5	0,75
West Virginia	West Virginia Turnpike	Charleston nach Princetown	88	3,75

birgszug, die Kordilleren, gliedert sich in Rocky Mountains und pazifisches Gebirgssystem. Gerade hier sind durch das Nebeneinander von gehobenen und gesenkten Bruchschollen die Ursachen für Erdbeben (Kalifornien) und Vulkanismus (Alaska) zu sehen.

Das Territorium wird aufgrund seiner geologischen Struktur in folgende Hauptlandschaften unterteilt: die Küstenebenen am Atlantik und am Golf von Mexiko, das Mittelgebirgsland der Appalachen, die inneren Ebenen zwischen den Großen Seen und dem Mississippi, die Kordilleren, untergliedert in das Hochgebirge der Rocky Mountains, die Plateaus und Becken des intramontanen Raums sowie das pazifische Gebirgssystem. Der Kanadische oder auch Laurentische Schild reicht im Gebiet der Großen Seen nur wenig auf das Territorium der USA. Die beiden Territorien außerhalb des Kernlandes sind einerseits arktisch und subarktisch geprägtes Gebirgsland (Alaska) sowie vulkanisch-basaltischen Ursprungs (Inselgruppe Hawaii) mit Erhebungen bis 4 000 Metern und von Korallenriffen umgeben.

Die USA sind reich an Bodenschätzen. Rund ein Fünftel aller auf der Welt geförderten Bodenschätze werden in den USA gewonnen. Auf dem Territorium befinden sich ausgiebige Lagerstätten von Energieträgern und Mineralien. Eisen, Kupfer, Zink, Blei, Gold, Silber, Uran, Salz, Phosphate, Schwefel, Erdöl und Erdgas gehören zu den wichtigsten Bergbauprodukten. Sie lagern rund um die Großen Seen, im Bereich der Appalachen, an der Golfküste, in den Staaten Arizona, New Mexico, Utah, Kalifornien und Washington.

Geschäftszeiten

Siehe unter Öffnungszeiten

Gewichte

Siehe unter Maße und Gewichte

Great Lakes

Name	Fläche	Länge	Breite	Max. Tiefe	Temp. Juli	Lage ü. NN	Entfernung nächstgrößere Stadt
Lake Superior	82612 km²	578 km	254 km	397 m	11,8 °C	183 m	Duluth / ca. 15 km
Lake Michigan	57982 km²	481 km	193 km	281 m	17,6 °C	177 m	Chicago / am See gelegen
Lake Huron	59481 km²	308 km	295 km	229 m	18,2 °C	175 m	Detroit / ca. 80 km
Lake Erie	25918 km²	393 km	89 km	64 m	21,5 °C	175 m	Cleveland / am See gelegen
Lake Ontario	19432 km²	307 km	83 km	85 m	18,7 °C	75 m	Toronto / am See gelegen

Haustiere

Für die Einfuhr von Hunden über einen Zeitraum länger als drei Monate wird ein tierärztliches Gesundheits- und Tollwutimpfzeugnis verlangt, das mindestens einen Monat vor der Einreise ausgestellt worden sein muß.

Highways

Siehe unter Straßenverkehr

Hotels

Hotels sind in den USA zweierlei: einmal Unterkünfte für Durchreisende und zum anderen relativ billige Quartiere für Dauermieter. Der Preis eines Zimmers richtet sich nach der Zahl und der Größe der Betten und nicht nach der Zahl der Personen: *King size* sind große Doppelbetten, *queen size* mittlere Doppelbetten, *twins* zwei Einzelbetten. Die Zimmer sind zweckmäßig eingerichtet, bieten Fernseher und Telefon. Frühstück ist im Übernachtungspreis nicht enthalten. Die Übernachtungspreise für ein Doppelzimmer beginnen etwa bei 50 Dollar. Für zusätzliche Erwachsene in einem Zimmer beträgt der Zuschlag zwischen 5 und 20 Dollar. Hotelzimmer können in der Regel am Anreisetag ab 16 Uhr belegt werden, am Abreisetag müssen sie bis spätestens 12 Uhr geräumt sein. Zimmerschlüssel werden nicht an der Rezeption abgegeben.

Nahezu alle Hotels lassen sich über die 800-Nummern im voraus buchen.

Indianer

Aufgrund der historischen Entwicklung zwischen indianischem Volk und amerikanischer Bundesregierung genießen Indianer *(american natives)* in den USA einen politisch eigenen Status. Sie bilden eigene souveräne Regierungen, ihnen wurde bundeseigenes Land zur Verfügung gestellt, und ihnen werden Steuervergünstigungen gewährt. Letzteres ist innerhalb der amerikanischen Gesellschaft allerdings heftig umstritten.

Basierend auf der Volkszählung von 1990 wurden 1996 2,2 Millionen (0,8 Prozent) *american natives* (Indianer, Inuit und Aleuten) geschätzt, fast dreimal so viele wie 1970 (790 000). Nach Schätzungen des Bureau of Indian Affairs lebten 1987 etwa 861 000 Indianer in Reservaten oder angrenzenden Staaten, die restlichen 40 Prozent in Großstädten. Die meisten Indianer leben heute in Kalifornien (200 000), Oklahoma (170 000), Arizona (150 000) und New Mexico (105 000).

Die amerikanische Bundesregierung verwaltet insgesamt 53 Millionen acres (21,2 Millionen Hektar) indianisches Territorium, welches der amerikanischen Gerichtsbarkeit untersteht. Darunter bilden die etwa 300 Reservate den weitaus größten Teil. Die meisten Reservate liegen im Westen. Die Navajo-Reservation in Arizona, New Mexico und Utah ist mit 6,4 Millionen Hektar und etwa 200 000 Angehörigen das größte Reservat, weitere gibt es in Arizona, South Dakota, Washington, Montana und Wyoming. Die zweitgrößte Zahl Indianer lebt heute in Oklahoma, allerdings nicht in Reservaten. Es gibt etwa 250 indianische Sprachen.

Die Bundesregierung erkennt 500 Indianervölker oder Familienverbände an, davon 216 in Alaska. 100 Völker ist derzeit die Aner-

Crow Fair 1994

kennung verwehrt, was sie von speziellen staatlichen Indianer-Programmen (Bildung, soziale Projekte, Ansiedlung von Unternehmen etc.) ausschließt.

Die Arbeitslosenquote in Reservaten beträgt durchschnittlich 37 Prozent, mitunter sogar 90 Prozent, etwa 40 Prozent aller Indianer leben unterhalb der Armutsgrenze.

Der Großteil indianischen Landes ist Weideland, im Westen liegen wichtige Bodenschätze: der gesamte Uranvorrat der USA, drei Prozent der Öl- und Gasreserven, 13 Prozent der Kohle.

Seit 1988 erlaubt ein Gesetz den Indianervölkern aufgrund ihrer territorialen Hoheit die Eröffnung von Spielkasinos. 90 Völker profitieren von geschätzten 15 Milliarden Dollar Gesamtumsatz. Der Reingewinn, auf 600 Millionen Dollar geschätzt, verbleibt bei den Völkern, da keine Abgabepflicht existiert.

Industrie

Im verarbeitenden Gewerbe waren 1994 16,8 Prozent der Erwerbstätigen beschäftigt. Nur noch knapp 18 Prozent des Bruttosozialproduktes werden heute in diesem Sektor erwirtschaftet. Sein Anteil am Bruttosozialprodukt stagniert mit der rasanten Entwicklung des Dienstleistungssektors.

Das klassische Kerngebiet der amerikanischen Industrie befindet sich im Nordosten des Landes. Die als *manufacturing belt* bezeichnete Ballung von Industriestandorten umschließt das Territorium zwischen New York, Chicago und St.Louis. Die bedeutendsten Technologiezentren befinden sich im Schatten der großen Universitäten von New England.

Allerdings ist mit der Entwicklung moderner Industriebranchen eine harte Konkurrenz mit dem *sun belt* im Süden und Westen entstanden: In Florida und Georgia dominieren die Luft- und Raumfahrtindustrie, die chemische und pharmazeutische sowie die Elektroindustrie, Kalifornien ist als High-Tech-Standort für Computertechnik bedeutend. Allerdings hat der Norden in diesem Bereich inzwischen aufgeholt.

Die Vorzeigebranchen der amerikanischen Industrie, die Stahl- und die Automobilbranche, mußten große Fehlschläge hinnehmen, von denen sie sich bis heute nicht erholt haben. Als in den siebziger Jahren mit der Ölkrise Klein- und Mittelklassewagen nachgefragt wurden, erwiesen sich die Japaner als flexible Manager und hartnäckige Konkurrenz.

Heute sind in den USA japanische Fahrzeuge sogar aus einheimischer Produktion erhältlich.

Vom Strukturwandel betroffen sind die Textil-, Bekleidungs- und Schuhwarenindustrie durch die Billigproduktion sowohl aus dem angrenzenden südamerikanischen Raum als auch aus Asien. Einheimische Unterhaltungselektronik ist inzwischen völlig vom Markt verschwunden.

Große Hoffnungen werden damit verbunden, daß die Arbeitsplätze, die in der verarbeitenden Industrie verlorengegangen sind und noch verlorengehen, durch den Boom im Dienstleistungsbereich, speziell im Informationsbereich, aufgefangen werden. Pessimisten sehen aber für diesen Wachstumsbereich eher den Trend zu befristeten und schlechter bezahlten Jobs.

Impfungen

Impfungen sind für Einreisende gegenwärtig nicht vorgeschrieben.

Internetadressen

Airline Toll Free Number, http://www.princeton.edu/Main/air800.html
Arizona Office of Tourism, http://www.arizonaguide.com
California Trade and Commerce Agency, http://gocalif.ca.gov *e-mail* caltour@smtp.doc.ca. gov
Florida Keys and Key West, http:www.fla-keys.com
Great Lakes Facts and Figures, http://www.great-lakes.net/ref-desk/almanac/lakes/la
Great Lakes Information Network, http://www.great-lakes.net/
Hawaii Visitor's Bureau, http://hookomo.aloha.net/mahalo/
Idaho Division of Travel and Promotion, http://www.idoc.state.id.us
Indiana Addresses, http://www.wtgonline.com/country/usin/add.html
Indiana Tourism and Film Development, http://www.ai.org.tourism *e-mail* IDO44@indyvax.iupui. edu
Jackson Hole Wyoming, http://Jacksonhole.com/ski
Kentucky, http://www.wtgonline.com/country/usky/add.html
Massachusetts Office of Travel and Tourism, http://www.mass-vacation-com *e-mail* hclagg@state.ma.us
Minnesota Office of Tourism, http://www.explore.state.mn.us *e-mail* exploreQstate.mn.us
Mississippi Office of Travel and Tourism, http://www.mississippi.org
Montana Tourism Division, http://www.travel.mt.gov *e-mail* p900ink@mt.gov
Nevada Commission of Tourism, http://www.travelnevada.com *e-mail* ncot@travelnevada.com
New Mexico Department of Tourism, http://www.newmexico *e-mail* enchantment@newmexico.org
Oregon Tourism Division, http://www.traveloregon.com
Park City Utah Skiinformationen, http://www.pcski.com

Salt Lake City

Pennsylvania Office of Tourism, http://www.state.pa.us
Polution in the Great Lakes Region, http://www.great-lakes.net/pollution/pollut.html
Saguenay-Lac-Saint-Jean, http://www.atrsaglac.d4m.com
South Carolina Department of Parks, http://www.prt.state.sc.us/sc
South Dakota Department of Tourism, http://www.state.sd.us *e-mail* MaureenD@goed.state. sd.us
State of New Hampshire, http://www.visitnh.gov *e-mail* cttd@nhded.rnv.com
Tennessee Department of Tourism, http://www.state.tn.us/tourdev/
The Great Lakes, http://www.great-lakes.net/places/watshed/grlakes/h
The Great Lakes Reference Desk, http://www.great-lakes.net/refdesk/refdesk.html
Utah Travel Council, http://www.utah.com- http://www.checkin/com/Motiv *e-mail* cedomain.ctravel.@email.state. ut.us
Vermont Department of Travel and Tourism, http://www.genghis.com/tourism/vermont.htm
Virginia Division of Tourism, http://www.virginia.org
Wisconsin Addresses, http://www.wtgonline.com/countra/uswi/add.html
Wyoming Division of Tourism, http://www.state.wy.us
Yahoo Recreation, Travel Convention, http://www.yahoo.com/Recreation/Travel/Convention/Bureau

Jugendherbergen

Die Zahl der Jugendherbergen liegt gerade bei etwa 130. Die Übernachtung kostet zwischen sechs und zehn Dollar. Informationen über American Youth Hostels Inc., National Administration Offices, 1108 KStreet, NW Washington, D.C. 20005, Tel. 202-783-4943

Kindersitze

Siehe unter Verkehrsregeln

Konfektionsgrößen

Konfektionsgrößen

Anzüge	Europa	46	48	50	52	54	56	58
	USA	36	38	40	42	44	46	48
Kleider	Europa	36	38	40	42	44	46	48
	USA	6	8	10	12	14	16	18
Hemden	Europa	36	37	38	39	40	41	42
	USA	14	14½	15	15½	16	16½	17
Strümpfe	Europa	0	1	2	3	4	5	6
	USA	8	8½	9	9½	10	10½	11
Herrenschuhe	Europa	39	40	41	42	43	44	45
	USA	6½	7½	08½	9	10	10½	11
Damenschuhe	Europa	35	36	37	38	39	40	41
	USA	5	5½	6	7	7½	8½	9

Kleidung und Schuhe werden in anderen Größen ausgezeichnet als in Mitteleuropa. Vor dem Kauf ist auf jeden Fall eine Anprobe angeraten.

Kreditkarten

Alle bekannten Kreditkarten werden als Zahlungsmittel akzeptiert. Eurocheque-Karten und auch Euroschecks werden grundsätzlich nicht akzeptiert. Die Bezahlung mit Bargeld ist allerdings immer möglich.

Kultur

Gemeinhin sagt man den Amerikanern Kulturlosigkeit nach. Das ist eher ein Vorurteil aus europäischer Sicht. Amerikaner definieren Kultur weniger elitär als die europäischen Kulturnationen, sie unterscheiden nur bedingt in Hochkultur und Trivialkultur. Sie ziehen keine starken Grenzen, sondern achten Medienprodukte, Comic, Reklame, Volkskunst und Trivialliteratur genauso wie literarische Texte, bildende oder darstellende Künste. Daher kommt vielleicht der Popkultur im amerikanischen Selbstverständnis eine herausragende Rolle zu, spiegelt sie doch wie keine andere Kulturgattung den American Way of Life weltweit wider.

Es ist diese unüberschaubare Vielfalt in der amerikanischen Kultur, die es dem Gast in den USA auch erschwert, bislang gewohnte Einordnungen vorzunehmen oder qualitative Maßstäbe anzulegen. Den Amerikaner stört das weniger. Für ihn ist Kultur eine permanente Auseinandersetzung zwischen Menschen, ihren Konsum- und Lebensumständen und/oder der Natur schlechthin.

Wie viele andere gesellschaftliche Interessen liegen Ausrichtung der Kulturpolitik und Finanzierung nicht in der Verantwortung der Bundesregierung, sondern sind Privatangelegenheit. Institutionen, Wohlfahrtsverbände, Stiftungen, Privatleute und auch die Wirtschaft sind entscheidende Säulen der Kulturentwicklung und -finanzierung. Kultursponsoring der Privatwirtschaft spielt eine größere Rolle als in Deutschland. Zwar sind Zuwendungen für Kultur insgesamt geringer als in Deutschland, ihre imagefördernde Funktion wird aber hoch geachtet.

Bryce Canyon National Park

Landwirtschaft

Die landwirtschaftliche Produktion spielt seit den Anfängen, seit der Einwanderungswelle, eine Rolle. Sie ist historisch eine Säule des amerikanischen Reichtums und wichtiger Bestandteil der Handelspolitik.

In Abhängigkeit von natürlichen und klimatischen Bedingungen haben sich klassische Anbauregionen entwickelt. Im Süden gibt es den sogenannten Baumwollgürtel, im subtropischen Klima Floridas und mediterranen Regionen Kaliforniens wachsen Zitrusfrüchte, der Nordwesten ist die Kornkammer mit riesigen und fruchtbaren Weizenanbaugebieten, rund um die Großen Seen wird die Milchwirtschaft bevorzugt, und östlich davon beherrschen Soja und Mais die landwirtschaftliche Produktion.

Auch in den USA schrumpft die Landwirtschaft: 1989 waren 2,7 Prozent der Beschäftigten in diesem Sektor tätig, ihr Anteil an der Bruttowertschöpfung des Landes betrug 1,7 Prozent. 1990 hatten etwa 2,1 Millionen, hauptsächlich als Familienbetriebe organisierte Unternehmen, einen starken Strukturwandel überlebt. 1930 zählte noch ein Viertel der Amerikaner zur bäuerlichen Bevölkerung.

Der Agrarsektor ist heute ein moderner und leistungsfähiger Wirtschaftsbereich: US-Farmer produzieren doppelt so viele Landwirtschaftsprodukte, als Amerikaner selbst verbrauchen. Daraus folgt eine enorme Exportabhängigkeit der amerikanischen Farmer sowie ein harter Konkurrenzkampf mit den Landwirtschaftsbetrieben der Europäischen Union.

Maße und Gewichte

Alle Versuche, das Dezimalsystem einzuführen, sind bislang gescheitert. Die alten Maßeinheiten haben weiter Bestand:

- Längenmaße: 1 inch = 2,5 cm, 1 foot = 0,3 cm, 1 yard = 0,9 m, 1 mile = 1,6 km
- Flächenmaße: 1 square foot = 929 cm 2, 1 acre = 0,4 ha, 1 square mile = 259 ha = 2,59 km2
- Gewichte: 1 ounce = 28,4 g, 1 pound = 453,6 g, 1 ton = 907 kg
- Hohlmaße: 1 pint = 0,5 l, 1 quart = 0,9 l, 1 gallon = 3,8 l,
- Temperaturen: Grad Fahrenheit minus 32, dividiert durch 9, multiplizert mit 5 ergibt Grad Celsius (Beispiel: 68 Grad Fahrenheit – 32 = 36 : 9 = 4 x 5 = 20 Grad Celsius).

Medien

Die gebührenfreien, durch die Werbung finanzierten audio-visuellen Medien dominieren im Lande. Schier zahllos sind die Fernseh- und Rundfunkstationen. Einige wenige Radiosender auf Mittelwelle strahlen Touristen- und Verkehrsinformationen aus. Diese Sender machen durch Schilder am Straßenrand auf sich aufmerksam.

Das Angebot an Printmedien ist vielfältig, die Tagespresse jedoch stark amerikazentriert. Die Wochenendausgaben haben Beilagen mit ausführlichen Veranstaltungskalendern, Fernseh-, Radio- und Kinoprogrammen. Zeitungen aus Europa sind schwer erhältlich und wenn, dann mit erheblicher Verspätung.

Medizinische Versorgung

Die Adressen von Ärzten *(physicians),* Zahnärzten *(dentists)* und anderen Fachärzten sowie der Krankenhäuser *(hospitals)* finden sich in den gelben Seiten der Telefonbücher. Sämtliche ärztlichen Leistungen, ob in Praxen oder Krankenhäusern, müssen sofort bar bezahlt werden. Deshalb empfiehlt es sich, vor Antritt der Reise eine entsprechende Zusatzversicherung abzuschließen. Ebenso ist es angeraten, rezeptpflichtige Medikamente des persönlichen Gebrauchs in ausreichender Menge im Handgepäck bei sich zu haben.

Mietwagen

Unter der Bezeichnung *Car rentals* finden sich in den Branchenverzeichnissen der Telefonbücher die Autovermieter. Die Mietpreise staffeln sich nach den Fahrzeugtypen: *sub-compact* (Kleinwagen), *compact* (Mittelklassewagen), *station wagon* (Kombi), *sedan* (Limousine) und *van* (Kleinbus). Es gibt kaum Fahrzeuge ohne Automatik. Für das Anmieten, das nur Personen über 21 Jahren möglich ist, benötigt man einen Reisepaß, einen Führerschein und eine Kreditkarte - ohne Kreditkarte wird eine beträchtliche Kaution fällig. Telefonische Reservierungen sind bei allen namhaften Autovermietern über die 800-Nummer möglich. Von Vorteil ist es allerdings, Mietwagen bereits im Heimatland zu bestellen. Die Preise sind teilweise bedeutend niedriger.

Motels

Die Dichte der Motels ist beeindruckend. Die Übernachtungspreise liegen deutlich unter denen in Hotels. Die Ausstattung der Zimmer ist eher einfach.

Museen

Zahlreiche Museen sind montags, einige auch an Sonntagvormittagen geschlossen. Der Eintritt ist gelegentlich außerordentlich hoch.

Nahverkehr

Die Nahverkehrssysteme sind in den größeren Städten gut ausgebaut. Allerdings reicht der Standard nicht an europäische Zustände heran. Vielfalt und Komfort der öffentlichen Nahverkehrsmittel machen offenkundig, daß die USA ein Staat der Selbstfahrer sind. Der

Chinatown in San Francisco

eigene Pkw ist das häufigst genutzte Nahverkehrsmittel. Zur Benutzung eines öffentlichen Nahverkehrsmittels ist abgezähltes Kleingeld vonnöten, gewechselt wird nicht.

Nationalparks

Die zahlreichen Nationalparks in USA stehen unter einem besonderen Schutz. Die vorgeschriebenen Wege und Straßen dürfen nicht verlassen werden. Eigenständiges Erkunden bedarf häufig einer Genehmigung. Die Eintrittsgebühren sind mitunter recht hoch. Wer den Besuch mehrerer Nationalparks plant, sollte sich einen *Golden Eagle Pass* zum Preis von gegenwärtig 25 Dollar kaufen. Er berechtigt zum freien Eintritt in alle Nationalparks während eines Kalenderjahres.

Siehe auch die Auflistung auf Seite 182

Notrufe

Hilfe jeder Art, Polizei, Feuerwehr, Krankentransport, kann angefordert werden unter den Telefonnummern 911 oder 0.

Öffnungszeiten

Es gibt kein verbindliches Ladenschlußgesetz. Die meisten Läden haben von Montag bis Samstag von 10–21 Uhr, sonntags manchmal auch von 10–18 Uhr geöffnet. In den größeren Städten finden sich immer Läden, die rund um die Uhr geöffnet sind. Nach sonntäglichen Feiertagen haben oft viele Geschäfte, Banken und Läden geschlossen.

Parteien

Das amerikanische Parteiensystem zeigt starke Unterschiede zum europäischen. Weltanschaulich-ideologische oder auch sozial geprägte Klassenparteien wie in Europa kennt das amerikanische Parteisystem nicht. Parteien entstanden erst während der zweiten Amtszeit von George Washington (1793–1797).

Im wesentlichen konkurrieren zwei Parteien in einem relativ stabilen Machtsystem, deren Basis sowohl Stammregionen als auch Wählergruppen sind.

Amerikanische Parteien sehen ihr Hauptziel darin, Eliten zu rekrutieren, die Regierung zu übernehmen und öffentliche Ämter zu besetzen. Sie sind weniger interessiert, wie in Europa politische Ziele zu formulieren. Daher gibt es keine verbindlichen Programme, ebensowenig formelle Aufnahmemodalitäten, regelmäßige Parteibeiträge, organisierte Mitgliedschaft oder bundesweite Organisationsformen. Abgeordnete des Parlamentes unterliegen keinem Fraktionszwang oder parteipolitischen Interessen.

Weltanschaulich-ideologische Unterschiede zwischen den beiden großen Parteien – Demokraten und Republikaner – gibt es nicht. Allerdings sieht sich letztere als *Grand Old Party,* die alten amerikanischen Werten wie Individualismus, Unternehmertum, Pioniergeist und Nachbarschaftsgeist nahesteht, während sich Demokraten als Vertreter des Fortschritts und der Freiheit sehen. Daneben entstehen zwar immer wieder kleinere Parteien (Unabhängige, Populisten und Fortschrittler), die aber regelmäßig am amerikanischen Mehrheitswahlrecht scheitern.

Polizei

Die Polizei erreicht man telefonisch über die 0 oder die Notrufnummer 911. Unterschieden wird zwischen der jeweiligen Stadtpolizei und der *Highway-Patrol.*

Post

Die Postämter *(Post office)* sind gemeinhin von Montag bis Freitag von 9–17 Uhr geöffnet, samstags von 8–12 Uhr. In einigen Großstädten sind sie rund um die Uhr geöffnet. In den Ämtern werden keine Dienste aus dem Bereich der Telefon- und Telexkommunikation angeboten. Briefkästen *(mail box)* sind blau gestrichen und tragen die Aufschrift US Mail. Die Laufzeit von Briefen in den USA liegt bei drei bis fünf Tagen, bei Briefen nach Übersee zwischen fünf und sieben Tagen. Einige postalische Fachbegriffe: *First class mail* (normale Briefpost), *Air mail* (Luftpost), *Registered mail* (Einschreiben), *Zip code* (Postleitzahl)

Präsidenten

1. George Washington	1789–1797	Föderalist
2. John Adams	1797–1801	Föderalist
3. Thomas Jefferson	1801–1809	Demokr.-Republ.
4. James Madison	1809–1817	Demokr.-Republ.
5. James Monroe	1817–1825	Demokr.-Republ.
6. John Quincy Adams	1825–1829	Demokr.-Republ.
7. Andrew Jackson	1829–1837	Demokrat
8. Martin Van Buren	1837–1841	Demokrat
9. William H. Harrison	1841	Whig
10. John Tyler	1841–1845	Whig
11. James Knox Polk	1845–1849	Demokrat
12. Zachary Taylor	1849–1850	Whig
13. Millard Fillmore	1850–1853	Whig
14. Franklin Pierce	1853–1857	Demokrat
15. James Buchanan	1857–1861	Demokrat
16. Abraham Lincoln	1861–1865	Republikaner
17. Andrew Johnson	1865–1869	Republikaner
18. Ulysses S. Grant	1869–1877	Republikaner
19. Rutherford B. Hayes	1877–1881	Republikaner
20. James A. Garfield	1881	Republikaner
21. Chester A. Arthur	1881–1885	Republikaner
22. Grover Cleveland	1885–1889	Demokrat
23. Benjamin Harrison	1889–1893	Republikaner
24. Grover Cleveland	1893–1897	Demokrat
25. William McKinley	1897–1901	Republikaner
26. Theodore Roosevelt	1901–1909	Republikaner
27. William H. Taft	1909–1913	Republikaner
28. Woodrow Wilson	1913–1921	Demokrat
29. Warren G. Harding	1921–1923	Republikaner
30. Calvin Coolidge	1923–1929	Republikaner
31. Herbert C. Hoover	1929–1933	Republikaner
32. Franklin D. Roosevelt	1933–1945	Demokrat
33. Harry S. Truman	1945–1953	Demokrat
34. Dwight D. Eisenhower	1953–1961	Republikaner
35. John F. Kennedy	1961–1963	Demokrat
36. Lyndon B. Johnson	1963–1969	Demokrat

Offizielle Nationalparks in den USA

Name	Staat	Region	Größe	Gründung	Hauptreisezeit	Öffnungs-zeiten
Acadia	Maine	Osten	142 km^2	1919	Mai-Okt	ganzj.
Arches	Utah	Westen	313 km^2	1971	Mär-Jul / Sep-Nov	ganzj.
Badlands	S. Dakota	Westen	989 km^2	1978	Mär-Jun/Sep-Nov	ganzj.
Big Bend	Texas	Süden	3244 km^2	1944	Okt-Mai	ganzj.
Biscayne	Florida	Süden	735 km^2	1980	Dez-Mai	ganzj
Bryce Canyon	Utah	Westen	145 km^2	1928	Mai-Okt	ganzj.
Canyonlands	Utah	Westen	1365 km^2	1964	Mär-Jun/Sep-Nov	ganzj
Capitol Reef	Utah	Westen	972 km^2	1971	Mär-Jun/Sep-Nov	ganzj.
Carlsbad Cavern	New Mexico	Westen	189 km^2	1930	Apr-Nov	ganzj
Channel Islands	California	Westen	10067 km^2	1980	Mär-Sep	ganzj.
Crater Lake	Oregon	Westen	742 km^2	1902	Jul-Okt	ganzj.
Death Valley	California	Westen	13000 km^2	1994	Okt-Mai	ganzj.
Everglades	Florida	Süden	142 km^2	1947	Dez-Apr	ganzj.
Gates of the Artic	Alaska	Norden	34400 km^2	1980	Jul-Sep	ganzj.
Glacier Bay	Alaska	Norden	13274 km^2	1980	Mai-Sep	ganzj
Grand Canyon	Arizona	Westen	4933 km^2	1919	Mai-Okt	ganzj
Grand Teton	Wyoming	Westen	1257 km^2	1929	Jun-Okt	ganzj.
Great Basin	Nevada	Westen	312 km^2	1986	Mai-Okt	ganzj
Great Smoky Mountains	Tennessee	Süden	2100 km^2	1934	Apr-Nov	ganzj.
Guadalupe Mountains	Texas	Süden	350 km^2	1972	Mär-Jul/Sep-Dez	ganzj.
Haleakala	Hawaii	Westen	116 km^2	1916	ganzj.	ganzj.
Hawaii Volcanoes	Hawaii	Westen	928 km^2	1916	ganzj.	ganzj.
Hot Springs	Arkansas	Westen	198 km^2	1921	Mai-Sep	ganzj.
Isle Royal	Michigan	Osten	544 km^2	1931	Jun-Sep	Apr-Nov
Joshua Tree	California	Westen	2300 km^2	1994	ganzj.	ganzj.
Kenai Fjords	Alaska	Norden	2700 km^2	1980	Jun-Okt	ganzj.
Kobuk Valley	Alaska	Norden	7086 km^2	1980	Jun-Okt	ganzj.
Lake Clark	Alaska	Norden	16377 km^2	1980	Jun-Sep	ganzj.
Lassen Volcanic	California	Westen	430 km^2	1916	Mai-Okt	ganzj.
Mammoth Cave	Kentucky	Osten	212 km^2	1941	Mai-Okt	ganzj.
Mesa Verde	Colorado	Westen	211 km^2	1906	Apr-Sep	ganzj.
Mount Rainier	Washington	Westen	953 km^2	1899	Jun-Okt	ganzj.
North Cascades	Washington	Westen	2270 km^2	1968	Mai- Okt	ganzj.
Olympic	Washington	Westen	3731 km^2	1938	Apr-Okt	ganzj.
Petrified Forest	Arizona	Westen	379 km^2	1962	Mai-Sep	ganzj.
Redwood	California	Westen	429 km^2	1968	Mai-Sep	ganzj.
Rocky Mountain	Colorado	Westen	1073 km^2	1915	Jun-Sep	ganzj.
Sequoia / Kings Canyon	California	Westen	3495 km^2	1890	Jun-Sep	ganzj.
Shenandoah	Virginia	Süden	798 km^2	1935	Mai-Okt	ganzj.
Theodore Roosevelt	N. Dakota	Westen	285 km^2	1978	Mai-Okt	ganzj.
Virgin Islands	U.S.V.I.	Süden	52 km^2	1956	Dez-Apr	ganzj.
Voyageurs	Minnesota	Westen	882 km^2	1975	Mai-Okt	ganzj.
Wind Cave	S. Dakota	Westen	115 km^2	1903	Jun-Okt	ganzj.
Wrangell-St. Elias	Alaska	Norden	53370 km^2	1980	Mai-Sep	ganzj.
Yellowstone	Wyoming	Westen	8991 km^2	1872	Jul-Okt	ganzj.
Yosemite	California	Westen	3084 km^2	1890	Jun-Okt	ganzj.
Zion	Utah	Westen	593 km^2	1919	Mär-Okt	ganzj.

	Aktivitäten										Einrichtungen								Versorgung					
Nächstgrößere Stadt/ Entfernung	Bootfahren	Angeln / Fischen	Führungen	Wandern	Reiten	Jagen	Bergsteigen	Schwimmen	Wassersport	Wintersport	Anlegeplätze	Boots-Verleih	Fremdenführer	Museen	Wanderpfade	Rastplätze	Skilifte	Loipen	Cabins	Campingplätze	Einkaufsmöglichkeiten	Hotels, Motels, Lodges	Telefon	Wohnmobil Parkplätze
Ellsworth / ca. 30 km	x	x	x	x	x		x	x		x	x	x	x	x	x	x		x		x			x	
Moab / ca. 10km				x										x	x					x				
Rapid City / ca. 110 km			x	x										x	x	x			x	x			x	x
Marathon / ca. 110 km	x	x	x	x	x		x								x	x			x	x	x	x	x	x
Miami / ca. 45 km	x		x	x											x					x	x	x	x	
Cedar City / ca. 125 km		x	x	x										x	x	x			x	x	x	x	x	
The Neck / ca. 45 km			x	x											x	x				x				
Green River / ca. 130 km		x	x											x	x	x			x	x			x	
Carlsbad / ca. 35 km		x	x											x	x								x	
Ventura, Übersetzen per Schiff	x	x						x							x	x				x				
Medford / ca. 120 km	x	x	x	x						x				x	x	x		x	x	x		x	x	
Las Vegas 225 km			x	x	x		x	x						x	x	x			x	x	x	x	x	x
Miami / ca. 75 km	x	x	x	x							x	x	x	x	x	x			x	x	x	x	x	
Fairbanks / ca. 400 km	x	x		x		x	x											x		x				
Juneau, nur per Flugzeug o. Schiff	x	x	x	x			x					x			x							x		
Flagstaff / ca. 140 km																				x				
Jackson / ca. 50 km	x	x	x	x	x		x	x	x	x	x	x	x	x	x	x			x	x	x	x	x	x
Las Vegas / ca. 450 km							x													x		x		
Knoxville / ca. 40 km		x		x	x		x							x	x	x				x	x	x		
Carlsbad / ca. 85 km				x																x				
Anreise per Flugzeug				x	x								x											
Anreise per Flugzeug				x			x						x	x	x					x	x	x	x	
Little Rock / ca. 85 km				x	x	x							x	x	x	x								
Houghton Bootsverbindung	x	x	x	x								x	x						x	x	x			
Palm Springs / ca. 245 km			x	x	x									x	x	x				x			x	
Anchorage / ca. 210 km	x		x	x			x						x							x		x		
Anchorage, Anreise per Flugzeug	x	x	x	x									x									x		
Anchorage, Anreise per Flugzeug	x	x	x	x			x						x									x		
Redding / ca. 70 km	x	x	x	x	x					x	x	x		x	x	x	x	x	x	x	x	x	x	x
Nashville / ca. 130 km	x	x	x	x									x	x	x	x			x	x	x	x	x	
Cortez / ca. 45 km			x	x	x								x	x	x	x			x	x	x	x	x	
Seattle / ca. 160 km		x	x	x			x			x			x	x	x	x	x	x		x		x	x	
Seattle / ca. 175 km	x	x		x	x		x	x		x	x				x	x				x	x			
Winslow / ca. 110 km	x	x	x	x	x		x	x	x	x	x	x	x	x	x	x	x	x	x	x	x	x	x	x
Holbrook / ca. 35 km				x										x	x	x							x	
Eureka / ca. 65 km		x		x	x			x	x						x	x								
Denver / ca. 100 km		x	x	x	x		x			x			x	x	x	x	x	x		x			x	
Visalia / ca. 35 km		x	x	x	x		x			x			x	x	x	x	x	x	x	x	x	x	x	
Washington D.C. / ca. 110 km		x	x	x	x		x							x	x	x			x	x	x	x	x	x
Bismarck / ca. 200 km			x	x	x									x	x	x				x				
Charlotte Amalie, Fähre ca. 20 Min.	x		x	x				x			x				x	x			x	x	x	x	x	
Ash River / ca. 50 km	x	x		x				x	x	x		x	x					x		x		x	x	
Hot Springs / ca. 20 km			x	x										x	x	x				x			x	
Slana / ca. 70 km	x		x	x	x		x						x		x			x		x		x	x	
Grand Teton / ca. 110 km	x	x	x	x	x						x	x	x	x	x	x		x	x	x	x	x	x	x
Merced / ca. 110 km	x	x	x	x	x		x	x	x	x			x	x	x	x	x	x	x	x	x	x	x	
Cedar City / ca. 120 km		x	x	x	x			x						x	x	x			x	x	x	x	x	

37. Richard M. Nixon	1969–1974	Republikaner
38. Gerald R. Ford	1974–1977	Republikaner
39. James E. Carter	1977–1981	Demokrat
40. Ronald Reagan	1981–1989	Republikaner
41. George Bush	1989–1993	Republikaner
42. William J. Clinton	1993–	Demokrat

Preise

Die ausgeschriebenen Preise sind immer Nettopreise. Die darauf zu entrichtende Steuer liegt zwischen vier und 14 Prozent.

Ranches

Vergleichbar den Unterkünften, die in Mitteleuropa unter dem Schlagwort „Ferien auf dem Bauernhof" angeboten werden. Es gibt allerdings auch Luxus-Ranches mit Schwimmbad und Tennisplätzen. Auskünfte über die bundesstaatlichen und regionalen Fremdenverkehrsämter.

Rauchen

Es ist in der Regel nicht erlaubt, in öffentlichen Einrichtungen zu rauchen. Manche Restaurants bieten Raucher- und Nichtraucherbereiche an.

Rechtssystem

Die amerikanische Rechtsordnung basiert auf englischen Traditionen. Sie ist Richterrecht und an Präzedenzfällen orientiert – im Gegensatz zur kontinentaleuropäischen Rechtssprechung, die gemeinhin gesetzliche Regeln und Gesetzestexte interpretiert. Es besteht doppelte Gerichtsbarkeit für den Bund und die Einzelstaaten.

Bundesgerichte werden bemüht, wenn Streitigkeiten zwischen Einzelstaaten, Bürgern verschiedener Einzelstaaten oder ausländischen Bürgern auftreten, wenn Verfassungsfragen, Staatsverträge oder Bundesgesetze betroffen sind.

Wichtigste Instanz des Bundes ist der Oberste Gerichtshof in Washington D.C. als Appellationsinstanz sowie mit Sonderkompetenzen betraut. Ihm unterstehen elf Bundesgerichte mittlerer Instanz sowie 94 Bundesbezirksgerichte. Alle Bundesrichter werden vom amerikanischen Präsidenten mit Zustimmung des Senats auf Lebenszeit bestimmt.

In allen anderen als den oben genannten Streitfällen (Straf-, Zivil-, Handels- und Prozeßrecht) sind die Gerichte der Einzelstaaten zuständig. Hier fungiert das jeweilige Oberste Gericht als Appellationsinstanz. Richter werden gewählt oder vom jeweiligen Gouverneur ernannt. Die Amtszeit differiert je nach Staat zwischen sechs und zwölf Jahren.

Im amerikanischen Recht gibt es als Besonderheiten den Geschworenenprozeß, den Schutz vor zweifacher Verurteilung und das Kreuzverhör. In Strafprozeßverfahren arbeitet eine Jury, bestehend aus zwölf Laienrichtern (Geschworene). Ihre Aufgabe ist es, Tatsachen zu beurteilen und letztlich Entscheidungen über Schuld oder Unschuld zu fällen.

Der Richter ist unparteiischer Vorsitzender des Verfahrens und überwacht Rechtmäßigkeit des Ablaufs sowie Einhaltung der Vorschriften durch beide Parteien.

Reichtum

1993 erwirtschafteten die USA ein Bruttosozialprodukt von rund 6,3 Billionen Dollar. Sie rangierten damit weit vor Japan, der nächstfolgenden Wirtschaftsnation, deren Bruttosozialprodukt knapp vier Billionen Dollar betrug. Umgerechnet pro Einwohner erzeugten die USA ein Bruttosozialprodukt von 24 700 Dollar und rangieren nach Berechnungen der Weltbank hinter der Schweiz (36 410 Dollar), Japan (31 450 Dollar) und Schweden (24 830 Dollar).

Diese abstrakten Zahlen sagen zwar etwas über das Leistungsvermögen der amerikanischen Gesellschaft, aber wenig über den individuellen Reichtum. Generell haben amerikanische Haushalte einen höheren Lebensstandard als europäische (Eigenheime, mehrere Autos, Haushaltstechnik).

Dennoch gibt es in den USA gravierende regionale Unterschiede im Pro-Kopf-Einkommen. Statistisch höhere Einkommen werden in Staaten an der Nordostküste (New York, Connecticut u.a.) mit durchschnittlich 23 000 Dollar Jahreseinkommen erreicht. Rund 3 000 Dollar darunter liegen die durchschnittlichen Einkommen in Florida, Kalifornien und Nevada. Größere Einbußen müssen Bewohner des mittleren Nordwestens (Idaho, Montana, North Dakota u.a.) hinnehmen. Sie kommen pro Kopf auf maximal 14 000 Dollar jährlich.

Religionen

Den Gründervätern der amerikanischen Verfassung lag die strikte Trennung von Staat und Kirche am Herzen, so daß es keine staatstragende Religion in den USA gibt. Dennoch prägt eine tiefe Religiosität die gesamte amerikanische Gesellschaft, sind öffentliches Leben und Politik von religiöser Rhetorik durchdrungen. Sie wird als Ausdruck des Selbstverständnisses einer demokratischen Nation akzeptiert und gelebt. Nach Schätzungen von 1988 gibt es rund 80 Millionen Protestanten, 55 Millionen Katholiken, sechs Millionen Juden und sechs Millionen Moslems.

Neben diesen dominierenden Religionen haben sich eine Vielzahl amerikanischer Kirchengemeinschaften entwickelt (Baptisten, Methodisten, Lutheraner, Mormonen u.a.), die innerhalb der protestantischen Tradition als Zeichen von Toleranz und Individualismus bewertet werden. Etwa neun Prozent der Amerikaner fühlen sich keiner Glaubensrichtung zugehörig.

Fast alle amerikanischen Religionsgemeinschaften haben in den vergangenen zehn Jahren Impulse in Richtung Entertainment entwickelt. Auffallend ist die besonders starke Kommerzialisierung vor allem der Fernsehkirchen.

Sauna

Es ist üblich, die Sauna in Badebekleidung zu besuchen.

Schecks

Siehe unter Zahlungsmittel

Sommerzeit

Die Sommerzeit beginnt am ersten Sonntag im April und endet am letzten Samstag im Oktober.

Sonnenbaden

Sich nackt oder topless in der Öffentlichkeit zu sonnen, ist verboten. Es drohen Geldstrafen bis zu 1000 Dollar.

Sprache

Landessprache ist Englisch. Im Süden sind Kenntnisse des Spanischen von Vorteil.

Staatssystem

Das politische System der Vereinigten Staaten von Amerika wird bis heute durch die Verfassung von 1787 und die *Bill of Rights* (1791) bestimmt. Nur 26 Zusatzartikel sind im Laufe der Jahre eingefügt worden. Seither bestimmt der fast unveränderte Wortlaut das Denken und Handeln amerikanischer Staatsbürger. Dem Obersten Gerichtshof kommt hierbei die politische Wächterfunktion zu, sofern es Verfassungsinterpretationen bedarf. Die entscheidenden Funktionen im politischen System besetzen jedoch der amerikanische Präsident und der Kongreß.

Der Präsident, sein Apparat, die Ministerien und Behörden bilden die Exekutive. Demgegenüber steht der Kongreß, bestehend aus dem Repräsentantenhaus *(House of Representatives)* und dem Senat *(Senate)*. Beide, Präsident und Kongreß, müssen dennoch als getrennte Organe gemeinsame Aufgaben lösen.

Der Präsident ist der mächtigste Mann im Lande. In diesem Jahrhundert wurde aufgrund weltpolitischer Entwicklungen seinem Amt mehr Macht zugestanden. Er ist Staatsoberhaupt und Regierungschef.

Dem Präsidenten sind u.a. folgende Strukturen zugeordnet: Haushaltsamt, ein Amt für politische Programme, der Nationale Sicherheitsrat, ein Umweltamt, ein Amt für Technologiepolitik, ein Amt für allgemeine Verwaltung. Die Organisation dieser Ämter unterscheidet sich nach Amtsstil des jeweiligen Präsidenten. Auch die Zahl seines persönlichen Mitarbeiterstabes ist davon abhängig.

Die beiden Kammern des Kongresses sind laut Verfassung gleichberechtigt, unterscheiden sich in Struktur und Größe. Ins Repräsentantenhaus werden 435 Abgeordnete entsprechend der Wahlkreise der Vereinigten Staaten von Amerika entsandt. Der Senat als Vertretung der Einzelstaaten setzt sich aus 100 Mitgliedern (pro Bundesstaat zwei Senatoren) zusammen. Bestimmend für die Arbeitsweise sind die Ausschüsse: 21 im Repräsentantenhaus, 16 im Senat. Gesetzesvorlagen werden ausschließlich über den Kongreß auf den Weg gebracht, mitunter unterschiedliche Vorlagen aus beiden Häusern.

Straßen

Das Land hat ein ausgebautes Straßennetz, mit dem jeder Bereich erschlossen wird. Die wichtigsten Verbindungen zwischen den Städten sind mehrspurig und kreuzungsfrei angelegt. Es werden zwei Kategorien von Fernstraßen unterschieden.

– Die *Interstate Highways* sind den Autobahnen in Mitteleuropa vergleichbar. Sie haben eine blau-weiß-rote Beschilderung, sind mehrspurig und kreuzungsfrei. Ihre Numerierung definiert grob die Richtung. *Interstate Highways* mit geraden zweistelligen Nummern verlaufen in Ost-West-Richtung, solche mit ungeraden zweistelligen Nummern in Nord-Süd-Richtung. *Interstates* mit dreistelligen Nummern sind Schnellstraßenringen und Umgehungsstraßen zugeordnet.

– Die Highways, mit weißen Schildern ausgezeichnet, sind deutschen Bundes- und Landesstraßen vergleichbar. Sie sind mit *US* und einer zweistelligen Nummer gekennzeichnet, wenn es sich um US-Bundesstraßen handelt, mit *SR* für *State Roads,* wenn es sich um Straßen der jeweiligen Bundesstaaten handelt. Mit *ALT* oder *BUS* sind Ortsumgehungen bezeichnet. Auch bei den *Highways* definiert, wie bei den *Interstate Highways,* die Numerierung grob den Verlauf.

Strom

Siehe unter Elektrizität

Tankstellen

Es mangelt nirgends in den USA an Tankstellen.

Benzin wird in Gallonen (1 US-Gallone = 3,8 l) abgegeben. Häufig muß vor dem Tanken bezahlt werden. Kreditkarten oder Reiseschecks zur Bezahlung werden von nahezu allen Tankstellen akzeptiert. Abends und in der Nacht ist eine Bezahlung mit Bargeld völlig ausgeschlossen.

Taxi

In Städten und Touristenorten mangelt es nicht an Taxen. Der Grundpreis für die erste Meile liegt zwischen einem und drei Dollar, jede weitere Meile kostet 1,50 Dollar, jede Minute Wartezeit ab 20 Cent. In einigen wenigen Orten wird die Gebühr nach Zonen berechnet.

Telefon

Anschlüsse in den USA haben sämtlichst zehnstellige Telefonnummern – die ersten drei Stellen für die Ortskennzahl *(area code),* sieben Stellen für den Teilnehmer. Für Telefonate innerhalb der USA wählt man erst die 1, dann den *area code* und die Teilnehmernummer. Bei Gesprächen innerhalb einer *area* muß der Code nicht gewählt werden. Telefoniert werden kann mit Münzen, Telefon- und Kreditkarten. Das Telefonwesen ist in den Händen privater Gesellschaften. Telefonate von Postämtern sind nicht möglich. Mit der Wahl der 0 wird der *operator* erreicht, der auch Ferngespräche vermittelt. Die Telefongebühren variieren je nach Uhrzeit.

Der besonders günstige Mondscheintarif beginnt teilweise bereits um 17 Uhr und kann, je nach Gesellschaft, bis 8 Uhr dauern. Die Vorwahl für Deutschland ist 01149, für Österreich 01143 und für die Schweiz 01141.

Man unterscheidet folgende Arten des Telefon-Gesprächs:

– *Station to station call:* Anruf von Ihrem Anschluß zu dem gewünschten (am billigsten)

– *Person to person call:* Man sagt dem Operator, wen man sprechen möchte. Erst wenn die gewünschte Person am Telefon ist, werden Gebühren erhoben.

- *Collect call* (R-Gespräch): Der Angerufene zahlt für den Anrufer, nachdem er dem Operator das Einverständnis gegeben hat.
- *Third number call:* Man telefoniert über den Operator. Für den Anrufer zahlt eine dritte Person, deren Nummer dem Operator mitgeteilt werden und die natürlich auch erst ihr Einverständnis geben muß.
- Ferngespräche *(Long distance)* von öffentlichen Fernsprechern sind mit Telefonkarten von Gesellschaften wie Telenational oder AT&T einfach und preiswert. Die Gebühren werden nach entsprechender Genehmigung Ihrerseits Ihrem Kreditkartenkonto belastet. Für Ortsgespräche benötigt man 25-Cent-Münzen. Will man nach außerhalb ein Gespräch führen, so muß man den Operator anwählen, meist mit der „0“. Von der Telefonzelle kann man also alle Gespräche führen.

  Praktisch alle Hotels und Motels haben im Zimmer ein Telefon. Meistens muß man eine „8“ wählen, um ein Ferngespräch führen zu können. Ein 3-Minuten-Gespräch nach Deutschland kostet etwa acht Dollar. Am preiswertesten sind *Station to station calls* zwischen 17 und 5 Uhr amerikanischer Zeit. Für inner-amerikanische Ferngespräche verringert sich die Gebühr ab 17 Uhr, dann nochmals ab 23 Uhr. Ebenso sind die Gebühren an Wochenenden und Feiertagen niedriger.

Auch wenn überhaupt kein Gespräch zustande kommt, wird ab dem dritten Klingeln die erste Einheit berechnet. Diese Regelung gilt für Telefonzellen und wird in den meisten Hotels ähnlich gehandhabt. Tip: Lieber einmal öfter probieren, dafür aber jeweils nur zweimal klingeln lassen, es sei denn, Sie sind sich sicher, daß jemand zuhause ist – dann wird Ihre erste Gesprächseinheit verrechnet.

Telegramme

Telegramme können nur bei entsprechenden Gesellschaften aufgegeben werden. Sie finden sich in den gelben Seiten der Telefonbücher. Eine telefonische Aufgabe ist möglich. Fernschreiben können nur im Inlandsverkehr weitergeleitet werden.

Trampen

Trampen ist, außer auf Autobahnen und den dazugehörigen Zufahrten, nicht verboten. Die Statistik belegt aber, daß Tramper häufig Opfer von Verbrechen werden.

Trinkgeld

Bedienungsgelder sind in Hotel- und Restaurantrechnungen nicht enthalten. Üblich sind die folgenden Trinkgeldsätze: Restaurant zehn bis 15 Prozent, Bar 50 Cent pro Getränk, Zimmermädchen 50 Cent bis zwei Dollar pro Tag, Taxi zehn bis 15 Prozent, Gepäckträger bis zu einem Dollar pro Gepäckstück, Busfahrer bis zu 1,50 Dollar Tag und Person, Reiseleiter und Führer bis zu zwei Dollar pro Tag und Person.

Trinkwasser

Das Wasser kann überall ohne Bedenken getrunken werden.

Überweisungen

Überweisungen von Geld in die USA sind eine komplizierte Angelegenheit, wenn der Empfänger kein eigenes Bankkonto hat. Über die jeweiligen Verfahren empfiehlt es sich, Auskünfte bei den Banken einzuholen.

Unterkunft

Siehe unter Camping, Hotels, Jugendherbergen, Motels, Ranches, YMCA und YWCA

Veranstaltungskalender

Januar	Breckenridge (CO)	Ullr Fest (Fest zu Ehren des nordischen Schneegottes Ullr)
	Duluth (MN)	Beargrease Sled Dog Marathon
	Eagle River (WI)	World Championship Snowmobile Derby
	Jackson (MS)	Dixi National Livestock Show und Rodeo
	Los Angeles (CA)	Super Bowl
	McCall (ID) / St. Paul (MN)	Winter Carnival
	Miami Beach (FL)	Art Deco Weekend
	Passadena (CA)	Tournament of Roses Parade
	Philadelphia (PA)	Mummer's Parade
	Sitka (AK)	New Years Day Picnic
	Tarpon Springs (FL)	Greek Epiphany
Februar	Anchorage (AK)	Fur Rendezvous (Hundeschlitten-Weltmeisterschaftsrennen)
	Apache Junction (AZ)	Arizona Renaissance Festival
	Brownsville (TX)	Charro Days
	Daytona (FL)	500 Miles (Autorennen)
	Miami (FL)	Miami Film Festival
	Miami Beach (FL)	International Boat Show
	Nenana (AK)	Ice Classic Tripod Days (Eislotterie)
	New Orleans (LA) / Pensacola (FL)	Mardi Gras (Karneval)
	Newport (OR)	Seafood & Wine Festival
	St. Martinsville (LA)	La Grande Boucherie des Cajuns (Fest der französischsprachigen Cajun)
	Steamboat Springs (CO)	Winter Carnival
	Tampa (FL)	Gasparilla Pirate Fest
März	Anchorage (AK)	Iditarod Trail Race (Langstrecken-Hundeschlittenrennen)
	Boston (MA)	New England Spring Flower Show
	Charleston (SC)	Festival of Houses & Gardens
	Columbus (MS)	Spring Pilgrimage
	Philadelphia (PA)	Flower Show
	Sarasota (FL)	Medieval Fair
	Sebring (FL)	12 Hours of Sebring (Autorennen)
	Stone Mountain (GA)	Antebellum Jubilee
	Westport/Grayland (WA)	Whale Fest
	Wilmington (NC)	Azalea Festival
April	Atlanta (GA)	Dogwood Festival
	Birmingham (AL)	Festival of Arts
	Eufola (AL)	Eufola Pilgrimage
	Juneau (AK)	Alaska Folk Festival
	Key West (FL)	Conch Republic Festival
	Knoxville (TN)	Dogwood Arts Festival
	Mountain View (AR)	Arkansas Folk Festival
	Muskogee (OK)	Azalea Festival
	New Orleans (LA)	Jazz & Heritage Festival
	French Quarter Festival	

	Petersburg (AK)	Little Norway Festival
	Richmond (VA)	Historic Garden Week
	Sarasota (FL)	Sailor Circus
	St. Albans (VT)	Vermont Maple Festival
	Tucson (AZ)	Tucson Festival
	Washington D.C.	National Cherry Blossom Festival (Kirschblütenfest)
	Winchester (VA)	Apple Blossom Festival (Apfelblütenfest)
Mai	Baltimore (MD)	The Preakness Stakes
	Biloxi (MI)	Shrimp Festival & Blessing of the Fleet
	Chicago (IL)	International Art Expo
	Covington (KY)	Maifest Mainstreet Village
	Fernandina Beach (FL)	Isle of Eight Flags Shrimps Festival
	Hagerstown (MD)	National Pike Festival
	Hermann (MO)	Maifest
	Holland (MI)	Tulip Time Festival (Tulpenfest)
	Indianapolis (IN)	Indy 500 (Autorennen)
	Kodiak (AK)	Kodiak Crab Festival
	Louisville (KY)	Kentucky Derby Festival (Pferderennen)
	Memphis (TN)	International Festival
	Meridian (MI)	The Jimmie Rodgers Memorial Festival
	Pensacola (FL)	Five Flags Festival
	Poughkeepsie (NY)	Great Hudson Valley Balloon Race
	Portland (OR)	Rose Festival
	Providence (RI)	May Breakfasts
	Tulsa (OK)	International Maifest
	Walla Walla (WA)	Hot Air Balloon Stampede
	Wichita (KS)	Wichita River Festival
Juni	Boise (ID)	Boise River Festival
	Boston (MA)	Harborfest
	Boulder (CO)	Shakespeare Festival
	Clarinda (IO)	Glenn Miller Festival
	Detroit (MI)	International Freedom Festival
	Dillon (MT)	Bannack Days
	Frankenmuth (MI)	Bavarian Festival
	Galesburg (IL)	Galesburg Railroad Days
	Gettysburg (PA)	Civil War Heritage
	Greeley (CO)	Greeley Independence Stampede
	Hannibal (MO)	National Tom Sawyers Days
	Hardin (MT)	Custer's Last Stand Re-enactment
	Helena (MT)	Montana Traditional Jazz Festival
	Honolulu (HI)	King Kamehameha Celebration
	Jacksonport State Park (AR)	Rollin' on the River
	Medora (ND)	Medora Musical (bis Anfang September)
	Milwaukee (WI)	Summerfest, The Big Gig
	Myrtle Beach (SC)	Sun & Fun Festival
	Norfolk (VA)	Harborfest
	North Plate (NE)	Nebraskaland Days
	Philadelphia (PA)	Sunoco Welcome America
	Sitka (AK)	All Alaska Logging Championship (Holzfällerwettbewerb)
Juli	Aspen (CO)	Music Festival
	Bath (ME)	Bath Heritage Days
	Bridgeport (CT)	Barnum Festival
	Cedar City (UT)	Utah Shakespeare Festival
	Cheyenne (WY)	Frontier Days
	Driggs (ID)	Cowboy Festival
	Fairbanks (AK)	Golden Days Worlds Eskimo-Indian Olympics
	Ketchikan (AK)	Tongass Sailing Race (Segelregatta)
	Key West (FL)	Hemingway Days
	Logan (UT)	Festival of the American West

	Manti (UT)	Mormon Miracle Pageant
	Milwaukee (WI)	The Great Circus Parade
	Newport (RI)	Newport Music Festival
	New Ulm (MN)	Heritagefest
	Nome (AK)	Nome River Raft Race (Floßrennen)
	Pinedale (WY)	Green River Rendezvous
	Portland (OR)	Portland Rose Festival Airshow
	Seward (AK)	Mt. Marathon Race (Gipfelwettlauf)
	Sioux City (IA)	River-Cade
	Shepherdstown (WV)	Contemporary American Theater Festival
	Sturges (WY)	Harley Davidson Meeting
	Talkeetna (AK)	Annual Moose Dropping Festival (Jahrmarkt)
	West Caldwell (NJ)	Quick Chek NJ Festival of Ballooning
	Wheeling (WV)	Jamboree in the Hills (Country-Musik-Festival)
August	Abingdon (VA)	Virginia Highlands Festival
	Bartlett (NH)	Attitash Bear Peak Equine Festival
	Batesville (AR)	White River Water Carnival
	Bethlehem (PA)	Music Festival
	Charleston (WV)	Sternwheel Regatta
	Chicago (IL)	Jazz Festival
	Church Rock (NM)	Inter-tribal Indian Ceremonial
	Columbia (MO)	Wake up to Missouri Balloon Championship
	Des Moines (IA)	Iowa State Fair
	Glenns Ferry (ID)	Three Island Crossing
	Hugo (OK)	Grant's Bluegrass Festival
	Incline Village (NV)	Shakespeare at Sand Harbor Festival
	Middletown (OH)	U.S. Hot Air Balloon Championship
	Rockland (ME)	Maine Lobster Festival
	Santa Barbara (CA)	Old Spanish Days Fiesta
	Savannah (GA)	Maritime Festival
	Sturgis (SD)	Sturgis Rally & Races
September	Albuquerque (NM)	New Mexico State Fair
	Bismarck (ND)	United Tribes International Pow Wow
	Cincinnati (OH)	Oktoberfest
	Dallas (TX)	Texas State Fair
	Fort Worth (TX)	Pioneer Days Celebration & Rodeo
	Geneva (OH)	Grape Jamboree
	Honolulu (HI)	Aloha Festival
	Knoxville (TN)	Tennessee Valley Fair
	Leavenworth (WA)	Autumn Leaf Festival
	Lincoln (NH)	New Hampshire Highland Games
	New Glarus (WI)	Wilhelm Tell Festival
	Norwalk (CT)	Oyster Festival
	Ocean City (NJ)	Sunfest
	Owensboro (KY)	IBMA Bluegrass Fan Fest
	Solvang (CA)	Danish Days
	Virginia City (NV)	International Camel Race
	West Springfield (MA)	The Big E. Eastern States Exposition
Oktober	Albuquerque (NM)	International Balloon Fiesta
	Cape May (NJ)	Victorian Week
	Coshocton (OH)	Historic Roscoe Village Apple Butter Stirrin' Festival
	Custer State Park (SD)	Buffalo Roundup
	Globe (AZ)	Apache Day
	Lexington (KY)	EquiFestival
	Minot (ND)	Norsk Hostfest
	Nashville (TN)	Country Music Month
	Rehoboth Beach (DE)	Sea Witch Festival
	Sitka (AK)	Alaska Day Parade
	Vienna (GA)	Big Pig Jig
	Vincentown (NJ)	Chatsworth Cranberry Festival

November	Kansas City (MS)	American Royal Livestock Horse Show & Rodeo
	Myrtle Beach (SC)	Dickens Christmas Show & Festival
	New York (NY)	Thanksgiving Day Parade
		New York Marathon
	Richmond (VA)	Thanksgiving Festival
	Wheeling (WV)	Winter Festival of Lights
	Winterthur (DE)	Yuletide (bis Anfang Januar)
Dezember	Boston (MA)	First Night Celebration (Fest in der Neujahrsnacht)
	Fort Lauderdale (FL)	Winterfest
	Hollywood (CA)	Christmas Parade on Sunset Boulevard (Wagenparade am 1.Weihnachtsfeiertag, begleitet von vielen bekannten Persönlichkeiten aus dem Show Business)
	Las Vegas (NV)	National Finals Rodeo
	Miami (FL)	Orange Bowl Festival
	Newport (RI)	Christmas in Newport
	Rockville (IN)	Parke County Covered Bridge Christmas
	St. Augustine (FL)	Christmas Regatta
	Salt Lake City (UT)	Christmas Lights at Temple Square
	Walt Disney World (FL)	Christmas Parade
	Washington D.C.	Pageant of Peace

Vergnügungsparks

Siehe unter Forst-, Park- und Freizeitanlagen

Verkehrsregeln

In den USA wird rechts gefahren, generell gilt an Kreuzungen rechts vor links. Für die Fahrzeuginsassen besteht Anschnallpflicht, für Kinder bis zu einem Körpergewicht von 20 Kilogramm ist ein Kindersitz vorgeschrieben. Der Verkehr läuft insgesamt langsamer und entspannter. In verkehrsberuhigten Innenstädten und Wohngebieten liegt die zulässige Höchstgeschwindigkeit zwischen 15 mph (24 km/h) und 35 mph (56 km/h), auf Ausfallstraßen und Überlandstraßen mit Gegenverkehr bei 45 mph (72 km/h), auf mehrspurigen Überlandstraßen *(Highways)* und Autobahnen *(Interstates)* in der Regel bei 55 mph (88 km/h), auf einigen Autobahnabschnitten bei 65 mph (104 km/h). Wer scheller als vorgeschrieben fährt, wird mit hohen Geldbußen belegt.

Besondere Verkehrsregeln:

- An Kreuzungen mit Stopp-Schildern für alle Fahrtrichtungen fährt als erster, wer zuerst an der Kreuzung gehalten hat.
- Schulbusse dürfen, solange sie die Warnzeichen (Schilder und Blinker) gesetzt haben, aus keiner Richtung passiert werden.
- Bei rotem Ampellicht ist, außer in Wyoming, das Rechtsabbiegen nach einem Stopp erlaubt, es sei denn, es wird mit dem Hinweis *No right turn* oder *Right turn only on green arrow* untersagt.
- Vor Bergkuppen, an Kreuzungen und in Kurven darf nicht überholt werden.
- Bordsteine in unterschiedlichen Farben signalisieren eingeschränkte Parkmöglichkeiten: Rot bedeutet absolutes Halteverbot, Gelb/Schwarz weist auf Ladezonen hin, in weißen Zonen darf man fünf, in grünen zehn Minuten halten.

Verkehrsmittel

Siehe unter Busse, Eisenbahnen, Fluglinien

Versicherungen

Siehe unter Medizinische Versorgung

Visum

Siehe unter Einreise

Wahlen

Amerikaner wählen häufig und auf ganz unterschiedlichen Ebenen: lokale Schulbehörden, Staatsanwälte, Richter und Beamte, Abgeordnete, Senatoren und indirekt auch den Präsidenten. In Referenden stimmen sie sogar über lokale Steuern oder Schulbuchinhalte ab.

Andererseits irritiert die Vielfalt der Wahlen: zeitlich verschiedene Procedere, unterschiedliche Amts- und Mandatsfristen. Durch die Verfassung abgesichert haben die Einzelstaaten das Recht, zeitliche, organisatorische und rechtliche Rahmenbedingungen für die Wahl von öffentlichen Ämtern zu bestimmen. Das herrschende Mehrheitswahlrecht begünstigt aber in jedem Falle die großen Parteien.

Seit 1972 ist das Wahlalter für amerikanische Staatsbürger auf 18 Jahre festgelegt. Gewählt wird an Werktagen. Die Wahlbeteiligung liegt im Durchschnitt nicht höher als 50 Prozent.

Senatoren werden für jeweils sechs Jahre in ihren Bundesstaaten nach dem Mehrheitswahlrecht gewählt, jedoch alle zwei Jahre wird ein Drittel des Senats erneuert. Abgeordnete des Repräsentantenhauses hingegen werden nur für zwei Jahre gewählt.

Eine Besonderheit stellt die Wahl des Präsidenten der USA dar: Er kann zweimal für vier Jahre gewählt werden. Seine Wahl sowie die seines Vizepräsidenten erfolgt durch das sogenannte Wahlmännergremium.

Wirtschaft

Die Vereinigten Staaten von Amerika sind ein industrialisiertes, rohstoffreiches und ökonomisch-politisch geeintes Land. Dies ist die Basis für das wirtschaftlich stärkste Land der Welt, das im wesentlichen autark leben und produzieren kann. Gemessen am Wert von Dienstleistungen und Gütern produziert die amerikanische

Der Strip in Las Vegas

Wirtschaft eines der höchsten Pro-Kopf-Einkommen in der Welt. Den größten Anteil am Bruttoinlandsprodukt erzeugt der Dienstleistungssektor (mehr als zwei Drittel). Danach folgt die verarbeitende Industrie inklusive Bergbau (etwa 26 Prozent). Die Landwirtschaft erarbeitet zwei Prozent.

Die Veränderungen in Richtung Dienstleistungssektor sind durch die Entwicklungen in der Telekommunikation und dem Transportwesen bedingt. Insbesondere der Maschinen- und Straßenfahrzeugbau haben an Bedeutung gewonnen.

Die Wirtschaftskrisen Anfang der neunziger Jahre haben die USA besser überstanden als viele europäische Nationen. Die Arbeitslosenrate stagniert bei sechs Prozent und ist damit auf niedrigerem Niveau als in anderen bedeutenden Industrienationen.

1993 wurde die Schaffung einer nordamerikanischen Freihandelszone (NAFTA) mit Mexiko und Kanada beschlossen, darüber hinaus forcieren die USA den Druck auf Japan und Europa zur Liberalisierung des Welthandels. Enorme Probleme bereiten den USA das von der Reagan-Regierung hinterlassene Haushaltsdefizit. 1995 betrug es rund 300 Milliarden Dollar. Bis zum Jahr 2005 soll durch einen Stufenplan ein ausgeglichener Haushalt erreicht sein.

Seit der Reagan-Administration, die eine Deregulierung der Wirtschaft forcierte, wird eine Selbstregulierung der Wirtschaft und ihre relative Unabhängigkeit von staatlichen Einflüssen zunehmend erreicht. Strategisch wichtige Entscheidungen der Währungs- und Handelspolitik trifft die Wirtschaft selbst.

YMCA/YWCA

Der Christliche Verein junger Männer und junger Frauen betreibt in allen größeren Städten Herbergen, die jedermann offenstehen. Sie sind nicht gerade preiswert und häufig langfristig ausgebucht. Informationen: YMCA, 333 7th St., 15th Floor, New York, N.Y 10001, Tel. 212-630-9600

Zahlungsmittel

Der US-amerikanische Dollar hat 100 Cents. Als Münzen gibt es 1 Cent, 5 Cents *(nickel),* 10 Cents *(dime),* 25 Cents *(quarter),* 50 Cents und das eher seltene 1-Dollar-Stück. Banknoten gibt es im Wert von 1, 2, 5, 10, 20, 50, 100, 500 und 1000 Dollar. Alle Scheine haben die gleiche Farbe und Größe.

Zeitzonen

Vier Zeitzonen erstrecken sich über das zusammenhängende Gebiet der USA – eigene Zonen gelten für Alaska und Hawaii. Die vier Zeitzonen sind: Eastern Time (= MEZ –6 Stunden), Central Time (= MEZ –7 Stunden), Mountain Time (= MEZ –8 Stunden), Pacific Time (= MEZ –9 Stunden). In Alaska gilt die Alaska Time (= MEZ –10 Stunden), in Hawaii die Hawaii Time (= MEZ –11 Stunden).

Zollbestimmungen

Zollfrei ist die Einfuhr von Geschenken, deren Wert 100 Dollar nicht übersteigt. Die Einfuhr von Obst, Gemüse und Fleischwaren ist nicht gestattet. Für Medikamente mit suchtbildenden Bestandteilen sollte ein ärztliches Attest vorliegen.

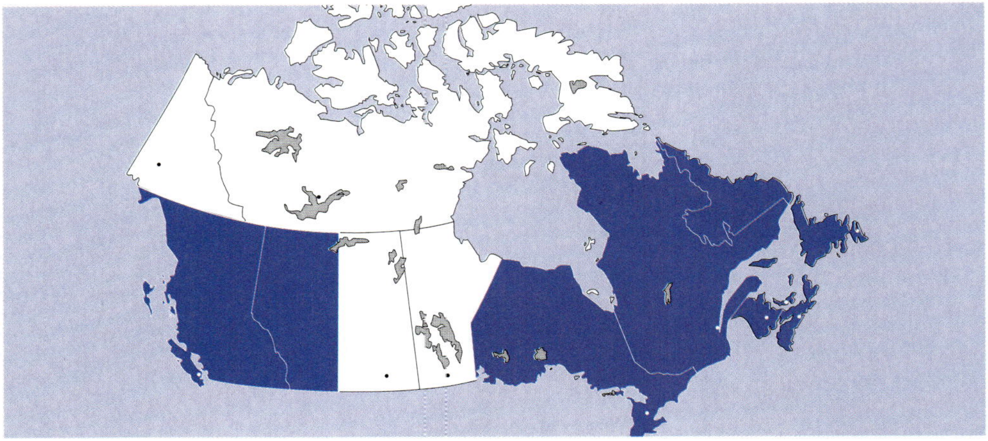

Einleitung

Literatur

Apa Guides Kanada, Apa Publications
Baedeker: Kanada, Karl Baedeker Verlag, Ostfildern
James F. Cooper: Der letzte Mohikaner, Die Prärie, Der Fallensteller
Frederik DeWiel: Kultur- und Landschaftsführer Kanada, DuMont, Köln
GEO special: Kanada, Gruner und Jahr

Routenvorschlag

Trans-Kanada

Kanada ist mit fast zehn Millionen Quadratkilometer Fläche der zweitgrößte Staat der Erde. Im Norden des nordamerikanischen Subkontinents gelegen, erstreckt er sich vom Nordpol über 4600 Kilometer in den Süden hinein, der fast auf der Höhe Neapels liegt. Die natürliche Grenze des Ostens bildet der Pazifik, 5500 Kilometer westlich erstreckt sich die Küste des Atlantischen Ozean. Höchster Punkt des Landes ist der Mount Logan (6050 Meter) im Nordwesten. Es gibt sechs Zeitzonen und 13 regionale Klimazonen.

Der Name Kanada geht auf die Sprache der Cree-Indianer zurück, für die *Ka-Kanata* soviel bedeutet wie *Land, das sauber ist.*

Fast 80 Prozent der Einwohner leben im Süden, mehr als vier Fünftel des Landes sind unbewohnt, so daß die Bevölkerungsdichte lediglich 2,5 Menschen pro Quadratkilometer beträgt. Knapp die

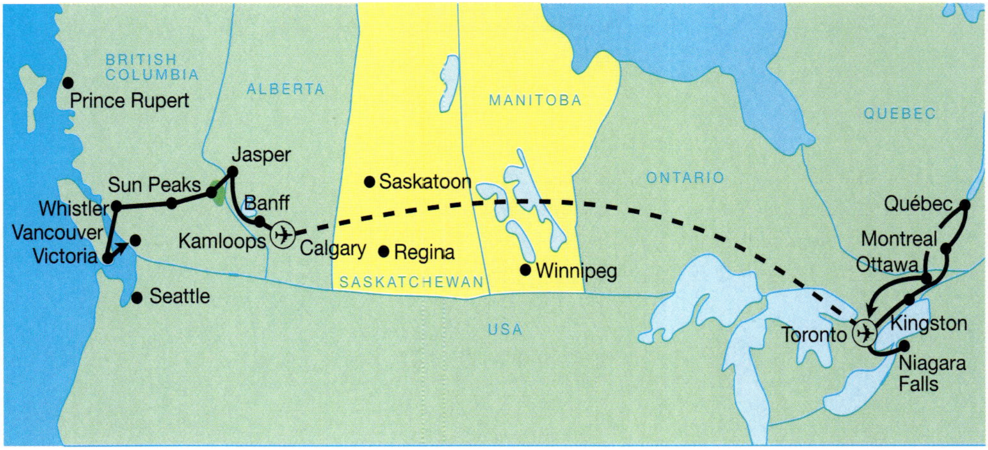

Hälfte des Landes ist bewaldet. Nur sieben Prozent des Bodens können landwirtschaftlich genutzt werden, der größte Teil davon in den kanadischen Präriegebieten.

Von den knapp 28 Millionen Einwohnern leben 62 Prozent in den südlichen Provinzen Québec und Ontario und nur 0,3 Prozent im nördlichsten Teil des Landes. Kanada ist Einwanderungsland: Jeder sechste Mensch ist Immigrant. Nur drei Prozent der Einwohner, 27 000 Inuit und 300 000 Indianer, zählen zur Urbevölkerung, der noch vor 450 Jahren das gesamte Land gehörte.

Insgesamt leben 82 ethnische Gruppen in Kanada, die 72 Sprachen sprechen, wobei Englisch (60,6 Prozent) und Französisch (24,3 Prozent) den größten Anteil ausmachen.

Das Land gehört mit einem Bruttosozialprodukt von 20 500 Dollar pro Einwohner zu den reichen Ländern der Welt. Land- und Forstwirtschaft, Bergbau, Fischerei und Pelzwirtschaft prägen die industrielle Struktur Kanadas, das zu den roh- und brennstoffreichsten Staaten der Erde zählt. Gleichzeitig ist die Wirtschaft durch hohe Staatsverschuldung, Defizite und umstrittene Praktiken in der Forstwirtschaft geprägt.

Von seinen natürlichen Gegebenheiten her bietet das nordamerikanische Land vieles – von der Prärie bis zur Arktis. Wie eine natürliche Barriere verlaufen im Osten und im Westen zwei große Gebirgszüge – die Appalachen und die Kordilleren. Den größten Teil des Landes, fünf Millionen Quadratkilometer, nimmt ein geologischer Sockel, das Kanadische Schild, ein, das nur 200 bis 500 Meter über dem Meeresspiegel liegt.

Aus den Hochgebirgen lagerte sich Material in großen Becken ab. So entstanden Prärien. Im Norden besteht Kanada aus einer unüberschaubaren Anzahl von Inseln, die größte davon, Baffin Island, ist mehr als doppelt so groß wie die Bundesrepublik Deutschland. Das Festland endet bei 83 Grad Nord, nur knapp 700 Kilometer vom Nordpol entfernt.

Die nördlichste Siedlung Kanadas ist zugleich die nördlichste der Welt, Alert auf Ellesmere Island. Sie wurde 1950 als Wetterstation eingerichtet.

Im Zentrum von Toronto

Werner Krum/Karl Heinz Raach: Kanada Bruckmann, München
Mark Lightbody/Tom Smallman: Canada Outdoor Guide Book, Lonely Planet Publications
Peter Mertz: Reiseführer Natur Kanada, BLV Verlagsgesellschaft, München
Jane Urquhart: Fort, btb, 1997
Roland Vogelsang: Kanada – Geographische Strukturen, Entwickl., Probleme, Justus Perthes Verlag, Gotha

Routenvorschlag
Kanada Crossing

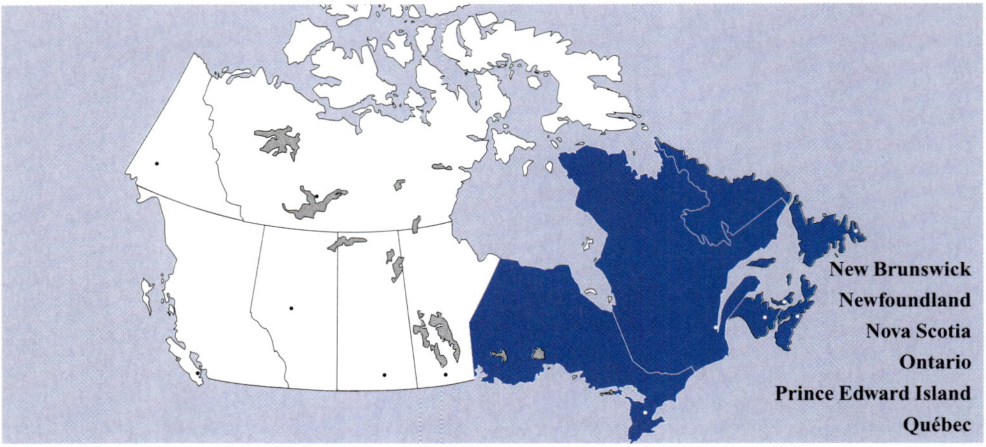

Der Osten Kanadas

Literatur

Nan Drosdick/Mark Morris: Atlantic Canada Guide Book, Moon Publications, 450 Seiten

Mark Lightbody u.a.: Kanada – Der Osten, Stefan Loose Verlag, Berlin

Merian: Kanadas Osten, Hoffmann und Campe, Hamburg

Der Osten Kanadas gilt als wirtschaftliches, politisches und kulturelles Zentrum des Landes. Er umfaßt die Provinzen Ontario, Québec, Nova Scotia, New Brunswick, Prince Edward Island und Newfoundland.

Kanada mangelt es an natürlichen Zugängen zum Landesinneren. Im Osten aber mündet bei Québec der St.-Lorenz-Strom in den Atlantik. 1959 wurde der St.-Lorenz-Seeweg, ein kanadisch-amerikanisches Projekt, fertiggestellt und von Königin Elisabeth II. eingeweiht. Er schuf eine Verbindung zwischen dem Atlantischen Ozean und den großen kanadischen Seen.

Der St. Lorenz ist 3000 Kilometer lang und die Hauptverkehrsachse Kanadas. An seinen Ufern befindet sich das älteste kanadische Siedlungsgebiet. Heute leben dort etwa 60 Prozent aller Kanadier. Vom Ontario-See bis nach Montréal ist der Strom kanadisch-amerikanische Grenze. Das St.-Lorenz-Tiefland umfaßt nur drei Prozent der kanadischen Fläche, ist allerdings wirtschaftlich bedeutendster Raum des Landes.

Bereits um 1000 n. Chr. entstanden an der Ostküste erste Siedlungsanlagen der aus Skandinavien stammenden Wikinger. Überreste ihrer Siedlungen sind bis heute im Norden Newfoundlands erhalten. Drei Jahrhunderte später betrieben verschiedene europäische Völker vor der Ostküste Fischfang. 1497 erreichte John Cabot, ein italienischer Abenteurer, der unter englischer Flagge segelte,

Routenvorschläge

1. Kanada Ostküste

2. Entdeckung im Osten Kanadas

3. Bonjour Québec

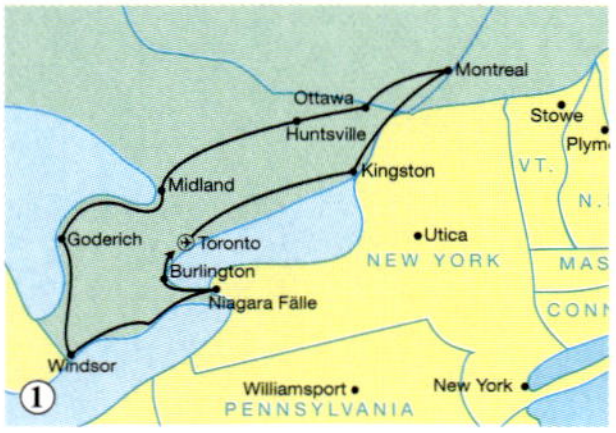

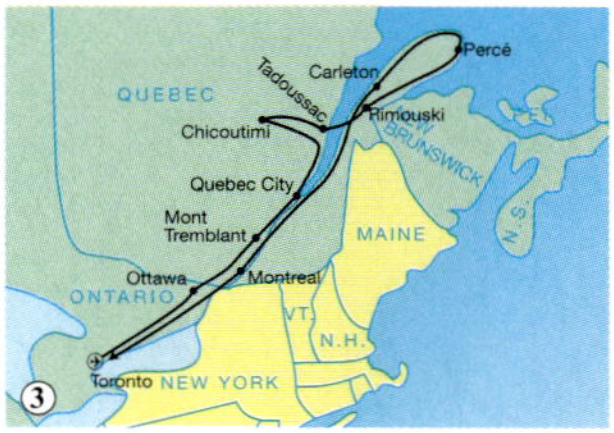

Dudelsackmusik vor dem Leuchtturm des Fischerdorfes Peggy's Cove in Nova Scotia

Newfoundland und beanspruchte es für die englische Krone. 1534 landeten die Franzosen in Nordamerika, das systematisch für die französische Krone erobert werden sollte. Der Siebenjährige Krieg setzte der französischen Expansion ein Ende, mit der Kapitulation der ostkanadischen Stadt Québec mußte Frankreich seine Territorien an Großbritannien abgeben.

Die Klimaverhältnisse in den Provinzen des Ostens sind sehr unterschiedlich. Im Norden an der Hudson Bay bestimmt ein fast subarktisches Klima mit strengen Wintern und kühlen Sommern die Jahreszeiten, im Süden werden durch das Kontinentalklima Sommertemperaturen bis zu 30 Grad Celsius erreicht.

Kurt Jochen Ohlhoff: Ost-Kanada, DuMont, Köln
Benoît Frieur: Canada's Maritime Provinces Outdoor Guide, Ulysses Travel Publications

New Brunswick

New Brunswick ist eine der vier Atlantikprovinzen im Osten Kanadas. Es grenzt im Westen an den US-Bundesstaat Maine, im Norden an die Provinz Québec.

Die Bucht von Fundy und der St.-Lorenz-Golf bilden im Süden und Osten die natürlichen Grenzen der Provinz. Die Hauptstadt ist Fredericton. Hier leben 45 000 Menschen. Der Name New Brunswick – Neubraunschweig – geht auf das deutsche Fürstentum Braunschweig-Lüneburg zurück.

Ende des 18. Jahrhunderts herrschte der englische König über die Region. Die westlichste Ausbuchtung der Provinz ist auch unter dem Namen *Republic of Madawaska* bekannt. Weil sie der Grenzstreitigkeiten zwischen Britisch-Nordamerika und den USA überdrüssig waren, gründeten Einwohner im frühen 19. Jahrhundert diesen Staat.

Heute erinnert noch das alljährliche Mitsommerfest Foire Brayonne daran, dessen Name auf den für die Franko-Kanadier benutzten

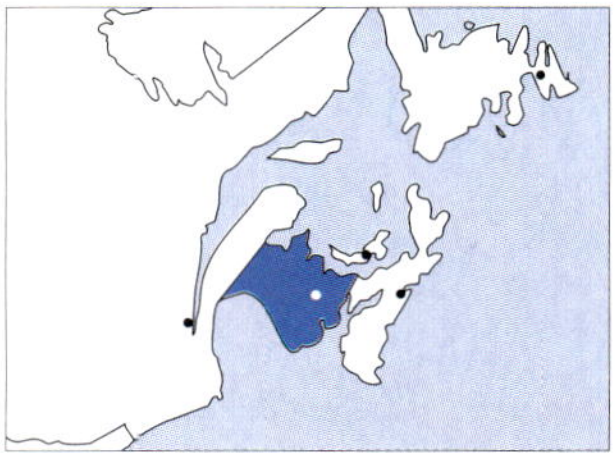

Informationen

Department of Tourism, Recreation and Heritage P.O. Box 12345, Fredericton, New Brunswick E3B 5C3

New Brunswick Klima	Temperatur Chatham Max.	Temperatur Chatham Min.	Temperatur St. John Max.	Temperatur St. John Min.	Niederschlag mm Chatham	Niederschlag mm St. John	Niederschlagsarme Tage weniger als 0,3 mm Chatham	Niederschlagsarme Tage weniger als 0,3 mm St. John
Januar	–5	–17	–2	–12	100	100	19	16
Februar	–4	–17	–2	–11	70	80	17	18
März	2	–9	2	–6	80	90	17	17
April	8	–2	6	0	80	80	18	17
Mai	16	4	13	5	80	80	17	17
Juni	22	9	18	9	90	80	17	17
Juli	25	13	21	12	100	80	18	17
August	24	12	21	12	100	90	17	17
September	19	8	17	9	80	90	17	18
Oktober	13	3	12	5	100	100	18	17
November	4	–4	6	–1	100	100	16	17
Dezember	3	–12	0	–8	90	90	18	16

Begriff *Brayons* – Brayons sind Werkzeuge zur Flachsbearbeitung – zurückgeht.

Das landschaftliche Bild wird durch drei Regionen geprägt: das südliche Bergland entlang der Bucht von Fundy, das sich daran anschließende und nach Norden erstreckende zentrale Bergland und das fruchtbare Tiefland im Südosten. Größter Fluß ist der Saint John, der an der Stadt gleichen Namens in die Fundy Bay mündet. Saint John ist mit 80 000 Einwohnern die größte Stadt der Provinz.

85 Prozent des insgesamt 73 500 Quadratkilometer großen Landstrichs sind von Wald bedeckt. Er bildet die Grundlage für die Papierindustrie. In der Provinz werden Blei, Kupfer und Zink gefördert, und natürlich ist die Fischerei ein wichtiger Industriezweig.

In New Brunswick herrscht Kontinentalklima mit warmen, trockenen Sommern und kalten Wintern. 715 000 Menschen leben hier, hauptsächlich Nachfahren von Akadiern und Loyalisten.

New Brunswick ist die einzige wirklich zweisprachige Provinz Kanadas. Die Beherrschung von Englisch und Französisch ist Voraus-

Traditionelle Kochstelle im Acadian Historical Village in Bertrand

setzung für die Einstellung in den Staatsdienst, alle Straßenschilder sind zweisprachig beschriftet. Überall, wo es möglich ist, werden in der Provinz Kartoffeln angebaut. Von St. Leonard bis Woodstock erstreckt sich der Kartoffelgürtel, in Grand Falls findet alljährlich ein Kartoffelfest statt. In dem kleinen Ort Hartland am Saint John River befindet sich die größte überdachte Brücke der Welt, sieben Brükkenbogen reichen über 390 Meter. Eine ebenso interessante Sehenswürdigkeit ist das Kings Landing Historical Settlement, ein der Zeit von 1780 bis 1890 nachempfundenes Dorf am Ufer des Saint John, in dem das alltägliche Leben der Loyalisten dargestellt wird *(geöffnet in den Sommermonaten tägl. 10–17 Uhr).*

Mädchen in traditioneller Tracht in Acadian Historical Village in Bertrand

Fredericton

Die Hauptstadt der ostkanadischen Provinz liegt am Unterlauf des Saint John River und war einst wichtige Garnisonsstadt. Heute bestimmen Universität und die Bürokratie der Provinzialregierung das Leben der Stadt, die aus einer kleinen akadischen Siedlung namens Pointe Ste-Anne hervorgegangen ist. Dem Zeitungsmagnaten Lord Beaverbrook verdankt die Stadt ein beachtliches Kunstmuseum, die Beaverbrook Art Gallery in der Queen Street mit Werken von Botticelli, Lucas Cranach und Delacroix *(geöffnet im Juli und August Do–Sa 10–17 Uhr, So–Mo 12–20 Uhr und Di–Mi 10–20 Uhr, in den anderen Monaten Di–Sa 10–17 Uhr und So–Mo 12–17 Uhr).* In der Eingangshalle der Galerie befindet sich das von Salvador Dalí geschaffene Werk *Santiago el Grande.* Sehenswert ist die im neugotischen Stil errichtete anglikanische Bischofskirche Christ Church Cathedral. Von Mitte Juli bis Anfang September finden täglich Führungen durch das Parlamentsgebäude, einem Bau aus den achtziger Jahren des 19. Jahrhunderts statt. Die Parlamentsbibliothek ist Besitzerin einer kompletten Kupferstichsammlung der *Birds of America* von John James Audubon.

In der Kunsthandwerklichen Schule Frederictons kann Künstlern bei der Arbeit zugeschaut werden. Einzelne Arbeiten sind käuflich zu erwerben.

37 Kilometer westlich liegt Kings Landing, ein großes Freilichtmuseum über das Leben der Siedler in den Jahren 1784 bis 1890 *(geöffnet in den Sommermonaten tägl. 10–17 Uhr).*

Informationen

Siehe unter New Brunswick

Fundy National Park

Im südöstlichen New Brunswick an der gleichnamigen Bucht liegt der Fundy-Nationalpark. Hier treten an der Küste die höchsten Gezeitenschwankungen der Welt auf, durch die die Bucht trichterförmig ausgebildet wurde. Sie trennt New Brunswick von Nova Scotia und verengt sich nach Norden.

Steilküstenabschnitte sind bis zu 100 Meter hoch. Die Flut beginnt bereits 35 Minuten bevor die Ebbe beendet ist. Diese Differenz führt zu starken Wellenbewegungen und größeren Erosionen. Der

Informationen

Fundy National Park, P.O. Box 40,
Alma, New Brunswick E0A 1B0,
Tel. 506-887-2000

Fundy-Nationalpark wurde 1948 gegründet und ist 206 Quadratkilometer groß. Er zieht sich 13 Kilometer an der Küste der Bay of Fundy entlang, im Inneren, dem Kaledonischen Hochland, ist die Landschaft hüglig und dicht bewaldet. Tiefe Flußtäler entwässern die Region und fließen mit zum Teil reißenden Strömungen durch Canyons zur Küste.

Im Sommer wandern Atlantiklachse flußaufwärts. Von Juni bis September herrscht in diesem Landschaftsgebiet gemäßigtes Klima mit Höchsttemperaturen um 25 Grad Celsius. Im Park gibt es vier Campingplätze mit insgesamt 636 Stellplätzen. Das Besucherzentrum befindet sich bei Alma im Osten des Parks, ein kleineres an der Nordwestgrenze. Quer durch den Park verläuft der Parkway 114. Von ihm aus gehen Rundwege ab. Am Laverty Drive im Zentrum und an der Fory Five Road an der Ostgrenze beginnen Wege zu den Lachsbecken.

Kouchibouguac National Park

Informationen

Kouchibouguac National Park, Kouchibouguac, Kent, New Brunswick E0A 2A0, Tel. 506-876-2443

An der akadischen Küste von New Brunswick schützt der Kouchibouguac-Nationalpark eine Fläche von 238 Quadratkilometern. Er gehört zu den jüngeren Nationalparks Kanadas und liegt an der Ostküste der Provinz, an der Northumberland Strait. Seine Landschaft besteht aus einer Mischung aus Küstenzonen mit langgezogenen Sandstränden, hohen Sanddünen, Lagunen und Salzwassermarschen, Inland-Feuchtgebieten, Flußläufen und Wäldern. Sein Name – *KOOSH-uh-BOOG-oo-WACK* gesprochen – bedeutet in der Sprache der Micmac-Indianer *Fluß der großen Gezeiten,* weil die flache Topographie bewirkt, daß die Gezeiten weit ins Landesinnere vordringen. Dadurch sind Brackwasserbereiche entstanden.

Drei große Flüsse teilen die Parkfläche, der Saint Louis, der Kouchibouguac und der Black. 20 Prozent der Landschaft bestehen aus Mooren und Sümpfen, die entstanden sind, weil das Wasser zum Meer hin nicht abfließen kann. Das größte Moor ist das Hochmoor

Leuchtturm von Chatham an der Brücke über die Miramichi Bay

Kelly's Bog, bis zu zehn Meter tief, an dessen Rand sich ein Aussichtsturm befindet, so hoch, wie die natürliche Wölbung des Moores.

Die Wälder des Parks haben schon lange ihr ursprüngliches Aussehen verloren – sie wurden abgeholzt und abgebrannt. Der heutige akadische Wald ist also zweite Generation.

Im Sommer erreichen die Temperaturen bis zu 30 Grad Celsius, von Juni bis August fallen nur geringe Niederschläge. Im Kouchibouguac-Nationalpark gibt es zwei Campingplätze, South Kouchibouguac mit 219 Stellplätzen und Côte à Fabien mit 30 Stellplätzen. Aber auch in den umliegenden Orten kann man in kleineren Hotels und auf privaten Campingplätzen Quartier nehmen. Acht unterschiedliche Wanderrouten sind angelegt.

Moncton

Die Stadt liegt am Nordende der Bucht von Fundy und des Mündungstrichter des Petitcodiac. Ihre Geschichte reicht bis ins 17. Jahrhundert zurück – 1638 ließen sich hier die ersten akadischen Siedler nieder. Heute ist die Stadt, in der 57 000 Einwohner leben, wichtiges Handelszentrum von New Brunswick und gilt als heimliche Hauptstadt von Akadien.

Informationen

Siehe unter New Brunswick

Die ortsansässige französischsprachige Universität besitzt eine Sammlung moderner akadischer Kunst und unterhält ein kleines Museum, das sich mit der Geschichte Akadiens beschäftigt *(beide Ausstellungen sind von Juni bis September Di–Fr 10–17 Uhr, Sa–So 13–17 Uhr, von September bis Mai Di–Fr 12–16 Uhr und Sa–So 14–16 Uhr geöffnet).*

Zwei Naturphänomene machen Moncton zum Anziehungspunkt: die Gezeiten-Springflut und der Magnetic Hill. Wer auf diesem Berg im Nordwesten der Stadt sein Auto im Leerlauf und mit gelösten Bremsen stehenläßt, dessen Fahrzeug wird von der magnetischen Kraft bergauf gezogen. An den Magnetic Hill schließt sich ein Freizeitpark an *(geöffnet tägl. 9 Uhr bis Einbruch der Dunkelheit).* Vom Boreview (Parc du Mascaret) Park am Stadtrand aus kann man die Gezeiten gut beobachten. Bei Flut weitet sich der kleine Fluß Petitcodiac auf 1,5 Kilometer Breite und steigt gleichzeitig um sieben Meter an.

Saint John

Saint John – im Unterschied zum Saint John's in Newfoundland immer ausgeschrieben und ohne apostrophiertes ‚s' – ist mit 90 000 Einwohnern die größte Stadt von New Brunswick und eine der ältesten Städte Kanadas. Die Lage der Stadt im Mündungsbereich des Flusses hat zur Folge, daß es nur wenige gerade Straßen, dafür um so mehr Sackgassen gibt. Die Gezeiten bewirken, daß das Flußwasser bei Ebbe in die Bucht und bei Flut landeinwärts stürzt, ein lohnenswertes Schauspiel, das allerdings den Besuch zu verschiedenen Zeiten erfordert.

Informationen

Siehe unter New Brunswick

Von zwei Punkten aus kann das Panorama der Stadt und der umliegenden Landschaft besichtigt werden. Der Fort Howe Lookout steht auf einer hohen Felsklippe. Der Carleton Martello Tower *(geöffnet von Mai bis Oktober 10–19 Uhr)* befindet sich im National Historic Park. Er wurde 1813 als Verteidigungsanlage gebaut.

Das New Brunswick Museum besitzt umfangreiche Exponate zum Leben in der Provinz und eine berühmte Sammlung von Aquarellen, Zeichnungen und Fotografien *(geöffnet von Mai bis September tägl. 10–17 Uhr, von Oktober bis April tägl. 14–17 Uhr)*.

Im Jahre 1604 kam Samuel de Champlain an die Mündung des heutigen Saint John River und nannte den Platz Saint Jean. Die Stadt entstand erst im Jahre 1793, gegründet durch 3000 Loyalisten aus New England und New York. Ihre Ankunft wird alljährlich im Juli als festliches Spektakel neu inszeniert. Saint John wurde schnell berühmt für den Bau von Holzschiffen, die später durch Schiffe aus Eisen und Stahl verdrängt wurden. Im Jahre 1877 ereignete sich eine große Feuersbrunst in der Hafenstadt. Aber noch heute ist die Stadt wichtigster Hafen und größter Industriestandort der Provinz.

Newfoundland

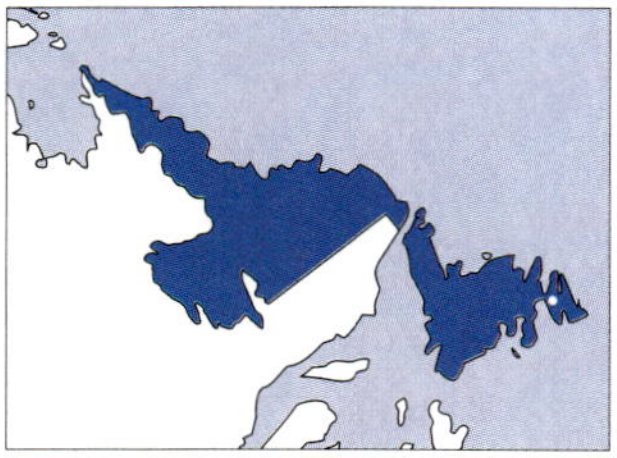

Informationen

Department of Development, Tourist Development Division, P.O. Box 8730, St. John's, Newfoundland A1B 4K2

Mit mehr als 405 000 Quadratkilometer ist Newfoundland die größte der vier Atlantikprovinzen und die jüngste Provinz Kanadas überhaupt. Sie umfaßt die Insel gleichen Namens, zahlreiche kleine Inseln und einen fast 297 000 Quadratkilometer großen Teil Labradors.

Hierher kommen im Jahr etwa so viele Touristen wie an einem Wochenende nach Toronto, denn die Provinz ist etwas abgelegen, dünn besiedelt, und es gibt häufig Nebel. Zwei ganzjährig befahrene Fährstrecken und drei von Europa aus zu erreichende Flughäfen sind die wichtigsten Verbindungen Newfoundlands zur Welt und der Welt zu Newfoundland.

Die Insel Newfoundland gehört zu den Appalachen, östlich und südlich von ihr ist das Meer nur 200 Meter tief. Dort befinden sich die berühmten *Banks,* die fischreichsten Gewässer der Welt. Das Klima der Insel ist feucht und kühl, mit geringen Schwankungen zwischen Sommer und Winter. Fast arktisch hingegen ist das Klima in Labrador. Im Winter sinken hier die Temperaturen bis zu 40 Grad Celsius unter Null.

Das fast menschenleere Inselinnere ist eine hüglige, von Bergzügen unterbrochene Hochfläche. Die Steilküste ist felsig und durch Fjorde untergliedert. Im nördlichen Teil Newfoundlands gibt es Tannen- und Fichtenwälder, im südlichen Teil Sümpfe und Heidelandschaften. Die Insel Newfoundland ist seit 6000 Jahren, Labrador bereits seit 8000 Jahren besiedelt. Von der Urbevölkerung haben nur die Micmac-Indianer überlebt.

Channel-Port aux Basques an der Cabot Strait im Südwesten von Newfoundland

99 Prozent der 620 000 Einwohner sprechen englisch. Ein Fünftel von ihnen lebt im Einzugsgebiet der Hauptstadt St. John's, die anderen in Fischerdörfern entlang der Küste, die Outports heißen.

Labrador ist so gut wie unbewohnt, 0,1 Einwohner pro Quadratkilometer.

Newfoundland ist bekannt für seine Geschichtenerzähler, die es in jeder kleinen Gemeinde gibt, und seine vielfältige musikalische Folklore.

Wichtigster Wirtschaftszweig der Insel ist die Fischerei, sie bindet etwa 50 Prozent der Arbeitsplätze. Fangquoten und eine Fischereizone von 200 Meilen, Absatzschwierigkeiten und hohe Zinsen sind Ursachen einer fortwährenden Krise dieses Wirtschaftszweiges.

Viele Fischer müssen zeitweilig als Holzfäller ihren Lebensunterhalt verdienen.

Eine der ältesten Siedlungen Newfoundlands ist Pouch Cove, seit 1611 nachweisbar. Früher bot ihr schwer zugänglicher Hafen illegalen Siedlern Schutz – im 17. und 18. Jahrhundert waren dauerhafte

Newfoundland/ Labrador Klima	Temperatur				Niederschlag		Niederschlagsarme Tage	
	St. John's		Aklavik		St. John's	Aklavik	weniger als 0,3 mm	
	Max.	Min.	Max.	Min.	mm		St. John's	Aklavik
Januar	–2	–8	–23	–32	130	20	15	26
Februar	–2	–9	–23	–31	120	20	15	25
März	1	–6	–18	–27	120	20	15	26
April	5	–1	–7	–19	100	20	15	26
Mai	10	2	4	–6	90	20	15	26
Juni	16	6	14	4	90	20	17	25
Juli	20	11	19	8	90	30	17	21
August	21	12	14	6	90	30	17	20
September	17	8	7	0	100	20	16	20
Oktober	12	4	–4	–9	130	20	14	22
November	6	0	–16	–23	150	20	13	22
Dezember	1	–4	–22	–31	140	20	13	25

Siedlungen verboten. Das Community Museum gibt Einblick in die Geschichte des kleinen Ortes *(geöffnet tägl. 9–17 Uhr)*. In einer waldreichen Umgebung liegt, am gleichnamigen See, der kleine Ort Deer Lake. Von hier aus führen Straßen zum Gros Morne National Park und weiter nach Norden in die ehemalige Wikingersiedlung L'Anse aux Meadows.

Literatur

Annie E. Proulx: Schiffsnachrichten, Fischer Frankfurt a.M. 1997

Gros Morne National Park

Der Gros-Morne-Nationalpark umfaßt eine Fläche von 1943 Quadratkilometern im westlichen Hochland der Insel Newfoundland und zählt zu den spektakulärsten Kanadas.

Informationen

Gros Morne National Park, P.O. Box 130, Rocky Harbour, Newfoundland A0K 4N0, Tel. 709-458-2417

Gletschergeformte Landschaften mit Fjorden, arktisch-alpine Hochebenen, gegliederte Meeresküsten, mit Wasser gefüllte Canyons, Tafelberge und Lachsflüsse bestimmen das Gebiet, in dem auch Schwarzbären und Fischadler leben.

Die Atlantikküste ist aufgrund ihrer durch Gletscher geschliffenen Süßwasserfjorde mit hohen Felswänden und Klippen interessant. Die Fjorde haben keinen Anschluß zum Meer und sind durch Inlandflüsse gespeist. Im 72 Kilometer langen Teil, der zum Nationalpark gehört, liegt der höchste Berg Newfoundlands, der 806 Meter hohe Gros Morne.

Besondere geologische Formationen waren der Grund, das Gebiet 1973 zum Nationalpark zu erklären, der heute als *Galapagos der Geologen* bezeichnet wird. An der Oberfläche liegende Aufschlüsse ermöglichten neue Erkenntnisse über die Entstehung der Kontinentalplatten. Weil es hier Formationen gibt, die an keinem anderen Platz der Welt zu finden sind, wurde der Park von der UNESCO zu einem Nationalpark von weltweiter Bedeutung erklärt – zum *World Heritage Site.*

Vier Fjorde, deren Klippen bis zu 500 Meter hoch sind, gehören zur Küstenlandschaft. Auf den Bergplateaus hinter den Fjorden herrschen arktisch-alpine Lebensbedingungen mit einer tundraähnlichen Vegetation.

Hummerfallen im Hafen von Salvage

Die Buchten reichen bis zu 25 Kilometer ins Land hinein, größte ist die Bonne Bay im Zentrum des Parks. Hier können im Juli und August Pilotwale beobachtet werden. An der Küste stehen alte Leuchttürme und Hummerfangstationen.

Im Süden des Parks liegt das Gebirgsmassiv der Tabelands, ein ockerfarbenes Hochplateau mit hoher Schwermetallkonzentration und wenig Vegetation. Das Hochplateau ist aus tief unter dem Meeresboden entstandenem Magma geformt worden.

Gros Morne ist durch die Highways 430 und 431 gut erschlossen, das Besucherzentrum befindet sich in Rocky Harbour, das wirtschaftliche Zentrum des Parks gehört allerdings selbst nicht zum Parkgebiet.

Zwischen Oktober und Mitte Mai liegt im Gros Morne National Park Schnee, im Juni gibt es viel Mücken, Juli und August sind günstige Reisemonate. Wanderer schätzen auch das Klima im Juni und September. Es gibt fünf Campingplätze mit 282 Stellplätzen, die im Juli allerdings immer überfüllt sind.

St. John's

Die Provinzhauptstadt liegt auf der Avalon-Halbinsel an einer von steilen Hügeln umgebenen Bucht, nur durch eine schmale Landzunge mit dem Rest der Insel Newfoundland verbunden. Sie ist die Europa am nächsten gelegene und gleichzeitig die älteste europäische Stadt Kanadas. Bekannt ist sie als Ausgangspunkt für Expeditionen zum Wrack der *Titanic*.

In St. John's leben 160 000 Menschen. Zur Stadt gehört und für die Stadt prägend ist ein natürlicher Hafen, der bei den *Narrows,* einer natürlichen Passage von etwa 210 Meter Breite, beginnt und sich auf fast 800 Meter verbreitert.

Die Architektur der Stadt reicht aufgrund häufiger Brände – sie wurde 1892 fast vollständig neu aufgebaut – nur bis ins viktorianische Zeitalter zurück. Viereckige flachgedeckte Holzhäuser in verschiedenen Farben prägen das Stadtbild. St. John's ist nach Johannes dem Täufer benannt und wurde 1583 zum britischen Besitz erklärt.

Den Eingang des Hafens bildet der 152 Meter hohe Signal Hill, auf dem die letzte Schlacht des Siebenjährigen Krieges in Nordamerika stattfand. Deshalb wird hier noch heute im Juli und August am Dienstag, Donnerstag, Samstag und Sonntag jeweils um 15 und um 19 Uhr zum Zapfenstreich geblasen.

Vom Signal Hill National Historic Park *(geöffnet Mitte Mai bis Anfang September tägl. 9–20 Uhr, sonst tägl. 8.30–16.30 Uhr)* kann man die ganze Stadt überblicken.

Nördlich vom Signal Hill liegt an einem kleinen Meeresarm die Siedlung Quidi Vidi, ein kleiner Fischerort, der durch einen Kanal mit dem gleichnamigen See verbunden ist. Der See ist Austragungsort der St.-John's-Regatta, das älteste Sportereignis Nordamerikas.

Am höchsten Punkt der Military Road St. John's steht die Basilica of St. John's the Baptist, das wichtigste Bauwerk Newfoundlands. Ihre Statuen und die mit Blattgold verzierte Decke sind weit über die Provinz hinaus berühmt.

Der Hafen von St. John's

Informationen

Siehe unter Newfoundland

Die Fischereiflotte von St. John's hat ihre beste Zeit hinter sich

Nova Scotia

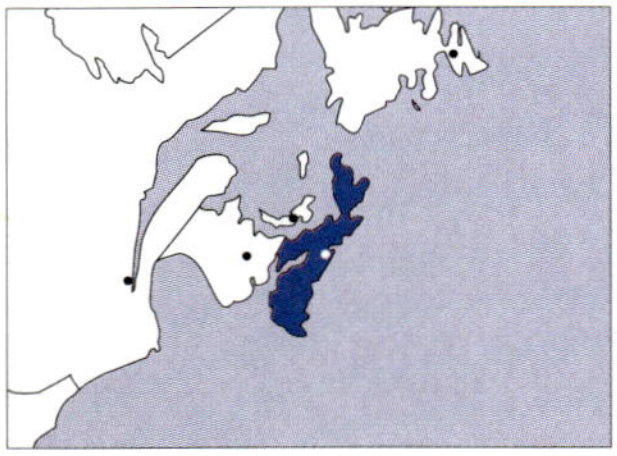

Informationen

Nova Scotia Information and Reservation, P.O. Box 130, Halifax, N.S. B3J 2M7, Tel. 902-425-5781, Fax 902-420-1286

Canadian Park Service, Historic Properties, Upper Water Street, Halifax, N.S. B3J 1S9, Tel. 902-426-3436

900 000 Menschen leben in der mit 55 000 Quadratkilometern zweitkleinsten Provinz Kanadas, die vom Meer umgeben und nur im Nordwesten durch eine 30 Kilometer schmale Landbrücke, den Isthmus von Chignecto, mit dem Festland verbunden ist. Es gibt in der Provinz keinen Punkt, den mehr als 100 Kilometer von der Küste trennen.

Die Landschaft Nova Scotias ist von atlantischem Hochland und mehr als 3000 Seen, von denen sich wiederum der größte auf der Cape-Breton-Insel befindet, geprägt.

Die Atlantikküste ist durch zahlreiche Fjorde und Buchten gegliedert, die Küste zur Fundy Bay ist Marschenküste. Hier gibt es bei Springfluten bis zu 20 Meter Differenz zwischen Hoch- und Niedrigwasser, ein Wert, der sonst nirgends auf der Erde verzeichnet wird.

Das Klima in Nova Scotia ist kühl, gemäßigt und feucht. Etwa 80 Prozent der Halbinsel sind mit Wald bedeckt, vorwiegend Laubwald.

Neuschottland – Nova Scotia – eine der vier Atlantikprovinzen Kanadas, einst den Micmac-Indianern gehörend, wurde schon um das Jahr 1000 durch den Wikinger Leif Erikson erkundet. Hier wurde im Jahre 1604 die erste ständige europäische Siedlung, Annapolis Royal, in Nordamerika errichtet, nachdem ein Jahr zuvor der Franzose Samuel de Champlain den St.-Lorenz-Strom hinaufgesegelt war, um Kanada systematisch für die französische Krone zu erschließen.

Giovanni da Verrazzano, ein venezianischer Seefahrer in französischen Diensten, nannte die Halbinsel *Acadie.* Franzosen und Briten stritten rund 150 Jahre um Akadien, bevor es nach dem Siebenjährigen Krieg in britischen Besitz überging. Weil die Landschaft Akadiens die neuen Eroberer an Schottland erinnerte, erhielt sie den Namen Nova Scotia. Mitte des 18. Jahrhunderts ließen sich 2000 deutsche Siedler, von denen ein großer Teil Schiffbau betrieb, im Gebiet

Nova Scotia Klima	**Temperatur**				**Niederschlag**		**Niederschlagsarme Tage**	
	Halifax		Wolfville		Halifax	Wolfville	weniger als 0,3 mm	
	Max.	Min.	Max.	Min.	mm		Halifax	Wolfville
Januar	0	–10	–1	–10	140	100	13	15
Februar	–1	–10	–2	11	110	80	16	17
März	3	–5	3	–6	120	80	15	18
April	8	–1	9	–1	110	70	16	18
Mai	15	4	16	4	100	60	16	20
Juni	20	9	21	9	100	70	16	19
Juli	23	13	24	13	100	70	17	20
August	23	13	23	13	110	80	18	20
September	19	10	19	9	110	80	18	19
Oktober	14	5	14	4	140	100	17	18
November	8	0	7	–1	140	100	16	17
Dezember	2	–6	1	–7	140	100	15	15

des heutigen Lunenburg nieder. Im gleichen Jahrhundert kamen 50 000 schottische Highländer.

Halifax ist Hauptstadt Nova Scotias und liegt mit der zweitgrößten Stadt, Dartmouth, zu beiden Seiten des zweitgrößten natürlichen Hafens der Welt. Die Städte sind durch zwei Hängebrücken miteinander verbunden. Die Menschen leben hauptsächlich von Fischfang, Fischindustrie, Holzverarbeitung, Landwirtschaft und Fremdenverkehr. Auf der zur Provinz gehörenden Cape-Breton-Insel, die durch einen 1400 Meter langen Damm mit der Halbinsel verbunden ist, sind Kohlevorkommen von großer wirtschaftlicher Bedeutung. Auf der Insel befindet sich auch der mit 532 Metern höchste Punkt der Provinz.

Literatur

Elizabeth Bishop: Der stille Wahn, Fischer, Frankfurt a.M. 1993

Cabot Trail

Felsküsten, weite Buchten, enge Täler, Hochplateaus und Hochmoore prägen die Insel Cape Breton. In der Mitte der Insel liegt der große Bras d' Or Lake, der das nördliche Hochland von den südlichen Ebenen trennt. Der Südteil der Insel ist gut erschlossen. Es gibt zahlreiche kleine Straßen. Der Nordteil ist nur über den Cabot Trail zugänglich.

Informationen

Siehe unter Nova Scotia

Der Cabot Trail umfaßt den gesamten Nordteil der Cape-Breton-Insel und ist die bekannteste Touristenstraße der Provinz Nova Scotia. Er ist etwa 300 Kilometer lang, beginnt in Baddeck und bietet Ausblicke auf das Meer und die Berglandschaft des Cape Breton Highlands National Park. Seinen Namen verdankt die Panoramastrecke dem italienischen Seefahrer Giovanni Caboto (John Cabot), der 1497 als erster Europäer in Nordamerika gelandet sein soll. Charakteristisch für den Cabot Trail sind Wechsel von Prärien, Hügeln und Wäldern und die ständige Nähe des Meeres.

Sehenswert sind der Siedlungsplatz Margaree Harbour, ein kleiner Fischweiler, und der Ort Chéticamp, ein akadisches Fischerdorf am Rande des Highlands National Park mit vielen kunsthandwerkli-

Steilküste des Cabot Trail

chen Ateliers, einem akadischen Museum und der 1893 erbauten Kirche St.-Pierre. Man kann auf einer Tour entlang des Cabot Trail mit Fischern zu den Walen hinausfahren, in Baddeck das Alexander Graham Bell-Museum *(geöffnet von Juli bis September tägl. 9–21 Uhr, von Oktober bis Juni tägl. 9–17 Uhr)* und in St. Anns ein gälisches College besuchen.

Cape Breton Highlands National Park

Informationen

Cape Breton Highlands National Park, Ingonish Beach, Nova Scotia B0C 1L0, Tel. 902-285-2691

Cape Breton Tourist Association, 20 Keltic Drive, Sydney River, Nova Scotia B1S 1P5, Tel. 902-539-9876

Whale Cruises Chéticamp, P.O. Box, Chéticamp, Nova Scotia B0E 1Ho, Tel. 902-224-3376

Im Norden von Nova Scotia, 465 Kilometer nordöstlich von Halifax, liegt auf der Insel Cape Breton der Nationalpark Cape Breton Highlands. Er schützt auf 950 Quadratkilometer den nördlichen Abschnitt der Insel und gehört zum Naturraum der *Maritim Acadian Highland Region.*

Drei Landschaften prägen den Nationalpark: Akadischer Laubwald in den Niederungen und Flußtälern, borealer Nadelwald auf den Berghängen und taigaähnliche Landschaft auf dem Hochland. Die Küstenbereiche des Parks sind durch den Cabot Trail erschlossen, der auf einer Länge von 296 Kilometern um den nördlichen Teil des Cape Breton führt. 100 Kilometer dieser Straße liegen im Nationalpark. 28 Wanderwege führen durch die Hochlandplateaus, die bis zu 500 Meter ansteigen. Höchster Punkt ist der White Hill mit 532 Metern.

23 Prozent des Parks sind mit akadischen Laubwäldern aus Zuckerahorn, Rotahorn und Amerikanischer Buche bewachsen. Borealer Nadelwald bestimmt mehr als die Hälfte des Nationalpark-Areals. In Mulden sind großflächige Moore entstanden.

Das Klima im Cape Breton Highlands National Park ist rauh und wird durch kalte Strömungen von Labrador bestimmt. Im Park gibt es sechs Campingplätze mit insgesamt 514 Stellplätzen.

Halifax

Tradition und Moderne in Halifax

Die Provinzhauptstadt Halifax liegt an einer tief eingeschnittenen Bucht des Atlantischen Ozeans und ist die wichtigste Hafenstadt Kanadas. Hier endet das transkanadische Eisenbahnsystem, hier beginnen die internationalen Schiffahrtsrouten.

300 000 Menschen leben in der Stadt, die gegründet wurde, weil es sowohl einen Naturhafen als auch eine Festung, die 1749 angelegt wurde, gab. Mit der Anlage der Stadt sollte der Einfluß Englands auf dem nordamerikanischen Kontinent gesichert werden. Sie ist benannt nach dem britischen Handelsminister Halifax und wurde bereits 1750 zur Hauptstadt von Nova Scotia erklärt.

Der fünf mal zweieinhalb Kilometer große Hafen Bedford Basin ist sehr tief und durch die Halbinsel, auf der die Stadt gebaut ist, geschützt.

Im Kriegsjahr 1917 ereignete sich in Halifax eine gewaltige Explosion. Bei Nebel kollidierte ein Munitionstransportschiff mit einem Frachter. Dabei wurde der gesamte nördliche Teil der Stadt zerstört. Halifax war von Beginn an militärischer Stützpunkt und ist heute atlantischer Stützpunkt der kanadischen Marine mit großen Werftanlagen und einem Forschungszentrum mit sechs Universitäten und Colleges in unmittelbarer Nachbarschaft.

Am 24. Juli feiert die Stadt ihren Geburtstag, Mitte August findet das Nova Scotia Festival of Arts statt.

In Halifax liegen die Sehenswürdigkeiten dicht beieinander. Hinter dem Hafen beginnt das Geschäftszentrum. Die Straßen steigen leicht an und führen auf das Gelände der Zitadelle, ein sternförmiger Bau aus dem frühen 19. Jahrhundert, zu.

Symbol der Stadt ist der Glockenturm, unweit der Zitadelle gelegen *(geöffnet tägl. 9–17 Uhr, im Sommer bis 20 Uhr).* Die Zitadelle, auf einem Hügel über der Downtown gelegen, beherbergt ein Museum, von Mitte Juni bis zum ersten Septembermontag täglich geöffnet, und eine audiovisuelle Schau, die die Geschichte der Stadt illustriert.

Am Fuße des sternförmigen Baus sind die Halifax Public Gardens angelegt, die als älteste viktorianische Parkanlage Nordamerikas gelten *(geöffnet von Mai bis Oktober tägl. 8 Uhr bis Einbruch der Dunkelheit).*

Interessenten der Geschichte der Ureinwohner sei das Nova Scotia Museum in der Summer Street empfohlen *(geöffnet Juni bis Oktober 9.30–17.30, So 13–17.30 Uhr, November bis Mai Di–Sa 9.30–17 Uhr, So 13–17 Uhr).*

Das Maritime Museum of the Atlantik liegt an der Hafenfront in einem der alten Lagerhäuser. Es beherbergt Ausstellungen zur Meeresgeschichte und Entwicklung der Seefahrt und des Fischfangs *(geöffnet von Juni bis Mitte Oktober Mo–Sa 9.30–17.30 Uhr, Di bis 20 Uhr und So 13–17.30 Uhr).* Nur ein kurzes Stück vom Museum entfernt befindet sich die Abfahrtsstelle der Fähren nach Dartmouth und Woodside.

An einem Pier in der Altstadt liegt der Schoner *Bluenose II,* ein Nachbau eines berühmten Fischfangschoners aus den zwanziger Jahren. Die ursprüngliche *Bluenose* ist in Kanada auf den 5-Cent-Münzen abgebildet. Die *Bluenose II* unternimmt im Sommer täglich zweistündige Hafenrundfahrten.

Informationen

International Visitor Centre,
1595 Barrington Street, Halifax,
Nova Scotia B3J 1Z7,
Tel. 902-421-8736, Fax 902-421-6897

Laden einer historischen Kanone auf der Zitadelle von Halifax

Kejimkujik National Park

Informationen
Kejimkujik National Park, P.O. Box 36, Maitland Bridge, Nova Scotia B0T 1N0, Tel 902-682-2772

Im südwestlichen Teil Nova Scotias liegt der Kejimkujik-Nationalpark. Er schützt auf einer Fläche von 381 Quadratkilometern atlantisches Küstenhochland – schwer zugängliche Wildnis, die aus Seen, Nadelmischwäldern, Hartholz-Laubwäldern, Zedernhainen, Sümpfen und Stillwasserbereichen *(Black Water)* besteht.

Der Name des Parks *kedge-im-KOO-jik* geht auf die Micmac-Indianer zurück. Etwa ein Fünftel des Nationalparks, dessen Landschaft vor 80 000 Jahren durch die Gletscher des Preistozän geformt wurde, ist mit dem Auto zu erreichen.

Die Gletscher lagerten Lehm und Moränenschutt in Form flacher Hügel ab, die *Drumlins* genannt werden und von denen etwa 50 im gesamten Gelände zu finden sind.

Den Pflanzenreichtum verdankt das Kejimkujik-Gebiet dem häufigen Regen in dieser Region.

Auf dem Rad die Natur genießen

Auch die meisten Seen werden durch ihn gespeist, nur wenige haben natürliche Quellen. Im Sommer herrscht hier ein warmfeuchtes Klima, als beste Reisezeit gelten die Monate Juni bis September.

Etwa 80 Kilometer südlich des Hauptparks liegt das letzte unberührte Stück Atlantikküste des östlichen Nova Scotia, eine rauhe Landschaft mit Lagunen, Barrier-Inseln, Sandbänken und Felsklippen. Sie wurde 1988 dem Nationalpark zugeschlagen. Der größte Teil des Nationalparks ist ein Eldorado für Kanufahrer, Wanderer, Botaniker und Tierbeobachter.

Es gibt 25 Kilometer Straßen, die am einzigen Eingang im Osten beginnen und den östlichen Teil des Parks erschließen.

Sieben Wanderwege, auf denen man zum Teil auch mit dem Fahrrad fahren kann, durchziehen den größten Teil des Kejimkujik. Der Campingplatz Jeremy's Bay bietet 329 Stellplätze, ergänzt durch 46 einfache Campingplätze entlang der Wander- und Kanurouten.

Liverpool

Informationen
Siehe unter Nova Scotia und Halifax

An der atlantischen Küste zwischen Shelburne und Bridgewater liegt der Ort Liverpool. Wie das englische Liverpool entstand der kanadische Ferienort an den Ufern eines Mersey River. Liverpool wurde 1759 gegründet und entwickelte sich, wie Lunenburg, zu einem Schiffbauzentrum. Vom Wohlstand dieser Zeiten zeugen noch immer die Holzhäuser. Besonders sehenswert ist das Simeon Perkins House, 1766 erbaut.

Aber auch die Freibeuterei hat in Liverpool große Tradition, ein Erbe, das jährlich im Juli mit den Freibeutertagen gefeiert wird. Berühmte Seefahrer stammen aus der Stadt, so der Kapitän Sylvanus Cobb, der das Schiff General Wolfes bei der Belagerung der Stadt Québec steuerte.

In Liverpool beginnt eine der ältesten Reiserouten Nordamerikas, der Kejimkujik Drive, der zum Kejimkujik-Nationalpark und weiter nach Annapolis Royal führt.

Cape Breton

Sydney

Sydney ist mit knapp 30 000 Einwohnern die größte Stadt von Cape Breton Island. In North Sydney endet die kontinentale Eisenbahn, von ihrem Hafen aus starten Schiffe nach Newfoundland. Er wurde seit dem 16. Jahrhundert zunächst von europäischen Fischern, später dann häufig von der englischen und der französischen Flotte angelaufen. Von jeher stehen die Städte Sydney und Glace Bay südlich des Harbour Arms für Industrie und Arbeit. Heute sind die Arbeitslosenziffern hoch. Kohlebergbau und Stahlproduktion prägten das Gesicht beider Orte. Mittlerweile sind viele Schachtanlagen geschlossen. In Glace Bay ist eine alte Schachtanlage zu einem Kohlebergbaumuseum umgebaut worden.

Sydney ist Verwaltungs- und Universitätsstadt mit großen Grünanlagen und historischen Gebäuden, die gut restauriert sind, wie das 200jährige, aus Holz gebaute Jost House.

Nur 40 Kilometer von Sydney entfernt befindet sich das 6700 Hektar große Museumsdorf in Louisbourg. Dieses Fort ist die Rekonstruktion einer befestigten französischen Stadt aus dem 18. Jahrhundert, ein 25-Millionen-Dollar-Projekt *(geöffnet im Juli und August tägl. 9–18 Uhr, im Juni und September 9.30–17 Uhr)*. Von November bis April werden nur kurz geführte Touren angeboten. Eine Familienkarte kostet 16 Dollar.

Zehn Kilometer außerhalb Sydneys liegt ein Flughafen, von dem aus täglich Flüge nach Toronto, Montréal, Ottawa und Halifax gehen.

Informationen

Siehe unter Nova Scotia

Wolfville

Wolfville, im Annapolistal an der Fundy Bay gelegen, gilt als schönste Ortschaft Nova Scotias. Sie wurde um 1760 von Farmern aus New England gegründet. Ihren Namen erhielt sie allerdings erst 1893. Große herrschaftliche Häuser aus dem vergangenen

Informationen

Siehe unter Nova Scotia

Jahrhundert, große Rasenflächen und viele alte Ulmen charakterisieren diese Ortschaft.

Auf einem Hügel im Zentrum liegt die Acadia-Universität, 1838 gegründet. Sie hat rund 3400 Studenten – genau soviele Einwohner beherbergt der Ort.

Wolfville ist bekannt für kleine Geschäfte mit originellem Angebot, für seine regionale französische Küche und seine Bed & Breakfast-Häuser, besonders das Victoria's Historic Inn in der Maine Street 416, ein historisches Gästehaus aus dem Jahre 1893.

Vier Kilometer östlich von Wolfville liegt das *Grand-Pré,* Große Wiese, genannte Areal. Es war zu Beginn des 18. Jahrhunderts eine Hauptsiedlung der Akadier, die 1755 vertrieben wurden. In der Grand-Pré National Historic Site wird heute an die akadischen Siedler erinnert *(Außenanlagen können täglich besichtigt werden, die Gebäude sind von Mitte Mai bis Mitte Oktober tägl. 9–18 Uhr geöffnet).*

Ontario

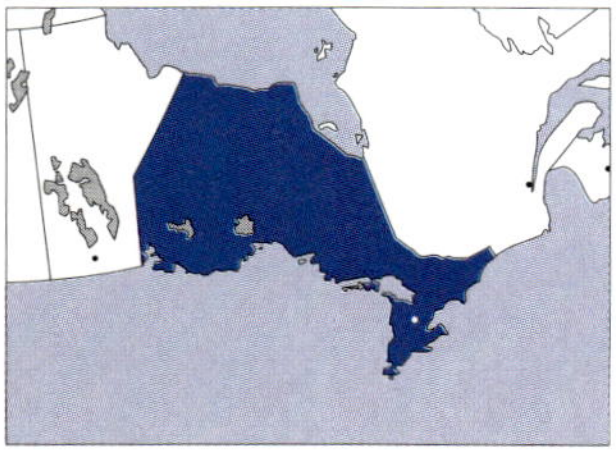

Ontario, zwischen Québec und Manitoba gelegen, ist Zentralprovinz Kanadas, das industrielle, politische und kulturelle Herz des Landes. Die Provinz umfaßt eine Fläche von 1 070 000 Quadratkilometern. Hier leben etwa 9,3 Millionen Menschen.

Das Gebiet zählt zu den ältesten der Erde und teilt sich von seinen natürlichen Bedingungen her in zwei Teile: Der größere, nördliche Teil umfaßt Gebiete des Hudson-Bay-Küstentieflandes, der zentralen Patricia- und Kesagami-Ebenen, der zentralen Hochländer und der Cochrane-Ebene. Er ist dem Kanadischen Schild zuzuordnen. Der südliche Teil nimmt nur zwölf Prozent der Gesamtfläche der Provinz ein und wird von der Niagara-Stufe, einer zweigeteilten

Ontario Klima	Temperatur				Niederschlag		Niederschlagsarme Tage	
	Toronto		Ottawa		Toronto	Ottawa	Toronto	Ottawa
	Max.	Min.	Max.	Min.	mm		Toronto	Ottawa
Januar	–1	–9	–6	–16	70	70	14	17
Februar	–1	–9	–6	–16	60	60	18	18
März	3	–5	1	–9	60	70	17	18
April	10	1	11	–1	60	70	18	19
Mai	17	7	19	7	70	60	17	19
Juni	23	12	24	12	70	90	19	20
Juli	26	15	27	14	70	90	20	19
August	25	14	25	13	70	70	21	20
September	21	11	20	9	70	80	18	19
Oktober	13	4	12	3	60	70	19	18
November	6	–1	4	–3	70	80	17	18
Dezember	1	–6	–4	–13	70	70	17	16

Rumpfebene, gebildet. Ein Fünftel der Provinz ist von Gewässern bedeckt, das entspricht rund 200 000 Quadratkilometern. Von Norden nach Süden erstreckt sich Ontario über 1730 Kilometer, von Osten nach Westen über 1690 Kilometer. Mit 665 Metern ist der Mount Ogidaki der höchste Berg.

Trotz deutlicher Unterschiede zwischen Nord und Süd herrscht in der gesamten Provinz ausgeprägtes Kontinentalklima. Im Süden sind die Winter weniger hart und die Sommer feucht. Im Norden gibt es lange, klare und sehr kalte Winter und kurze, sonnige und heiße Sommer. Hier bestimmen Nadelwälder, Sümpfe und Moore mit interessanter Flora und Fauna das Bild, im Süden gibt es hauptsächlich Laubmischwälder.

Obwohl zu 90 Prozent Wildnis, ist Ontario technisch und industriell hoch entwickelt. Ungefähr die Hälfte aller in Kanada produzierten Güter stammen von hier, wobei die Auto- und Zulieferindustrie den größten Anteil ausmachen. Die unmittelbare Nähe zu den USA bewirkt, daß Ontario die amerikanischste der kanadischen Provinzen ist, obwohl viele der Bewohner ihre Vorliebe für die britische Monarchie nicht verhehlen. Seit der ersten Volkszählung im Jahre 1871 ist Ontario die nachweislich bevölkerungsreichste Provinz Kanadas. Größter Ballungsraum ist die Hauptstadt Toronto mit mehr als drei Millionen Einwohnern. 65 Prozent der Menschen Ontarios leben in Städten, 85 Prozent im Süden auf knapp 15 Prozent der Gesamtfläche der Provinz. Der Norden ist fast unbesiedelt.

Ontario ist mit seinen vielen Seen, National- und Provinzparks und Erholungsgebieten ein angenehmes Reiseland. Kanufahren ist Nationalsport, zum Angeln und Wandern gibt es unzählige Angebote.

Ein Naturschauspiel besonderer Art sind die Niagarafälle, wo minütlich 14 Millionen Liter Wasser aus dem Erie-See in den Ontario-See stürzen. Im 1827 gegründeten Niagara Falls Museum *(geöffnet tägl. 10–18 Uhr)*, nördlich der Rainbow Bridge, kann man in einer *Ruhmeshalle der Teufelskerle* alles über die zahlreichen Abenteurer erfahren, die die Niagarafälle auf die eine oder andere Art bezwungen haben.

Bootsfahrt im historischen Upper Canada Village am St.-Lorenz-Strom in Ontario

Informationen

Tourism Marketing, Customer Sales and Service, 700 Bloor St. W 900 Bay St., 4th Floor, Hearst Block, Toronto, Ontario M7A 2E1, Tel. (auf Englisch) 416-314-0944, (auf Französisch) 416-314-0956

Literatur

Duncan Campell: New World Lyrics and Ballads, 1905
Pascale Couture: Ontario Guide Book, Ulysses Travel Publications

Hamilton

Informationen
Niagara & Mid-Western Ontario Travel Association, 38 Darling St., Suite 102, Brantford, Ontario N3T 6A8, Tel. 519-756-3220

Am äußersten Westen des Ontario-Sees gelegen, ist Hamilton die drittgrößte Stadt Ontarios und zugleich wichtigster Standort der kanadischen Stahlindustrie. Ihre Bedeutung verdankt die Stadt, in der 310 000 Menschen leben, dem Hafen, der am Schiffahrtsweg von den großen Seen des Kontinents über den St.-Lorenz-Strom zum Atlantischen Ozean liegt.

Hamilton wurde 1812 gegründet. Dem Besucher bietet es sich in sehr kontrastreicher Mischung aus Industriestadt und touristischer Attraktion an.

Hauptanziehungspunkt im Stadtzentrum ist das in den siebziger Jahren erbaute Kulturzentrum Hamilton Place, Heimstadt des Hamilton Philharmonic Orchestra, in dem Theater- und Ballettaufführungen stattfinden.

In der Jackson Street steht das Whitehern House, ein klassizistisches Wohnhaus im Georgian Style erbaut, einer Stilrichtung, die nach der Regierungszeit der vier englischen Könige George benannt wurde. Es gehörte einst einer durch die Stahlproduktion reich gewordenen Familie und ist täglich von 14 bis 17 Uhr zu besichtigen. In der Art Gallery Hamiltons werden Sammlungen kanadischer Kunst des 19. und 20. Jahrhunderts gezeigt *(geöffnet Di–So 10–18 Uhr)*.

Dienstags und donnerstags lohnt immer ein Besuch der größten Markthalle Ontarios am York Boulevard.

Oberhalb des Hafens steht das Dundurn Castle, ein viktorianisches Herrenhaus, in dem sich ein militärgeschichtliches Museum befindet.

Im Altstadtviertel Hess Village stehen schön restaurierte Häuser aus dem 19. Jahrhundert, in denen zahlreiche Restaurants, Boutiquen und Galerien eingerichtet wurden.

Am Stadtrand Hamiltons, an der Westseite des Ontario-Sees, wurde ein 1000 Hektar großer botanischer Garten mit Alpengarten, Arboretum, Rosen- und Liliengarten eingerichtet *(geöffnet tägl. 9 Uhr bis Sonnenuntergang)*.

Abwechslungsreiche Zugfahrt durch Kanada

Etwa 32 Kilometer westlich der Stadt liegt African Lion Safari, ein Freiwildgehege mit afrikanischen und nordamerikanischen Tieren *(geöffnet Mitte April bis Mitte Oktober 9–18 Uhr).*

Kingston

Informationen
Siehe unter Ontario

Auf halbem Weg zwischen Toronto und Montréal liegt an der nordöstlichen Spitze des Ontario-Sees und am Ausfluß des St.-Lorenz-Stromes die kleine Stadt Kingston. Die Universitätsstadt zählt 61 000 Einwohner. Von hier aus unternimmt man Ausflüge zu den Thousand Islands. In den Jahren 1841 bis 1844 war Kingston Hauptstadt von Upper Canada. Die damals gehegten Hoffnungen, einst Hauptstadt von ganz Kanada zu werden, manifestierten sich in der 1844 fertiggestellten City Hall, einem Gebäude in beeindruckender Sandsteinarchitektur. Ebenfalls aus dem 19. Jahrhundert stammen der Justizpalast und die Universität. Im Bellevue House *(außer im Winter an Feiertagen geöffnet),* einer Villa im italienischen Stil, gedenkt Kingston des ersten Premierministers Kanadas, Sir John A. Macdonald. Sein inoffizielles Hauptquartier, das Grimason House – heute Royal Tavern –, im Stadtzentrum wird noch immer als Gaststätte geführt. Die höchsten Gebäude in Kingston sind zwei Kirchen, St. George's und St. Mary's. Im Osten der Stadt liegt der südliche Eingang des Rideau Canal, heute Anziehungspunkt für Freizeitkapitäne aller Art.

Am Ontario-See befindet sich in einer ehemaligen Werft das Marinemuseum *(geöffnet April bis Mitte Dezember tägl. 9–18 Uhr, im November und Dezember montags geschlossen).* Hier sind verschiedene Dampf- und Segelschiffe zu sehen.

Am St.-Lorenz-Strom liegt das Fort Henry, von 1812 bis 1837 zur Verteidigung der Stadt errichtet. Es wurde nie angegriffen. Heute befindet sich dort ein Museum zur kanadischen Militärgeschichte *(geöffnet Mitte Mai bis Mitte Oktober tägl. 9–18 Uhr).* Im Sommer führen Studenten in Uniformen täglich Militärparaden vor.

Soldaten im Fort Henry bei Kingston

Blick über den Ottawa River auf die Hauptstadt Ottawa

Ottawa

Informationen
Ottawa Tourist Office / Bureau du Tourisme, Metcalfe St., Ottawa, Tel. 613-239-5000

An der Mündung des Rideau in den Ottawa River liegt Ottawa, die Hauptstadt Kanadas. 1864 wurde die Stadt Bytown durch Beschluß der Queen Victoria in Ottawa umbenannt und zum Entsetzen vieler zur Hauptstadt erklärt. Bis dahin war Bytown das berüchtigste Arbeitslager Nordamerikas. 1865 entstand hoch über dem Ottawa River das Parlamentsgebäude, zwei Jahre später kam hier das erste Parlament Kanadas zusammen.

Die Stadt, in der 305 000 Menschen leben, liegt inmitten einer wald- und seenreichen Landschaft und ist durch den 200 Kilometer langen Rideau-Kanal mit dem Ontario-See verbunden. Im Winter wird der Kanal zur längsten Schlittschuhbahn der Welt. Im Frühling blühen entlang des Kanals und auf dem Parliament Hill Tausende Tulpen und Narzissen, ein Geschenk der niederländischen Königin als Dank für das ihr gewährte Asyl während des Zweiten Weltkrieges. Der Rideau-Kanal teilt die Stadt in zwei Hälften. Die Straßen der Innenstadt sind schachbrettartig angelegt, wichtigste Hauptverkehrsstraßen sind die Wellington Street, die O'Connor Street und die Kent Street. Zwei große Brücken über den Ottawa River verbinden Ottawa mit der Stadt Hull.

Als Ausgangspunkt einer Stadtbesichtigung eignet sich das im neugotischen Stil erbaute Parlamentsgebäude, in dem täglich Führungen stattfinden. Von Ende Juni bis Ende August findet jeden Tag um 10 Uhr der Wachwechsel statt, eine halbstündige Zeremonie. Die National Gallery of Canada in der 380 Sussex Drive verfügt über die größte Sammlung europäischer Kunstwerke in Kanada. Große Glasflächen, Lichtschächte und Glastürme bestimmen die Architektur des Gebäudes *(geöffnet Mai bis August Sa–Di 10–18 Uhr, Mi–Fr 10–20 Uhr, in den übrigen Monaten 10–17 Uhr, Mo geschlossen).*

Einkaufen, Bummeln und Essen bieten sich auf dem Byward Market zwischen George Street und York Street an. Zum Spazierengehen und Ausruhen sei der Rockcliff Park am Ottawa River empfohlen. Einzigartig ist auch das Canadian Ski Museum, in dem die über

Traditioneller Aufmarsch einer Militärkapelle in Ottawa

5000jährige Geschichte des Skilaufs dokumentiert wird *(geöffnet Mai bis September Di–So 11–16 Uhr, in der übrigen Zeit 12–16 Uhr, in den Ferien geschlossen)*.

Der architektonisch interessanteste Bau ist die von Arthur Erickson konzipierte Bank of Canada, ein zwölfstöckiges Gebäude in der Sparks Street, in dem das Curreney Museum mit einer kompletten Sammlung aller kanadischen Münzen und einer Darstellung der Geschichte des Geldes untergebracht ist *(geöffnet Mai bis September Mo–Sa 10.30–17 Uhr, So 13–17 Uhr, in der übrigen Zeit montags geschlossen)*.

Im Norden der Stadt bieten die Rideau Falls ein Naturschauspiel, das während der Schneeschmelze besonders imposant ist.

Literatur
Elizabeth Smart: An der Grand Central Station setzte ich mich hin und weinte, Residenz Verlag, Salzburg/Wien 1993

Point Pelee National Park

Der Point Pelee National Park liegt auf der südlichsten Landspitze Kanadas. Er ist nur knapp 16 Quadratkilometer groß und geprägt durch immergrüne Hartlaubwälder, röhrichtreiche Sümpfe und Teiche. Die Landzunge, die sich in Ontario östlich von Leamington wie ein rechtwinkliges Dreieck in den Erie-See erstreckt, wurde schon 1799 von den Briten unter Schutz gestellt. Der Nationalpark wurde 1918 gegründet, um den für Zugvögel wichtigen Rastplatz zu erhalten. Damit war er der erste Park, für dessen Gründung biologische Gründe ausschlaggebend waren. Zwei Drittel der Fläche des Parks nehmen Inlandsümpfe ein, entlang der Westseite ist ein breiter Waldgürtel ausgebildet, der südlichste Abschnitt besteht aus einem langen Sandsporn, der weit ins Wasser des Erie-Sees reicht. Auf der im Windschatten liegenden Ostseite sammeln sich im Herbst viele Tausende Monarchfalter und färben die Bäume orangerot. Sie warten für ihren Weiterflug nach Zentralmexiko günstiges Wetter und Rückenwind ab.

Im Point Pelee National Park gibt es fünf Wanderwege, die Zufahrtsstraße führt über sechs Kilometer zum Parkplatz des Informa-

Informationen
Point Pelee National Park, R.R.1, Leamington, Ontario N8H 3Z4, Tel. 519-322-2365

tionszentrums. Der Park ist das gesamte Jahr über von sechs bis 22 Uhr geöffnet und wird besonders im Mai, zur Zeit des Vogelzuges, besucht. Dann fahren bereits ab sechs Uhr Shuttle-Busse zur Südspitze, in den anderen Monaten ab neun Uhr. Im Nationalpark selbst gibt es keine Campingmöglichkeiten, aber 19 Kilometer nordöstlich des Parks, im Wheatley Provincial Park, befindet sich ein Campingplatz. Private Unterkünfte und Campingplätze sind auch in Leamington, zehn Kilometer nördlich des Parks, vorhanden.

Pukaskwa National Park

Informationen
Pukaskwa National Park,
Hwy 627, Heron Bay, Ontario P0T 1R0,
Tel. 807-229-0801

Am Oberen See, in der Nähe des kleinen Ortes Marathon, befindet sich der Pukaskwa-Nationalpark. Obwohl relativ weit im südlichen, besiedelten Teil Kanadas gelegen, ist er nahezu unberührt. Die Zufahrtsstraße erreicht nur den äußersten Rand des Parks, das Innere ist durch einen Wanderpfad erschlossen. Attraktion des Pukaskwa-Parks sind die Gesteinsformationen des Kanadischen Schildes, durch die Kräfte des Oberen Sees gestaltet. Vulkanische Aktivitäten ließen eine Abfolge aus erstarrter Lava und Granit entstehen.
Der Obere See (Lake Superior) erreicht mit seinen großen Wassermengen nur eine jährliche Durchschnittstemperatur von gerade vier Grad Celsius über Null. Diese Kälte beeinflußt den Park. Trotz heißer Sommertage kühlt die dünne Erde nachts schnell ab – unwirtliche Bedingungen für Flora und Fauna. So entstanden dichte, strauchreiche boreale Fichtenwälder. Es wehen fast immer kalte und häufig starke Westwinde. Der Park teilt sich in eine Küstenzone und das Hinterland.

Entlang des etwa 100 Kilometer langen Uferstreifens an der Ostseite des Oberen Sees verläuft der einzige ausgebaute Wanderweg des Parks. Das Gelände ist uneben, der Boden ständig feucht, die Felsen sind schlüpfrig. Das Hinterland kann am besten über die größeren Flüsse erreicht werden, es ist kaum zu durchdringen und unerschlossen. Die Flüsse White River, Swallow River und Pukaskwa River bildeten zum Teil tief eingeschnittene Canyons, über die Hängebrücken gespannt sind. Im Park gibt es zahlreiche Moore, Sümpfe und Moorseen, die in gletschergeschliffenen Felsmulden entstanden.

Die beste Reisezeit liegt zwischen Juni und August, dann herrschen Tagestemperaturen von 15 bis 23 Grad Celsius, und es fallen wenig Niederschläge. Der Park schließt Anfang September. Es gibt einen Campingplatz mit 67 Stellplätzen, in Marathon gibt es einfache Motels und Hotels. Fünf Kilometer nördlich des Parks liegt die Indianersiedlung Heron Bay mit einer Tankstelle.

Stadtzentrum und Schleuse von Sault Ste. Marie

Sault Ste. Marie

An beiden Ufern des St. Mary River liegt die Stadt Sault Ste. Marie. Sie ist durch den Fluß geteilt, denn eine Hälfte gehört zur Provinz Ontario, die andere zum US-Bundesstaat Michigan. Der Fluß ist

Schlepper am kanadischen Ufer des St. Mary River

Grenze zwischen Kanada und den USA und Verbindung zwischen dem Oberen See und dem Huron-See.

82 000 Menschen leben in der Grenzstadt, die bereits von den Indianern als Handelsplatz genutzt wurde. Zu Beginn des 17. Jahrhunderts kamen die ersten Europäer, 1671 wurde das Gebiet von Frankreich in Besitz genommen. Nachdem in den Jahren 1797/98 ein die Stromschnellen des reißenden Flusses umgehender Kanal gebaut wurde, kamen mehr französische und britische Siedler an den Ort, der 1887 Stadtrechte erhielt. Auf den nur knapp zwei Kilometer langen Kanälen der Stadt werden jährlich über 100 Millionen Tonnen Waren geschleust.

Am Ufer des Flusses befindet sich die Art Gallery of Algoma *(geöffnet Mo–Sa 9–17 Uhr, So 13–17 Uhr)*. In dem interessanten Neubau befindet sich eine Kunstgalerie mit Werken aus der Region. An der Queen Street East ist der Bellevue Park angelegt, mit Gewächshäusern, kleinem Zoo und einem Leuchtturm. 10 000 Jahre Regionalgeschichte, in Wechselausstellungen präsentiert, können im Sault Ste. Marie Museum besichtigt werden *(tägl. geöffnet)*.

Etwa 50 Kilometer nördlich der Stadt liegt das Wintersportgebiet Searchmont.

Informationen

Travel Information Center, 261 Queen St. W., Sault St. Marie, Ontario P6A 1A3, Tel. 705-945-6941

Thunder Bay

Die Stadt Thunder Bay, am Nordostufer des Oberen Sees, gibt es erst seit 1970. In diesem Jahr schlossen sich die Ortschaften Fort William und Port Arthur zusammen. Heute leben in Thunder Bay 115 000 Menschen. Hier befindet sich der entfernteste, noch für Seeschiffe zugängliche Hafen des St.-Lorenz-Seeweges, der zugleich Hauptexporthafen für in kanadischen Prärien erzeugtes Getreide ist. Im Süden der Stadt liegt Fort William, eine Rekonstruktion der britischen Festung des Jahres 1816, zu der knapp 40 Gebäude mit Palisaden gehören *(geöffnet Mitte Mai bis Sept. tägl. 10–16*

Informationen

North of Superior Tourism, 79 North Court St., Thunder Bay, Ontario P7A 4T7, Tel. 807-345-3322

Uhr). Im Nordteil der Stadt erstreckt sich der Centennial Park, zu dem ein rekonstruiertes Holzfällerlager mit Blockhütten, Schmiede und Kantine gehörten *(geöffnet Ende Mai bis Anfang September tägl. 10–19 Uhr)*.

An der Victoria Avenue liegen die International Friendship Gardens, deren Blumenbeete verschiedenen ethnischen Gruppen zugeordnet sind, die in Thunder Bay eine neue Heimat gefunden haben. In der Art Gallery der Stadt wird vor allem indianische Kunst ausgestellt *(Di–So nachmittags geöffnet)*.

Südlich der Stadt erstreckt sich der Chippewa Park, in dem es einen Sandstrand und verschiedene andere Erholungseinrichtungen gibt. Östlich liegt der etwa 250 Quadratkilometer große Sibley Provincial Park, in dem Schwarzbären, Hirsche, Luchse, Füchse und Biber leben. Die Spitze der Halbinsel Sibley nimmt der 304 Meter hohe Berg Sleeping Giant ein.

Toronto

Informationen
Tourism Toronto, Queen's Quay Terminal at Harbourfront, Suite 590, 207 Queens Quay W., Toronto, Ontario M5J 1A7, Tel. 416-368-9821

Toronto ist die größte Stadt Kanadas und Hauptstadt der Provinz Ontario. Im gesamten Einzugsgebiet leben 3,5 Millionen Menschen, 650 000 in der City. Die Stadt liegt am Nordufer des Ontario-Sees, durch den die Grenze zwischen Kanada und den USA verläuft. 1988 wurde Toronto – indianisch: Treffpunkt – von der UNO zur multikulturellsten Stadt der Welt erklärt. Zwischen 1850 und 1950 kamen Italiener, Griechen, Chinesen, Portugiesen, Ukrainer, Polen, Japaner, Inder und Iren in die Stadt und beanspruchten je ein oder zwei Stadtteile.

Der Altstadtkern ist relativ klein und nach einem schachbrettartigen Grundriß angelegt. Zwei parallel in nord-südlicher Richtung verlaufende Straßen, die Yonge Street und die University Avenue, sind die Hauptverkehrsachsen. Von der alten Bausubstanz sind nur noch Reste übrig – es gibt nur wenige zweigeschossige Holz- und Steinbauten der Gründerzeit. Inzwischen werden bereits die Wol-

Gläserne Fassade in Toronto

kenkratzer der ersten Generation durch neue Bauten ersetzt. Nur einige traditionsreiche Bauten wie der Hauptbahnhof, die alte City Hall, die alten Gebäude der Universität sind der Modernisierung nicht zum Opfer gefallen. Die Stadt wird von Glas und Stahlbeton dominiert und ist ihrer Skyline wegen weltweit berühmt. Der 1976 fertiggestellte CN-Tower war mit 533,35 Metern lange das höchste freistehende Gebäude der Welt. In 342 Meter Höhe gibt es innen und außen Aussichtsplattformen und ein Drehrestaurant, in dem man in 90 Minuten das gesamte Stadtpanorama genießen kann *(geöffnet von Juli bis Anfang September täglich 9–23 Uhr, sonst 10–22 Uhr).*

Am Fuße des Turms steht seit 1989 der Skydome, eine riesige Sportarena mit einem Kuppeldach, das bei schönem Wetter geöffnet wird. Alle Heimspiele der Footballmannschaft Argonauts und der Baseballmannschaft Blue Jays werden hier ausgetragen.

Das Herz der Stadt liegt zwischen Yonge Street, Spadina Avenue, College Street und Front Street und wird von 26- bis 76geschossigen Wolkenkratzern dominiert, in denen überwiegend Banken, Börsen, Versicherungen und Behörden Quartier genommen haben. Bei schlechtem und kaltem Wetter erreicht man Bürokomplexe und Geschäfte durch das Underground Toronto, ein zwölf Kilometer langes Tunnelnetz. Die Yonge Street ist 170 Kilometer lang und damit längste Straße der Welt. Ein drei Kilometer langer Abschnitt zwischen der Bloor Street und der Hafenfront ist durch Straßenhändler, kleine Geschäfte, Kinos und Restaurants Tag und Nacht belebt.Im Westen des Stadtzentrums befindet sich die Art Gallery of Ontario *(geöffnet Di–So 11–17.30 Uhr).* Hier sind Sammlungen kanadischer und europäischer Malerei sowie Skulpturen von Henry Moore ausgestellt. Die Galerie befindet sich mitten in Chinatown.

Eine der wichtigsten Sehenswürdigkeiten der Stadt ist das Royal Ontario Museum *(geöffnet tägl. 10–18 Uhr)* an der Ecke University Avenue/Bloor Street. Es verfügt über reichhaltige naturwissenschaftliche und kunstwissenschaftliche Sammlungen.

Wolkenkratzerlandschaft in Toronto, der größten Stadt Kanadas

Literatur

Apa Guides Toronto, Apa Publications

John Irving: Zirkuskind, Diogenes, Zürich

Jennifer McMorran/Alain Rondeau: Toronto City Guide, Ulysses Travel Publications

Prince Edward Island

Ihr indianischer Name lautete *abegweit,* Land auf den Wellen gewiegt. Die Prince Edward Insel liegt im St.-Lorenz-Golf, ist mit 5657 Quadratkilometer die kleinste Provinz Kanadas und durch die Meerenge von Northumberland vom Festland getrennt. Ihre Hauptstadt heißt Charlottetown. Prince Edward Island ist 224 Kilometer lang und sechs bis 64 Kilometer breit.

Ein hoher Eisenoxidgehalt färbt den Boden auffallend rot. Entlang der Küstenlinie gibt es noch heute spektakuläre morphologische Veränderungen. Durch Wind, Regen, Frostsprengung und Wellengang entstanden lange Sandbänke und Strände. An ungeschützten Stellen erodieren Sandsteinfelsen mehrere Dezimeter im Jahr. Vor fast 2000 Jahren kamen die Micmac-Indianer, um hier ihr Sommer-

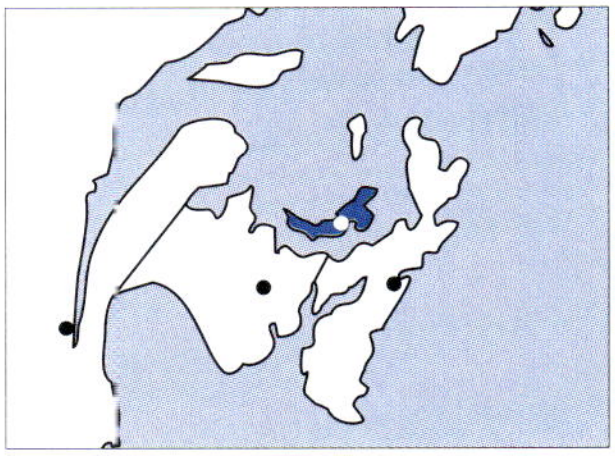

Prince Edward Island Klima	Durchschnittstemperatur Max.	Min.	Durchschnittlicher Niederschlag Regen pro Jahr mm	Durchschnittlicher Niederschlag Schnee pro Jahr cm
Frühjahr	13	3	870	308
Sommer	23	13		
Herbst	12	4		
Winter	–3	–12		

lager aufzuschlagen und zu fischen. Heute machen sie gerade ein Prozent der Inselbevölkerung aus. Der erste Europäer, der die Insel 1534 für Frankreich in Besitz nahm, war Jacques Cartier. Prince Edward Island wurde Versorgungsinsel für die Festung in Louisbourg, eine Stellung, die sie noch heute innehat.

Da das Klima weniger rauh als in anderen atlantischen Provinzen ist, gemäßigte Temperaturen, die im Sommer gelegentlich sogar auf 30 Grad Celsius ansteigen, wurde die Insel mehr als andere Regionen landwirtschaftlich erschlossen und erhielt so ihre Beschreibung: zwei Strände zwischen Kartoffeläckern. Rund 90 Prozent der Fläche werden bewirtschaftet.

Auf der Prince Edward Island leben 130 000 Menschen, Nachkommen französischer, schottischer, englischer und irischer Siedler. Damit ist sie die am dichtesten besiedelte Provinz Kanadas. Ihre Symbolblume ist der Frauenschuh. Auf der Insel gibt es mehr als 300 Vogelarten.

Drei verschiedene Routen, die in der Länge von 190 bis 375 Kilometer variieren, bieten sich zum Kennenlernen der Insel an: der Lady Slipper Drive (weißes Quadrat mit rotem Rand und roter Orchidee), der Blue Heron Drive (weißes Quadrat mit blauem Rand und Blaureiher) und der Kings Byway Drive (weißes Quadrat mit violettem Rand und violetter Krone). Auf der östlichsten Inselspitze steht der East-Point-Leuchtturm, eine einzigartige Holzkonstruktion aus dem Jahre 1867.

In Cherry Valley gibt es ein Reptilienzentrum, in dem 80 verschiedene Amphibien in ihren natürlichen Lebensräumen gehalten werden *(geöffnet von Mitte Mai bis Oktober tägl., in den anderen Monaten nur an den Wochenenden).*

Zweitgrößte Stadt der Insel ist Summerside, an der Bedeque Bay gelegen. Hier findet jährlich Mitte Juli das Hummerfest statt. In Miscouche ist das Musée Acadien *(geöffnet im Juli und August tägl. 9.30–17 Uhr),* dessen umfangreiche Sammlung einen guten Einblick in das frühere akadische Leben gewährt.

In den Sommermonaten ist das Meerwasser durch den Einfluß des Golfstromes angenehm warm.

Informationen
Department of Tourism and Parks, Visitors Services Division, P.O. Box 940, Charlottetown, Prince Edward Island C1A 7M5

Charlottetown

Informationen
Siehe unter Prince Edward Island

Die kleinste Provinzhauptstadt Kanadas besteht noch heute überwiegend aus Holzhäusern. 16 000 Einwohner leben in Charlottetown, einem ruhigen alten Ort mit kolonialen und viktorianischen Gebäuden, einem natürlichen Hafen und vielen Bäumen. Die wich-

Wal vor Prince Edward Island

tigsten Sehenswürdigkeiten sind gut zu Fuß zu erreichen. In Charlottetown gibt es noch heute einen Stadtausrufer und Gaslampen. Die Stadt wurde 1764 gegründet und nach der Frau von König Georg III. benannt. 1864 fand hier die Konferenz statt, die zur Einigung Kanadas führte, und so gilt Charlottetown bis heute als Wiege der Konföderation. Daran erinnert das an der Ecke Grafton/Queen Street gelegene Confederation Centre of the Arts, 1964 als nationale Gedenkstätte eröffnet *(geöffnet im Juli und August tägl. 10–20 Uhr, in den übrigen Monaten tägl. außer montags 10–17 Uhr)*. Jeder kanadische Einwohner gab für den Bau 15 Cents und zahlt weiter für den Unterhalt.

Gleich neben dem Gebäude befindet sich das Province House, der Geburtsort Kanadas und heutige Sitz des Parlaments der Insel, ein dreistöckiges Sandsteingebäude. Südlich davon steht die im gotischen Stil errichtete St. Dunstan's Basilica, berühmt für ihren Altar mit italienischen Schnitzarbeiten.

Jedes Jahr im Sommer findet in Charlottetown das bekannteste Musikfestival Kanadas statt, immer mit einer Aufführung des Musicals *Anne of Green Gables*.

Québec

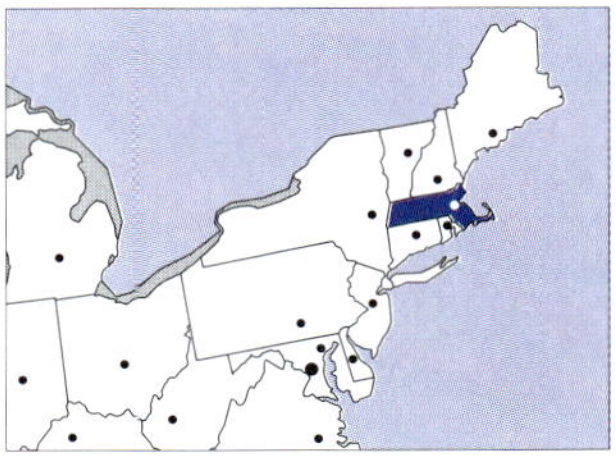

Zwischen Ontario und Newfoundland, Hudson Bay und dem Golf von St. Lorenz gelegen, ist Québec die größte Provinz Kanadas. Hier leben auf 1,65 Millionen Quadratkilometer 6,6 Millionen Menschen. Die meisten von ihnen im Raum Montréal und in der Provinzhauptstadt Québec City. Im Norden reicht die Provinz fast bis an den Polarkreis. Hier herrscht subarktisches Klima mit extrem kalten und trockenen Wintern und kühlen Sommern. Im Süden sind die Winter ebenfalls kalt und sehr schneereich, im Sommer werden

Tölpelkolonie auf der Insel Bonaventure in der Provinz Québec

Informationen

Tourisme Québec, P.O. Box 979, Montréal, H3C 2W3, Fax 514-864-3838

Fremdenverkehrsamt Québec, Immermannstraße 65 D, D-40210 Düsseldorf, Tel. 0211/ 178 63-0, Fax 0221/178 63 31

Literatur

Willa Cather: Schatten auf dem Fels, btb, 1996

Temperaturen bis zu 35 Grad Celsius erreicht. Der *Indian Summer* beginnt im späten Oktober. Über den 1200 Kilometer langen St.-Lorenz-Strom sind die großen Seen der Provinz mit dem Atlantik verbunden. Auf seinen fruchtbaren Uferterrassen leben 90 Prozent der Bevölkerung. Hier werden Obst und Gemüse angebaut. Zwei Drittel der Gesamtfläche Québecs sind mit Mischwäldern bedeckt, die Hälfte davon ist Nutzwald. Im Norden werden die Wälder artenärmer, bis sie in Tundra übergehen.

In Québec wird französisch gesprochen. Seit Ende der vierziger Jahre gibt es Widerstand der französischsprechenden Bevölkerungsmehrheit gegen die Vormundschaft der Anglo-Kanadier. In den sechziger Jahren forderten viele die völlige Loslösung der Provinz von Kanada. Eine Volksabstimmung im Jahre 1980 gewann für diesen Vorschlag keine Mehrheit. Seit dem Wahlerfolg der Separatisten 1994 ist die Frage wieder offen.

Wald, Wasser und Bodenschätze bestimmen die Wirtschaft der Provinz. Ein Fünftel der Weltproduktion an Zeitungspapier wird

Québec Klima	**Temperatur**				**Niederschlag**		**Niederschlagsarme Tage**	
	Montréal		Trout Lake		Montréal	Trout Lake	weniger als 0,3 mm	
	Max.	Min.	Max.	Min.	mm		Montréal	Trout Lake
Januar	–6	–14	–17	–29	100	30	15	17
Februar	–5	–13	–16	–28	80	30	16	18
März	1	–7	–8	–22	90	20	16	22
April	10	1	1	–13	70	30	18	24
Mai	18	8	9	–2	80	50	18	20
Juni	23	14	16	6	90	80	17	19
Juli	26	16	21	11	90	100	18	16
August	24	15	19	10	90	90	19	18
September	19	11	13	5	90	70	18	17
Oktober	12	4	6	–1	90	50	17	18
November	4	–3	–6	–12	90	50	16	16
Dezember	–3	–11	–15	–23	90	30	15	12

hier hergestellt. Daneben gibt es große Vorkommen an Kupfer, Gold und Asbest.

Québec gilt als touristischer Geheimtip, da die Provinz eine große Vielfalt unterschiedlicher Landschaften anzubieten hat – sanfte, hüglige Flußlandschaften, weite Naturparks, große Seen und riesige, noch unerschlossene Gebiete. Im Norden liegt der Lac Saint Jean, ein 1002 Quadratkilometer großer See, der von riesigen Wäldern, weiten Tälern und hohen Bergen umgeben ist. Jeden letzten Sonntag im Juli findet hier ein internationaler Schwimmwettbewerb statt, bei dem der See überquert werden muß. Im August wird das Blaubeerfest gefeiert.

Rauh und auf den ersten Blick unzugänglich ist die 250 Kilometer lange Halbinsel Gaspé, was in der Sprache der Micmac *Ende der Welt* bedeutet, im Südosten der Provinz, wo der St.-Lorenz-Strom in den Golf mündet. Auf Gaspé befindet sich das Künstlerdorf Saint-Jean-Port-Joli, in dem Weber, Töpfer und Holzschnitzer arbeiten und ihre Produkte verkaufen.

In Québec gibt es drei Nationalparks und 14 Provinzparks, die alle während der Sommermonate, einige dazu ganzjährig geöffnet sind und Übernachtungsmöglichkeiten anbieten.

Der Rocher Percé in der Provinz Québec

Forillon National Park

20 Kilometer nordöstlich von Gaspé, auf der äußersten Landspitze der gleichnamigen Halbinsel, liegt der 240 Quadratkilometer große Forillon-Nationalpark. Er schützt seit 1970 einen Abschnitt der Notre-Dame- und Mégantic-Gebirgsregion am östlichen St.-Lorenz-Ufer. Der Park ist, außer im Westen, auf allen Seiten vom Meer umgeben. An seiner Südküste befinden sich alte Fischerdörfer der Einwanderer und ein Geschichtslehrpfad, der Auskunft über die Besiedlung Kanadas gibt. Die Micmac nannten das Gebiet, das während der europäischen Besiedlung als erste Landbasis eine große Rolle spielte, *Ende des Landes.*

Die Parklandschaft gliedert sich in Terrassen, die vom Nordwesten zum Ufer des St.-Lorenz-Golfs abfallen, eine kleinere Gebirgskette im südlichen Teil und Steilküsten am Meer, deren Kalksteinschichtungen vor 450 bis 600 Millionen Jahren entstanden.

Klima und Lage der Halbinsel führen dazu, daß hier arktische Pflanzen ebenso vorkommen wie Arten der sommergrünen Laubwälder. Durch den Nationalpark führt der Highway 132. Es gibt verschiedene Möglichkeiten, die Landschaft des Parks zu erkunden. Bei Des-Rosiers gibt es von einem kleinen Hafen aus die Möglichkeit, eine private Bootstour entlang der Nordostküste zu buchen. Vom Cap Bon Ami kann man über Holztreppen zu den Sandstränden gelangen. Vom Informationszentrum Le Havre aus wurde ein rollstuhltauglicher Naturlehrpfad angelegt.

Im Winter herrscht auf der Halbinsel ein rauhes Klima mit Temperaturen um die 30 Grad Celsius unter Null, günstigste Reisezeit ist von Ende Mai bis Mitte September. Es gibt drei Campingplätze mit 323 Stellplätzen. Motels, Restaurants und Geschäfte finden sich in Gaspé, etwa 30 Kilometer vom Südende des Parks entfernt.

Informationen
Forillon National Park,
Box 1220, Gaspé, Québec G0C 1R0,
Tel. 418-368-5505

La Mauricie National Park

Informationen
La Mauricie National Park, Box 758, 465 Fifth Street, Shawinigan, Québec G9N 6V9, Tel. 819-536-2638

Der La-Mauricie-Nationalpark ist leicht zugänglich, gut erreichbar, außerhalb von Québec allerdings wenig bekannt. Die Landschaft des Parks, der 544 Quadratkilometer groß ist und 200 Kilometer nordwestlich von Montréal liegt, wird durch die sanften Hügel des Laurentidischen Berglandes bestimmt, Reste der ältesten Landmassen, die an der Erdoberfläche Kanadas zu finden sind. Sie entstanden vor etwa 1,5 Milliarden Jahren. Aber erst vor 18 000 Jahren formte die Eiszeit weitgehend das heutige Relief, abschmelzende Gletscher bildeten zahlreiche Seen in den Tälern.

La Mauricie war lange Heimat der Attikamek, die hier bereits vor 5000 Jahren Lager anlegten. An Steilfelsen sind bis heute Felszeichnungen erhalten, die vor ungefähr 2000 Jahren entstanden. Raubbau in den Wäldern durch die Papierindustrie war Anlaß, das Gebiet 1970 zum Nationalpark zu erklären. Zentraler Punkt ist der Lac Wapizagonke. Der See bildet einen Korridor zwischen Süden und Norden und ist bei Kanuten beliebt. Er ist 15 Kilometer lang, an seinen Ufern wechseln tundrengeprägte Waldabschnitte mit Laubmischwäldern. Insgesamt gibt es 150 Seen im hufeisenförmigen Park. Im Osten und Westen umschließen die Flüsse St. Mauricie und Mattawin das Gebiet, die Mitte durchzieht ein seengefülltes Tal. Der nördliche Teil ist nur zu Fuß oder per Kanu zu erreichen. Im Süden verläuft der Parkway. Der Park ist ganzjährig geöffnet, hat drei Campingplätze mit 517 Stellplätzen und kleinere Campingplätze mit vier bis sechs Stellplätzen entlang der Seen.

Montréal

Informationen
Office des congrès et du tourisme du Grand Montréal, 1555, rue Peel, bureau 600, Montréal, Québec J4K 1A1, Tel. 514-844-5400, Fax 514-463-2876

Montréal liegt auf der gleichnamigen Insel im St.-Lorenz-Strom, ist die zweitgrößte Stadt Kanadas und nach Paris zweitgrößte französischsprachige Stadt der Welt. Im Großraum Montréals leben knapp drei Millionen Menschen, in der Stadt selber etwa 1 020 000. Der al-

Futuristisches Bauwerk in Montréal

te Siedlungskern auf der Île de Montréal (158 Quadratkilometer) liegt am Zusammenfluß von St.-Lorenz-Strom und Ottawa River. Die Berge, Reste devonischer Vulkane, in und um Montréal sind bis zu 527 Meter hoch.

Der Name der Stadt stammt von der französischen Bezeichnung Mont-Royal für den 238 Meter hohen Vulkanrest, der heute als Aussichtsberg genutzt wird.

Montréal wurde im Jahre 1642 gegründet, ist Fluß- und Seehafen zugleich, Bischofssitz und Verwaltungsstadt. Das Klima schwankt zwischen großer Hitze und hoher Luftfeuchtigkeit im Sommer und heftigen Schneefällen im Winter.

Der Seefahrer Jaques Cartier betrat 1535 als erster Europäer das Gebiet des heutigen Montréal und fand ein Indianerdorf vor, daß die Huronen *hochelaga* – unter den Hügeln gelegen – nannten. Aber erst 1642 gründete Paul de Chomedey eine Missionsstation, die als Ursprungsort der heutigen Stadt gilt, die bis Mitte des 19. Jahrhunderts hauptsächlich vom Pelzhandel lebte. Heute ist Montréal eine Stadt mit entwickelter Industrie und großem Dienstleistungsbereich. Das Aussehen der Stadt hat sich häufig geändert. In den sechziger Jahren gab es eine radikale Umgestaltung. Wer das Angebot von 12 000 Dollar zur Eigenrenovierung nicht annahm, dessen Haus wurde abgerissen. Auf diese Weise verschwanden ganze historische Stadtviertel.

Ein Teil des Hafenviertels Vieux-Montréal wurde gerettet und ist heute Anziehungspunkt für Touristen. Im Untergrund der Stadt gibt es eine riesige Einkaufsstadt, die Ville Souterraine, mit 1500 Geschäften, großen Hotels, 1200 Wohnungen, drei Warenhäusern, Hunderten Boutiquen, Restaurants, Bankfilialen, Kinos und Theatern. Die Sehenswürdigkeiten der Stadt sind gut mit Bus und U-Bahn zu erreichen. Von der Metro-Station Champ-de-Mars gelangt man zu Fuß in den altfranzösisch anmutenden Stadtteil Vieux-Montréal, zwischen Hafen und modernen Bankenvierteln gelegen. Einen Eindruck von diesen architektonischen Bemühungen erhält man am besten in der Rue Bonsecours, in der verschiedene französische Architekturstile die Baukunst prägen.

Literatur

Apa Guides Montréal, Apa Publications

Eva Hoffmann: Lost in Translation – Ankommen in der Fremde, Verlag Neue Kritik, Frankfurt a. M. 1993

François Remillard: Montréal City Guide Book, Ulysses Travel Publications

Mordecai Richler: The Appaerticship of Duddy Kravitz, 1959

Stadtimpressionen von Montréal

Das 1893 erbaute und 1925 erweiterte Château Frontenac in Québec City

Québec City

Informationen
Office du tourisme et des congrès de la Communauté urbaine de Québec, 399, rue Saint-Joseph, Québec, Québec G1K 8E2, Tel. 418-522-3511, Fax 418-529-3121

Nicht weit von Montréal entfernt liegt Québec City, Hauptstadt der gleichnamigen Provinz, in der 168 000 Menschen leben. Ihr Name leitet sich von dem Wort *kebek,* am Zusammenfluß der Wasser, ab. Québec liegt auf einem bis zu 100 Meter hohen Landsporn an der Einmündung der Rivière St.-Charles in den St.-Lorenz-Strom. Die Altstadt von Québec, das 1608 gegründet wurde, steht unter Denkmalschutz und ist in die Liste des Weltkulturerbes der UNESCO eingetragen. Die Stadt gilt als Wiege der französischen Zivilisation in Nordamerika, 95 Prozent ihrer Einwohner sprechen französisch, und ist die einzige befestigte Stadt nördlich von Mexiko.

Die Stadt besteht aus zwei Teilen: Innerhalb der alten Stadtmauern liegt die Altstadt mit einer großen Zitadelle, Regierungsgebäuden und aufwendig restaurierten Häusern. Hier sind die Straßen eng, und es gibt zahlreiche kleine Plätze und das Château de Frontenac in der Rue des Carrières, ein weithin sichtbares im Renaissance-Stil gebautes Hotel – das Wahrzeichen der Stadt. Hier bereiteten die alliierten Mächte 1943 ihre Landung in der Normandie vor. Unterhalb des Châteaus de Frontenac erstreckt sich die Promenade des Gouverneurs, ein streckenweise in 90 Meter Höhe über dem St.-Lorenz-Strom gebauter Steg. Hauptplatz der Altstadt ist die Place d'Armes. Hier beginnt auch die Rue du Trésor, in der viele Kunstschaffende ihre Arbeiten zum Verkauf anbieten.

Auf dem aussichtsreichen Cap Diamant wurde 1832 die Zitadelle von Québec fertiggestellt, Standort des 22. Kanadischen Regiments, das zu Beginn des Ersten Weltkrieges aufgestellt wurde. Von Mai bis Oktober finden täglich Führungen statt, Karten sollten vorbestellt werden.

Das Gelände am alten Hafen der Stadt, Vieux Port, ist Nationaldenkmal und hat heute eher den Charakter eines Freizeitparks. Im Centre d' Interprétation erhält man durch eine Audio-Video-Show Einblick in das 19. Jahrhundert *(geöffnet Mai bis August Di–So 11–18 Uhr).* Von der Aussichtsplattform hat man einen guten Blick über die Altstadt. Die Altstadt ist an ihrer 4,5 Kilometer langen

Westseite durch einen aus Sand und Granitsteinen errichteten Wall geschützt. Bastionen, Mauern, Türme, Tore und Kanonen können in einem längeren Rundgang um die Altstadt besichtigt werden.

Vor den Stadtmauern liegen moderne Vororte mit Verwaltungsgebäuden, Wohnsiedlungen und Einkaufszentren.

Am ersten Donnerstag im Februar findet in jedem Jahr in Québec Karneval statt. Er dauert zehn Tage, die mit Hundeschlittenrennen, Eiskunstlauf und Eisschnellauf und dem Wettbewerb um die Gestaltung des schönsten Schneemanns ausgestaltet werden.

Literatur

Apa Guides Québec, Apa Publications

Francois Remillard: Québec, Ulysses Travel Publications

Tadoussac

Wo der Saguenay River in den St.-Lorenz-Strom mündet, liegt die 1000-Seelen-Ortschaft Tadoussac. Hier steht die älteste Holzkirche Nordamerikas, die Tadoussac Chapel aus dem Jahre 1647. Im Hotel Tadoussac wurde der Film *Hotel New Hampshire* gedreht. Am Ufer des St.-Lorenz-Stroms wurde eine sehenswerte Promenade angelegt. Von hier gehen im Sommer Ausflugsschiffe in den Fjord und zur Walbeobachtung. An dieser Stelle ist auch der im Jahre 1600 gegründete Handelsposten rekonstruiert (nur im Sommer zugänglich). Ganz in der Nähe befindet sich eine Mitte des 18. Jahrhunderts aus Holz erbaute Fischerkapelle. Etwa drei Kilometer außerhalb des Ortes gibt es einen Platz, der *Le Désert* – die Wüste – heißt. Dort sind über 100 Meter hohe Sanddünen aufgeweht, auf denen im Sommer Sandskiwettbewerbe stattfinden.

Blick über den Hafen von Tadoussac

Trois-Rivières

Zwischen Québec und Montréal liegt in einem Flußdelta die Stadt Trois-Rivières. Hier leben 115 000 Menschen. Trois-Rivières ist eine Industriestadt, der historische Stadtkern ist gut restauriert und bietet einige Sehenswürdigkeiten. So befindet sich das Touristeninformationsbüro in der Rue Bonaventure in einem 1729 erbauten Haus, das einst Sitz des ersten Seigneurs der Stadt war. Es besitzt zwei Räume mit alten franko-kanadischen Kiefermöbeln und sehenswerten Kunsterzeugnissen. Aus dem Jahre 1697 stammt das Ursulinenkloster Couvent des Ursulines *(geöffnet Mai bis Oktober Di–Fr 9–17 Uhr, Sa–So 13.30–17 Uhr, November bis April Mi–So 14–17 Uhr)*. Im Klostermuseum gibt es Sammlungen von Textilien, Büchern, Silberarbeiten und Skulpturen. Vom gegenüberliegenden Klostergarten aus hat man einen schönen Ausblick auf den St.-Lorenz-Strom. Außerhalb der Stadt, etwa 13 Kilometer nördlich, liegt das Freilichtmuseum Parc historique National des Forges du St.-Maurice. Hier wurde 1729 erstmals in Kanada Eisen geschmolzen *(geöffnet Mitte Mai bis Anfang September tägl. 9.30–17.30 Uhr)*.

Trois-Rivières wurde 1634 als befestigter Pelzhandelsposten gegründet, um von hier aus den Handel zu kontrollieren und die ansässigen Indianer vor den Angriffen der Irokesen zu schützen.

Informationen

Association touristique du Coeur-du-Québec, 1180, rue Royale, Trois-Rivières, Québec G9A 4J1, Tel. 819-375-1222, Fax 819-375-0301

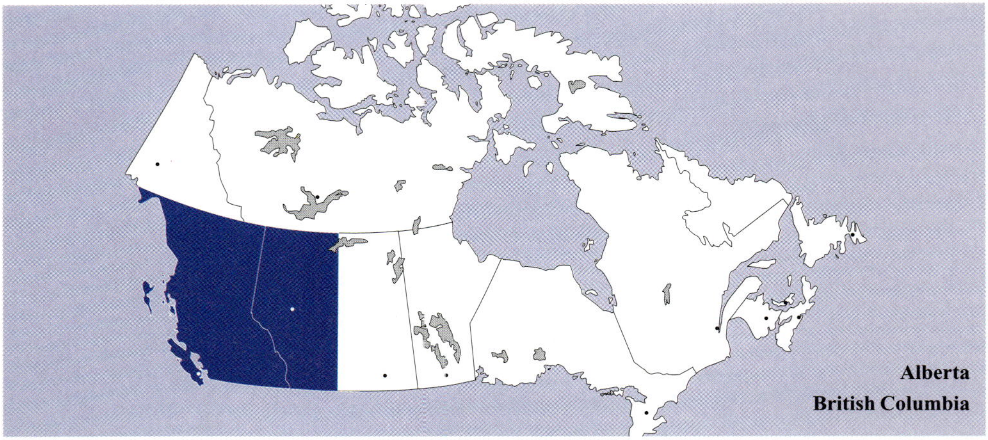

Der Westen Kanadas

Die Küstenprovinz British Columbia ist Kanadas Tor zum Pazifik, die Provinz Alberta das Sprungbrett in den Norden, Manitoba und Saskatchewan sind Prärieprovinzen, die Northwest Territories gelten bereits als hoher Norden, und die Yukon Territories liegen im äußersten Nordwesten Kanadas. Die wichtigsten Provinzen im Westen des nordamerikanischen Landes, auch für den Tourismus, sind British Columbia und Alberta. Beide grenzen im Süden an die USA, sind zusammen etwa 1 610 000 Quadratkilometer groß, 21 Prozent der Bevölkerung Kanadas leben hier.

An der Küste herrscht ozeanisch geprägtes Klima mit geringen Tages- und Jahreszeittemperaturschwankungen, hohen Niederschlagsmengen und milden Wintern. Süd-Alberta ist der sonnigste Teil Kanadas, im Norden sind die Sommer warm und die Winter mäßig kalt.

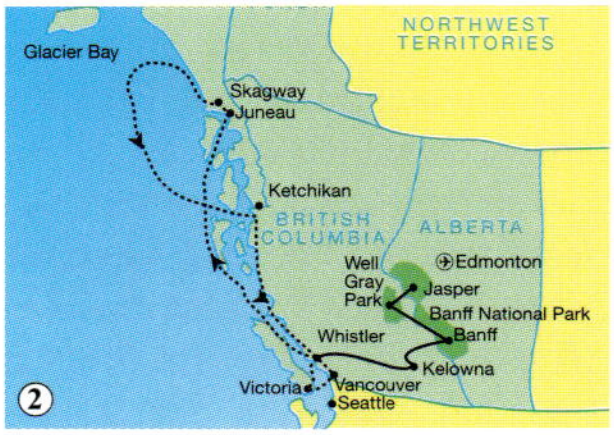

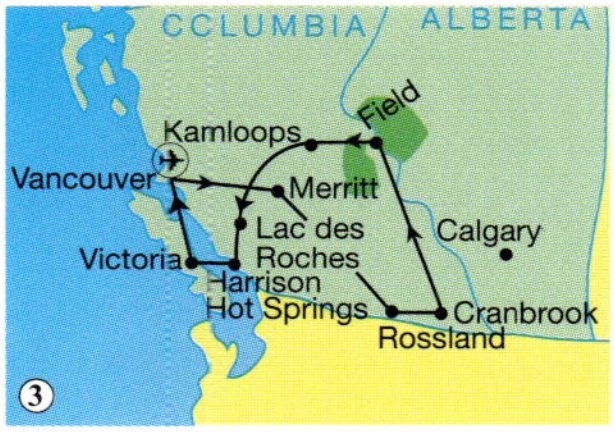

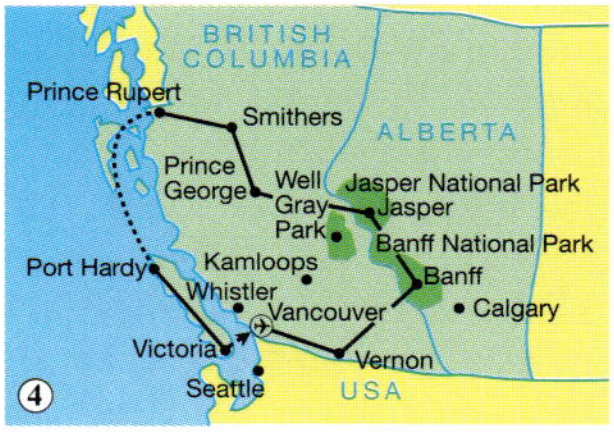

Routenvorschläge

1. Nationalparks USA/Kanada

2. Rockies- und Alaska-Rundfahrt

3. British Columbia

4. Geheimnis West-Kanada

Stille im Wells Gray Park in British Columbia

Die Rocky Mountains (Kordilleren) trennen British Columbia und Alberta. Sie sind mit ihren parallel verlaufenden Bergketten und den eingeschlossenen Plateaus den Alpen vergleichbar und das Ursprungsgebiet der vier großen Ströme Columbia, Fraser, Athabasca und Saskatchewan River.

Der Westen Kanadas gilt als kosmopolitisch und weniger mit historischem Erbe belastet als der Osten. Hier haben ethnische Gruppen nicht gegeneinander gekämpft, sondern miteinander neue Lebensräume erschlossen. Dabei gab es einen Verlierer: die Indianer. Drei Prozent der Bevölkerung British Columbias und Albertas sind Ureinwohner. Die Völker der Prärieprovinzen schlossen mit der Regierung Kanadas in den Jahren 1871 bis 1906 zehn Verträge ab, in denen sie ihr Land abtraten. Erst 1979 ging der erste Dene-Indianer als Abgeordneter ins Bundesparlament nach Ottawa, und die Regierung erkannte die angestammten Landrechte der Urbevölkerung offiziell an. 1992 erzielten die Inuit einen entscheidenden Durchbruch. Am 1. April 1999 erhalten sie zwei Millionen Quadratkilometer Land in den Northwest Territories, ein Fünftel der Fläche Kanadas.

Den größten wirtschaftlichen Aufschwung erlebte der Westen Kanadas während des Zweiten Weltkrieges, als Schiffbau und Flugzeugindustrie boomten. In Alberta wurden riesige Erdgas- und Ölvorkommen entdeckt und erschlossen. In dieser Zeit kamen Tausende aus dem östlichen Kanada, um im Westen ihr Glück zu machen. Heute sind es vor allem wohlhabende Chinesen, die einwandern – seit Ende der achtziger Jahre kamen über 100 000 allein nach Vancouver.

Begünstigt durch wirtschaftlichen Aufschwung gibt es in Westkanada seit längerem separatistische Tendenzen gegenüber dem frankophilen Osten.

Bei den Parlamentswahlen 1993 erhielt die populistische Protestbewegung in den Westprovinzen einen enormen Stimmenzuwachs. Auch mit den südlichen Nachbarn, den Vereinigten Staaten von Amerika, gibt es Spannungen: Man lebt in ständigem Streit um die Höhe der Fangquoten für Lachse.

Literatur

Deke Castleman/Don Pitcher: Westkanada- und Alaska-Handbuch, Verlag Gisela E. Walther

Paul Eric DuMontier u.a.: Western Canada Outdoor Guide Book, Ulysses Travel Publications

Merian: Kanada Der Westen, Hoffmann und Campe, Hamburg

Kurt Jochen Ohlhoff: West-Kanada und Alaska, DuMont, Köln

Karl Teuschl/Wolfgang R. Weber: Kanada Der Westen, Vista Point, München

Die geschriebene Geschichte Westkanadas ist kurz. Sie reicht nur wenige hundert Jahre zurück. Allerdings wanderten bereits vor 35 000 Jahren nomadisierende Jägervölker über die Bering-Straße von Asien nach Nordamerika. Im Jahre 1775 landete der Spanier Bruno Heceta an der Nordwestküste und beanspruchte den Nordwesten für die spanische Krone. 1857 begann das Goldzeitalter, am Fraser River in British Columbia wurde das Edelmetall entdeckt und zog Zehntausende Goldsucher an, die von nun an einen wesentlichen Teil Geschichte schrieben. 1870 schloß sich Alberta der Konföderation an, British Columbia folgte 1871.

Alberta

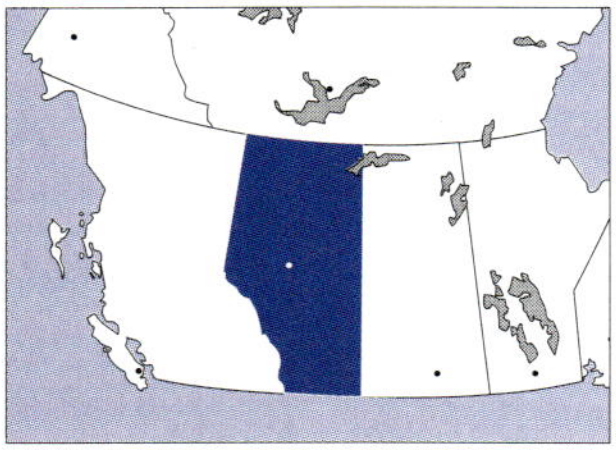

Informationen

Alberta Tourism Partnership Corporation, P.O. Box 2500, Edmonton, Alberta, T5J 2Z4, Tel. 403-427-4321,

Internet-Adresse: http//www.discover alberta.com/ATP, E-mail-Adresse: ATP.BOOKNOW a wordlweb.com

Mit 661 200 Quadratkilometer Fläche ist Alberta viertgrößte Provinz Kanadas und gehört zu den Präriestaaten. 70 Prozent der Fläche zählen zur Alberta Plain, einer Hochprärie, die 900 bis 1000 Meter über dem Meeresspiegel liegt und deren Schwarz- und Braunerdeböden sich gut für landwirtschaftliche Nutzung eignen. Die längste Nord-Süd-Ausdehnung Albertas beträgt 1206 Kilometer, die maximale Ost-West-Ausdehnung 660 Kilometer. Nur 2,8 Prozent der Fläche nehmen Gewässer ein. Hauptstadt ist Edmonton im Zentrum Albertas. Die Provinz ist nach Prinzessin Louise Caroline Alberta, Tochter der Königin Victoria und Gemahlin des Generalgouverneurs von Kanada, benannt. Im Norden dominieren Nadelwälder, in Zentral-Alberta hüglige Parklandschaft mit fruchtbaren Ackerböden, im Süden erstrecken sich weite Prärien. Die Rocky Mountains bilden die natürliche Grenze zu British Columbia. Das trockene Süd-Alberta weist die meisten Sonnenstunden ganz Kanadas auf, mit Julitemperaturen bis zu 30 Grad Celsius. Im Zentrum und im Norden ist das Klima moderat, die Winter sind trocken und kalt.

Alberta Klima	Temperatur Calgary Max.	Calgary Min.	Medicine Hat Max.	Medicine Hat Min.	Niederschlag mm Calgary	Medicine Hat	Niederschlagsarme Tage weniger als 0,3 mm Calgary	Medicine Hat
Januar	–4	–17	–6	–17	20	30	20	18
Februar	–2	–14	–4	–16	20	20	20	21
März	3	–10	4	–8	20	20	21	20
April	12	–3	14	0	20	30	22	22
Mai	17	2	20	6	40	50	20	18
Juni	21	6	24	10	60	80	19	15
Juli	24	8	29	13	40	80	21	16
August	23	7	27	11	40	60	23	18
September	18	3	21	6	30	30	23	21
Oktober	12	–2	14	1	20	20	25	21
November	3	–8	3	–7	20	20	23	19
Dezember	–2	–13	–2	–12	20	30	23	18

Ferienidylle in den Rocky Mountains in Alberta

In Alberta leben etwa 2,5 Millionen Menschen, das sind 9,2 Prozent der Gesamtbevölkerung Kanadas. 77 Prozent der Bevölkerung wohnen in Städten. Alberta weist die höchste Scheidungsrate Kanadas auf.

Die Wirtschaft der Provinz, die zehn Prozent zum kanadischen Bruttoinlandsprodukt beiträgt, ist hauptsächlich von Bergbau und Land- und Forstwirtschaft geprägt. Bei den Bodenschätzen nimmt Alberta Spitzenposition in Kanada ein: 70 Prozent der Kohlevorräte, 80 Prozent des Erdöls und 68 Prozent des Erdgases liegen hier. Es gibt 17 000 Ölquellen und ein Pipeline-Netz, das 100 000 Kilometer lang ist.

Das Gebiet Albertas ist nachweislich seit 11 000 Jahren besiedelt. Die von der Eiszeit verschonten Cypress Hills waren seit 7000 Jahren Wohnstätte der Ureinwohner. Im Jahre 1754 kam Anthony Henday als erster Weißer bis zu den Rocky Mountains. Von 1792 bis 1801 drang Peter Fidler weiter in den Süden vor und entdeckte reiche Kohlevorkommen am Red Deer River. 1846 wurde festgelegt, daß der 49. Breitengrad die südliche Grenze zu den Vereinigten Staaten von Amerika ist. 1890 begann der Goldrausch. 1905 wurde die Provinz Alberta gegründet.

Die Provinz ist touristisch gut erschlossen. Es gibt fünf ausgebaute Skigebiete im Südwesten, 59 Provinzialparks, fünf Nationalparks und ausgedehnte Jagdgebiete im Norden, in denen auch Großwild gejagt werden kann.

Banff National Park

Er ist der älteste und bekannteste Nationalpark Kanadas, 1885 unter dem Namen *Rocky Mountains Park* gegründet. Er umfaßt, mit einer Fläche von insgesamt 6641 Quadratkilometern, einen Teil des Hauptkammes der Kordilleren und der steil gegen die großen Ebenen abfallenden Front Ranges. Mehr als zwei Dutzend 3000 Meter hohe Berge, zahlreiche Bergseen, Hochtäler, Wasserfälle und

Informationen

Banff National Park,
P.O. Box 900, Banff, Alberta T0L, 0C0,
Tel. 403-762-3324
Central Reservations Banff,
Tel. 403-762-5561

Alpine Club of Canada,
P.O. Box 1026, Banff, Alberta T0L 0C0,
Tel. 403-762-4481

reißende Gebirgsbäche gehören zu dem Gebiet, das jährlich von mehr als drei Millionen Menschen besucht wird. In Cave und Basin gibt es heiße Schwefelquellen. Von Norden nach Süden umfaßt der Nationalpark zwei der drei Gebirgszüge der Rocky Mountains. Die westliche Front, Range genannt, verläuft als Wasserscheide und Trennlinie zwischen Alberta und British Columbia. Im Zentrum des Parks liegen die Seen Moraine Lake, Lake Louise, Bow Lake und Peyto Lake.

Es gibt drei Vegetationszonen: montanen Nadelwald, subalpinen Gebirgswald und alpine Tundra. Drei Straßen durchqueren den Nationalpark, außerdem gibt es zahlreiche Wanderrouten. Von Mitte Juni bis Mitte September ist die günstigste Zeit zum Wandern. Außer im Tal herrschen überall alpine Witterungsbedingungen. Das Wetter kann sich schnell ändern, und mit Schnee muß in jedem Monat gerechnet werden.

Im Banff-Nationalpark gibt es 14 Campingplätze mit 2700 Stellplätzen, die im Juli und August allerdings meistens überfüllt sind.

Im Jahre 1895 entstand an der Brücke über den Bow River das erste Besucherzentrum eines Nationalparks *(geöffnet tägl. 10–18 Uhr)*. Es ist im viktorianischen Stil der Jahrhundertwende errichtet und beherbergt ein Museum mit einer eindrucksvollen Naturausstellung.

Einzige Siedlung im Nationalpark ist der Kurort Banff, in dem 4200 Bewohner leben und zahlreiche Unterkünfte für Touristen angeboten werden. Banff ist aufgrund seiner Thermal-Mineralquellen Kurort.

Lohnenswert ist ein Besuch des Whyte Museum of the Canadian Rockies *(geöffnet im Sommer tägl. 10–18 Uhr, sonst n. Vereinbarung)*. In ihm befinden sich das Archiv der kanadischen Rocky Mountains und verschiedene Kunstausstellungen. Wahrzeichen von Banff ist das 1888 errichtete Banff Springs Hotel, ein schloßartiges Gebäude, das einmal das größte Hotel der Welt werden sollte, es aber nicht wurde. Etwa vier Kilometer von Banff Townside entfernt, entspringt die wärmste der fünf heißen Schwefelquellen, 1600 Me-

Hauptstraße in Banff

ter über dem Meeresspiegel gelegen. Im Sommer steigt die Wassertemperatur bis zu 42 Grad Celsius, im Winter liegt sie bei 29 Grad Celsius *(geöffnet Mitte Juni bis Mitte Oktober tägl 8.30–22.30, sonst Mo–Do 14.30– 20.30 Uhr, Fr–So 8.30–22.30 Uhr).*

Calgary

Am Westrand der kanadischen Prärie, an der Mündung des Elbow River, liegt Calgary, nur 250 Kilometer von der kanadisch-US-amerikanischen Grenze entfernt.

In der Stadt leben 625 000 Menschen. Sie galt lange als Stadt der Cowboys, was sie heute nur noch einmal im Jahr für zehn Tage unter Beweis stellt. Im Juli findet die *Stampede* statt, Wallfahrtszeit für alle Wildwest-Anhänger.

Wenn in Calgary der Chinook, ein trockener und warmer Fallwind weht, sieht man am westlichen Horizont die vergletscherten Berggipfel der Rocky Mountains. Calgary ist die wachstumsstärkste Stadt Kanadas. Bis Mitte der siebziger Jahre lebten hier vor allem Menschen britischer Herkunft. Dann kamen Einwanderer aus Indien, Pakistan, Sri Lanka, Bangladesh, Vietnam und Südamerika. Das Durchschnittsalter der Einwohner beträgt 30 Jahre. 1988 fanden hier die Olympischen Winterspiele statt. Die Wirtschaft der Metropole wird bestimmt durch Erdölvorkommen und Landwirtschaft.

Die Innenstadt ist geprägt durch moderne Hochhäuser, in denen Banken, Versicherungen und Ölgesellschaften sitzen. Um die Innenstadt herum erstrecken sich auf 527 Quadratkilometer streng schachbrettartig angelegte Vororte. Dadurch ist Calgary seiner Ausdehnung nach drittgrößte Stadt Kanadas. Sie verfügt über das modernste Schnellbahnnetz des Landes und ein größtenteils überdachtes Fußwegenetz, das Walkway System Plus 15. Insgesamt 30 Kilometer lange Fußgängerbrücken verbinden Parkhäuser, Bürogebäude und Einkaufszentren der Innenstadt miteinander.

Informationen

Calgary Convention and Visitors Bureau, Tel. 403-263-8510, Fax 403-262-3809

Im Stadtzentrum von Calgary

Wahrzeichen der Stadt ist der 191 Meter hohe Calgary Tower mit Aussichtsplattform und Drehrestaurant *(geöffnet tägl. 7.30–24 Uhr)*. Hauptgeschäftsstraße ist die Stephen Avenue. In der ehemaligen Imperial Bank of Canada, 102 – 8th Avenue, ist die Stiftung für Geschichte und Denkmalpflege in der Provinz Alberta untergebracht *(geöffnet Mo–Fr 8.30–16.30 Uhr)*. Auf dem Olympic-Placa vor der City Hall finden im Sommer häufig Veranstaltungen, auch Konzerte statt.

Über das Plus 15-System gelangt man zum Calgary Centre for Performing Arts, ein großes modernes Stadttheater mit drei Bühnen und einer Konzerthalle. Etwa zehn Kilometer westlich der Stadt liegt der größte Erlebnispark Kanadas, der Calaway Park. Er ist von Mitte Mai bis Mitte Oktober mit wechselnden Zeiten geöffnet.

Edmonton

Informationen

Edmonton Tourism, Tel. 403-496-8400, Fax 403-496-8413

688 Meter über dem Meeresspiegel im Zentrum der Provinz liegt Edmonton, die Hauptstadt Albertas. 572 000 Menschen leben in der Stadt, 756 000 in der Metropolitan Area. Die Stadt erstreckt sich zu beiden Ufern des North Saskatchewan River in den nördlichen Ausläufern der großen kanadischen Prärien ist die fünftgrößte und nördlichste Metropole Kanadas. Edmonton gilt seit seinen Anfängen als Tor zum Norden und Verkehrsknotenpunkt. In den vergangenen zwanzig Jahren entstand in der Stadt eine Skyline, der ganze Straßenzüge weichen mußten.

Edmonton ist durch den Pelzhandel entstanden. In den siebziger Jahren des 19. Jahrhunderts kamen die ersten Siedler in dieses Gebiet. 1891 begann auch hier das Eisenbahnzeitalter, sieben Jahre später setzte nach Goldfunden am Klondike der Goldrausch ein. 1905, mit Gründung der Provinz, wurde Edmonton Hauptstadt. Heute sind 22 Prozent der Bevölkerung britischer, sieben Prozent deutscher und ukrainischer Abstammung. Hinzu kommen Menschen aus fünfzig weiteren Nationen. In Edmonton steht die älteste Universität Albertas.

Ausblick von The Whistlers auf den Jasper-Nationalpark

Die Winter in der Großstadt sind lang und kalt, die Sommer warm und trocken. Größtes Ereignis sind die zehntägigen *Klondike Days* im Juli. Dann wird Pionierzeit gespielt. Die modernen Häuserfassaden werden hinter Attrappen im Stil vergangener Jahrhunderte versteckt, und die größte Party Nordamerikas steigt.

Das Stadtzentrum von Edmonton ist relativ klein. Hier steht in der Jasper Avenue das 1983 fertiggestellte, terrassenförmig angelegte Kongreßzentrum Edmonton Convention Centre. Wenige Straßenblöcke weiter nördlich steht das neue Civic Centre an der 100th Street. Rathaus, Gerichtsgebäude, Theater, Wintergarten, Kunstgalerie *(geöffnet Mo–Mi 10.30–17 Uhr, Do–Fr 10.30–20 Uhr, Sa–So 11–17 Uhr)* und Stadtbibliothek bilden hier eine städtebauliche Einheit.

Westlich davon steht das neue gläserne Wahrzeichen der Stadt, das Manulife Plaza mit Ladenpassagen und großen Geschäften. Das gigantischste Bauwerk ist sicher die West Edmonton Mall am westlichen Stadtrand *(geöffnet Mo–Sa 10–22 Uhr, So 10–20 Uhr)*. Sie ist das größte überdachte Einkaufs- und Freizeitzentrum der Welt, jährlich von etwa sechs Millionen Menschen besucht. 830 Geschäfte, 110 Restaurants, 20 Kinos, Ice-Palace, das größte Hallenbad der Welt und Fantasia-Land gehören zu dem Komplex.

Das Provinzmuseum von Alberta in der 12845-102 Avenue informiert über die Naturräume, Tierwelt und Geologie der Provinz *(geöffnet tägl. 10–20 Uhr)*.

Am Südufer außerhalb der Stadt liegt Fort Edmonton Park, ein Freilichtmuseum mit originalgetreu rekonstruierten Gebäuden *(geöffnet Mitte Mai bis Anfang September tägl. 10–18 Uhr, September und Oktober nur Sa–So 13–17 Uhr)*.

Jasper National Park

Der größte und nördlichste Nationalpark in den Rocky Mountains ist mit einer Fläche von 10878 Quadratkilometern der Jasper-Nationalpark. Er schließt mit seinen Gebirgsketten und Graten nördlich an den Banff-Nationalpark an. Zum Park gehört der größte Gletschersee, Maligne Lake mit der föhrenbewachsenen Insel Spirit Island, und das größte Eisfeld der Rocky Mountains, das Columbia Icefield.

Er wurde 1907 gegründet, nach Jasper Hawes benannt, der hier 1817 einen Handelsposten errichtete. Im Park gibt es drei Vegetationszonen, ähnlich denen des Banff-Nationalparks: montane Waldgebiete der Talbereiche und unteren Hänge, subalpiner Gebirgswald, der den größten Teil des Parks ausmacht, und die alpine Stufe mit tundrenähnlicher Vegetation. Darüber folgen die Gletscher und Eisfelder.

Der Jasper-Nationalpark ist weniger erschlossen als der Banff-Nationalpark, was viele Wanderer bevorzugen. Der Icefield Parkway führt von Jasper Townside südwärts zum Columbia Icefield. Von dieser Straße aus kann man die Wasserkaskaden der Athabasca und Sunwapta Falls sowie den Honeymoon Lake besuchen und hat einen

Informationen

Jasper National Park, P.O. Box 10, Jasper, Alberta T0E 1E0, Tel. 403-852-6161

Maligne Lake Tours, 626 Connaught Drive, Jasper Park Lodge, P.O. Box 280, Jasper, Alberta T0E 1E0, Tel. 403-852-3370, Fax 403-852-3405

Jasper-Nationalpark

Panorama auf den Icefield Parkway

guten Ausblick auf das Panorama des Athabasca-Gletschers. Kurz hinter dem nördlichen Parkeingang zweigt eine Seitenstraße zu den Miette Hot Springs ab, die mit 54 Grad Celsius die heißesten Quellen in den Rocky Mountains sind.

Es gibt über 1000 Kilometer Wanderwege und Bergpfade im nahezu unberührten Hinterland des Nationalparks. Nebenstraßen und touristische Einrichtungen haben zum großen Teil von Mitte Juni bis Anfang September geöffnet.

Von Mitte Mai bis Anfang Oktober bieten die Maligne Tours Bootstouren zum Spirit Island an. Der Park verfügt über zehn Campingplätze mit 1800 Stellplätzen.

Im Ostteil des Jasper-Parks liegt Jasper Townside, das touristische Zentrum, in dem 3300 Einwohner leben. Hier gibt es zahlreiche Unterkünfte, Geschäfte und Versorgungseinrichtungen. Etwa sieben Kilometer östlich des Ortes liegt das Jasper Park Lodge, ein gut ausgestattetes Ferienzentrum aus den zwanziger Jahren *(geöffnet von Mitte Mai bis Anfang Oktober)*. Von Jasper aus werden halbtägige Schlauchbootfahrten auf dem reißenden Athabasca River angeboten.

Waterton Lakes National Park

Informationen

Waterton Lakes National Park, Waterton Park, Alberta T0K 2M0, Tel. 403-859-2224

Der kanadische Waterton Lakes National Park, 525 Quadratkilometer groß, und der amerikanische Glacier National Park sind seit 1932 eine Einheit und bilden zusammen den Waterton-Glacier International Peace Park. Getrennt durch eine Staatsgrenze, sind sie im Jahre 1979 von der UNESCO zum Biosphärenreservat erklärt worden. Sie liegen im Bereich der kontinentalen Wasserscheide in den Rocky Mountains und waren einst für die Indianer das *Land der scheinenden Berge*. Hier treffen mit Prärie und Bergen zwei völlig entgegengesetzte Ökosysteme aufeinander.

Der Park ist eine Hochgebirgslandschaft mit steilen Felswänden, mehr als 50 Gletschern und über 200 Seen. Auf den beiden größeren, Waterton Lake und McDonald Lake, verkehren Ausflugsboote. Ein großer Teil der Aussichtsstraßen ist während des Winters gesperrt.

Der Waterton Lakes National Park weist das älteste Sedimentgestein Nordamerikas auf. Es existiert seit 1,5 Milliarden Jahren. Höchster Berg ist der Mount Cleveland (3190 Meter). Dank des fönartigen Chinook-Windes sind die Winter im Nationalpark milder als in anderen Gebieten Albertas.

Die Sommer sind mäßig warm und trocken und dauern nur von Mitte Juni bis Ende August. Dann wachsen auf den Bergwiesen verschiedenste seltene Wildblumen.

Zum Park gehört die kleine Ortschaft Waterton Village mit dem 1927 errichteten Hotel *Prince of Wales*. Im Ort kann man Pferde für eine Reittour in die Berge mieten.

Im Waterton-Glacier-Park gibt es insgesamt 1500 Kilometer Wanderwege. Drei Campingplätze in Waterton Townside, Crandell und Belly River mit insgesamt 300 Stellplätzen bieten guten Komfort. Nördlich des Parkeingangs befindet sich ein großes Büffelgehege.

British Columbia

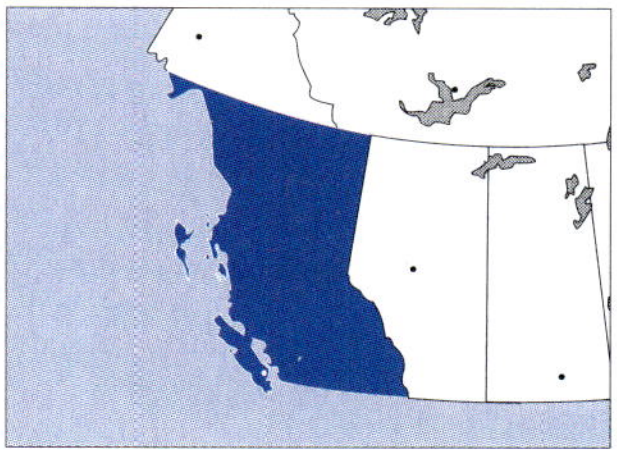

Mit 948 000 Quadratkilometern ist British Columbia die drittgrößte Provinz Kanadas. Die Nord-Süd-Ausdehnung beträgt 1200 Kilometer, von Osten nach Westen erstreckt sich die Provinz über 600 Kilometer. In British Columbia leben etwa 3 132 000 Menschen, das sind 3,2 Einwohner pro Quadratkilometer. Die Bewohner konzentrieren sich jedoch auf die Ballungszentren, allein in und um Vancouver leben 1,4 Millionen Menschen. Victoria ist Hauptstadt.

Das Gebiet der Westprovinz ist geprägt durch die zwei Gebirgsketten der kanadischen Kordillere mit den eingelagerten, bis zu 1200 Meter hohen Plateaus. Die Küstenkette ist durch Fjorde strukturiert, die vorgelagerten Inseln sind Reste einer Gebirgskette. Zu ihnen gehört auch Vancouver Island.

Die Gebirgsketten beeinflussen das Klima British Columbias stark. An den Westseiten regnet es oft sehr stark, während im Windschatten Trockeninseln entstehen. Die Winter sind stets sehr schneereich – bis zu fünf Meter sind keine Seltenheit. Nur in einigen Tälern fällt wenig Schnee. Im Inneren der Provinz herrscht kontinentales Klima mit kurzen und heißen Sommern und langen, sehr kalten Wintern. Die Vegetation der Provinz ist durch die Höhenzüge der Kordillere geprägt: vorwiegend borealer Nadelwald, der in höheren Gebieten in Tundra und Gletscher übergeht. Auf den vorgelagerten Inseln gibt es noch Reste temperierten Küstenregenwaldes. Im Süden der Provinz wiegt steppenartige Vegetation vor.

Jahrtausendelang wurde das Gebiet der Provinz nur von Ureinwohnern besiedelt, bis im 17. Jahrhundert spanische Seefahrer kamen. Erst 1778 landete James Cook auf Vancouver Island, das später an die britische Krone abgegeben wurde. 1866 wurde das Festland von British Columbia mit der Insel zusammengeschlossen, 1871 erfolgte der Beitritt zur kanadischen Föderation.

4,4 Prozent der Einwohner British Columbias sind Ureinwohner. Die größte Gruppe der Einwanderer kam aus Britannien. British Columbia zählt zu den reichsten Provinzen Kanadas. Fischerei,

British Columbia Klima	Temperatur Vancouver Max.	Vancouver Min.	Fort Nelson Max.	Fort Nelson Min.	Niederschlag mm Vancouver	Fort Nelson	Niederschlagsarme Tage weniger als 0,3 mm Vancouver	Fort Nelson
Januar	5	–1	–17	–25	220	20	10	24
Februar	7	–1	–12	–22	150	30	13	22
März	10	1	–1	–15	130	20	13	23
April	14	3	10	–4	80	20	16	26
Mai	18	6	17	3	70	40	18	22
Juni	21	8	21	8	60	60	19	19
Juli	23	9	23	10	30	60	23	21
August	22	11	22	8	40	30	22	22
September	18	8	16	3	90	30	21	23
Oktober	14	6	7	–3	150	30	14	22
November	9	3	–10	–17	210	30	11	20
Dezember	6	0	–17	–24	220	20	8	21

Informationen

Tourism British Columbia,
802-865 Hornby Street,
Vancouver, British Columbia V6Z 2G3,
Tel. 800-663-6000

Literatur

Jane King: British Columbia Handbook, Canadas Westcoast, Moon Publications

Grizzly auf Fischjagd

Forstwirtschaft, Abbau von Bodenschätzen und Tourismus bestimmen die Wirtschaft.

Für Wassersportler, Natur- und Wanderfreunde sowie Bergwanderer bietet die Provinz vieles: Paddeln auf Seen oder River Rafting auf Flüssen mit starker Strömung, Segeln in den Fjorden der Küste, baden im Pazifik oder in den Seen im Landesinneren, Angeln, Jagen, Wandern, Reiten, Skifahren. Im Sagebrush Country des zentralen Berglandes gibt es *working ranches*, auf denen man Quartier nehmen kann. Hier werden Rinder und Pferde gezüchtet, und es herrscht vor allem im Frühjahr und Herbst Cowboy-Atmosphäre.

Auch in British Columbia gibt es zahlreiche Provinz- und Nationalparks.

Glacier and Mount Revelstoke National Parks

Steile und rauhe Bergketten, große Gletscher und Eisfelder, tiefe und enge Täler und Gebirgsseen prägen die Landschaften der beiden benachbarten, aber nicht zusammenhängenden Nationalparks. Sie schützen zwei Abschnitte des Selkirk-Gebirges.

Der Glacier-Nationalpark umfaßt 400 Gletscher und ein Dutzend Gipfel mit Höhen über 3000 Meter. Schneehöhen bis zu 17 Meter sind im Winter keine Seltenheit. Das rauhe Klima bewirkt, daß es nur im unteren Bereich der Täler eine geschlossene Vegetationsdecke gibt. 18 Kilometer westlich liegt Mount Revelstoke. Geringere Höhen, milderes Klima und höhere Feuchtigkeit lassen eine reichere Vegetation gedeihen. Hier sind die Berghänge und Hochplateaus sanfter, denn die Columbian Mountains gehen hier ins Zentralplateau von British Columbia über. Blumenwiesen, Tannenwälder und Gebirgsseen bestimmen das 1800 Meter hohe Plateau, das von Bergen und dem Clachnacudainn-Eisfeld umgeben ist. Im südlichen Tal des Parks gedeihen durch den klimatischen Einfluß des Pazifik inneralpine Regenwälder.

Beide Parks sind am besten über den Trans Canada Highway zu erreichen. Er durchquert den Glacier-Park und streift den Mount-Revelstoke-Park an seiner Südgrenze. Die Parks sind das ganze Jahr über geöffnet, Bergtouren sind allerdings nur im Juli und August möglich. Im Spätwinter kann man Skitouren unternehmen. Der Glacier-Nationalpark verfügt über drei Campingplätze mit 380 Stellmöglichkeiten, die im Sommer häufig überfüllt sind. Im Mount-Revelstoke-Park gibt es keine Campingplätze und Unterkunftsmöglichkeiten außer in einer kleinen Schutzhütte am Eva Lake.

Informationen

Glacier and Mt. Revelstoke National Parks, P.O. Box 350, 301 Campbell Ave., Revelstoke, British Columbia V0E 2S0, Tel. 604-837-5155

City of Revelstoke, Parks and Recreation Department, P.O. Box 170, 600 Campbell Ave., Revelstoke, British Columbia V0A 1H0, Tel. 604-837-9351

Kamloops

Größter Ballungsraum im Herzen der Provinz ist die Stadt Kamloops, in der 62 000 Menschen leben. Sie liegt im trockenen zentralen Hinterland von British Columbia am Zusammenfluß von North

Informationen

High Country Tourism Association, 2-1490 Pearson Place, Kamloops, British Columbia V1S 1J9, Tel. 604-372-7770

und South Thompson River, und ist von Ranches, Obstplantagen und Farmen umgeben. Kamloops ist die Big City für Cowboys.

Kamloops wurde 1812 als Fort gegründet und wuchs durch Pelzhändler und Goldgräber zu einer wohlhabenden Stadt. Heute ist sie wichtiger Verkehrsknotenpunkt und Verwaltungszentrum der 122 000 Menschen aus den umliegenden ländlichen Regionen. Die Umgebung der Stadt ist reich an Seen, 2000 Stunden im Jahr scheint die Sonne.

Im Stadtzentrum stehen noch zahlreiche alte Gebäude. Ausstellungen im Kamloops Museum & Archives informieren über das Leben der Indianer und die Zeit der Pelztierjäger *(geöffnet Juni bis August tägl. 10–21 Uhr, sonst Mo–Sa 10–17 Uhr, So 13–17 Uhr)*.

Von Mai bis September kann man zweistündige Ausflugsfahrten mit dem Heckraddampfer *Wanda Sue* auf dem Thompson River buchen. Jährlich im August finden in Kamloops die *Indian Band Days* statt.

23 Kilometer nordöstlich der Stadt liegt der Harper Mountain, ein Skigebiet mit 13 Pisten. Während der trockenen und warmen Sommer bietet sich das Kamloops Waterslide an, 20 Kilometer östlich des Stadtzentrums, zu dem Wasserrutschen, Whirlpools und eine Minigolfanlage gehören.

Elch in waldiger Wildbahn

Kootenay National Park

Im Südosten von British Columbia liegt der Kootenay-Nationalpark – indianisch für *Orte des heißen Wassers*. Er ist 1406 Quadratkilometer groß und gehört zusammen mit Jasper, Banff und Yoho zu einem Schutzgebietskomplex des Naturraums in den südlichen Rocky Mountains. Der Park, 1920 gegründet, grenzt im Osten direkt an den Banff-Nationalpark und erstreckt sich Richtung Süden bis Radium Junction und wurde seiner heißen Quellen wegen unter Schutz gestellt. Die Täler des Vermilion River und des Kootenay River bilden das Herzstück des Parks. Hier kann man von etlichen Parkplätzen aus Touren in das nahezu unerschlossene Hinterland unternehmen.

In der südlichsten Parkecke, im Sinclair Canyon, treten die heißen Quellen zutage, Sickerwasser, das durch Risse in den Faltenbrüchen bis auf 2415 Meter in die Erdkruste absinkt und dort bis zum Siedepunkt erhitzt wird. An der Oberfläche beträgt die Temperatur noch zwischen 30 und 40 Grad Celsius. Das Wasser enthält schwach radioaktives Radium.

Die Landschaft von Kootenay ist sanfter als die von Jasper und Banff. Geschlossene Talwälder werden lediglich durch Wiesen und vom Fluß durchbrochen. Den schönsten Ausblick auf das Tal hat man vom Highway aus.

Im Park gibt es mehr als 200 Kilometer Wanderwege. Günstigste Zeit für Wanderungen und Bergtouren ist von Mitte Juni bis Ende September. Im Juli und August bietet die Parkleitung Führungen und Informationsveranstaltungen an. Es gibt drei Campingplätze mit 401 Stellmöglichkeiten, entlang der Wanderwege sind elf einfache Campingplätze eingerichtet.

Informationen
Kootenay National Park, P.O. Box 220, Radium Hot Springs, British Columbia V0A 1M0, Tel. 604-347-9615

Skeena Train im Westen Kanadas

Vancouver im Dämmerlicht

Vancouver

Informationen

Tourism Association of Southwestern British Columbia., 204-1755 West Broadway, Vancouver, British Columbia V6J 4S5, Tel. 604-739-9011

Straßenszene in Vancouver

Vancouver, das Tor zum Pazifik, gilt neben San Francisco als schönste Stadt an der Westküste Nordamerikas. Es ist wirtschaftliche Metropole British Columbias und liegt nur 40 Kilometer von der US-amerikanischen Grenze entfernt. 430 000 Menschen leben in der City, 1,4 Millionen in der Vancouver Metropolitan Area.

Das Stadtzentrum befindet sich auf einer Halbinsel in der Strait of Georgia, im Westen wird die Stadt von pazifischen Sandstränden begrenzt. Das Klima in Vancouver ist relativ mild und ausgeglichen. Obwohl in den vergangenen 20 Jahren in der Innenstadt viele Wolkenkratzer gebaut wurden, kann man das Zentrum gut zu Fuß erkunden. Der älteste Stadtteil, Gastown, wurde in den vergangenen Jahren restauriert. An das Viertel schließt die zweitgrößte Chinatown an der nordamerikanischen Westküste an. Westlich der Innenstadt liegt ein 405 Hektar großer Naturpark, der Stanley Park, in dem man Wanderungen und Fahrradtouren unternehmen kann. Im Park gibt es zahlreiche Totempfähle verschiedener Indianervölker, einen Zoo und das international renommierte Vancouver Aquarium *(geöffnet Mai bis August tägl. 9.30–21 Uhr, sonst tägl. 10–17 Uhr)*.

Im Zentrum der Stadt liegt der Robson Square zwischen historischem Gerichtsgebäude, in dem heute die Kunstgalerie untergebracht ist, und dem siebenstöckigen, gläsernen, neuen Gerichtsgebäude.

Auf dem Robson Square gibt es eine breite Ladenpassage mit vielen Restaurants und Cafés und einer Rollschuhbahn, auf der man im Winter Schlittschuh laufen kann. Am Nordende trifft man auf die Vancouver Art Galery *(geöffnet Di–So und feiertags 10–18 Uhr)*. Haupteinkaufsstraße ist der für den Autoverkehr gesperrte Granville Mall zwischen Nelson Street und Hastings Street. Nordwestlich steht an der Pier das neue Wahrzeichen der Stadt, das Canada Palace, ein anläßlich der Weltausstellung 1986 fertiggestelltes Gebäude mit einer ungewöhnlichen Dachkonstruktion, die an die Form eines Segelschiffes angelehnt ist. Es beherbergt Hotels, Restaurants, ein Kongreßzentrum und ein modernes Filmtheater.

Gastown mit seinen zahlreichen viktorianischen Gebäuden entstand, als 1867 John Deighton mit einem Whiskeyfaß erschien und für die Arbeiter der nahen Sägemühlen einen Saloon eröffnete. Bis dahin war die nächste Kneipe 20 Kilometer entfernt. Da der edle Spender viel redete, erhielt er den Beinamen *Gassy Jack,* und die Gegend wurde Gassy's Town genannt. Seit 1972 steht der Bezirk unter Denkmalschutz.

Mitte des 19. Jahrhunderts kamen die ersten Chinesen nach Vancouver. Heute sind in Chinatown selbst die Telefonzellen wie Pagoden gestaltet, und es leben etwa 100 000 Menschen chinesischer Abstammung in Vancouver, nur wenige von ihnen in Chinatown. Am Rande des Stadtviertels gibt es seit 1986 einen klassischen chinesischen Garten.

Auf einem ehemaligen Industriegelände unter der Granville Street Bridge entstand Granville Island. In umgebauten alten Lagerhäusern leben viele Künstler und Kunststudenten, es entstanden Theater, Geschäfte und Grünanlagen. Die Insel ist über Stege und einen Damm mit dem Festland verbunden, ab der Burrard-Brücke gibt es Fährverbindungen.

Literatur

Apa Guides Vancouver und Umgebung, Apa Publications

Vernon

Die kleine Stadt Vernon ist von drei Seen begrenzt und Verkehrsknotenpunkt im nördlichen Okanagan Valley. Sie entstand im Jahre 1864 aus einer Ranch.

Heute leben in Vernon 22 000 Menschen. Die Stadt und das umliegende Tal sind wirtschaftlich geprägt von Obst- und Gemüseanbau, holzverarbeitender Industrie und Tourismus. Wassersport, Tauchen, Angeln, Drachenfliegen, Golf, Reiten und Wandern gehören zu den touristischen Angebote der Region.

In Vernon selbst gibt es ein Museum, das über die einst auf dem Okanagan Lake verkehrenden Heckraddampfer und die hier lebenden Indianer informiert *(geöffnet Mo–Sa 10–17 Uhr)*. Etwa 22 Kilometer nordöstlich liegt ein 87 Quadratkilometer großes Naherholungs- und Skigebiet, das Silver Star Mountain Resort.

Das Okanagan-Tal wird häufig als Tessin Kanadas bezeichnet. Es wird von einer vier bis 19 Kilometer breiten, glazial überformten Senke im Hinterland British Columbias gebildet. Kleine und warme Seen machen das Okanagan-Tal zu einem beliebten Ferienziel. Größter See ist der 120 Kilometer lange Okanagan Lake.

Im Tal herrschen trockene, heiße und sonnige Sommer und relativ milde Winter. Deshalb ist das Gebiet der Obstgarten Kanadas. Im Frühjahr ist das Tal ein einziges Blütenmeer. Außerdem befinden sich hier elf der 14 Weinkellereien von British Columbia. Ein großer Teil der Plantagen ist künstlich bewässert. Im Gegensatz dazu sind die Plateaus im Regenschatten der steilen Coastal Mountains und des Kaskadengebirges relativ kahl.

Die Stadt Kelowna am Ostufer des Okanagan Lake ist mit 65 000 Einwohnern das Zentrum des Tals und aufgrund seiner Sandstrände beliebter Ferienort. Zahlreiche Seen in den umliegenden Bergen bieten gute Angelmöglichkeiten.

Informationen

Siehe unter British Columbia

Papageienvogel

Im Hafen von Victoria

Victoria

Informationen
Siehe unter Vancouver Island

Victoria ist seit 1871 Provinzhauptstadt von British Columbia und liegt auf dem Südzipfel von Vancouver Island. Schützende Berge und der warme Pazifikstrom bedingen ein mildes Klima, selbst im Januar liegen die Temperaturen über Null. In Victoria leben 70 000 Menschen.

Die Stadt ist ein ruhiger Verwaltungs-, Wohn- und Erholungsort ohne Skyline. Der Stadtkern liegt am Hafen und ist von viktorianischen Gebäuden, gepflegten Parks, blaugestrichenen Straßenlaternen und roten Doppeldeckerbussen geprägt. In den Hotels und Cafés trifft man sich noch zum Fünf-Uhr-Tee.

Die hektischste Zeit erlebte die Stadt nach den Goldfunden Mitte des 19. Jahrhunderts, als sie Ausgangspunkt und Versorgungszentrum für die Goldsucher wurde. Heute ist Victoria bevorzugter Alterssitz. Man kann die Stadt zu Fuß erkunden. Im Sommer werden jeden Tag Stadtführungen angeboten. Hauptgeschäftsstraße ist die

Victoria auf Vancouver Island

Government Street mit traditionsreichen Geschäften. Besuchenswert ist der Stadtteil James Bay, bis vor kurzem noch Slum, heute Wohngebiet der Yuppies.

Ein Wahrzeichen der Stadt ist das efeubewachsene *Empress Hotel,* in dem nachmittäglich und stilvoll eine Teestunde zelebriert wird. Vom Hotel aus starten die Doppeldeckerbusse zu ihren Stadtrundfahrten.

Das British Columbia Provincial Museum in der Belleville Street gilt als hervorragendes natur- und kunstgeschichtliches Museum *(geöffnet Mai bis September 9.30–19 Uhr, sonst 10–17.30 Uhr).* Das Museum beherbergt eine umfangreiche Sammlung zu Geschichte, Kultur und Kunst der Indianer.

Ein Meisterwerk viktorianischer Baukunst ist das Craigdarroch Castle in der Joan Crescent Street. Das kleine Schloß ist im Sommer täglich 9–21 Uhr, sonst 10–17 Uhr geöffnet.

Yoho National Park

Informationen

Yoho National Park, P.O. Box 99, Field, British Columbia V0A 1G0, Tel. 604-343-6324

Der Yoho National Park ist in British Columbia das nördlichste Schutzgebiet der Rocky Mountains. Er grenzt im Osten an den Banff National Park und erstreckt sich bis zu den Wapta Falls. Geteilt durch den Kicking Horse River, gibt es einen nördlichen und einen südlichen Abschnitt. Der Park ist 1313 Quadratkilometer groß und wurde 1886 gegründet, um kulturelle, historische und landschaftliche Besonderheiten der zentralen Rocky Mountains zu bewahren. Sein Name stammt aus der Sprache der Cree und bedeutet soviel wie Wunder, Staunen. Kerngebiete sind das über 20 Kilometer lange Yoho-Tal und das Tal des reißenden Kicking Horse River. Der Park ist durch den Trans Canada Highway, von dem aus Zufahrtsstraßen abbiegen, leicht erreichbar. Im nördlichen Abschnitt liegen die höchsten Gebirgsstöcke des Parks. Sie werden vom Wapta- und Waputik-Eisfeld bedeckt. Zu diesen Eisfeldern führt das Yoho Valley, in dem sich der höchste Wasserfall Kanadas, Fallhöhe 254 Meter, der Takakkaw Fall, befindet.

Wasserfall im Yoho-Nationalpark

Etwa ab der Mitte des Parks, in der Nähe der Ortschaft Field, sind die Gebirge aus Sandstein und vor allem wegen ihrer Fossilien berühmt. Rund um den Lake O'Hara im östlichen Teil des Parks gibt es eine schöne alpine Wanderstrecke. In den weiten Gebirgswäldern leben Grizzlys.

Da am Ende des Bergtales die Eisenbahnlinie auf kurzer Strecke große Höhenunterschiede zu überwinden hatte, wurde ein Spiraltunnel gebaut. Von Aussichtsterrassen aus kann man beobachten, wie die Lastzüge einfahren und ein paar Meter höher am gleichen Hang wieder aus dem Berg kommen.

Vom Highway aus führen zahlreiche Wanderwege zu den Naturschönheiten des Parks. Das Besucherzentrum befindet sich in Field, der einzigen Ortschaft innerhalb des Nationalparks. Drei größere Campingplätze bieten 196 Stellmöglichkeiten. Für Wanderungen eignen sich besonders die Monate Juni bis September. Im Sommer muß der Shuttle-Bus zum Lake O'Hara möglichst lange vorher reserviert werden.

NACH KANADA
UND USA MIT HEIMVORTEIL.
AIR CANADA
Mit unserem Flugplan können Sie Ihren Trip nach Übersee ganz ungezwungen planen: Wir fliegen 2 x täglich nonstop nach Toronto, täglich nonstop nach Calgary und Vancouver und (ab 16.Juni 1997) 5 x pro Woche nonstop nach Montreal (Dorval) und 2 x pro Woche nonstop nach Halifax. Und falls Sie ein anderes Urlaubsziel haben: Genauso günstig wie unsere Tarife sind unsere Anschlußverbindungen innerhalb Kanadas und in die USA.
AIR CANADA

Kanada kurz

Geschichte, Geographie, Staat, Wirtschaft, Reisetips

Alkohol

Alkoholische Getränke sind in einigen Provinzen nur in den staatlichen Monopol-Läden erhältlich, die teilweise sehr schwer zu finden, weil sehr unauffällig gekennzeichnet sind. In Gaststätten und Hotels dürfen alkoholische Getränke nur an Personen ausgeschenkt werden, die mindestens 18 Jahre alt sind – in einigen Provinzen liegt die Altersgrenze bei 19 Jahren, in manchen Orten gibt es Regelungen, die den Verkauf und Ausschank von Alkohol grundsätzlich verbieten.

Alkoholische Getränke sind sehr hoch besteuert und deshalb etwa doppelt so teuer wie in den benachbarten USA.

Angeln

Kanadas Seen, Flüsse und Bäche machen zusammen die Hälfte des Süßwasservorrats der Erde aus. Fische gibt es in den Gewässern in Hülle und Fülle: Lachse, Forellen, Barsche, Hechte, Saiblinge, Welse, Barben und viele andere mehr. Die Fische sind von stattlicher Größe.

Zudem ist noch Hochseefischerei im Atlantik und im Pazifik möglich. Die Einfuhr von Angelgeräten zum persönlichen Gebrauch unterliegt keiner Beschränkung. Die Angelbestimmungen werden von den jeweiligen Provinzen und/oder Territorien erlassen.

Ausländische Gäste müssen einen Angelschein an Ort und Stelle erwerben. Zum Fischen in den Nationalparks braucht man eine separate Lizenz, die sehr preiswert ist – 7-Tage-Lizenz etwa sechs Dollar, Jahreslizenz etwa 13 Dollar – und für alle Nationalparks in Kanada gilt.

Toronto

Antiquitäten

Die Ausfuhr von Gegenständen, die älter als 50 Jahre und von historischer, kultureller oder wissenschaftlicher Bedeutung sind, ist in erheblichem Maße eingeschränkt. Auskünfte erteilt: The Secretary, Canadian Culturel Property Review Board, Department of Communications, Ottawa, Ontario K1A 0C8

Apotheken

Apotheken sind unter *Pharmacies* in den gelben Telefonbuchseiten aufgeführt. Sie sind zu den üblichen Geschäftszeiten geöffnet. In allen größeren Städten gibt es Nachtapotheken, *drugstores.* Apotheken geben in der Regel keine Arzneimittel ab, wenn das Rezept in einem anderen Land ausgestellt wurde.

Armut

Da Kanada zu den wohlhabenden Nationen zählt, wird Armut unter den Bürgern verschämt beäugt. Persönliche Armut gehört auch nicht zum anglo-amerikanischen Wertesystem. Nach offiziellen Schätzungen leben 17 Prozent der Bevölkerung (etwa 4,8 Millionen) unter der nationalen Armutsgrenze. Zu den armen Bevölkerungsgruppen zählen vor allem ältere Menschen und alleinerziehende Mütter, mangelhaft ausgebildete Menschen, Aboriginals (kanadische Ureinwohner) und Vertreter anderer Minderheiten des Landes. 1993 waren rund 56 Prozent aller Menschen, die in Armut lebten, Frauen. Das betrifft 2,8 Millionen, also ein Fünftel aller kanadischen Frauen, davon 60 Prozent aller Alleinerziehenden. Von allen Männern lebten etwa 2,2 Millionen (16 Prozent) unter der staatlich definierten Armutsgrenze. Auch Familien mit doppeltem Einkommen sind betroffen: insgesamt 157 000 (vier Prozent).

Aber auch regionale Unterschiede spielen eine Rolle: Newfoundland und Regionen im Norden des Landes zählen zu den armen Gebieten. Staatliche Eingriffe helfen dabei wenig zur Überwindung kultureller und sozialer Sonderentwicklungen und zur Veränderung der heutigen Struktur der Wirtschaft.

Die Einsicht, daß ein Land wie Kanada die unermeßlichen Ressourcen zum Nutzen aller Bürger einsetzen sollte, setzt sich nur langsam durch.

Autobahnen

Siehe unter Straßenverkehr

Automobilclubs

Mitglieder von europäischen Automobilclubs können gegen Vorlage ihres Mitgliedsausweises die Hilfe der *Canada Automobile Association (CAA)* in Anspruch nehmen. Anfragen sind zu richten an Canada Automobile Association, 1775 Courtwood Crescent, Ottawa, Ontario K3CC, 3J2.

Autoverleih

Siehe unter Mietwagen

Banken

Banken sind im allgemeinen von Montag bis Freitag in der Zeit von 10–15 Uhr geöffnet.

Bed & Breakfast

Diese Möglichkeit, in Privathaushalten zu übernachten, erfreut sich immer größerer Beliebtheit. Unterkunftsverzeichnisse werden von den Provinzen und Regionen herausgegeben.

Benzin

Siehe unter Tankstellen

Bevölkerung

1993 hatte Kanada 28,7 Millionen Einwohner; die Bevölkerungsdichte beträgt damit 2,9 Einwohner pro Quadratkilometer. Entlang der Südgrenze zu den USA ist ein etwa 300 Kilometer breiter Streifen dichter besiedelt. Insgesamt leben 55 Prozent der Bevölkerung auf nur zwei Prozent der Fläche, etwa 78 Prozent aller Kanadier leben in Städten.

Die überwiegende Mehrzahl stammt von europäischen Einwanderern ab: 25,3 Prozent der Bevölkerung sind englischer/nordirischer Herkunft, 24,4 Prozent sind französischer Abstammung. Ferner gibt es die Gruppe der kanadischen Ureinwohner (Aboriginals): Inuit (Eskimos) und Indianer.

Bei der Volkszählung 1991 rechneten sich rund vier Prozent zu den Angehörigen der Ureinwohner: darunter 784 000 Indianer, 50 000 Inuit und 213 000 Métis (Mischlinge mit indianischen und zumeist frankophonen Eltern).

Rund 60 Prozent der Einwohner sprechen Englisch, 23,8 Prozent Französisch.

Die größten ethnischen Einwanderergruppen kommen aus Deutschland (3,6 Prozent), Italien (2,8 Prozent), aus der Ukraine (1,7 Prozent), China (1,4 Prozent) und aus den Niederlanden (1,4 Prozent).

Seit den siebziger Jahren nimmt die Zahl der Einwanderer aus Europa ab. Jeder zweite Einwanderer kommt heute aus Asien. Insgesamt ist die Zahl wieder steigend.

Auf 1 000 Einwohner kamen 14 Geburten und sieben Todesfälle (1990); die Lebenserwartung betrug im selben Jahr für Frauen 81 Jahre, für Männer 75 Jahre.

Prince Edward Island

Bildung

Das kanadische Bildungs- und Erziehungssystem liegt in der Verantwortung der Provinzregierungen. Die Erziehungsministerien sind zuständig für die Lehrerausbildung sowie die Lehrprogramme ihrer Schulen, die örtlichen Schulbehörden *(school boards)* für Bau und Finanzierung der Schulen sowie die Anstellung der Lehrkräfte. Das Schulsystem unterliegt derzeit einem Wandel zu Gesamtschulen und regionalen *school boards.*

Die kanadische Bundesregierung beteiligt sich finanziell am tertiären Bildungsbereich. Darüber hinaus unterhält sie Bildungseinrichtungen für die Ureinwohner (Indianer, Inuit). Die Ausgaben für das Bildungswesen betrugen 1991 rund sieben Prozent des Bruttoinlandsproduktes.

Gesetzliche Schulpflicht besteht in den meisten Provinzen zwischen sechs und 15 Jahren (in einigen Provinzen bis 16 Jahre). Im allgemeinen gibt es Kindergärten, vorbereitend auf die sechsjährige Grundschulzeit *(elementary schools)* und die daran anschließende Oberschule *(secundary school)*. Der Abschluß einer Oberschule ist Voraussetzung für ein Universitätsstudium. Höhere Schulen sind entweder kombinierte allgemein- und berufsbildende Schulen oder Gesamtschulen mit berufsbildenden Bestandteilen. An öffentlichen Grund-, Ober- und Höheren Schulen ist der Unterricht unentgeltlich. Flexibilität und Durchlässigkeit des Schulsystems werden durch gegenseitige Anerkennung der Schulabschlüsse garantiert.

Weiterführend im tertiären Bereich sind Ausbildungszweige in einem Community College (ohne Abschluß) und an Universitäten (mit Abschluß).

1991 waren rund 857 000 Studenten an insgesamt 270 kanadischen Universitäten und Hochschulen eingeschrieben; auf eine Lehrkraft kommen durchschnittlich 13,5 Studenten.

Der Anteil der Analphabeten (Personen über 14 Jahre) wird auf rund vier Prozent geschätzt (1991).

Private Schulen haben im Gegensatz zu denen in den Vereinigten Staaten von Amerika eine geringe Bedeutung. Der Einfluß religiöser Gruppen auf das Bildungs- und Erziehungssystem ist seit den sechziger Jahren weitgehend zurückgedrängt worden.

Busse

Nachdem in den letzten Jahren etliche Eisenbahnlinien stillgelegt worden sind, haben die Autobuslinien, die beinahe alle Städte des Landes miteinander verbinden, an Bedeutung gewonnen. Die gut ausgestatteten Busse erlauben ein bequemes Reisen. Die Greyhound Buslines of Canada geben einen recht preisgünstigen *Canada Travel Pass* heraus, der allerdings im Ausland gelöst werden muß und eine wahlweise Gültigkeit für 7, 15, 30 oder 60 Tage hat.

Camping

Es gibt über 2000 staatliche und private Campingplätze in Kanada. Verzeichnisse sind über die Touristenbüros der Provinzen erhältlich. Nicht auf allen Plätzen kann ein Stellplatz reserviert werden. Die Preise bewegen sich, je nach Standard, zwischen zehn und 15 Dollar pro Nacht. Private Plätze sind gemeinhin teurer. Campen außerhalb eines Campingplatzes wird in der Nähe von Ortschaften nicht immer gebilligt, das wilde Campen in den staatlichen Parks ist untersagt.

Chronik

1663	Französische Krone übernimmt Verwaltung von „Neufrankreich“
1670	Die Hudson Bay Companie erhält von der britischen Krone umfangreichen Landbesitz und Handelsmonopol
1713	Frankreich tritt nach dem Spanischen Erbfolgekrieg Nova Scotia und Newfoundland an Großbritannien ab
1759	Im Siebenjährigen Krieg erobern die Engländer Québec
1763	Im Frieden von Paris nach dem Siebenjährigen Krieg tritt Frankreich ganz Kanada an England ab
1774	Sonderrechte der Franko-Kanadier werden anerkannt
1791	Teilung Kanadas in Ober- (hauptsächlich englisch) und Unterkanada (vorwiegend französisch)
1812–1814	Der Versuch der USA, Kanada im Kampf gegen England zu erobern, scheitert
1818	49. Breitengrad wird als Grenze zwischen Kanada und USA vereinbart
1836	Erste kanadische Eisenbahnstrecke
1840	Vereinigung von Ober- und Unterkanada, Kanada erhält eine parlamentarische Regierung
1867	Im *North America Act* erhält das Dominion Kanada politische Autonomie (vier Provinzen)
1869	Gebiete westlich der Großen Seen bis zum Red River werden durch Kauf von der Hudson Bay Companie erworben
1870–1873	Erweiterung um die Provinzen Manitoba, British Columbia und Prince Edward Island
1905	Provinzen Saskatchewan und Alberta werden eingegliedert
1917	Frauenwahlrecht wird eingeführt
1931	Westminster-Statut: Kanada wird selbständiger Staat im Commonwealth
1945	Kanada ist Gründungsmitglied der Vereinten Nationen
1949	Newfoundland wird als 10. Provinz angegliedert

Jasper Nationalpark

1959	St.-Lorenz-Seeweg wird eröffnet
1964	Die Unterschiede zwischen Anglo-Kanadiern und Franko-Kanadiern führen zu immer größeren Spannungen und zu separatistischen Bewegungen der französischstämmigen Kanadier
1968	Der Liberale Pierre E. Trudeau wird nach dem Rücktritt Pearsons Premierminister
1976	Wahlsieg der separatistischen Partei (auch 1981) unter R. Léveques
1979	J. Clark (Konservativer) wird neuer Premierminister
1980	Neuwahlen: Trudeau wird erneut Premier; Referendum: in Québec Votum für einen Verbleib bei Kanada
1982	In Ottawa wird durch Königin Elisabeth II. eine neue unabhängige Verfassung verkündet
1984	Wahlsieg der Konservativen: Brian Mulroney wird Premierminister
1990	Die kanadische Marine beteiligt sich am Krieg gegen den Irak
1992	Eine Verfassungsreform, die die Zuständigkeit der zehn Provinzen, die Rechte der Indianer und Inuit (Eskimos) sowie die Einbindung der nach Unabhängigkeit strebenden Franko-Kanadier stärken sollte, wird in einem Referendum von der Bevölkerung abgelehnt. Ein Vertrag über die Selbstverwaltung der Inuit wird von den Eskimos befürwortet, und die Gründung eines unabhängigen Gebietes soll bis 2008 abgeschlossen sein
1994	Kanada setzt das Freihandelsabkommen NAFTA mit USA und Mexiko in Kraft
1995	Erhebliche Differenzen Kanadas mit der EU wegen Fischfangquoten

Diplomatische Vertretungen

Siehe Aufstellung auf Seite 255

Einreise

Für Deutsche, Österreicher und Schweizer ist kein Visum erforderlich. Der Reisepaß muß noch mindestens drei Monate gültig sein. Kinder und Jugendliche bis zum Alter von 16 Jahren können mit einem Kinderausweis mit Lichtbild einreisen. Wer länger als drei Monate im Land bleiben will, muß sich diesen Aufenthalt von der Einreisebehörde genehmigen lassen. Touristen müssen ausreichende Geldmittel für einen Aufenthalt im Lande und ein Rückreiseticket nachweisen.

Eisenbahn

Das Eisenbahnnetz Kanadas ist in den letzten Jahren durch Streckenstillegungen geschrumpft, mißt aber immer noch gut 60 000 Kilometer.

Eine Fahrt von Küste zur Küste dauert vier Tage. Das Netz wird von mehreren Gesellschaften befahren, bekannteste ist die staatliche VIA-Rail.

Sie offeriert den sogenannten *Canrail Pass,* der zu beliebig vielen Fahrten innerhalb von 30 Tagen berechtigt. Der Pass muß vor der

Diplomatische Vertretungen der Bundesrepublik Deutschland, Schweiz und Österreich in Kanada

Vertretung	Stadt	Anschrift	Telefon	Fax
BRD (K)	Halifax	1809 Barrington Street, Halifax, NS B3J 3K8	902-420 15 99	902-422 47 13
Österreich (K)	Halifax	Suite 710, Argyle Street, Halifax, NS B3J 3N6	902-429 82 00	902-425 05 81
BRD (K)	St. John's	22 Popiar Ave., St. John's, NF A1B 1C8	709-753 77 77	709-739 66 66
BRD (K)	Montréal	1250 Blvd. René-Léveque Ouest, Suite 4315, Montréal, QC H3B 4XL	514-931 24 31	514-931 72 39
Schweiz (K)	Montréal	1572 Ave. Dr. Penfield, Montréal, QC H3G 1C4	514-932 71 81	514-932 90 28
Österreich (K)	Montréal	1350 Ouest Rue Sherbrooke, Suite 1030, Montréal, QC H3G 1U1	514-845 86 61	514-284 35 03
BRD (K)	Kitchener	385 Frederick Street, Kitchener, ON N2H 2P2	519-745 61 49	
BRD (K)	London	71 Wharncliffe Road South, London, ON N6J 2J81	519-432 41 33	519-667 51 87
BRD (B)	Ottawa	1 Waverly Street, Ottawa, ON K2P 0T8	613-232 11 01	613-594 93 30
Schweiz (B)	Ottawa	5 Ave. Marlboro, Ottawa, ON K1N 8E6	613-235 18 37	613-563 13 94
Österreich (B)	Ottawa	445 Wilbrod Street, Ottawa, ON K1N 6M7	613-789 14 44	613-789 34 31
BRD (K)	Toronto	77 Admiral Rd., Toronto, ON M5R 2L4	416-925 28 13	416-925 28 18
Schweiz (K)	Toronto	154 University Ave., Suite 601, Toronto, ON M5H 3Y9	416-593 53 71	416-593 50 83
Österreich (K)	Toronto	390 Bay Street, Suite 1010, Toronto, ON M5H 2V6	416-863 06 49	416-863 78 51
BRD (K)	Calgary	Suite 970, 700-4th Ave., SW., Calgary, AB T2P 3J4	403-269 59 00	403-269 59 01
Österreich (K)	Calgary	1131 Kensington Rd., NW., Calgary, AB T2N 3P4	403-283 65 25	403 283 49 09
BRD (K)	Fort St. John	9832-98 A Ave., Fort St. John, BC V1J 1S2	604-785 43 00	604-785 50 28
BRD (K)	Vancouver	Suite 704-World Trade Center, 999 Canada Place, Vancouver, BC V6C 3E1	604-684 83 77	604-684 83 34
Schweiz (K)	Vancouver	World Trade Center, 790-999 Canada Place, Vancouver, BC V6C 3E1	604-684 22 31	604-684 28 06
Österreich (K)	Vancouver	202-1810 Alberni Street, Vancouver, BC V66 1B3	604-687 33 11	

Abreise im jeweiligen Heimatland gelöst werden. Die wichtigsten Bahngesellschaften sind:

- VIA Rail Canada, C.P. 8116, 2 Place Ville Marie, Montréal, Québec H3B 2G6
- Alogma Central Railway, 129 Bay Street, P.O. Box 7000, Sault Ste. Marie, Ontario P6A 5P6
- British Columbia Rail Ltd., P.O. Box 8770, Vancouver, British Columbia V6B 4X6

Vancouver

– Ontario Northland Transportation Comission, 555 Oak Street, North Bay, Ontario H3C 3N3
– Amtrak National Railroad Passenger Corporation, 400 North Capital, N.W., Washington, D.C. 20 001, USA

Elektrizität

Die Stromspannung beträgt in Kanada 110 Volt, 60 Hz Wechselstrom. In Europa liegt sie gemeinhin bei 220 V, 50 Hz. Für elektrische Geräte, die sich nicht auf 110 V umstellen lassen, wird deshalb ein Transformator, für die kanadischen Steckdosen ein Adapter, ein sogenannter *Amerika-Stecker,* benötigt. Es empfiehlt sich, beides in Europa zu kaufen.

Essen und Trinken

Niemand reist der kanadischen Küche wegen nach Kanada. In Ottawa, Toronto und Vancouver, vor allem aber in Montréal und Québec gibt es erstklassige Restaurants. Außerhalb dieser Metropolen sind die Menüs eher bescheiden. Aber es gibt drei Ausnahmen. Erstens hat Kanada erstklassiges Rindfleisch, und wer ein Steak bestellt, kann eigentlich nicht fehlgehen.

Zweitens gibt es vor allem an der Ost- und Westküste vorzügliche regionale Spezialitäten. In Québec, Newfoundland, Nova Scotia, New Brunswick und in Prince Edward Island ist die Küche ganz auf die Tiere und Früchte des Meeres eingestellt wie auch in British Columbia. Spezialitäten im Osten sind Hummer, frischer Thunfisch sowie Austern und Jakobsmuscheln. König der Küche an der Westküste ist der frische Wildlachs – daneben gibt es ein von Einheimischen hochgeschätztes Lokalprodukt, die *Dungeness Crab,* ein Krustentier, das nur an der Nordwestküste Nordamerikas vorkommt.

Die dritte Ausnahme vom kanadischen Einerlei auf den Speisekarten – Steaks, Schweineschnitzel und Huhn – offerieren die Restaurants, die von Einwanderern betrieben werden. In fast jeder Stadt mit mehr als 100 000 Einwohnern gibt es nicht nur italienische, tschechische, ungarische und andere Restaurants mit europäischer Regionalküche, sondern auch solche, in der Einwanderer aus China, Korea, Vietnam, Thailand, Indien und Japan ihre heimatlichen Gerichte anbieten. In allen etwas besseren Restaurants Kanadas ist es Sitte, daß sich die Gäste nicht selbst einen Tisch aussuchen, sondern warten, bis sie von einem *host* oder einer *hostess* zu einem Tisch geführt werden.

Fähren

Viele lange Autofahrten können durch Fähren wesentlich verkürzt werden. Teilweise sind allerdings langfristige Buchungen notwendig. Keine Reservierungen sind erforderlich für die Fahrt nach Prince Edwards Island, über den St.-Lorenz-Strom und von Vancouver nach Victoria.

Feiertage

Feiertage sind: Neujahrstag, Dreikönige in Québec (6. Januar), Aschermittwoch in Québec, St. Patrick´s Day in Newfoundland und Labrador (17. März), Karfreitag, Ostermontag, Victoria Day (Montag vor dem 25. Mai), Discovery Day in Newfoundland und Labrador, Johannestag in Québec (alle 24. Juni), Canada Day (1. Juli), Orangemen´s Day in Newfoundland und Labrador (12. Juli), Heritage Day in Alberta und British Columbia Day in British Columbia (erster Montag im August), Discovery Day im Yukon Territory (dritter Montag im August), Labour Day (erster Montag im September), Thanksgiving (zweiter Montag im Oktober), Allerheiligen in Québec (1. November), Rememberence Day (11. November), Unbefleckte Empfängnis in Québec (8. Dezember), Christmas Day (25. Dezember), Boxing Day (26. Dezember)

Flaggen

Siehe Seite 258

Feuerwaffen

Die Einfuhr aller Waffen, die nicht sportlichen oder waidmännischen Zwecken dienen, ist generell untersagt. Jagdwaffen dürfen unter bestimmten Bedingungen mit 200 Schuß Munition eingeführt werden. Der Träger der Waffe muß mindestens 16 Jahre alt sein. Nähere Auskünfte: Revenue Canada, Customs and Exise, Commercial Verification and Enforcement, Connaught Building, Mackenzie Ave., Ottawa, Ontario, K1A 0L5, Kanada, Tel. 613-995-3331

Flugverkehr

Die Größe des Landes hat ein sehr enggeknüpftes Luftverkehrsnetz entstehen lassen, das hauptsächlich von den Maschinen der Air Canada und der Canadian Airlines beflogen wird. Daneben gibt es noch eine Reihe kleinerer Gesellschaften, die innerhalb der Provinzen und Regionen verkehren.

Föderalismus

Die zehn Provinzen Kanadas (Newfoundland, Prince Edward Island, Nova Scotia, New Brunswick, Québec, Ontario, Manitoba, Saskatchewan, Alberta, British Columbia) sind Bundesländer mit eigenen Verfassungen. Der Generalgouverneur ernennt auf

Niagarafälle

Canada

Alberta

British Columbia

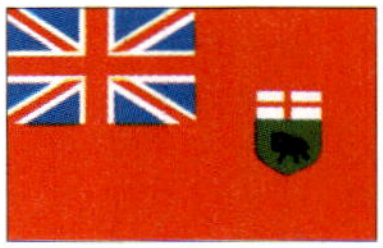
Manitoba

New Brunswick

Newfoundland

Nova Scotia

Ontario

Prince Edward Island

Québec

Saskatchewan

Yukon

Vorschlag der Bundesregierung jeweils einen Leutnantgouverneur.

Die beiden Territorien Yukon und Northwest werden von der Bundesregierung verwaltet, die ihnen zunehmend mehr Selbstverwaltungsrechte überträgt.

Die Gesetzgebung ist in Bundes- und Provinzverantwortung unterteilt. Dem Bund obliegt die Gesetzgebung für Außenpolitik, Verteidigung, Währung, Strafrecht und internationalen Verkehr. Übrige Kompetenzen unterliegen den Provinzregierungen. Diese regeln zum Beispiel Eigentumsrecht, Provinzsteuern, Bildungs- und Erziehungswesen und Sozialgesetzgebung. Wo konkurrierende Gesetzgebungen nicht zweifelsfrei festgelegt sind, gibt es häufig Differenzen zwischen Bundes- und Provinzregierungen.

Verpflichtungen der Provinzen im öffentlichen Gesundheitswesen, der Arbeitslosen- und Rentenversicherung werden durch Zuschüsse von der Bundesregierung abgefedert.

Fotografieren

Alle gängigen Filme und Fotomaterialien sind erhältlich.

Frauen

Im Jahr 1991 stellten Frauen mit insgesamt 14,2 Millionen gegenüber 13,9 Millionen Männern die Mehrheit der kanadischen Bevölkerung (50,3 Prozent), unter den über 65jährigen waren es sogar 58 Prozent, eine Entwicklung wie in vergleichbaren Industriestaaten. Kanadische Frauen haben mit durchschnittlich 81 Jahren eine hohe Lebenserwartung. Die Statistik 1991 besagt: Rund 2,2 Millionen Frauen (16 Prozent) waren Einwanderinnen, eine stabile Größe seit vielen Jahren (1971: 15 Prozent).

1991 gehörten 1,2 Millionen Frauen (neun Prozent) verschiedenen Minderheiten an, darunter sind die Aboriginals (Inuit, Indianer) mit 522 000 die größte Gruppe. Sowohl Immigrantinnen als auch Frauen ethnischer Minderheiten haben ihren Lebensraum in kanadischen Großstädten gefunden, z.B. in Vancouver 26 Prozent, in Toronto 24 Prozent aller Frauen.

Auch Familienstrukturen haben sich gewandelt: Die Zahl verheirateter Frauen sank zwischen 1981 und 1991 von 56 auf 53 Prozent, Lebensgemeinschaften stiegen von vier auf sieben Prozent. Die Zahl alleinerziehender Mütter bewegt sich seit den sechziger Jahren auf hohem Niveau: Sie stellen 80 Prozent aller Alleinerziehenden.

Zwar haben kanadische Frauen bezüglich ihrer Bildungschancen in den vergangenen 20 Jahren Fortschritte erzielt, doch auch hier gibt es noch erhebliche Unterschiede zu den Männern: zehn Prozent der Frauen (Männer 13 Prozent) verfügen über einen Universitätsabschluß, obgleich mehr als die Hälfte aller Studierenden weiblich ist. Auch bei Promotionen sind sie unterrepräsentiert.

Auf dem Arbeitsmarkt gibt es interessante Entwicklungen: Während unter allen Männern 1991 nur noch 65 Prozent einen Job hatten (1976: 73 Prozent), gehen inzwischen 52 Prozent aller Frauen einer Tätigkeit nach.

Insgesamt 45 Prozent aller bezahlten Jobs werden von Frauen besetzt. Allerdings ist ihr Anteil an Teilzeitjobs überproportional hoch. Traditionell arbeiten Frauen im Bildungssystem, in sozialen und kirchlichen Einrichtungen, im Gesundheitswesen, in Banken und Dienstleistungsberufen. Der Anteil von Ärztinnen und Zahnärztinnen hat sich fast verdoppelt, in den Natur- und Ingenieurwissenschaften wächst ihr Anteil.

Die Einkommenssituation ist nachgerade disproportioniert: durchschnittlich 16 500 US-Dollar im Jahr verdienen kanadische Frauen gegenüber 28 600 US-Dollar bei Männern.

Landschaft in Québec

Forst und Parkanlagen

Name	Provinz	Nächstgelegene Stadt
Cypress Hills Interprovincial Park	Alberta / Saskatchewan	Swift Current
Bowron Lake Provincial Park	British Columbia	Bakerville
Garibaldi Provincial Park	British Columbia	Vancouver
Strathcona Provincial Park	British Columbia	Port Alberni
Tweedsuir Provincial Park	British Columbia	Ocean Falls
Wells Gray Provincial Park	British Columbia	Kamloops
Blow Me Down Provincial Park	New Foundland	Corner Brook
Grand Codrcy Provincial Park	New Foundland	St. George's
River of Ponds Provincial Park	New Foundland	Port au Choix
The Arches Pond Provincial Park	New Foundland	Port au Choix
Avalon Wilderness Area	New Foundland	St. John's
Mary March Provincial Park	New Foundland	Corner Brook
Algonquin Park	Ontario	Perry Sound
Bon Echo Park	Ontario	Carleton Place
Kilarney Provincial Park	Ontario	Sudbury
Missinaibi Lake Park	Ontario	Sudbury
Pukaskwa Park	Ontario	Sudbury
Quetico Provincial Park	Ontario	Thunder Bay
Superior Park	Ontario	Sudbury
Voyageurs National Park	Ontario	Frances
Wasaga Beach Provincial Park	Ontario	Collingwood
Woodland Caribou Provincial Park	Ontario	Red Lake
Cedar Dunes Provincial Park	Prince Edward Island	West Point
Northumberland Provincial Park	Prince Edward Island	Murray Harbour
Red Point Provincial Park	Prince Edward Island	Red Point
Parc de l'Ile Bonaventure	Québec	Gaspé
Parc de Saguenay	Québec	Tadoussac
Parc du Mont St. Anne	Québec	St. Anne de Beaupré
Parc du Mont-Orford	Québec	Sherbrooke
Parc du Mont-Tremblant	Québec	Montréal
Parc Jacques Cartier	Québec	St. Anne de Beaupré
Réserve de Papineau-Labelle	Québec	Montréal

Führerschein

Ein internationaler Führerschein ist nicht vorgeschrieben, aber nützlich.

Geld

Siehe unter Zahlungsmittel

Geographie

Kanada umfaßt insgesamt eine Fläche von rund zehn Millionen Quadratkilometer, ist nach Rußland zweitgrößter Flächenstaat der Erde und etwa so groß wie Europa.

Sein Territorium wird von drei Meeren umschlossen: dem Atlantik, dem arktischen Ozean und dem Pazifik. Kanadas Ost-West-Ausdehnung beträgt 5 500 Kilometer, die Nord-Süd-Dimension 4 600 Kilometer. Sein nördlichster Punkt liegt 8000 Kilometer entfernt vom Nordpol, sein südlichster auf demselben Breitengrad wie Rom.

Es gibt unzählige Seen, die etwa 7,6 Prozent der kanadischen Gesamtfläche (755 000 Quadratkilometer) bedecken; ihr Reservoir umfaßt etwa ein Drittel aller Süßwasservorräte der Erde. Kanadas Seen und Ströme haben Bedeutung für die Energieerzeugung des Landes sowie den Verkehr. Längster Fluß ist der Mackenzie (4 240 Kilometer); der zweitlängste und für den Verkehr wichtigste Fluß Kanadas ist der St.-Lorenz-Strom (3 058 Kilometer).

Kanadas Millionen-Metropolen liegen im Südosten des Landes in unmittelbarer Nähe zu den Vereinigten Staaten von Amerika: Toronto (1994: 4,1 Millionen), Montréal (3,3 Millionen) und Vancouver (1,7 Millionen). Wichtigste Verkehrsverbindung zwischen den West- und den Ostprovinzen ist der 1961 erbaute Trans-Canada-Highway. Sein Gesamtnetz hat eine Länge von rund 7 800 Kilometer.

Zum Territorium Kanadas gehören genauso wie zum Nachbarn USA die sogenannten Großen Seen mit dem unvorstellbaren Volumen von 23 Billionen Kubikmeter Wasser. Ein Naturereignis besonderer Art sind die zwischen Erie-See und Ontario-See gelegenen Niagara-Fälle. 100 Meter liegt der Wasserspiegel des Erie-Sees höher als der des Ontario.

Die arktischen Inseln im Norden sowie der Kanadische Schild am Ostrand des Felsengebirges bis Labrador sind weitgehend menschenleer. Der bewohnte Teil Kanadas wird in vier Regionen unterteilt: das Felsengebirge am Pazifik, die Prärien in den Inneren Ebenen, die dichtbesiedelten Regionen am St.-Lorenz-Strom und an den Großen Seen sowie das Hügelland zwischen Atlantik und St.-Lorenz-Tal.

Klimatisch ist Kanada ein Land des Nordens; der magnetische Nordpol befindet sich auf seinem Territorium. Nördlich des Polarkreises geht die Sonne im Winter nicht auf und im Sommer nicht unter. Das Klima unterliegt starken Einflüssen arktischen und subarktischen Ursprungs.

Der dichter besiedelte südliche Teil Kanadas gehört zur gemäßigten Klimazone. An der Pazifikküste gibt es unter maritimen Luftmassen milde Winter. Victoria an der Südwestküste hat durchschnittlich 20 Frosttage im Jahr, Montréal im Osten durchschnittlich 143 Frosttage und Edmonton am Osthang der Rocky Mountains 214 Frosttage.

Sky Dome Toronto

Geologie

Ein Flächenstaat wie Kanada erfordert geradezu eine Unterteilung seines Territoriums. Einiges spricht dafür, Kanada als Teil des nordamerikanischen Kontinents zu betrachten. Zum Beispiel die Appalachen, die Inneren Ebenen und die Kordilleren ziehen sich großräumig über den gesamten Kontinent. Kanada hat somit ähnliche großflächige Raumgliederungen wie sein südlicher Nachbar USA.

Insgesamt gibt es eine Reliefunterscheidung in Tiefebenen, Plateaus und Gebirge. Gebräuchlich ist die Einteilung – ähnlich wie in den USA – in folgende Großräume: Bergland der Appalachen, die Niederungen des St.-Lorenz-Strom und der Großen Seen, der Kanadische Schild, die Inneren Ebenen, die Kordilleren mit ihrer Untergliederung in westliches, inneres und östliches System (Rocky Mountains), das Arktische Tiefland, die Arktische Küstenebene und das Inuit-Bergland im Norden. Sucht man eine morphologische Einteilung, wird Kanada manchmal mit einer Schüssel verglichen, deren Rand im Westen die Kordilleren, im Norden die Inuit-Gebirge, im Nordosten die Berge der nördlichen Halbinsel Labrador und der Baffin Island und im Osten die Appalachen bilden. Die eingeschlossene Hudson-Bucht ist der Schüsselboden, umgeben von Ebenen und Plateaus: die Großen Seen, die Inneren Ebenen und der St.-Lorenz-Strom.

Man kann auch streng geologisch einteilen. Kanadas Kernland besteht zu großen Teilen aus vorwiegend kristallinen und metamorphen Gesteinen: Granite, Gneise und ähnliche Gesteine. Daran lagerten sich außen vorwiegend Sedimentgesteine.

Spricht man von den Ressourcen des riesigen Landes, so werden an erster Stelle Wasser, Holz und Erz genannt. Daneben werden Zink, Uran, Nickel, Platin, Kupfer und Blei, Eisenerz, Magnesium sowie Erdgas und Erdöl gewonnen.

Geschäftszeiten

Siehe unter Öffnungszeiten

Gewichte

Siehe unter Maße und Gewichte

Great Lakes

Siehe Übersicht auf Seite 172

Haustiere

Für alle Haustiere ist vor der Einfuhr eine kanadische Einfuhrgenehmigung erforderlich.

Nähere Auskünfte erteilt: The Chief of Imports, Animal Health Organisation, Food Production and Inspection Branch, A.C., Ottawa, Ontario, Tel. 613-995-5433

Highways

Siehe unter Straßenverkehr

Hotels

Die Hotellerie im Lande hat einen hohen Standard und einen hohen Preis. Zahlreiche Hotels gehören Ketten an, die auch aus Mitteleuropa gebucht werden können. Nach oben ist die Preisskala geradezu offen, die mit etwa 100 Dollar für die Nacht in einfacheren Hotels beginnt.

Impfungen

Einreisende müssen sich gegenwärtig keinen Impfungen unterwerfen.

Indianer

Von der reichen indianischen Geschichte ist aufgrund der Kolonialisierung durch Franzosen und Engländer nur wenig übriggeblieben. Im wesentlichen gibt es die Unterteilung: Indianer der Westküste, Prärieindianer und Waldindianer. Seit 1867 verfolgt die kanadische Bundesregierung den Grundsatz, daß den Indianern die Nutzung ihres Territoriums zusteht. Die Volkszählung 1991 ergab, daß sich insgesamt vier Prozent der Bevölkerung zu den kanadischen Aboriginals (Indianer und Inuit) zählen. Davon waren 784 000 Indianer, rund 300 000 leben in mehr als 2 500 Reservaten. Schätzungsweise 600 Völker existieren heute noch. 213 000 Einwohner Kanadas sind Métis, Mischlinge mit indianischen und zumeist franko-kanadischen Elternteilen. Das Bundesministerium widmet sich den Indianer-Angelegenheiten und zahlt staatliche Zuschüsse oder Entwicklungshilfen.

Im Jahr 1988 fand der bislang spektakulärste Landwechsel statt: Die Bundesregierung überschrieb an 13 000 Dene-Indianer und Métis rund 180 000 Quadratkilometer Land und zahlte zudem 500 Millionen Kanadische Dollar. Trotz positiver Signale der kanadischen Regierung bezüglich Wiedergutmachung an der indianischen Bevölkerung kam es 1995 mehrfach zu Auseinandersetzungen zwischen Indianern und privaten Viehzuchtbetrieben in British Columbia. Indianer wollen wieder verstärkt in eigenen Jagdgründen leben und jagen.

Industrie

Kanadas verarbeitende Industrie erwirtschaftet rund 18 Prozent des Bruttoinlandsproduktes. Gemeinsam mit der Bergbauförderung und der Bauwirtschaft erreicht der Anteil sogar 27 Prozent. 1991

Kingston

waren insgesamt 2,8 Millionen Beschäftigte (23 Prozent) in diesen Zweigen tätig.

Basierend auf einheimischen Rohstoffen wird an erster Stelle die Erzproduktion genannt: Kanada ist weltweit wichtigster Förderer von Zink, bei Asbest, Nickel und Molybdän zweitwichtigster Produzent. Bei Gold und Uran steht es an dritter Stelle, bei Kupfer und Erdgas an vierter. Insgesamt stieg der Wert der Rohstoffproduktion von rund 36,7 Milliarden (1993) auf 40 Milliarden (1994) Kanadische Dollar. Die Steigerung betrug damit neun Prozent innerhalb eines Jahres.

Für Kanadas Industrieproduktion sind auch Holzgewinnung und Papierherstellung von größter Bedeutung. 20 Prozent des Ausfuhrwertes werden in diesen Branchen erreicht. Das Land steht bei der holzverarbeitenden Industrie, die sehr kapital- und energieintensiv ist, in Konkurrenz mit Schweden und den USA.

Kanadas Energiewirtschaft ist aufgrund großer Vorkommen von Erdgas und Erdöl und hochtechnologischer Fördermethoden sowie der Nutzung der Wasserkraft weitgehend autark. Von der gesamten installierten Leistung von rund 80 000 Megawattstunden entfallen 57 Prozent auf Wasserkraftwerke. Das Land hat die niedrigsten Energiepreise aller Industrienationen und wird im Pro-Kopf-Energieverbrauch nur von den Vereinigten Arabischen Emiraten überboten.

In den Küstenregionen am Pazifik und am Atlantik spielt traditionell der Fischfang eine Rolle. Von hier kommen riesige Mengen Kabeljau, Lachs, Hering, Hummer und andere. Die Newfoundland-Bank im Atlantik zählt zu den ertragreichsten Fischfanggebieten der Welt. Das führte mehrfach zu Streitigkeiten mit der EU. 1977 hatte Kanada seine Fischereizone einseitig auf 200 Meilen ausgedehnt und erreicht, daß Fangquoten für andere Fischereiflotten gesenkt wurden. 1995 eskalierte der Streit mit der EU um Fangquoten für den vom Aussterben bedrohten schwarzen Heilbutt.

Internetadressen

Alberta National Parks, http://www.Parkscanada.pch.gc.caparks/_npe.htm
Alberta Tourism Partnership Corp., http://www.discoveralberta.com/ ATP *e-mail* ATP:BOOKNOW@ worldweb. com
Bas-Saint Laurent, http://www.tourismebas-st-laurent.com
British Columbia, http://www.travel.bc.ca
British Columbia National Park, http://Parkscanada.pch.gc.ca/parks/bc_npe.htm
Canada Parks, http://parkscanada.pch.gc.ca/
Canada Parks Einzelinfo, http://parkscanada.pch.gc.ca/ reach/reache.htm
Canada Provincial Tourism Offices, http://www.echo-on.net/-secaron/tollfree.html
Estrie, http://www.multi-medias.ca/ Tourisme-Estrie
Lanaidière, http://www.Tourisme-lanaudiere.qc.ca
Montréal Office de Tourisme, http://www.cum.qc.ca/octgm
New Brunswick National Parks, http://Parkscanada.pch.gc.ca/parks/nb_npe.htm
New Foundland and Labrador, http://www.gov.nf.ca/ter/starttcr.htm *e-mail* info@tourism.gov.nf.ca
Northwest Territories National Parks, http://Parkcanada.pch.gc.

ca/parks/nwt_npe.htm
Nova Scotia Marketing Agency, http://explore.gov.ns.ca/Virtualns
Ontario National Parks, http://Parkscanada.pch.gc.ca/parks/ont_npe.htm
Ontario Tourism, http://www.ontario-canada.com
Outaouais, http://www.achilles.net/ato
Prince Edward Island Dept. of Tourism, http://www.gov.pc.ca
Québec National Parks, http://Parkscanada.pch.gc.ca/parkspq_ npe.htm
Québec Tourism, http://www.quebec-region.cuq. qc.ca
Tourisme Québec, http://www.tourisme.gouv.qc.ca/tourism
e-mail info@tourisme.gouv.qc. ca

Jagd

Die Vorschriften sind durch Bundes-, Provinz- und Territorialgesetze geregelt. Personen, die keinen ständigen Aufenthalt in Kanada haben, müssen sich in jeder Provinz um eine Jagdlizenz bemühen. Für die Ausfuhr von unbehandeltem Wild – sämtliche Teile, die nicht von einem Präparator behandelt worden sind – bedarf es einer Genehmigung durch die entsprechende Provinz- oder Territorialbehörde.

Jugendherbergen

Im ganzen Land gibt es rund achtzig Jugendherbergen, die einen sehr unterschiedlichen Komfort haben. Die Übernachtungspreise pro Person liegen zwischen acht und 20 Dollar. Nicht alle Herbergen sind ganzjährig geöffnet. In allen größeren Städten kann man sich auch an die YMCA- bzw. YWCA-Hotels wenden. Die Übernachtungspreise liegen hier zwischen 20 und 30 Dollar. Während der Semesterferien zwischen Mai und August bieten die Studentenwohnheime zahlreicher Universitäten Übernachtungsmöglichkeiten an.

Justiz

Die kanadische Justiz ist unabhängig. Das Zivilrecht ist eng an das englische *Common Law* angelehnt, in der Provinz Québec an den französischen *Code Civil*. Daneben kommen Bundesgesetze, Geset-

Salvage

ze der Provinzen sowie Verordnungen der Gemeinden zur Anwendung. Kanadisches Strafrecht ist Bundesrecht englischer Herkunft.

Das Oberste Gericht *(Supreme Court)* ist höchste Berufungsinstanz für Zivil-, Straf- und Verwaltungsprozesse. Dem Obersten Gericht gehören neun Richter und ein Vorsitzender *(Chief Justice of Canada)* an.

Oberstes Finanz- und Verwaltungsgericht ist das Bundesgericht. Die Provinzgerichte sind zuständig für große Zivil- und Strafprozeß und ihnen unterstehen Jugendgerichte. Bezirksgerichte sind zuständig für mittelschwere Vergehen. Auf Bezirks- und Provinzebene gibt es Berufungsinstanzen.

Kindersitze

In Kanada besteht eine Kindersitzpflicht für Kinder bis 20 Kilogramm Körpergewicht. Siehe auch Mietwagen.

Kleidungsgrößen

Siehe unter Konfektionsgrößen

Konfektionsgrößen

Die kanadischen Größen weichen von der in Europa üblichen Einteilung ab. Es empfiehlt sich deshalb, auf jeden Fall vor dem Kauf die Kleidung anzuprobieren.

Kreditkarten

Alle bekannten Kreditkarten werden weitgehend als Zahlungsmittel akzeptiert. Eurocheque-Karten und Euroschecks werden nirgends angenommen. Beim Einchecken in Hotels wird häufig ein Kreditkartenabzug gemacht, der dann später zur Begleichung der Nebenkosten dient. Erst wenn dieser Abzug vorliegt, wird gemeinhin das Telefon auf dem Zimmer freigeschaltet.

Kultur

Kanada darf als Teil des anglo-amerikanischen Kontinents begriffen werden, dennoch gibt es fundamentale Unterschiede zum Nachbarn USA.

Einerseits waren es französische Pelzjäger und Pelzhändler, die das Land ursprünglich erschlossen und als französische Kolonialmacht ihr Sozial- und Rechtssystem lange Zeit einbrachten. Die französische Sprache und die Zugehörigkeit zur römisch-katholischen Kirche prägen bis heute den Nordosten.

Auf der anderen Seite entwickelten sich nach dem Wechsel der Kolonialmacht durch Einwanderer und Wirtschaft enge Beziehungen zur britischen Krone, die ungebrochen sind: zwei Säulen, die bis heute in allen Schichten und Bereichen der Gesellschaft prägen. Außer den Sprachunterschieden sind es einerseits protestantische und andererseits römisch-katholische Wurzeln, die das Gemeinwesen beeinflussen.

Der nordamerikanische Calvinismus setzt in seinem Wertesystem auf Merkantilismus und Industrialisierung mit allen sozialen Konsequenzen. Wirtschaftlicher Erfolg verbunden mit Individualismus gelten als fortschrittliche Werte. Franko-Kanadisches Denken und Fühlen hingegen ist eher dem Gemeinwesen verbunden. Bis heute führen diese Unterschiede zu tiefen Rissen in der kanadischen Gesellschaft, bis hin zu separatistischen Tendenzen einzelner Gruppen. Bezeichnend ist der Sprachenstreit. Französisch und Englisch sind auf Bundesebene zwar gleichberechtigt, doch im täglichen Leben werden Sprachen unterschiedlich genutzt, da die Provinzen ihre Kulturhoheit selbst regeln.

Nicht allein, um kulturelle Einflüsse aus den USA zurückzudrängen, erschwerte die frankophone Provinz Québec den Gebrauch der englischen Sprache, was wiederum Entrüstung der anderen provozierte.

Kurtaxe

Bei allen touristischen Leistungen wird eine zusätzliche Steuer, die Canadian Federal Goods and Service Tax (GST) erhoben. Der Steuersatz liegt bei sieben Prozent.

Landwirtschaft

Obgleich die Landwirtschaft in ihrer Bedeutung im Laufe dieses Jahrhunderts gesunken ist, spielt sie für Kanada insgesamt eine nicht zu vernachlässigende Rolle, da sie mit vielen anderen Produktionsbereichen eng verknüpft ist. Seit Jahren ist der Anteil der landwirtschaftlichen Produktion am Bruttoinlandsprodukt mit rund drei Prozent konstant.

Die enorme Ausweitung des Landes bietet für Ackerbau, Viehzucht, Fleisch- und Milchproduktion ein riesiges Potential, allerdings verursachen die klimatischen Bedingungen auch Einschränkungen. Etwa 8,6 Prozent der Gesamtfläche Kanadas ist Farmland. Von diesen 86 Millionen Hektar werden etwa 79 Millionen Hektar genutzt, da die Anbaufläche nicht weiter ausgebaut werden kann.

Kanadische Farmen werden fast ausschließlich als Familienunternehmen geführt. Sie sind spezialisiert und hoch mechanisiert. Seit den vierziger Jahren hat sich die Zahl landwirtschaftlicher Betriebe etwa halbiert. Mit allen vor- und nachgeordneten Stufen der Erzeugung und Veredlung agrarischer Produkte stellt der Landwirtschaftssektor schätzungsweise zwölf Prozent der Arbeitsplätze. Die

Québec City

Produktivität pro Arbeitskraft und Farm zählt weltweit mit zur höchsten. Daraus resultiert auch das hohe Exportaufkommen für landwirtschaftliche Produkte, vor allem große Mengen Weizen und Ölsaaten.

Jede Region hat ihren Anteil am landwirtschaftlichen Aufkommen durch spezielle Kulturen. Vor allem Kartoffeln, Obst und Gemüse werden in den vier atlantischen Provinzen angebaut. Im Gebiet der Großen Seen ist die Viehwirtschaft vorherrschend. Der Getreideanbau konzentriert sich auf die drei Prärieprovinzen Alberta, Saskatchewan und Manitoba. Hier auf etwa 80 Prozent des gesamten kanadischen Ackerlandes werden Getreide und Ölsaaten angebaut. Aus den westlichen Provinzen kommt Obst.

Lodges

Lodges sind Wildhütten in der tiefsten Wildnis, häufig nur mit dem Flugzeug zu erreichen. Führer und Ausrüstung für Wildnistouren werden meist zur Verfügung gestellt.

Maße und Gewichte

In Kanada gilt das metrische System. Längenangaben werden in Metern, Gewichtsangaben in Gramm angegeben, Temperaturen in Celsius.

Medien

Im gesamten Lande konkurrieren zahlreiche staatliche, regionale und private Rundfunk- und Fernsehstationen um die Gunst der Hörer und Seher. Die Fernsehprogramme werden mit dem NTSC-System gesendet, das nicht mit den in Europa üblichen System PAL und SECAM kompatibel ist. Folglich kann es Probleme geben, wenn aus Europa mitgebrachte Videobänder abgespielt werden sollen. Das Angebot der Printmedien ist vielfältig.

Medizinische Versorgung

Die medizinische Versorgung in Kanada ist vorbildlich. Die Tagessätze in Krankenhäusern liegen deutlich über denen in Deutschland, Österreich und der Schweiz. Für Ausländer wird darüberhinaus noch häufig ein Zuschlag auf den Rechnungsbetrag erhoben. Arzt- und Arzneimittelkosten müssen immer unmittelbar bar gezahlt werden. Der Abschluß einer Reisekrankenversicherung ist empfehlenswert. Reisende, die auf bestimmte Medikamente angewiesen sind, sollten eine Rezeptkopie bei sich haben, damit im Notfall das richtige Medikament verschrieben werden kann. Vor Sommerreisen in die freie Natur empfiehlt es sich, einheimische Mittel gegen Insektenstiche zu kaufen. Europäische Mittel wirken nicht immer.

Mietwagen

Zur Anmietung sind grundsätzlich eine Kreditkarte und der Führerschein vorzulegen. Das Mindestalter für Anmieter ist bei Avis 21 Jahre. Fahrer unter 25 Jahre zahlen allerdings pro Tag zehn Dollar zusätzlich. Bei Hertz liegt das Mindestalter generell bei 25 Jahren. Für einen zweiten Fahrer werden bei Avis 25 Dollar pro Anmietung erhoben, bei Hertz fünf Dollar pro Tag, maximal jedoch 25 Dollar. Der zweite Fahrer muß vom Buchenden autorisiert werden und ebenfalls eine Kreditkarte vorlegen. Kindersitze kosten um die drei Dollar pro Tag. Bei

Übernahme des Fahrzeugs muß eine Kaution hinterlegt werden. Die Anmietung erfolgt generell auf 24-Stunden-Basis.

Motels

Für die Übernachtung in Motels sind durchschnittlich 100 bis 200 Dollar pro Nacht zu rechnen. Motels finden sich entlang der wichtigsten Fernstraßen.

Nahverkehr

Die meisten größeren Städte haben ein ausgezeichnetes öffentliches Nahverkehrssystem. Toronto und Montréal haben moderne U-Bahnen. Das Personal der Nahverkehrsmittel ist fast immer freundlich und hilfreich.

Nationalparks

Informationen über die zahlreichen Nationalparks sind unter folgenden Adressen erhältlich:
- Parks Canada, Ottwa, Ontario K1A 1G2
- Parks Canada, Upper Water Street, Halifax, Nova Scotia B3J 1S9, Tel. 902-426-3457
- Parks Canada, 1141 Route de l´Eglise, Ste. Foy, Québec G1V 4 H5, Tel. 418-694-4177
- Parks Canada, 132 Second Street E., Cornwall, Ontario k6H 5V4, Tel. 613-933-7951
- Parks Canada, 291 York Avenue, Winnipeg, Manitoba R3C 0P4, Tel. 204-949-2110
- Parks Canada, 134/11th Avenue S.E., Calgary, Alberta T2G 0X5, Tel. 403-231-4745

Siehe auch die Auflistung auf Seite 270/271

Notrufe

Über Telefon die 911 oder die 0 wählen. Unter der 0 meldet sich der *operator*, der sofort mit der Polizei oder dem Rettungsdienst verbindet. Die Notfallstationen von Krankenhäusern und Sanitätsdiensten sind mit *Emergencies* ausgewiesen.

Emerald Lake

Nationalparks in Kanada

Name	Provinz	Region	Größe	Gründung	Hauptreisezeit	Öffnungs-zeiten
Aulavik	N.W. Territories	Norden	12.275 km²	1992	Jun. inkl. Aug.	
Auyuittluq	N.W. Territories	Norden	5.100 km²		Jul.–Aug.	
Banff	Alberta	Westen	6.700 km²	1885	Jul.–Sept.	
Bruce Peninsula National Park	Ontario	Osten		1987	Jun.–Okt.	
Cape Breton Highlands	Nova Scotia	Osten	950 km²	1936	Jun.–Sept.	
Elk Island	Alberta	Westen			Mai–Okt.	ganzj.
Forillon	Québec	Osten	240 km²	1974	Jun.–Okt.	
Fundy	New Brunswick	Osten	206 km²		Jun.–Sep.	
Glacier	British Columbia	Westen	1.370 km²	1911	Jul.–Aug. / Mär.–Mai	ganzj.
Grasslands	Sasketchewan	Westen	1.200 km²	1991	Mai–Sep.	
Gros Morne	Newfoundland	Osten	1.805 km²	1967	Jun.–Sep.	
Ivvavik	N.W. Territories	Norden	10.170 km²	1964	Jun. inkl. Aug.	
Jasper	Alberta	Westen	10.880 km²		Jul.–Aug.	
Kejimkujik	Nova Scotia	Osten			Mai–Sep. / Nov.–Apr.	ganzj.
Kluane	Yukon	Norden			Jul.–Sep.	
Kootenay	Alberta	Westen	1.410 km²		Jun.–Sep.	
Kouchibouguac	New Brunswick	Osten			Jun.–Sep.	
La Mauricie	Québec	Osten	536 km²	1977	Jun.–Okt.	
Mingan Archipelago	Québec	Osten	151 km²	1984	Jun.–Sep.	
Mount Revelstoke	British Columbia	Westen	260 km²	1914	Jun.–Sep.	ganzj.
Nahanni	N.W. Territories	Norden	4.500 km²	1974	Jul.–Aug.	
Northern Yukon	Yukon Territory	Norden				
Pacific Rim	British Columbia	Westen				ganzj.
Prince Albert	Saskatchewan	Westen	1.520 km²	1927	Mai–Sep.	ganzj.
Prince Edward Island	Prince Edward Island	Osten			Jun.–Okt.	
Riding Mountain	Manitoba	Westen	3.120 km²		Mai–Sep. / Nov.–Mär.	ganzj.
St. Laurence Island	Ontario	Osten			Jul.–Aug.	ganzj.
Terra Nova	Newfoundland	Osten	400 km²	1957	Jun.–Sep.	
Waterton Lakes	Alberta	Westen			Jun.–Sep.	ganzj.
Wood Buffalo	N.W. Territories	Norden	44.807 km²	1922	Jul.–Aug. / Okt.–Mär.	ganzj.
Yoho	British Columbia	Westen	1.320 km²	1930	Jul.–Sep. / Mär.–Mai	

Öffnungszeiten

Vorgeschriebene Öffnungszeiten gibt es nicht. Einzelhandelsgeschäfte haben in der Regel zwischen 9 und 18 Uhr geöffnet, Supermärkte zum Teil bis in die späten Abendstunden. In einigen Provinzen gibt es sogenannte *Convenience Stores,* die eine begrenzte Auswahl an Lebensmitteln und Haushaltsartikeln führen und sieben Tage die Woche rund um die Uhr geöffnet sind.

Parteien

Kanadas jahrhundertealte Verflechtung mit der britischen Krone hat starken Einfluß auf die Herausbildung seiner parlamentarischen Demokratie und somit auch auf Entstehung und Entwicklung der

Nächstgrößere Stadt/ Entfernung	Aktivitäten													Einrichtungen				
	Wandern	Fahrradwege	Reiten	Kanufahren	Segeln	Fischen	Tauchen/Schnorcheln	Rafting	Bootfahren	Schwimmen	Skiwandern	Skilanglauf	Abfahrtslauf	Lodges/Cabins	Hotels/Motels	Camping	Wintercamping	Picknick/Rastplätze
Sachs Harbour	x											x		x		x		
Ottawa / Montréal mit Flugzeug	x	x	x	x	x	x	x	x	x	x	x	x	x		x	x	x	x
Calgary / ca. 130 km	x			x	x	x	x			x		x				x	x	x
Parry Sound / ca. 50 km	x			x	x							x			x	x	x	x
Sidney / ca. 160 km	x				x	x	x		x	x		x				x	x	x
Edmonton / ca. 150 km	x	x		x		x				x		x			x	x	x	x
Gaspé / ca. 25 km	x			x	x	x	x			x						x		x
Moncton /ca.110 km	x		x			x					x	x		x		x	x	x
Calgary / ca. 12 Autostunden			x															
Val Marie / ca. 140 km	x					x			x	x		x				x	x	x
Deer Lake / ca. 37 km	x	x	x	x	x	x	x	x	x	x	x	x	x		x	x	x	x
Inuvik / ca. 200 km	x									x		x			x	x	x	x
Banff / ca. 250 km	x					x		x				x				x		
Halifax / ca. 210 km	x	x		x		x		x		x	x	x				x	x	x
Haines Junction	x	x		x	x	x	x			x		x			x	x	x	x
Calgary / ca. 150 km	x			x	x	x	x			x		x				x	x	x
Moncton / ca. 140 km	x				x		x		x							x		x
Shawinigan / ca. 30 km	x					x					x	x						x
Québec City / ca. 850 km				x		x		x								x		
Calgary / ca. 12 Autostunden						x		x										
Fort Simpson / ca. 145 km	x			x	x	x	x		x	x						x	x	x
	x	x		x	x	x	x			x		x						x
Nanaimo / ca. 170 km	x	x	x	x	x	x	x		x	x		x			x	x	x	x
Prince Albert / ca. 90 km	x	x	x		x	x	x		x	x		x	x		x	x	x	x
Cape Tourmentine mit Fähre	x			x	x	x	x		x	x					x	x		x
Dauphin / ca. 45 km	x			x		x	x			x		x				x	x	x
Toronto / ca 200 km	x	x	x	x	x	x	x		x	x	x	x			x	x	x	x
Gander / ca. 80 km	x					x						x				x		
Calgary / ca. 280 km	x	x	x	x		x		x			x	x		x		x	x	x
Edmonton / ca. 1.200 km				x			x							x				
Calgary / ca. 12 Autostunden				x			x							x				

Parteien ausgeübt. Anders als in den USA gibt es in Kanada ideologisch-weltanschaulich sowie sozial geprägte Klassenparteien mit einer stark programmatischen Ausrichtung auf bestimmte politische Ziele. Die *Progressive Conservative Party* (PCP), 1854 gegründet, tritt für freie Marktwirtschaft, Mitarbeit im Commonwealth und in der NATO ein. Härteste Konkurrenz und lange Jahre führende Kraft im Bundesparlament ist die *Liberal Party of Canada.* Ihre sozialliberale Wählerschaft rekrutiert sich vor allem in den Großstädten und unter Franko-Kanadiern.

Die *Reform Party of Canada,* 1987 gegründet, kämpft für die Stärkung der Provinzregierungen. Sie vertritt konservativ-populistische

Wählergruppen, ist gegen Zweisprachigkeit und kulturelle Vielfalt.

Sammelbecken für sozialdemokratische Wählerschichten ist die 1961 gegründete *New Democratic Party* (NDP).

Auf regionaler Ebene agiert die ebenfalls sozialdemokratisch orientierte *Parti Québéçois:* Sie will die volle Souveränität Québecs erreichen, gleichzeitig politisch und wirtschaftlich mit Kanada zusammenarbeiten. Eine Abspaltung der *Parti Québéçois* ist der *Bloc Québéçois,* der wiederum für die Sezession der Provinz Québec eintritt. Inzwischen ist der *Bloc Québéçois* zweitstärkste Fraktion im Bundesparlament und damit offiziell Oppositionspartei.

Bundesweit agiert noch die *Green Party of Canada,* 1983 gegründet, mit ihren umweltpolitischen Zielen. Die *Equality Party,* 1989 gegründet, setzt sich für die Interessen der anglophonen Bürger von Québec ein. Nicht alle Parteien sind überregional vertreten.

Post

Die Adressen der Postämter sind im Telefonbuch unter *Government – Canada Post* zu finden. Sie sind gemeinhin zu den üblichen Geschäftszeiten geöffnet, an Samstagen von 8–12 Uhr. Die Gebühren für Briefe und Postkarten belaufen sich gegenwärtig für die ersten 30 g Gewicht innerhalb Kanadas auf 45 Cents, nach USA auf 52 Cents, nach Übersee auf 90 Cents. Postlagernde Sendungen müssen wie folgt beschriftet werden: (Name) c/o General Delivery Main Post Office, (Stadt, Provinz, Ortskennung). Die Laufzeit von Briefen nach Europa liegt bei der Luftpost etwa bei sieben Tagen.

Preise

Die angegebenen Preise sind in der Regel Nettopreise vor der Steuer. Der Steuersatz liegt zwischen fünf und zwölf Prozent.

Provinzen

Siehe Auflistung auf Seite 274/275

Rauchen

Rauchen gilt mindestens als unschicklich. In vielen öffentlichen Einrichtungen darf nicht geraucht werden. In Gaststätten sind besondere Raucherecken ausgewiesen. In allen Flugzeugen gilt ein striktes Rauchverbot.

Reichtum

Der Lebensstandard der Kanadier darf zu den höchsten in den Industriestaaten gezählt werden. Mit einem durchschnittlichen Pro-Kopf-Einkommen von 20 670 US-Dollar (1993), gemessen am Bruttosozialprodukt, steht Kanada hinter der Schweiz, Japan, den USA und den skandinavischen Ländern unter den zehn besten Nationen. Die Wirtschaftsstrukturen Kanadas sind aber auch verantwortlich für enorme Gefälle innerhalb des Landes. So ist das Pro-Kopf-Einkommen in den westlichen Provinzen höher als in den östlichen, im Bergbau wiederum höher als im Handel. Eine Lohnexplosion allerdings wie noch in den achtziger Jahren wurde Mitte der neunziger Jahre abgeschwächt. Auswirkungen davon sind im privaten Konsumverhalten zu erkennen: Private Ausgaben werden eingeschränkt, vor allem Umsätze im Einzelhandel sowie beim privaten Hauskauf stagnieren.

Religion

In Kanada bekennen sich drei Viertel der Bevölkerung zu einer der drei großen Kirchen: Zur ältesten und größten Religionsgemeinschaft, der römisch-katholischen Kirche, gehören fast zwölf Millionen Bürger, darunter die Franko-Kanadier fast ausschließlich. In der französisch geprägten Provinz Québec beeinflußte die katholische Kirche das Bildungs- und Erziehungswesen noch bis in die sechziger Jahre hinein. Bedeutendste protestantische Kirche ist die *United Church of Canada,* ein Zusammenschluß von Methodisten, Kongregationalisten und Presbyterianern im Jahr 1925. Sie zählte 1991 rund 786 000 Mitglieder. Die *Anglican Church of Canada* umfaßt etwa genauso viele Mitglieder.

Darüber hinaus existieren mehr als 30 weitere Glaubensgemeinschaften mit relativ konstanten Mitgliederzahlen. 340 000 Kanadier bekennen sich zum jüdischen Glauben und schätzungsweise 350 000 sind Muslime. Sekten wie die Zeugen Jehovas oder die Mormonen spielen nur eine untergeordnete Rolle.

Etwa acht Prozent der Bevölkerung sind konfessionell ungebunden.

Sauna

In Kanada ist es üblich, Badekleidung in der Sauna zu tragen.

Schecks

Siehe unter Zahlungsmittel

Sommerzeit

Die Sommerzeit *(Daylight Saving Time)* gilt in der Regel vom letzten Aprilsonntag bis zum letzten Oktobersamstag.

Sonnenbaden

Nackt oder topless sonnenzubaden wird nicht gern gesehen.

Sprache

Durch den Official Language Act im Jahre 1969 sind Englisch und Französisch zu gleichberechtigten Amts- und Umgangssprachen erklärt worden. Gut 60 Prozent der Kanadier haben Englisch als Mut-

Vancouver

Die 10 Provinzen von Kanada

Name	Abkz.	Rang km²	Rang Einw.	Hauptstadt	Größte Stadt	Region
Alberta	AB	4	4	Edmonton	Edmonton	Westen
British Columbia	BC	3	3	Victoria	Vancouver	Westen
Manitoba	MB	6	5	Winnipeg	Winnipeg	Westen
New Brunswick	NB	8	8	Fredericton	Saint John	Osten
Newfoundland and Labrador	NF	7	9	St. John's	St. John's	Osten
Nova Scotia	NS	9	7	Halifax	Halifax	Osten
Ontario	ON	2	1	Toronto	Toronto	Osten
Prince Edward Island	PE	10	10	Charlestown	Charlestown	Osten
Québec	QC	1	2	Québec	Montréal	Osten
Saskatchewan	SK	5	6	Regina	Saskatoon	Westen

tersprache, etwa 25 Prozent Französisch. Die frankophonen Kanadier leben etwa zu 85 Prozent in Québec.

Staatswesen

Kanada ist eine parlamentarische Monarchie. Mit der neuen Verfassung von 1982, dem *Constitution Act,* wurde der bis dahin gültige *British North America Act* des englischen Parlaments von 1867 abgelöst. Damit wurden die letzten direkten, verfassungsmäßigen Bindungen an die britische Krone aufgehoben. Das Land ist Bestandteil des britischen Commonwealth und die britische Königin somit das offizielle Staatsoberhaupt. Sie wird durch einen Generalgouverneur vertreten. Kanada fühlt sich als Bundesstaat einer parlamentarischen Demokratie verpflichtet. Das Parlament besteht aus zwei gleichrangigen Kammern: dem Senat (Oberhaus) mit 104 Mitgliedern und dem Repräsentantenhaus (Unterhaus) mit 295 Abgeordneten. Die Abgeordneten erhalten ihr Mandat durch allgemeine, direkte und geheime Wahl. Die Senatoren der zehn Provinzen hingegen werden nach einem besonderen Zahlenschlüssel vom Ministerpräsidenten vorgeschlagen und vom Generalgouverneur ernannt, sie scheiden mit 75 Jahren aus.

Die gesetzgebende Gewalt liegt formal beim Generalgouverneur, tatsächlich aber bei der Kabinettsregierung. Der Premier, durch den Generalgouverneur berufen, ist Führer der Mehrheitspartei des Parlaments. Er ist nach britischem Vorbild mit starken Kompetenzen ausgestattet und dem Parlament für die Gesamtpolitik verantwortlich. Er bestimmt die Minister, die wiederum Mitglieder des Unterhauses und diesem auch rechenschaftspflichtig sind.

Die zehn kanadischen Provinzen haben eigene Parlamente, Verwaltungen sowie eigene Leutnantgouverneure an der Spitze, die auf Vorschlag der kanadischen Bundesregierung vom Generalgouverneur berufen werden.

Steuern

Die einzelnen Provinzen haben unterschiedliche Umsatzsteuersätze. Sie liegen etwa bei zehn Prozent. Daneben werden noch einheitlich

Zeitzone	Größe in km²	Bevöl-kerung	Einwohner km²	Höchste Erhebung	Tiefster Punkt	Beitritt zur Dominion	Name
Mountain = MEZ –8 Std.	663.200	2.580.900	3,9	3.782 m	170 m	1. Sept. 1905	Alberta
Pacific = MEZ –9 Std. Mountain = MEZ –8 Std.	952.600	3.282.100	3,4	4.665 m	NN	20. Juli 1871	British Columbia
Central = MEZ –7 Std.	651.300	1.100.300	1,7	832 m	NN	15. Juli 1870	Manitoba
Atlantic = MEZ –5 Std.	73.720	723.900	9,8	820 m	NN	1. Juli 1867	New Brunswick
Atlantic = MEZ –5 Std.	405.180	568.500	1,4	1.622 m	NN	31. März 1949	Newfoundland and Labrador
Atlantic = MEZ –5 Std.	56.190	900.100	16	534 m	NN	1. Juli 1867	Nova Scotia
Eastern = MEZ –6 Std. Central = MEZ –7 Std.	1.100.500	10.100.600	9,2	694 m	NN	1. Juli 1867	Ontario
Atlantic = MEZ –5 Std.	6.002	129.800	21,6	142 m	NN	1. Juli 1873	Prince Edward Island
Eastern = MEZ –6 Std.	1.582.600	6.901.00	4,4	1.628 m	NN	1. Juli 1867	Québec
Central = MEZ –7 Std. Mountain = MEZ –8 Std.	653.420	991.00	1,5	1.469 m	215 m	1. Sept. 1905	Saskatchewan

in ganz Kanada sieben Prozent TPS – vergleichbar der Mehrwertsteuer – auf den Kaufpreis aufgeschlagen. Touristen können sich die TPS erstatten lassen. Wegen der Nebenkosten lohnt sich das allerdings nur bei Beträgen von über 100 Dollar. Entsprechende Formulare halten die Hotels und die Duty-free-shops in den Flughäfen vor.

Straßenverkehr

Das Straßennetz ist außerordentlich gut ausgebaut. Highways verbinden die wichtigsten Städte und erschließen das Land. Die Highways sind numeriert und in fünf Gruppen klassifiziert:

- Expressways sind ähnlich den Stadtautobahnen in Mitteleuropa die Hauptverkehrsachsen in den großen städtischen Ballungsräumen.
- King´s Highways sind zum größten Teil mehrspurige Fernverkehrsstraßen zwischen den Städten des Landes.
- Secondary Highways sind Fernstraßen zweiter Ordnung. In der Regel sind sie zweispurig und haben eine feste Straßendecke.

Moraire Lake

– Tertiary Roads sind Verbindungsstraßen zwischen den Regionen. In den dünn besiedelten Räumen sind es Schotterstraßen.
– Gravel Highways, grobe Schotterstraßen, erschließen das eher unwegsame Kanada. Sie dienen in erster Linie dem Gütertransport auf gewaltigen Trucks.

Die Verkehrszeichen weichen zum Teil von den in Europa üblichen ab. Vorschriftszeichen sind ähnlich und basieren auf den Farben Schwarz, Weiß und Rot. Warnschilder haben einen beigen oder roten Untergrund, Hinweisschilder einen braunen Untergrund. Die Straßennummern stehen schwarz auf weißen Untergrund.

Strom

Siehe unter Elektrizität

Tankstellen

Tankstellen gibt es in nahezu allen Orten. Für Touren im Norden empfiehlt sich neben einem gefüllten Tank jedoch mindestens auch ein Reservekanister.

Taxi

Die Fahrpreise sind von Region zu Region unterschiedlich. Die Grundgebühr liegt bei etwa zwei Dollar, der Kilometerpreis bei etwa 1,50 Dollar. Die Fahrer sind in der Regel ehrlich, höflich und ortskundig.

Telefon

Anschlüsse in Kanada haben sämtlichst zehnstellige Telefonnummern – drei Stellen für die Ortskennzahl *(area code),* sieben Stellen für den Teilnehmer. Bei Gesprächen innerhalb einer area muß der Code nicht mitgewählt werden. Das Telefonnetz wird von verschiedenen Privatunternehmen betrieben. Deshalb ist es auch nicht möglich, von Postämtern aus Telefongespräche zu führen. Zum Telefonieren werden 10- und 25-Cent-Stücke oder Telefonkarten benötigt. Es gibt auch Geräte, die direkt über Kreditkarten abrechnen. Mit der 0 wird der *operator* erreicht, der auch Ferngespräche vermittelt.

Die Telefonvorwahlnummer nach Deutschland ist 01149, nach Österreich 01143, in die Schweiz 01141. Eine Besonderheit sind gebührenfreie Telefonnummern mit der Vorwahl 800. Sie werden von zahlreichen Dienstleistungsunternehmen angeboten.

Telegramme

Die Postämter nehmen keine Telegramme auf. Da dieser Dienst privatisiert ist, muß man ein Büro von CCN/CP Telegraph aufsuchen, um ein Telegramm aufzugeben.

Trampen

In den meisten Provinzen Kanadas ist Autostop verboten. Über Ausnahmen erkundige man sich bei Polizeistationen oder in den Fremdenverkehrsämtern.

Trinkgeld

Bedienungsgelder sind in Hotel- und Restaurantrechnungen nicht enthalten. 15 Prozent Trinkgeld auf den Rechnungsbetrag sind üblich, Taxifahrer erwarten zwischen zehn und 15 Prozent. Für Gepäck ist pro Gang ein Dollar zu geben.

Umwelt

Einzelne Gebiete Kanadas kämpfen heute mit heftigen Umweltproblemen in ihrem unmittelbaren Lebensraum, verursacht durch die Meinung, von allem genügend zu haben, Land, Wasser, Ressourcen und Luft, und nicht an eine schonende Nutzung gebunden zu sein. Dieser Fehler rächt sich heute. In den letzten Jahren ist das Umweltbewußtsein in der Bevölkerung stark gewachsen, drängt ein Teil auf Gegenmaßnahmen.

Viele Mißstände wurden bekannt: Hauptprobleme sind zum Beispiel enorme Emissionen aus der Metallgewinnung und den Kraftwerksanlagen, aus der kunststoffherstellenden und kunststoffverarbeitenden Industrie, aus der Zellstoff- und Papierherstellung. Dringend notwendig sind neue Systeme der Wasser- und Abwasseraufbereitung sowie zur Müllbeseitigung und Müllvermeidung. Schätzungsweise 100 Milliarden Kanadische Dollar müßten innerhalb von zehn Jahren für schärfere Umweltschutzmaßnahmen aufgewendet werden. Auch eine administrative Aufgabe wäre zu lösen: die Harmonisierung differierender Umweltgesetzgebungen von Bund und Provinzen.

Unterkunft

Siehe unter Bed & Breakfast, Camping, Hotels, Jugendherbergen, Lodges, Motels.

Veranstaltungskalender

Winter	La Pérade (Qué.)	Eisfischen
Januar	Carcross (Yukon)	Southern Lakes Classic Dog Sled Race
	Lake Louise (Alta.)	Lake Louise Winter Festival
	Québec (Qué.)	International Curling Tournament International Bonspiel
	Vancouver (B.C.)	Chinese New Year Celebration
Februar	100 Mile House (B.C.)	Cariboo Cross Country Ski Marathon
	Carleton (Qué.)	Grand Prix Baie-des-Chaleurs (Motorschlittenwettbewerb)
	Chetwynd (B.C.)	Chinook Daze (Winterkarneval)
	Chibougamau (Qué.)	Festival des Folifrets (Jagd über Eis und Schnee)
	Chicoutimi (Qué.)	Carnaval
	Courtenay (B.C.)	Winter Carnival
	Dawson Creek (B.C.)	Winter Carnival
	Fox Creek (Alta.)	Fox Creek-Hundeschlittenrennen
	Gatineau Prov. Park (Qué.)	Gatineau 55 (internat. Skilanglaufwettbewerb)
	Golden (B.C.)	Snow Festival
	Hazelton (B.C.)	Ice Carnival
	Hull (Qué.)	Marathon de ski de fond (Skimarathon)
	Jonquière (Qué.)	Jonquière en Neige
	Lac-La-Hache (B.C.)	Winter Carnival
	Montréal (Qué.)	La Fête des Neiges
	Ottawa (Ont.)	Winterlude Carnival
	Prince Albert (Saska.)	Winter Festival
	Québec (Qué.)	Carnaval d'Hiver (Winterkarneval) Snow Sculpture Competition (größte Eisskulptur der Welt)

	St. Boniface (Man.)	Festival du Voyageur
	The Pas (Man.)	Northern Manitoba Trappers's Festival
	Wetaskiwin (Alta.)	North American Snowmobile Races
	Whitehorse (N.W.T.)	Sourdorough Rendezvous
März	Ganz Kanada	Snow Geese Migration (Zug der Schneegänse)
	Baddeck (N.S.)	S.A.N.S. Tour
	Calgary (Alta.)	Rodeo Royal
	Carmacks (Yukon)	Frühlingsfest
	Edmonton (Alta.)	Canadian Western Superrodeo
	Elmira (Ont.)	Maple Syrup Festival (Ahornsirupfest)
	Hull (Qué.)	Salon du Livre (Buchmesse)
	Ostkanada	Maple Sugar Season (Ahornzucker-Kampagne)
	Yellowknife (N.W.T.)	Caribou Carnival
Ostern	Inuvik (N.W.T.)	Top of the World Ski Meeting
April	Guelph (Ont.)	Spring Festival of Arts
	Plessisville (Qué.)	Festival d`Érable (Ahornsirupfest)
Mai	Annapolis Valley (N.S.)	Apple Blossom Festival (Apfelblütenfest)
	Campbell River (B.C.)	Festival Ishikari
	Chilliwack (B.C.)	Festival (u.a. Reitwettbewerbe)
	Creston (B.C.)	Flower Festival (Blumenfest)
	Dawson City (Yukon)	International Gold Showl
	Digby (N.S.)	Annapolis Valley Apple Blossom Festival (Apfelblütenfest)
	Fort St. John (B.C.)	Stampede
	Golden (B.C.)	Columbia Rafting
	Guelph (Ont.)	Festival Spring (Frühlingsfestival)
	High River (Alta.)	Little Britches Rodeo (Kinderrodeo)
	Ladysmith (B.C.)	Festival
	Niagara Falls (Ont.)	Blossom Festival (Blütenfest)
	New Hamburg (Ont.)	Mennonite Auction
	New Westminster (B.C.)	Hyack Festival Fraser River Canoe Marathon (Kanu-Wettbewerb)
	Niagara-on-the-lake	Shaw Festival
	Ottawa (Ont.)	Festival Spring (Frühlingsfestival)
	Spruce Meadows (Alta.)	National Horseshow (Pferdeschau mit Turnieren)
	Stratford (Ont.)	Shakespeare Festival (bis Oktober)
	Trois-Rivières (Qué.)	Classique de canot de la Mauricie (Kanu-Wettbewerb)
	Vancouver (B.C.)	Vancouver Children's Festival

Québec City

	Victoria (B.C.)	Victorian Days Swiftsure Segelregatta
	Williams Lake (B.C.)	Stampede
Juni	Banff (Alta.)	Arts Festiva
	Bridgewater (N.S.)	Bluegrass Maritime Festival
	Campbelltown (N.B.)	Salmon Festival (Lachsfest)
	Charlottetown (P.E.I.)	Summer Festival Charlottetown Festival
	Chetwynd (B.C.)	Rodeo
	Chicoutimi (Qué.)	Jours de la Culture (Kulturtage)
	Chilliwack (B.C.)	Indian Festival (Indianerfest)
	Cranbrook (B.C.)	Sam Steele Day
	Duncan (B.C.)	Duncan-Cowichan Summer Festival
	Forestville (Qué.)	Festival de la Pêche (Fischerfest)
	Gaspé (Qué.)	Internationale Regatten
	Grande Prairie (Alta.)	Stampede
	Grand Falls (N.B.)	Potato Festival (Kartoffelfest)
	Hazelton (B.C.)	Kispiox Rodeo
	Hope (B.C.)	Blue Grass Festival
	Inuvik (N.W.T.)	Midnight Madness (Sonnenwendenfest)
	Matane (Qué.)	Shrimp Festival
	Montréal (Qué.)	International Jazz Festival
	Mont St.-Pierre (Qué.)	Fête du Vol Libre (Festival des Drachenfliegens)
	Moose Jaw (Saska.)	Saskatchewan Air Show
	Ponoka (Alta.)	Ponoka Stampede
	Prince Edward Island	Anne of Green Gables Festival
	Québec (Qué.)	Fête Nationale (Nationalfeiertag der Provinz Québec)
	Regina (Saska.)	Western Canada Farm Progress Show (Landwirtschaftsausstellung)
	Shelburne Country (N.S.)	Lobster Festival (Hummerfest mit Regatta)
	St. John's (N.F.)	Newfoundland Kite Festival (Drachensteigen)
	Stratford (Ont.)	Stratford Festival
	Toronto (Ont.)	International Caravan
	Victoria (B.C.)	Folkfestival
	Windsor (Ont.)	Freedom Festival (Friedensfest)
	Winnipeg (Man.)	Red River Exhibition Jazz Winnipeg International
	Yellowknife (Yukon)	Midnight Golf Tournament (Mitternachts-Golfturnier) Folk on the rocks
Juli	Ganz Kanada	National Day Celebrations (1. Juli, Nationalfeiertag)

Mount McKinley

Alma (Qué.)	Festirama
Antigonish (N.S.)	Highland Games
Austin (Man.)	Manitoba Threshermen's Reunion
Battleford (Saska.)	Saskatchewan Handcraft Festival
Bella Coola (B.C.)	Rodeo
Belleville (Ont.)	Agricultural Exhibition (Landwirtschafts-ausstellung)
Bridgetown (N.S.)	American Visitor's Party
Calgary (Alta.)	Stampede & Exhibition (größtes professionelles Rodeo der Welt)
Campbell River (B.C.)	Salmon Festival
Campbellton (N.B.)	Festival du Saumon
Carleton (Qué.)	Festivoile
Dauphin (Man.)	Canada's National Ukrainian Festival
Dawson City (Yukon)	International Midnight Dome Race (Gipfelwettlauf)
	Weltmeisterschaft im Goldwaschen
Drummondville (Qué.)	Festival de Folklore
Edmonton (Alta.)	International Jazz Festival
	Klondike Gold Rush Commemoration
	4th Firefighter World Games
Flin Flon (Man.)	Flin Flon Trout Festival (Forellen-Angel-Wettbewerb)
Fort St. John (B.C.)	Stampede
Gaspé (Qué.)	Festival Jacques Cartier
Granby (Qué.)	Granby National (u.a. Oldtimer-Autoschau)
Grande-Prairie (Alta.)	Hot Air Balloon Show
Grand-Pré (N.S.)	Acadian Days
Halifax (N.S.)	Natal Day
	Scottish Games (Schottische Spiele)
Howe Sound (B.C.)	Salmon Derby (Lachsfang-Wettbewerb)
Îles de la Madeleine (Qué.)	Festival du Homard (Hummerfestival)
	Festival du Pêcheur (Fischerfest)
Jonquiäre (Qué.)	Jonquière en fête
Kamloops (B.C.)	Rodeo
Kelowna (B.C.)	International Regatta
Kimberley (B.C.)	Julyfest (bayerisches Fest)
Mahone Bay (N.S.)	Mahone Bay Chowder Festival (Fischsuppenfest)
	Mahone Bay Wooden Boat Festival
Miramichi (N.B.)	Irish Festival on the Miramichi
Montréal (Qué.)	Festival International du Jazz
Morris (Man.)	Manitoba Stampede
Oakville (Ont.)	Canadian Open Golf Championship
Ottawa (Ont.)	Festival Ottawa
Pugwash (N.S.)	Gathering of the Clans (Familientreffen)
Québec (Qué.)	Festival d`Été (Sommerfestival)
Quesnel (B.C.)	Billy Barker Days (Goldgräberfest)
Red Deer (Alta.)	International Folk Festival
Regina (Saska.)	RCMP Sunset Retreat Ceremonies
Robertval-Péribonka (Qué.)	Traverse du Lac St-Jean (Schwimmwettbewerb)
Saskatoon (Saska.)	Pioneer Days
Selkirk (Man.)	Manitoba Highland Gathering
Shediac (N.B.)	Lobster Festival (Hummerfest)
Shippagan (N.B.)	Fisheries Festival (Fischerfest)
Saint John (N.B.)	Loyalist Day
St. John's (N.F.)	Canada Day Folk Festival
Ste-Anne-de-Beaupré	Internationale Pilgerfahrt
Thunderbay (Ont.)	Rendezvous Pageant
Toronto (Ont.)	Queen's Plate (Pferderennen)
Valleyfield (Qué.)	Internationale Regatta
Vancouver (B.C.)	Naniamo Bathtub Race (Badewannenrennen zwischen Naniamo und Vancouver)
	Symphony of Fire
Vancouver Island (B.C.)	All Sooke Days (Holzfällerfest)
Vegreville (Alta.)	Ukrainian Pysanka Festival (Volksfest)

August	Williams Lake (B.C.)	Williams Lake Stampede
	Winnipeg (Man.)	Folk Festival
	Yellowknife (N.W.T.)	Folk on the Rocks
	Yorkton (Saska.)	Saskatchewan Stampede & Exhibition
	Ost- und Westküste	Walbeobachtung
	Abbotsford (B.C.)	International Air Show (Flugtag)
	Annapolis Royal (N.S.)	King's Festival
	Baddeck (N.S.)	Festival of the Arts
	Brandon (Man.)	Exhibition of Manitoba
	Brantford (Ont.)	Six Nations Indian Pageant (Fest der Irokesen)
	Bridgetown (N.S.)	Black Powder Rendezvous
	Bromont (Qué.)	Festival de la Musique Classique
	Calgary (Alta.)	International Native Art Festival
	Campbell River (B.C.)	Arts Festival (Kunstfestival)
	Campbellton/Caraquet (N.S.)	Fête Nationale des Acadiens
	Cheticamp (N.S.)	Festival de l'Escauette (akadisches Fest)
	Coaticook (Qué.)	Festival du Lait
	Courtenay (B.C.)	Elks Rodeo
	Dauphin (Man.)	National Ukrainian Festival
	Dawson (Yukon)	Discovery Day
	Dawson Creek (B.C.)	Rodeo
	Edmonton (Alta.)	Folk Music Festival
	Edmundston (N.B.)	Foire Brayonne
	Fernie (B.C.)	Rangler Valley Rodeo
	Gimli (Man.)	Icelandic Festival
	Grande-Prairie (Alta.)	Muskoseepi Sunday
	Halifax (N.S.)	Festival of Arts Festival of Forts (Erinnerung an die Landung der Schotten im Jahre 1629)
	Havre-St-Pierre (Qué.)	Festival de la Minganie
	Hazelton (B.C.)	Pioneer Days
	High River (Alta.)	North American Chuckwagon Races
	Hobema (Alta.)	North American Indian Classic Rodeo
	Hull (Qué.)	Festival de la Chanson, Musique de l'Outaouais
	Kamloops (B.C.)	International Aerial Meeting (Fliegertreffen)
	Lake Cowichan (B.C.)	Youbou Regatta
	La Malbaie (Qué.)	Les 95 km de Charlevoix (Radrennen)
	Lawrencetown (N.S.)	Annapolis Valley Exhibition (Landwirtschaftsausstellung)
	Lennoxville (Qué.)	Festival de Théatre
	Les Becquets (Qué.)	Festival de la Tomate
	Lethbridge (Alta.)	Whoop-us Days
	Lunenburg (N.S.)	Folk Harbour Festival

Indian Summer

	Magog (Qué.)	Festival Orford
	Manitoulin Island (Ont.)	Wikwemikong Pow-Wow (Treffen der indianischen Ureinwohner)
	Maxville (Ont.)	Glengarry Highland Games
	Medicine Hat (Alta.)	Medicine Hat Stampede
	Ottawa (Ont.)	Canada Exhibition
	Penticton (B.C.)	Peach Festival (Pfirsichfest)
	Québec (Qué.)	Flugschau, Handarbeitsmesse, Messe der Provinz Québec
	Regina (Saska.)	Buffalo Days
	Saskatoon (Saska.)	Folkfest
	Squamish (B.C.)	Loggers' Sports Day
	St. Ann's (N.S.)	Gaelic Mod
	St. Catherines (Ont.)	Royal Canadian Henley Regatta (Ruderwettbewerb)
	St. John's (N.F.)	Newfoundland and Labrador Folk Festival Royal St. John's Regatta (Ruderwettbewerb)
	Steinbach (Man.)	Pioneer Days (Fest der Mennoniten)
	Sudbury (Ont.)	Rockhound Festival
	Toronto (Ont.)	Caribana (Festival der aus Westindien stammenden Einwohner von Toronto)
	Trois-Rivières (Qué.)	Grand Prix Molson (Formel I-Autorennen) World Film Festival
	Winnipeg (Man.)	Folklorama
September	Blanc Sablon (Qué.)	Festival de la Morue (Kabeljaufest)
	Calgary (Alta.)	Masters Horse Show
	Chester (N.S.)	Nova Scotia Crafts Market (kunsthandwerklicher Markt)
	Courtenay (B.C.)	Comox Valley Exposition
	Dartmouth (N.S.)	Shearwater International Air Show
	Dawson City (Yukon)	Klondike International Outhouse Race (Klohäuschen-auf-Rädern-Rennen)
	Fredericton (N.B.)	Harvest Jazz and Blues Festival
	Golden (B.C.)	Rodeo
	Granby (Qué.)	Festival de la Chanson
	Halifax (N.S.)	Joseph Howe Festival
	La Malbaie (Qué.)	Charlevoix Open (Golfturnier)
	Lunenburg (N.S.)	Nova Scotia Fisheries Exhibition & Fishermen's Reunion
	Montréal (Qué.)	Montréal Marathon
	St. Catherines (Ont.)	Niagara Grape & Wine Festival (Weinfest)

Lake in the Cloudes

	Swift Current (Saska.)	Canada Oldryme Fiddling Championship
	Toronto (Ont.)	Canadian National Exhibition
	Trois-Rivières (Qué.)	Molson Grand Prix (Autorennen)
	Vancouver (B.C.)	Pacific National Exhibition
	Victoria (B.C.)	Fall Flower Show (Herbstliche Blumenschau)
Oktober	Ganz Kanada	Zug der Schneegänse
	Granby (Qué.)	Festival Gastronomique
	Kitchener-Waterloo (Ont.)	Oktoberfest
	Muskoka Lakes (Ont.)	Cavalcade of Colour
	Penticton (B.C.)	Harvest & Grape Fiesta (Erntedank- und Weinfest)
	Rimouski (Qué.)	Festival d'Automne (Herbstfest)
November	Edmonton (Alta.)	Canadian Rodeo Finals
	Québec (Qué.)	Beaujolais Nouveau Festival (Weinfest)
	Regina (Saska.)	Canadian Western Agribition
	Toronto (Ont.)	Agricultural Winter Fair
Dezember	Chilliwack (B.C.)	Santa Claus Parade (Nikolaus-Parade)
	Duncan (B.C.)	Santa Claus Parade

Vergnügungsparks

Siehe unter Forst- und Parkanlagen

Verkehrsregeln

In Kanada herrscht Rechtsfahrgebot. Alle Geschwindigkeits- und Entfernungsangaben sind in Kilometern ausgeschildert. Die erlaubte Höchstgeschwindigkeit beträgt auf Autobahnen und Fernstraßen 100 km/h, auf Landstraßen 80 km/h und innerorts 50 km/h. Auf mehrspurigen Straßen kann auch außerhalb geschlossener Ortschaften rechts und links überholt werden. Jeder Spurwechsel ist deutlich anzuzeigen. An einer roten Ampel darf nach einem Stopp bei freier Straße nach rechts abgebogen werden. Grün blinkende Ampeln signalisieren, daß der Gegenverkehr Rot hat und ungehindertes Abbiegen nach links möglich ist.

Verkehrsmittel

Siehe unter Busse, Eisenbahn, Fluglinien

Versicherungen

Siehe unter Medizinische Versorgung.

Visum

Siehe unter Einreise

Wahlen

Aktives Wahlrecht besteht ab 18 Jahren. Die 295 Abgeordneten des kanadischen Unterhauses *(House of Commons)* werden in freier, direkter und geheimer Wahl (Mehrheitswahlrecht) für fünf Jahre gewählt. Ihre Zahl wird nach den Volkszählungen (alle zehn Jahre) jeweils neu festgelegt, derzeit sind 75 Sitze für die Provinz Québec vorbehalten. Die 104 Senatoren des kanadischen Oberhauses *(Senate)* werden auf Vorschlag des Premierministers durch den Generalgouverneur berufen. Die Zusammensetzung richtet sich nach der Bevölkerungsstruktur. 1996 stellten die Provinzen Ontario und Québec je 24 Senatoren, Nova Scotia und New Brunswick je zehn Senatoren, Alberta, British Columbia, Manitoba, Newfoundland und Saskatchewan je sechs Senatoren, Prince Edward Island vier, Yukon und Northwest Territories je einen Senator.

Die zehn Provinz-Parlamente bestehen jeweils aus einer Kammer. Ihre Abgeordneten werden ebenfalls für fünf Jahre gewählt.

Wirtschaft

Kanada ist ein bedeutender Industriestaat mit einer leistungsfähigen Landwirtschaft. Das Land ist reich an natürlichen Ressourcen: ergiebige Bodenschätze, riesige Waldbestände auf etwa 45 Prozent des Territoriums und gewaltige Wasserkraftreserven zur Energiegewinnung. Kanadas Bergbau fördert mehr als 60 Mineralien, darunter Zink, Asbest, Nickel, Molybdän, Platin, Gold und andere Erze, Erdöl und Erdgas. 80 Prozent seiner Bergbaugewinnung werden exportiert. Die kanadische Wirtschaftsstruktur ist seit langem relativ stabil. Die Landwirtschaft erbringt 3 Prozent vom Bruttoinlandsprodukt, verarbeitende Industrie inklusive Bergbau und Bauwirtschaft 27 Prozent und der Dienstleistungsbereich 63 Prozent. Dennoch blieb das Land von der weltweiten Rezession nicht verschont. Zwar hat sich die kanadische Volkswirtschaft seit Inkrafttreten des NAFTA-Abkommens mit den USA (1994) erholt, doch die Arbeitslosenquote hält sich konstant bei 9,5 Prozent. 1994 wurden 1,36 Millionen Arbeitslose gezählt. Die meisten Wirtschaftszweige sind in den südlichen Regionen des Landes auf einem 300 Kilometer breiten Streifen entlang der Grenze zu den USA angesiedelt. In den vier atlantischen Provinzen bestimmen Land-, Forstwirtschaft und Fischerei die Wirtschaftsstruktur; in der Provinz Québec dominieren Industrie und Bergbau. Ontario ist wichtigste Industrieregion und hat allein acht der 22 Industriestädte Kanadas. Für Manitoba und Saskatchewan sind Getreideanbau und Kalibergbau wichtige Wirtschaftszweige. Alberta profitiert von seinen Erdöl- und Erdgasvorkommen, von leistungsfähiger Viehwirtschaft und Getreideanbau. In British Columbia überwiegen Forstwirtschaft und Bergbau. Yukon und die Northwest Territories verfügen über umfangreiche Rohstoffvorkommen, sind bislang aber kaum erschlossen.

Durch die besonderen territorialen Gegebenheiten Kanadas haben sich Transport- und Verkehrswesen zu einem wichtigen Zweig entwickelt. Traditionell werden Wasserwege entlang der großen Flüsse und auf den Binnenseen genutzt: der St.-Lorenz-Strom ist wichtigster Frachtweg. Allerdings hält in den neunziger Jahren der Trend an, Transporte von der Schiene auf die Straße und in die Luft zu verlagern. Inzwischen gibt es 60 größere Flughäfen.

Zahlungsmittel

Der Kanadische Dollar (CAD) hat 100 Cents. Gebräuchlich sind 10- und 25-Cent-Münzen. Banknoten zu 5, 10, 20, 50, 100, 500 und 100 Dollar – sie sind von verschiedener Größe und Farbe – sind im Umlauf, allerdings nehmen zahlreiche Restaurants nur Banknoten bis zu 20 Dollar an. Es ist ratsam, Traveller Schecks, ausgestellt auf Kanadische Dollar, bei sich zu haben. Die meisten Banken wechseln europäische Währungen nur ungern und mit großen Schwierigkeiten.

Zeitzonen

Kanada ist in sechs Zeitzonen aufgeteilt. Der Zeitunterschied zwischen Newfoundland im Osten und Vancouver im Westen beträgt 5 1/2 Stunden. Die Zeitzonen sind wie folgt benannt: Newfoundland Time (= MEZ –4 1/2 Std.), Atlantic Time (= MEZ –5 Std.), Eastern Time (= MEZ –6 Std.), Central Time (= MEZ –7 Std.), Mountain Time (= MEZ –8 Std.), Pacific Time (= MEZ –9Std.).

Zollbestimmungen

Zollfrei ist die Einfuhr von bis zu 50 Zigarren, 200 Zigaretten oder einem Kilogramm Pfeifentabak. Die Einfuhr von alkoholischen Getränken ist nur volljährigen Personen gestattet. Die Volljährigkeitsgrenze ist von Provinz zu Provinz unterschiedlich, liegt aber zumeist bei 19 Jahren. Maximal können pro Person 1,1 Liter Spirituosen oder Wein oder rund acht Liter Bier eingeführt werden. Einzelgeschenke bis zu einem Wert von 25 Dollar sind zollfrei. Schmuck und Wertgegenstände müssen angemeldet werden. Frische Lebensmittel, Pflanzen, landwirtschaftliche Produkte, Haustiere (siehe dort) und Feuerwaffen (siehe dort) dürfen nur mit Sondergenehmigungen ins Land gebracht werden.

Das ist Kanada: Berge, Wälder, Seen

Braunger, Manfred: 16, 17, 30, 37, 40, 42(beide), 43, 44, 46, 47, 47, 50, 52, 52, 53, 54, 56, 59, 60, 64, 65, 71, 72, 74, 75, 76, 77, 78, 79, 87, 88, 90, 91, 92, 94, 105, 106, 108, 112(beide), 113, 119(beide), 120, 122, 123, 124, 127, 126, 129(beide), 132, 133, 135, 136, 137, 138, 145, 159, 161, 163, 177, 179, 199, 200, 201, 202, 205, 206, 207, 207, 209, 211, 215, 217, 218, 220, 221, 222, 223, 226, 227, 228, 230, 231, 255, 263, 265, 275,

Disney World: 9

French, Peter/Hawaii Visitors Bureau: 98

Holmes, Robert: 110, 112

Jensen, Frank: 131, 175

Meier's Weltreisen: 11, 13, 14, 15, 25, 26, 27, 41, 45, 49, 57(beide), 68, 82, 85, 89, 95, 97, 100, 114, 142, 146, 147(beide), 149, 151, 153, 157, 193, 197, 210, 213, 216, 219, 225, 229, 229, 233, 240, 242, 243o, 243u, 244, 245, 246u, 247, 249, 251, 253, 257, 259, 261, 267, 269, 273, 278, 279, 283, 285

Meyer, Reinhard: 18, 20, 21, 22, 24, 25, 27, 33 o, 33 u, 35, 38, 39, 80, 80, 83, 101, 103, 141

Michigan Travel Bureau: 281, 282

Nevada Tourism: 117, 118

Sexton, Donnie/Travel Montana: 167, 173

South Carolina Department of Parks, Recreation and Tourism: 67

Terra Film Klaus Beer: 62

Alle Karten von Meier's Weltreisen, Düsseldorf